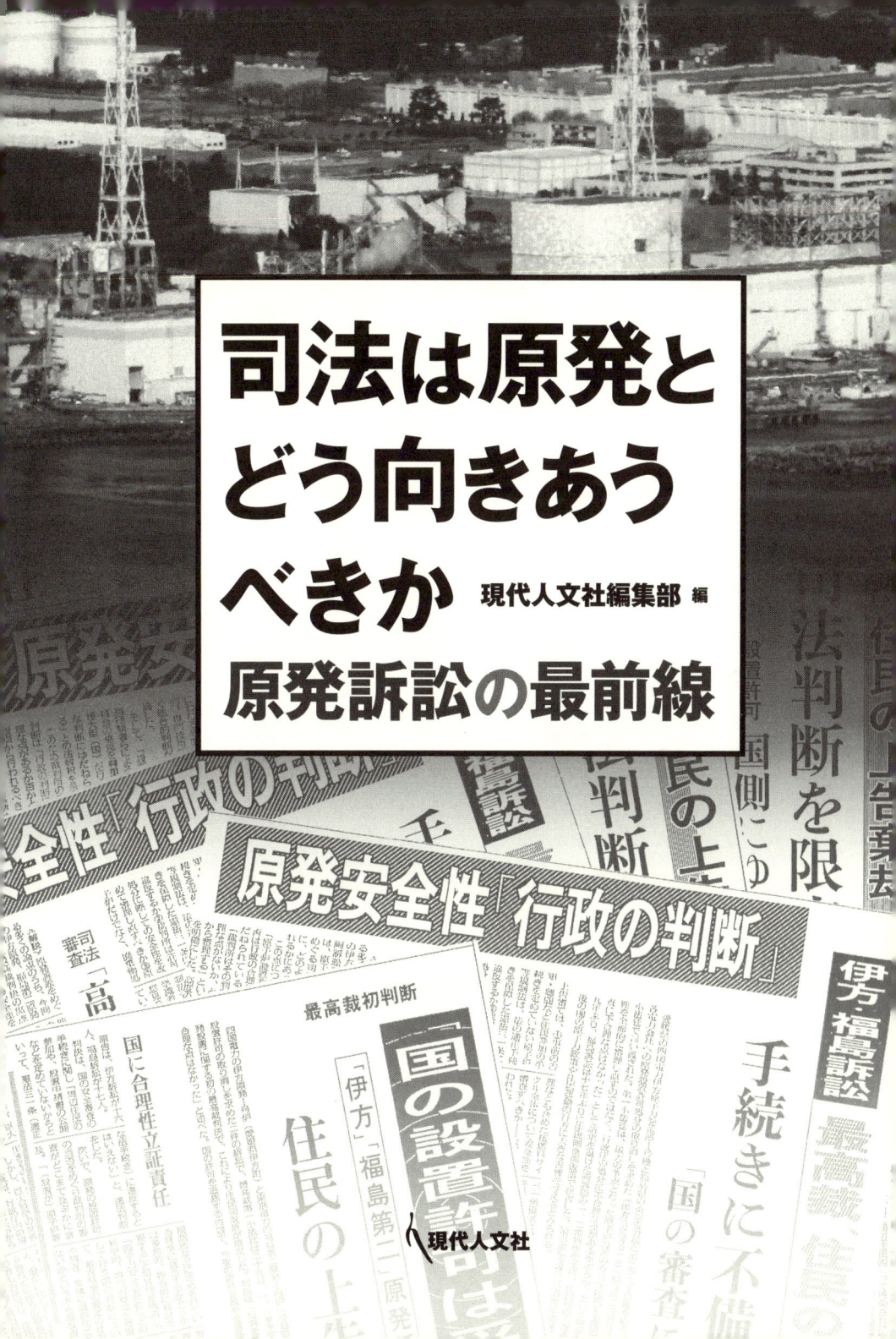

司法は原発とどう向きあうべきか

原発訴訟の最前線

現代人文社編集部 編

刊行に寄せて

原子力ムラを守る
司法の壁は破れるのか

河合弘之 弁護士・脱原発弁護団全国連絡会代表

略歴

河合弘之（かわい・ひろゆき）　1944年、旧満州生まれ。東京大学法学部卒業。司法研修所第22期修了。1970年弁護士登録。脱原発弁護団全国連絡会代表、浜岡原発差止訴訟弁護団長、大間原発差止訴訟弁護団共同代表、環境エネルギー政策研究所監事など。著者に『脱原発』（大下英治氏との共著、青志社、2011年）など

　原発事故は国民生活を根底から覆す。産業も文化も芸術も教育も司法も福祉もつましい生活もぜいたくな暮らしも何もかもすべてだ。したがって、原発の危険性に目をつぶってのすべての営みは、砂上の楼閣と言えるし、無責任ともいえる。3.11の福島第一原発事故以降、そのことに、国民一人ひとりが気付いた。問題はそこでどのような行動をとるかだと思う。

＊

　政府は、昨(2011)年12月17日、福島第一原発について、「冷温停

止状態」という奇妙な言葉を駆使して「事故収束」をたからかに宣言した。

しかし、それはまやかしでしかない。

核燃料はメルトダウンし、圧力容器底部から格納容器へ漏出し、高放射能を含んだ冷却水が流出している状態は依然として続いている。核燃料の冷却は応急措置でしのいでいる状態であることには変わりない。現場の作業員の必死の努力で高放射能物質の拡散がようやく止っている状態である。現在もなお、福島第一原発の不安定な状態は続いているのである。

原発の事故原因が明らかになり、原発が廃炉にされたときが、本当の「事故収束」であり、すべての原発の永久停止・廃炉こそが真の解決である。

今もっとも気がかりなのは、原子力ムラによる原発再稼働の動きである（再稼働を欲する側の論理については、拙稿「原発再稼働をどう止めるか」〔『世界』2012年1月号〕が詳しい）。その再稼働の動きを阻止するためにはどうしたらよいだろうか。

全原発の差止訴訟の提起である。

3・11以前は、電力会社側の長年にわたり巨費を投じた「安全・安心キャンペーン」に国民は完全に洗脳されていた。それは国民の一部である裁判官も例外ではない。裁判官は「原発はなんだかんだと言っても安全である」、「原発は資源が少ない日本に必要なんだ」、「役所や専門家がきちんと審査したのだから問題ない」との予断を抱いて裁判に臨んでいた。いかに原発が危険かを訴えても、原告住民やその代理人である私たち弁護士を「狼少年」視し、「ありもしないことを大袈裟に言い立てる変な人たち」と見ていた。つまり、原発の危険性に関する現実感をもった認識がなかった。一応は原告住民の言い分を聞くふりをしても、結局は御用学者の証言をそのまま丸呑みにして、

電力会社や国側の勝訴判決を言い渡してきたのである。そうすれば行政や最高裁の覚えもめでたく、また原子力ムラの重要な一翼を担うマスメディアからは「変な裁判官」として叩かれずに済むからである。その結果、すべての差止訴訟は敗訴という結果をもって終わった。原子力ムラを守る司法の高い壁の前で深い失望感と憤りを何度味わったことか。

　しかし、3・11以降は変わった。毎日毎日、次々と起こる事態に国民は恐怖し、原発苛酷事故の真実を知った。そして、事故を起こさない原発という「原子力安全神話」は国民一人ひとりの意識の中で崩壊した。国民の一部である裁判官も同様である。たとえば、事故後のある差止訴訟の進行協議での雰囲気は一変した。ある裁判官は「先生がたの言っていたとおりになってしまいましたね」、「(原発差止訴訟のような)国民にとって重大な事件に関わることは、やりがいを感じます」と言ったのである。

　そうであればもう一度、裁判官に問いかけたい。

　「原発は安全ですか、止めるべきではないですか」と。

　私は全原発について、もう一度、差止訴訟を提起するべきであると考える。敗訴が確定して沈滞している立地では新しい訴訟を、係属中の所ではいっそう精力的に訴訟をしかける。これからの訴訟では御用学者たちも以前のような無責任な、電力会社の言いなりの証言はできなくなる。また、裁判官に対する国や最高裁による無言の圧力も低下するにちがいない。新しい訴訟はおおいに成果が期待できる。全国各地で訴訟をおこす価値がある。

＊

　従来、原発差止訴訟の弁護士たちは、自分たちの闘いで精一杯で、情報交換をしたり、助け合ったりする余裕はなかった。それでは駄目だ。連帯し情報を共有し、助け合わねばならない。そこで、3.11

原発事故後、私は「脱原発弁護団全国連絡会」の結成を呼びかけた。弁護士の反応はたいへんよかった。「よく声をかけてくれた。差止訴訟をしたかったが、心細かった」という連絡が相次いだ。そこで昨(2011)年7月16日、創立総会を開いて、以下の結成宣言を採択し、正式に発足した。

「3.11福島原発事故の被害は極めて甚大であり、最大級の人権侵害を引き起こし、この被害はなお拡大を続けている。

私たちは、これまで、原発の運転差止・設置許可取消訴訟等を通じて、原発の危険性を訴えてきたが、国、電力会社及び裁判所は、これを無視し続けてきた。

そして、国及び電力会社は、未だ原発を稼働させ続けており、また停止中の原発の運転を再開させようという動きもある。

しかしながら、福島原発事故の甚大な被害を目の当たりにし、原発の危険性が明らかになった今、原発の存続は、もはや絶対に容認できない、今こそ、原発と決別するべきである。

私たちは、あらゆる思想や社会的立場を乗り越え、脱原発の一点において団結し、我が国から全ての原発を無くすまで、訴訟等のあらゆる手段を尽くして、闘い続けることを、ここに宣言する」。

創立総会には全国から50名の弁護士が参加し、各地の訴訟の現状報告をした後、今後の訴訟提起の方向、情報共有、相互支援の申し合わせをした。

現在までに、約120名の弁護士が加入し活発な活動を続けている。

泊原発(北海道)、浜岡原発(静岡県)、伊方原発(愛媛県)の地元であらたな差止訴訟の提起がなされた。また、大間原発(青森県・下北半島)について対岸の函館市の住民が新たな差止訴訟を提起した。さらに美浜・高浜・大飯原発など(福井県)について滋賀県の住民らが再稼働

禁止を求める仮処分申立てを行った。活動の成果は着実に実を結んでいる。

*

　原子力ムラを守ろうとする司法の壁は、徐々に低くなってきていることは間違いないが、ここで油断することはできない。

　なによりも、原発訴訟の中で、私たちは、福島第一原発で何が起きたのか、その原因とメカニズムを立証していくことからはじめなければならない。そして、悲惨かつ甚大な被害を立証していくことに傾注しなければならない。裁判官に、原発の危険性を現実感をもって認識できるよう説得する努力を惜しんではならない。そうすれば、司法の高い壁はかならずや崩れることはまちがいない。

　このような視点にたって、本書が発刊されたことは、たいへんありがたいことである。

　本書第1部で、これまでの原発訴訟で司法は何をどう判断してきたかを分析している。それは、原発訴訟における裁判官の責任とあり方を問うものである。

　第2部では、原発事故被害者の声を取り上げている。被害者は家や土地を失い、故郷を追われ、人生を不本意に変えられ、家庭やコミュニティを分裂・破壊され、生きる希望を失い、絶望している。そうした実情を知ることは、原発がわたくしたちにとっていかに危険なものであるかを現実感をもって認識する第1歩だからである。

　第3部では、福島第一原発事故後の原発訴訟の課題、とくに再稼働問題との関連で検討している。

　第4部では、3.11以前から進行している原発訴訟と3.11以後あらたに提起された訴訟の現状報告を各弁護団からいただいている。各地の原発訴訟に関する情報共有、相互支援の一助になると思う。

　脱原発訴訟をさらに推し進めるために本書がおおいに活用される

ことを期待する。

＊

　しかし、原発訴訟だけで、すべての原発の再稼働を止め、日本の全原発を廃炉に追い込むことができるとは考えていない。地元住民の脱原発のさまざまな活動、再稼働諾否について実質上の判断権をもっている原発立地自治体、周辺自治体への働きかけ、国政レベルでの脱原発への方向転換を迫るための国会議員への要請など、これらがあいまってはじめて実現できるものである。

　私は、15年ほど前に故高木仁三郎と出会ってその人格と知性に深く感銘し、反原発運動に入った。そして弁護士として福島第一原発三号機のプルサーマル禁止の仮処分を申し立て、浜岡原発の差止訴訟、大間原発の差止訴訟の弁護団長を務め、司法という場で、原発の危険性を微力ながら訴えてきた。

　すべての原発が永久停止され、廃炉になり、放射能のことを心配しないで、穏やかに暮らせる日本を作るために、国民の一人としてさらに一層の責任を果たさなければならないと思う。

（2012年1月記）

司法は原発とどう向きあうべきか　原発訴訟の最前線　目次

刊行に寄せて
原子力ムラを守る司法の壁は破れるのか　　　　河合弘之……… 2

第1部
原発訴訟と司法の責任

- 司法は原発をどう判断してきたか──これまでの原発訴訟と福島原発事故後の原発訴訟　　海渡雄一弁護士に聞く ……… 12
- 原発を止めた裁判官──志賀原発2号炉運転差止め判決
  井戸謙一元裁判長に聞く ……… 29
- 原発訴訟のあり方と今後の方向　　　　阿部泰隆 ……… 42
- 司法行政と原発訴訟　　大出良知 ……… 61

第2部
福島第一原発事故被害者の声

- 着の身着のまま逃げた──17年間原発廃止を訴える
  早川篤雄（楢葉町）……… 74
- 仕事も家もすべて失った──国と東電は被災に補償を
  白岩寿夫（双葉町）……… 78
- こんな事故が起きるとは──安全を信じた原発の町で
  松本清恵（楢葉町）……… 81
- 子どもたちの命が心配──校庭の放射線量に驚く
  佐藤幸子（川俣町）……… 85
- 露天商も困っています──祭り盆踊り次々中止
  石川次夫（いわき市）……… 88
- ふるさとの川を元に戻せ──汚染されて釣り客は激減
  佐川泉（矢祭町）……… 90

第3部
再稼働阻止と原発訴訟の緊急課題

- いま、直面する原発訴訟の課題
  ──再稼働をいかに阻止するか　　冠木克彦……… 94
- 再稼働禁止の法的武器としての「安全指針失効論」
  ──福井原発再稼働禁止仮処分申請をめぐって　　吉原稔……… 108
- 原発を終わらせるための2つの緊急課題
  ──ストレステストと原賠法の問題点　　只野靖……… 123

第4部
原発訴訟の最新の動き

- 泊原発1〜3号機訴訟(北海道)　　難波徹基……… 134
- 大間原発訴訟(青森県)　　森越清彦……… 141
- 浜岡原発訴訟1（静岡県）　　青木秀樹……… 153
- 浜岡原発訴訟2（静岡県）　　青山雅幸……… 164
- 美浜・高浜・大飯原発裁判、
  敦賀原発裁判(福井県)　　石川賢治……… 182
- 島根原発訴訟(島根県)　　水野彰子……… 195
- 伊方原発訴訟(愛媛県)　　薦田伸夫……… 205
- 上関原発訴訟(山口県)　　丸山明子……… 217
- 玄海原発3号機訴訟(佐賀県)　　冠木克彦……… 230
- 川内原発訴訟(鹿児島県)　　吉田稔……… 243

第1部
原発訴訟と
司法の責任

浜岡原発差止め請求棄却(2007年10月26日)。
静岡地方裁判所の法廷内写真(写真提供：共同通信)

海渡雄一弁護士に聞く　　聞き手：編集部

司法は原発をどう判断してきたか
これまでの原発訴訟と福島原発事故後の原発訴訟

「判決(浜岡原発第一審)が間違っていることは自然が証明するだろう」という地震学者の警告が現実のものとなった。多数の原発訴訟を闘ってきた海渡雄一弁護士に、原発訴訟の特色とそこでの裁判官の責任を聞いた。

略歴

海渡雄一(かいど・ゆういち)　1955年、兵庫県生まれ。1979年、東京大学法学部卒業。司法研修所第33期修了。1981年、弁護士登録(第二東京弁護士会)。現在、弁護士。日本弁護士連合会事務総長(2010年4月〜)。
主な著作に、『監獄と人権』(明石書店、1995年)、『監獄と人権2』(同、2004年)、『刑罰に脅かされる表現の自由―― NGO・ジャーナリストの知る権利をどこまで守れるか？』(監修、現代人文社、2009年)などがある。原発訴訟関連の著作には、『原発訴訟』(岩波新書、2011年)、「もんじゅ訴訟」(日本弁護士連合会行政訴訟センター編『最新重要行政関係事件実務研究』〔青林書院、2006年〕)、「原子力問題と環境」(吉村良一ほか編『新・環境法入門』〔法律文化社、2007年〕、「原子力発電所をめぐる訴訟」(日本弁護士連合会公害対策・環境保全委員会編『公害・環境訴訟と弁護士の挑戦』〔法律文化社、2010年〕)などがある。

「やっぱり起きたじゃないか」

――これまで原発訴訟は50数件提訴されていますが、住民側が勝訴した判決は下

級審で2つしかありません。それも、最高裁まで行って、すべて敗訴しているのが現状です。

これまで、原発は危険だという住民側の主張を退けて、国や電力会社の言い分を認めてきた司法の責任は問われなくてよいのか。この点について、あまり論じられていません。これまでの原発訴訟を振り返って、この点を中心にお聞きしたいと思います。

はじめに、海渡さんは、東電福島第一原発事故のニュースを聞いて、どう思いましたか。

海渡 地震のときに非常用ディーゼル発電機が同時に使えなくなるということは、私たちが浜岡原発訴訟の中で主張していた主要な点です。第一審の静岡地裁(宮岡章裁判長、男澤聡子、戸室壮太郎裁判官)は、中部電力の主張を鵜呑みにしただけで、そういうことは起きないという判断しました。それが現実に起きてしまったということで、「やっぱり起きたじゃないか」という感じでした。

もう一つ、その日の夜は、電源車を一生懸命走らせたが、地震による道路事情の悪化のため、行くことができず、つながらなかった。そうすると、電気が全然来ない状態が続いているということです。それで原発が無事なわけはありません。その日の夜の段階で、炉心が空だきになって核燃料が溶融することは確実だと思っていました。

——この静岡地裁判決に対して、地震学者の石橋克彦さんが2007年10月26日の毎日新聞で、「この判決が間違っていることは自然が証明するだろうが、そのとき私たちは大変な目に遭っている恐れが強い」とコメントしていましたね。

海渡 そうです。まさに自然が証明した。こんな不幸なことはありません。

訴訟提起という選択

——原発を止めようとする運動にはいろいろなものがありますが、なぜ司法の場に判断を求める方法をとったのでしょうか。

海渡　原発反対運動の中には、訴訟をどう位置付けるかについて非常に長い論争があります。「訴訟をやると、現場の運動が停滞する」という考え方もあって、訴訟提起について消極的な意見もありました。

　しかし、農地を売らないとか、漁業権を手放さないという抵抗をしていても、金の力で切り崩されてくる。原発の設置許可が出る時期になると、公開ヒアリングが行われます。そこでは、市民グループや労働組合などが呼びかけて、全国から何千人という人々が集まって、それを阻止しようとします。1980年12月柏崎刈羽原発(東京電力／新潟県柏崎市)の公開ヒアリングのときは、反対運動がたいへん盛り上がって、公開ヒアリングが開けるかどうかというところまでいきました。

　しかし、それは一つの手続ですから、それを突破されてしまうと、争う手段としては訴訟以外にはもうありません。柏崎刈羽原発の場合も、そういう論争の結果、訴訟を起こしました。

　また、訴訟をするとして、どういう形式の訴訟が有効かどうかも問題になります。高速増殖原型炉もんじゅ(日本原子力研究開発機構／福井県敦賀市)に対する訴訟のとき議論になりました。

　福井県は、原発の数が非常に多い県で、全部に対する訴訟をやることは考えられなかった。しかも、福井県の原発反対運動としては、普通の軽水炉に関する問題などたくさんやらなければいけないことがあって、そこに非常に悩みがあった。高速増殖炉については非常に危険性が高いので、何とかしなければいけないと討論しているうちに、設置許可に対する異議申立て期間が途過してしまいました。

　弁護士に依頼が来たときには、既に取消訴訟はできない状況になっていたので、弁護団としては、これに対してどういう形式の訴訟を挑むかという大議論をしなければいけませんでした。

　普通に考えると、動燃事業団(動力炉・核燃料開発事業団、のちに日本原子力研究開発機構となる)に対する差止めの民事訴訟になります。しかし、もしかすると、民事訴訟自体も却下されるかもしれないと思いました。なぜならば、動燃は国とほぼイコールなわけです。大阪国際空港騒音差止訴訟のような判決理由で、空港行政権に対して民事訴訟で闘えないという議論が出てくるのではないかという心配がありました。

さらに、行政手続そのものの中で、いろいろ間違っている点や抜け落ちた点を見つけて、そこを争うためには、行政訴訟でなければできないのではないかという議論もありました。当時、もんじゅについては、安全審査の議事録すら公開されていない状態で訴訟を始めなければならなかったので、私は、これから長い裁判でどんな資料が出てくるかわからないから、行政訴訟をやるべきだと非常に強く言いました。

　しかし、当時は、無効確認訴訟なんて、取消訴訟以上に難しくて、ほとんど箸にも棒にもかからない訴訟で、そんなことをやるのかという反対意見もありましたが、結局民事と行政の両方やることにしました。それから10年以上あとのことですが、結果的には行政訴訟の控訴審(2003年1月27日)で勝つことができました。その後、最高裁(2005年5月30日)で逆転敗訴しましたが、この訴訟形式選択の議論は重要だったと思います。

原発訴訟では何が争われるのか

——原発に対する行政訴訟では、設置許可処分の違法性を争うことになりますが、具体的にはどの点を争うのでしょうか。

海渡　その点は、伊方原発訴訟で1992年10月29日に出された最高裁判決の説明をしたほうが分かりやすいと思います。この判決には、いくつか見るべき点があると思います。

　まず、判決は、国の安全審査について「原子炉が原子核分裂の過程において高エネルギーを放出する核燃料物質を燃料として使用する装置であり、その稼働により、内部に多量の人体に有害な放射性物質を発生させるものであって、原子炉を設置しようとする者が原子炉の設置、運転につき所定の技術的能力を欠くとき、又は原子炉施設の安全性が確保されないときは、当該原子炉施設の従業員やその周辺住民等の生命、身体に重大な被害を及ぼし、周辺の環境を放射能によって汚染するなど、深刻な災害を引き起こすおそれがあることにかんがみ、右災害が万が一にも起こらないようにするため、原子炉設置許可の段階で、原子炉を設置しようとする者の右技術的能力並びに申請に係る原子炉施設の位置、構造及び設備の安全性につき、科学的、専門

技術的見地から十分な審査を行わせることにある」と言っています。

ここで言っていることで非常に重要なことは、国の行う安全審査の趣旨は〈原発は潜在的に非常に大きな危険性を持っている。従って、災害が万が一にも起こらないようにするため〉にあるので、判断は〈安全か危険〉かではなくて、〈万が一にも危険なことが起こらないようにする〉ことができているかが判断基準で、そのために十分な審査を行わせるということです。この伊方判決は、憲法論としては化学物質や遺伝子操作された食物の安全性などについての「予防原則」や「事前の権利としての人格権」の具体化として読むことができると思います。福島第一原発事故によって明確となったように、重大で不可逆な損害を生じるおそれがある場合には、その具体的な危険性の発生の手前の段階で予防的規制・差止を認める論理としてこの判決を位置づけることが重要だと思います。

さらに、違法かどうかの判断にあたっては、「現在の科学技術水準に照らし、右調査審議において用いられた具体的審査基準に不合理な点があり」、あるいは当該原子炉施設が右の具体的審査基準に適合するとした原子力委員会もしくは原子炉安全専門審査会(現在は、原子力安全委員会)の「調査審議及び判断の過程に看過しがたい過誤、欠落があり、被告行政庁の判断がこれに依拠してされたと認められる場合」には違法であると言っています。

ここでのポイントは2つあります。判断の基準は、設置許可処分のときの科学技術水準ではなくて、裁判をやっている、まさしく証拠調べをしている現時点での科学技術水準で判断するということです。私たちは、ここで闘えるわけです。「処分のときには、国が言っているような科学的知見もあったかもしれないけど、今は、それはもう変わっているじゃないか」という論争を挑むことができます。

また、「調査審議の過程に看過しがたい過誤、欠落があった」ということは、単なるミスではだめですが、「看過しがたい」が付いているので、見過ごすことができないようなミスや見落としという要件になっています。

ここは、「このミスがあったことによって、原子炉が重大事故を起こすおそれがある」とまでは書いていません。そこまでの立証は必要でなくて、普通の感覚から言って、「こんな重要なことについてミスがあったら見逃してはいけない。もう一度審査のやり直しをするべきだ」というもので足りると

読むべきです。この点が非常に重要です。

立証責任については、当然、本来は原告が負うべきだと言っていますが、当該原子炉施設の安全審査に関する資料をすべて被告行政庁の側が保持していることなどの点を考慮すると、被告行政庁の判断に不合理な点がないことを相当の根拠・資料に基づき主張・立証することは、被告の側の責任だ。被告行政庁が右主張を立証し尽くさない場合には、右判断には不合理な点があることが、事実上、推認されると言っています。

少し持って回った言い方にはなっていますが、実際には、被告側がちゃんとした立証を果たさないときは、原告が勝つ可能性があることになっています。

伊方最高裁判決は、判断の対象が基本設計に限定され、詳細設計に関する事項は対象とならない、国には広範な専門技術的な裁量が認められているとしている点などは、理論的には問題がありますし、事前に原告に全然連絡しないで突然出したという判決の出し方にも問題があったため、出た当初は非常に散々な言い方をされました。しかし、よく読むと、現在では、住民側でかなり使える部分があると思っています。

この判断の枠組みをそのまま忠実に適用したのが、川崎和夫裁判長によるもんじゅの名古屋高裁金沢支部判決(2003年)と、井戸謙一裁判長による志賀原発2号炉の金沢地裁判決(2006年)です。2つとも金沢市で出ているところが、偶然と言うには何か運命的なものを感じますが、そういう判断が2つ出ています。

裁判官に何を判断させるのか

——原発訴訟を単なる科学論争にしてはいけないという意見もあります。裁判官自身は、原子炉の専門家ではないので、裁判官に具体的には何を判断させるのでしょうか。

海渡 先ほど言ったように、裁判では、安全審査の過程で〈看過しがたい過誤・欠落〉があったかどうかを審査することになります。もんじゅの判決で原告が勝った3点の問題がありますが、そのうち2点は、過誤ではなくて

欠落です。

　要するに、ナトリウムと鋼鉄が接触すれば溶融塩型腐食反応が化学的に起きることは明らかなのに、そういう現象が事故で起こっているのに、そのことが安全審査の過程で全く議論されていないことは誰でもわかります。

　もんじゅの蒸気発生器はナトリウムの熱を水蒸気に変える装置ですが、非常に薄い管壁で熱交換をしています。そこが破れたときに、ナトリウムと水の爆発的な反応が起きます。

　そういうときに、1本が破断したら、その破断がほかの伝熱管にも波及していきます。そのときの波及の仕方に関して、安全審査の過程では、ウェステージ型という腐食が進むようなかたちでの破損伝播の形態があるということで、1本破断したときには4本まで破断するという想定を置いて安全審査をしています。

　ところが、現実には、安全審査の当時、動燃が行った実験の中では、1本の破断で数十本の伝熱管が破断する事態が起きました。それは高温ラプチャーという全然別の破損伝播形式でした。そのことは動燃の実験でも裏付けられていたし、実は、もんじゅの安全審査が終わったあと、イギリスでも、現に、そういう事故が起きています。

　ところが、そのことについては、科学技術庁に一度も報告されたことがないし、安全審査もされたことがありませんでした。私たちは、そのことを暴きました。その暴いた過程が、訴訟の最も大変な作業でした。国際的な原子力学会の中でどういう報告がなされているかについては、京都大学の小林圭二先生が丹念に調べてくださいました。その結果、「動燃内部の資料で、こういうものがあるはずだ」ということで、国会議員の協力を得て国に資料要求したりして、そういう事態を暴いていきました。

　そういうことが審査されていないことは明らかです。「じゃあ、このことは、いったいいつ科技庁に報告したんですか」と言ったら、私たちが裁判所に報告書を出したあとでした。科学技術庁は安全審査庁ですが、科学技術庁からお金が出て実験をしています。しかし、その実験結果を監督官庁に知らせていないことが明らかになったのです。

　これは、いずれも安全審査の過誤ではなくて欠落です。裁判官の立場からすれば、「こんな明白な欠落が二つもあるんだから、安全審査をやり直すの

は当たり前だろう」というのが、もんじゅの名古屋高裁金沢支部の判決です。

　実は、もう1つ、炉心が暴走してしまうという事故が起き得るという問題があります。これについては、一応、安全審査がなされています。しかし、当時、動燃側が持っていた炉心崩壊事故に関するシミュレーションについての報告書を私たちが入手しました。すると、安全審査で動燃が提出していたよりも大きな破壊エネルギーとなるシミュレーションが含まれていて、それは安全審査では隠されていたのです。これは間違っているという過誤の判断です。

　井戸元裁判官が書いた志賀2号炉訴訟の場合は、先ほど言った、「原子炉施設が調査・審議に用いられた具体的審査基準に不合理な点がある」というほうです。これは、耐震設計を審査するときの耐震設計審査指針が、地震学の現状から見て不合理になっているので、それを見直して、それに基づく審査が行われていない以上、安全審査は取消されるべきだということです。実際には、この事件は民事訴訟の運転差止め請求だったので、誤った基準に基づく安全審査では原告らの安全性が保証されないことになるという判断になりました。

これまでの原発訴訟の成果はあるのか

――志賀原発2号機で差止め判決があって以降、国は新しい耐震指針を慌てて作りました。その意味では、裁判をしたことが原発行政に対して何らかの影響を与えているのはよくわかります。裁判では負けていますが、このように原発訴訟が実際の行政を動かしたという意味では、何かほかにも成果はありますか。

海渡　軽水炉におけるプルトニウムウラン混合燃料を利用することを「プルサーマル」と言いますけれども、そのときにMOX燃料を使います。これは、燃料そのものがプルトニウムを非常にたくさん含んでいるという点で扱いづらいし、制御が難しいとか、暴走が起きやすいとか、いろいろな問題があります。そういうことを争った福島第一原発の3号機のMOX燃料使用差止め請求仮処分訴訟があります。

　この裁判については、2001年3月23日に福島地裁（生島弘康裁判長）で棄却

司法は原発をどう判断してきたか　　**19**

決定が出ています。

　私たちは、この裁判で、燃料検査のデータに不正があるのではないかと主張していました。それについて、判決は、原子力発電所で使用される原子燃料の品質が問題とされたような場合には、可能な限り具体的なデータを明らかにして各方面における検証を可能とするように努める事が原子力分野で事業を実施する企業の責務であり、ベルゴニュークリア社は、本件抜き取り検査データを企業秘密に属するとしてその一般公開を拒絶しているのであるが、ペレット外系寸法の検査データが重大な製造ノウハウにかかわるものとはおよそ考えがたく東京電力はベルゴ社に対し、本件抜き取り検査データを公開すべく努めた形跡が窺（うかが）えないことは、原子力発電という潜在的に危険な施設を設置稼動する立場にある者として、必ずしも十分な対応とは言いがたいと、東電の情報非開示を批判しました。

　この判決が出たときに、福島県の知事は佐藤栄佐久さんでした。佐藤さんは、その当時、原子力行政に批判を強めていたので、私たちは、裁判があるごとに、毎回、県に行って、裁判の経過報告などをしていました。こういう決定を持っていくと、東京電力の信頼度は非常に低いので、MOX燃料の使用は認めないという最終的決定をしました。国は承認を出し、裁判の結果も棄却でしたが、県が「ノー」ということで止まりました。

　そのあと、佐藤さんは贈収賄事件で逮捕されて、その次の知事がMOX燃料の装荷を認めてしまいます。それが2010年の8月です。佐藤さんが頑張っていれば、今もMOX燃料は使われていませんでした。

　今度の事故で一番ひどい爆発をした原子炉は3号機ですが、これだけたくさんの放射性物質が漏れたことと、あの原子炉がMOX燃料を装荷していたことの間には、何らかの関係があるのではないかと私は疑っています。

裁判官の迷い

——判決のなかには、安全審査に問題があるといいながら、結論は国側勝訴という、迷いがあるものが多数ありまね。

海渡　伊方原発の2号機訴訟というのがあります。1号機の訴訟と一部並

行していたと思うけれども、弁護士を付けないでやった本人訴訟です。2000年12月15日の松山地裁判決(豊永多門裁判長)では、今までは活断層であると認められていなかった伊予灘海域における海底断層群が活断層であると認定されました。その安全審査が間違っていることがはっきりしたので、私は、裁判所は住民側勝訴判決を出してもよかったと思います。この判決は、基本的に活断層の見落としがあったことを認めましたが、「それは看過しがたいとまでは言えない。別の対策が講じられているから、結果としてはいい」ということでした。しかし、活断層の見直しがあったことをはっきり認めたケースです。

もう一つ言うと、女川原発の1号機の控訴審判決(武藤冬土己裁判長、1999年3月31日)で、「原発の経済性と安全性との間では、安全性を重視すべきだ。経済性を優先させて稼働率を重視することがあれば、それは問題と言わなければならない」と言っていて、「個々の原子力発電所のうち、具体的な危険が生じている原子力発電所の優先的な廃止を求めることは当然だ。しかし、現状で、『すべての原発を直ちに止めろ』と言うのは相当と言いがたい」と、迷走しています。

さらに、津波のことも議論になっています。原告は、津波の点について、女川原発は14メートルが基準面になっているけれども、国の太平洋沿岸部地震津波防災計画手法調査委員会では、牡鹿町に25メートルの波高の津波が押し寄せるという予測をしているので、ここまで及ぶ可能性があると主張していました。

これに対して、判決は「この予測結果だけを根拠に、津波の最大波高が相当でないとすることはできない」と言いながら、「もっとも、右予測の根拠が具体的に明らかにされた場合は、新たな対応を迫られる場合があり得ることまで否定するものではない」と言っています。

要するに、「津波のときには、女川原発がやられてしまうかもしれないから、東北電力さん、何とかきちんとやってくださいね」という感じです。私は、ここに裁判官の不安感が出ていると思います。

しかし、裁判官がこう思ったときに、「ここがちゃんとできていないからだめ。ちゃんとやるまでは動かしちゃだめ」と言っていれば、女川だけでなく、福島での津波対策の力の入れ方も全然違ったレベルになったのではない

でしょうか。

　東海第二原発(茨城県)では、津波について直前に対策をして、非常用電源が止まるのを何とか防いだということです。そういう意味では、何の対策もしていなかった東京電力のひどさが際立っています。

　福島第一原発事故に関連したことが、さまざまな訴訟の中で具体的に議論され、裁判所は裁判所なりに悩んでいました。もんじゅと志賀２号炉は、そこで決断して、これではだめだという判断があったけれども、それ以外の判決は、つぶやきみたいな感じです。「安全だと言ってしまうのは不安だ。だけど、だめだと言ったら、自分のこれからの裁判官人生はどうなるのかな」というところで悩んでいる感じが看て取れます。

今後の原発訴訟の行方

——今回の福島第一原発の事故が起こった以降、過去のいろいろな裁判の中で主張したことが現実のものとなっているわけですから、今後の原発訴訟は、当然、それを踏まえて判断されるべきだと思いますが、その見通しをどのように考えていますか。

海渡　浜岡原発が止まった過程のことを話したほうがいいと思います。浜岡原発の問題については、地震の直後に参議院の予算委員会で採り上げられて、例の班目春樹原子力安全委員会委員長の「(安全性の)割り切り方が間違っていた」という発言が出ました。彼は、それで非常に責め立てられて、予算委員会の場で謝罪することにまでなりました。そのことがきっかけとなって、官邸の中でも相当な議論がされたと聞いています。

　浜岡訴訟の控訴審では、「最も危険な、耐震性再評価(バックチェック)のOKが出ていないものが、なぜ動いているのか。それはおかしい」ということを私たちはずっと言い続けていました。昨(2011)年４月に、「福島第一原発事故が起こったんだから、原則に戻って、耐震バックチェックのOKが出るまでは止めるということを裁判所として指示してほしい」と裁判所に申し入れました。

　５月２日に当事者双方が呼ばれて、進行協議期日をやりました。そのと

き、東京高裁の裁判官は、「この訴訟を巡る状況は一変した」と言いました。裁判所は、中部電力側に対して、「次回の進行協議期日を決めるので、役員会を開いて、原発の運転を継続するかどうか、中部電力側の明確な結論を持ってきなさい」と要請しました。これは重要な指示だったと思います。

　次の審理の期日が、2011年5月26日に入っていましたから、裁判所は「この日までに持ってこい」と中部電力に言ったのです。そうしたら、5月6日に菅直人総理大臣(当時)が中部電力に原子炉の運転停止を要請して、12日までに全部止まりました。菅さんが言わなくても、ほかの手段でも止まったかもしれないということです。

　この状況の中で、裁判所は、この訴訟が動いている状態で東海地震が起きて、大事故が起きたらどうしようと思っていたことは間違いありません。だから、中部電力に対して「とにかく、単純な訴訟対応で考えるのではなくて、こういう状況のもとで原発を動かし続けるかどうか責任を持って判断していらっしゃい」と言ったのだと思います。

　このあとに静岡でも新しい訴訟が起こっていますが、今回の浜岡原発が止まった状態になっていることそのものに、訴訟が継続しているということが影響していると思います。

　今後、定期検査で止まっている全国の原発をどのように運転再開していくかが重大問題となっています。私は、現状では、もともとの原発の耐震設計審査指針や安全評価指針が不完全であることは明らかになったと思います。全停電が起きたときの対策がされていません。外部電源が止まった場合に、非常用ディーゼル発電機そのものが稼働しないような事態にも対応ができていません。苛酷事故の時の対策も法制度になっていません。そこをどう改めるかという議論がきちんとなされて、少なくとも福島第一原発で起きたようなことが二度と起きないという保証がない限りは、原発を動かすことはできないと思っています。

　その意味では、泊原発(北海道)の運転再開(厳格にいえば調整運転から営業運転への切り替え)が認められてしまったという点は、非常に問題だと思っています。今後、各地の知事がどういう判断をするか注目したいと思います。安全審査によって知事は、運転の同意をするかどうかの権限を持っている場合が多いので、知事自身がその点についての判断を非常に慎重に進めていま

す。

　5月16日に福井県の西川一誠知事が、「事故が発生して2カ月以上になるが、津波によるものなのか、地震によるものなのか、検証をできる限りやらなければいけない。また、これまでどおりの基準で問題がないということではない。現在の政府が取っている対策は、短期対策、応急対策だ。送電鉄塔の建て替えや強化、発電所の開閉所、燃料プール、燃料取り扱い建屋などの耐震性向上対策についても明確な返事がない。津波防護対策は、国は一律に9.5メートルのかさ上げを指示したが、これはいったいどういう意味なのか。基準なしでいろいろな説明を細かくやっても問題は解決しない。事柄を分けて、地元の納得を得る。このことは、日本全体でコンセンサスを得ないと、定期検査中のものを再起動することについて、われわれとしては対応しかねる」と言っています。

　この知事の発言は脱原発の立場に立っていませんが、これに全部対応しなければ運転再開はだめだというものです。これに対応することは大変なことです。

　各地の住民を抱えている自治体として、事故を起こしてもらっては困るという立場からの住民の要請に応えられない限りは、原発の運転自体が各地で行き詰まっていくことは明らかです。

　今、政府は国の原子力安全行政そのものを環境省に移すと言っています。私は、そのこと自体には全く反対はないというか、そのことはずっと前からやるべきだったと思いますが、それは、単純に省庁の人間を移して、看板を付け替えましたというだけではだめだと思います。本気になって、「事故を二度と起こさせない。そのために、危険なものがあったら、その問題を解決するまでは止める」という迫力、気構えみたいなものを持った安全規制機関ができない限りは、原発立地地域の住民や自治体の理解は、絶対に得られない気がしています。

　私は、すべての原発はできるだけ早い時期に止めていくべきだと思いますけれども、さまざまな政策上の理由で、一定の期間は動かすとしても、それについては、最低限、そういう措置を講じる必要があることをきちんと言っていく必要があると思っています。

裁判官は、原発訴訟とどう向きあうべきか

――最後に、裁判官は原発訴訟にどういう向き合い方をしたらよいかをお聞きしたいと思います。

海渡　私の成功体験としては、もんじゅのときの名古屋高裁金沢支部の裁判がすごく印象深いですね。高裁で裁判が始まったときに、川崎裁判長は、「自分たちは原子力の問題がよくわからない。しかし、変な判決を出して恥だけはかきたくないので、自分たちが自由に質問できるような場を作って、そこに専門家を呼んできてくれ」と言われました。

裁判所は最初の時点では、国の偉い人が来て説明してくれれば、それで納得いく判決が書けると思っていた可能性が高いと思います。しかし、「公平な判断をしたい。よくわからない状態で判決を書くのは嫌だ」と言われました。

実際にどういうことが行われたかというと、1カ月に一度、朝から晩までの期日を開きました。証人尋問は、第一審の地裁ではかなりの時間をかけてやっていました。何人もの証人を調べていましたから、裁判所はその調書も読んでいたと思います。一審のときに証人として出てきた人とか、それ以外の人も含めて、専門家に来てもらってプレゼンテーションをしてもらいました。それに対して裁判官が質問をしました。

もちろん、私たちも途中で口を挟んでもいいですが、国と動燃と原告側の専門家と裁判官との対話が続きました。これを1年間やったと思います。月に1回、丸1日とって専門家とずっと議論していくと、裁判官の理解の進み方は、すごいものがありました。こちらも舌を巻くぐらいよく勉強してきます。こちらの言っていることの弱点もわかっていて、「ここはどうですか」「わかりました。次までに書類を作ってきます」という本当に真剣勝負のやり取りがあって、審理の最後の段階では、裁判官も自らの判断に自信を持っていたと思います。安全審査に根本的な問題があると思ったのではないか。判決を出す直前ぐらいの裁判官の雰囲気には、自信が溢れていました。だから、絶対に勝つと思いました。

浜岡訴訟の第一審のときも私たちは勝つのではないかと思っていたので

す。しかし、裁判官の肉声を聞いたことはありませんでした。証人尋問を聞いているだけです。わかっているのかわかっていないのかもわかりません。私たちは、相当細かく立証したので、これを理解していれば当然勝つだろうと思っていました。

　浜岡原発の判決直前に、新潟中越沖地震(2007年7月6日)が起きたために、私たちは地震による原発の損傷の状況など、新たな証拠の提出のため弁論再開を申し立てました。これに対して、裁判長は「確かに、こんな重大な事故が起きたので、弁論再開もできますけれども、そのときは自分たちは異動してしまうので、判決は別の裁判官が書くことになります。今回の地震のことは、公知の事実ということで、弁論再開をしなくても判決に採り入れることはできると思います」と言いました。

　そう言われたら、弁護側としては「弁論再開をしないで、この裁判官の判決をもらったほうがいいかな」と期待するのは当然です。結局、弁論再開の申し立てを取り下げてそのまま判決をいただくことにしました。しかし、判決には中越沖地震のことは一言も出ていなかったのです。

　私が、判決で特に問題にしているところは、地震が起きたときに原発では、重大な同時故障が起きるという私たちの主張に対して、「そういうことは起きていない」と言っていることです。結審までに私たちが指摘してきた事故は、女川原発とか福島原発で起きた小さな地震のときの故障のことで、「これらは大したことではない」と書いています。

　しかし、中越沖地震で3000カ所の同時故障が起きていました。その証拠は正式には取り調べられていませんが事実上は提出されていました。弁論再開をしていないから、「起きていない」という判決は書けるかもしれないけれども、そんなことはしない約束になっていました。しかし、そういう判決を書いているのです。

——裁判官の行政よりという資質に問題があるということですか。

海渡　本当の意味で公平に判断しようという気持ちが裁判官の中にあって、自分から勉強しようと思っていれば、今の裁判官の知的能力からすれば、安全審査に問題があるかどうかの点の判断はできるはずです。

さっきから何度も言ったように、浜岡訴訟の判決にも、想定を超えるような地震が起き得ることが書いてあります。判決の論理の組み替え方さえ間違えなければ、別の判断に行き着きます。そこがなぜかおかしくなっている裁判官がいるということです。そこをどうしたら直せるのかは、私にはわかりません。しかし、そういう判断を積み重ねてきた結果、今回のような事故を防ぐことができなかったのです。
　もちろん、今回の事故は、東京電力が安全対策をもっとしっかりしていたことと、国の原子力安全行政がもっとしっかりしていたことの二つがあれば、防げたかもしれません。
　しかし、2007年10月26日の浜岡原発の第一審判決で、「この地震対策ではだめだ。地震の対策を根本的にやり直すべきだ」という判決が出されていれば、おそらく全国の原発の地震対策は見直されていたと思います。そのきっかけになったことでしょう。この判決はそのようなきっかけを奪ったわけです。
　まさしく、「この判決の誤りは、自然が証明するだろう。しかし、そのときに、われわれはひどい目に遭っているに違いない」と石橋先生が言ったとおりになってしまいました。
　司法が誤るということは、原告になっている人たちの権利が侵されるだけではなくて、日本国民全体をこんなにひどい目に遭わせることに直接つながっていくことがあるのです。電力会社、原子力安全行政、そして裁判所のそれぞれが、この事故を防ぐための一つのキーを持っていたはずです。その機会は、何度となく与えられていました。もんじゅの高裁判決が確定して、最高裁で安全審査のやり直しが確定していたら、おそらく安全審査の態勢自身もその時点でかなり変わったと思います。
　私は、結論としては、住民側敗訴であるが、内容的には見るべきところのある判決もいくつか紹介しましたけれども、ここまで悩んでいるのだったら、どうしてもう一歩踏み出して、「これは容認してはいけない」という判断までいかなかったのかという思いもあります。
　私は、こういう科学技術裁判について、裁判所自身が判断する能力がないとは決して思わないし、記録に向き合って、当事者双方と討論を繰り返せば、かなりのところまで裁判官の理解は深まります。そういった点を考えると、

あとは裁判官自身の勇気です。自分たちが何のために国民から司法権を負託されているのかということに対する自覚と、時には国の施策に抗してでも、そういう判決を出し切るだけの勇気があれば、この状況は変えられたのではないか。これからでも遅くないから、そういう判断をしてほしいと思います。

　福島第一原発事故後には脱原発弁護団全国連絡会(2011年7月)が結成され、全国の訴訟準備に多くの若手弁護士が参加してくれています。島根、玄海、大間、上関でも法廷での闘いが続いており、泊、福井、伊方、玄海、川内でも新たな提訴と準備が進んでいます。全国の弁護団が連携して、協力してもらえる専門家のネットワークをつくり、裁判官を励まし、原告勝訴判決を抵抗なく書ける環境を作ることが大切だと思います。裁判官と討議のできるような審理形式を実現して、裁判官の問題意識と知識を深め、確信を持って判決を書いてもらえるような工夫をしていきたいと思います。

——ありがとうございました。

(了)

井戸謙一元裁判長に聞く　　聞き手：編集部

原発を止めた裁判官
志賀原発2号炉運転差止め判決

2006年、稼働中の原発に対する差止めを認める判決がはじめて下された。その担当裁判官である井戸氏は、福島第一原発事故を目のあたりにして、どのような思いでいるのか。司法の責任、裁判官としてのあり方を聞いた。

略歴

井戸謙一（いど・けんいち）　1954（昭和29）年、大阪府生まれ。司法研修所第31期修了。神戸地裁をかわきりに、甲府、福岡、大津、山口、金沢、京都各地裁などを経て、大阪高裁で依願退官。現在は、滋賀県彦根市で弁護士登録（滋賀弁護士会所属）。
関与した主な訴訟に、京都指紋押捺拒否逮捕国賠訴訟控訴審（裁判官の逮捕状発付を違法と認めた）、住民基本台帳ネットワーク離脱・石川訴訟第一審（違憲判断）、違法取調国賠訴訟一審（検察官の言動は弁護人と被疑者との信頼関係を棄損する行為にあたると判断）などがある。

志賀原発2号炉運転差止め訴訟

北陸電力に対して、17都道府県の住民135名が、1999年8月に金沢地裁へ提訴した。事故の危険性、地震の危険性、廃棄物処理問題、電力需要論などについて審理され、2006年3月24日、差止め判決がくだされた（判例時報1930号25頁）。しかし、2009年3月18日に名古屋高裁金沢支部で逆転敗訴判決（判例時報2045号3頁）。2010年10月に最高裁が上告棄却し、敗訴確定（参考文献：岩淵正明「志賀原発訴訟」法と民主主義459号〔2011年〕40頁）。

福島第一原発の事故について

――全国各地で多くの原発訴訟が提起されていて、過去の原発訴訟を振り返ってみると、その中で40件ぐらい判決が出ていますが、行政訴訟と民事訴訟を含めて住民側が勝訴したのは、井戸さんが関与した志賀原発２号炉訴訟の金沢地裁判決ともんじゅ控訴審の名古屋高裁金沢支部判決、この２つだけです。この少なさを考えると、これまでの再審事件を彷彿させます。再審も何回やってもなかなかその門が開かない。原発訴訟もそれぐらい住民側にとっては厳しい裁判だったと思います。

もんじゅ（福井県敦賀市）の場合は止まっていたのですが、志賀原発２号炉（石川県羽咋郡志賀町）は稼働中の原発でした。電力会社にとっては非常に影響が大きいものだったと思います。

志賀原発２号炉運転差止め訴訟では、今回の東電福島第一原子力発電所の事故を予言するようなことが判決書の中に書いてあります。「可能性としては、外部電源の喪失とか非常用電源の喪失。さまざまな故障が複合的に起こって、多重防護が有効的に機能するとは考えられない」と。

井戸さんは、福島第一原発の事故が起こったときは、どう感じて、どのように見ていましたか。

井戸　差止めるという結論になったのは、志賀２号炉特有の問題点もありますが、全国の原発に共通する問題点もあるので、志賀だけではなくて、どこかでいずれ過酷事故が生ずるのではないかという危惧をずっと持っていました。

とうとう来たかという感じと、そうはいっても、私自身も原発の安全神話に影響されている面があるので、危険は内包しつつも無事に行くのではないかという思いもありました。仮に事故があるにしても、もっと先の話ではないかという思いもあったので、こんなに早かったかという思いです。その二つが交錯しました。

審理の中で、電力会社のリスクをできるだけ小さく見積もって、安いコストで原発の建設、運転をしていきたいという姿勢が垣間見えました。志賀原発だけではなくて、それ以外の原発においても同じような問題があることは、いろいろな報道、雑誌、本を読んで感じていました。それが、最終的に

は破局的な事故に結び付くのではないかという思いは持っていて、それが現実になってしまったと感じました。

――審理をやっている中で、ほかの雑誌や新聞を読んだということですが、ほかの訴訟のこともかなり念頭にあったのでしょうか。

井戸　裁判後、耐震設計審査指針の改定作業が加速しました。その内容はネットでも見ることができたし、その後、想定地震動を超える地震動が、能登半島の地震の際に志賀原発で生じたし、中越沖地震の際に柏崎刈羽原子力発電所でも生じました。また、島根原子力発電所において中国電力が認める活断層の長さがどんどん長くなっていったこと等も興味を持ってずっと見ていました。

――この裁判に関与する前は、原発についてはそう関心はなかったのですか。

井戸　なかったということはありません。チェルノブイリ原発事故（1986年）の頃から反原発の世論が随分盛り上がったし、その頃から普通の国民の一人として原発に対する危惧感というか、不安感は持っていました。専門的に勉強していたわけではありませんが。

――ちょっと言いにくいかもしれませんけれども、そういう問題について、同僚の裁判官と話すことはありますか。

井戸　うーん、ないですね。ほとんど記憶がないですね。

――そうですか。あまりそういう時事的な問題について話すことは、普段はしないですか。

井戸　そうですね。あまりよくないのかもしれませんけど、裁判官の中で生々しい問題についてあまり意見交換はしません。

国策としての原発からくるプレッシャー

――差止め判決で、本当に稼働中の原発が止まることで相当大きな影響も出ます。特に、原発は国の政策として何十年も進められてきたもので、それに対して、ある意味では「ノー」を突き付けることになるので、はたから見ても相当プレッシャーがかかっているのではないかと思います。審理中は、そういうことを感じていましたか。

井戸　私は、2002(平成14)年に金沢地裁に着任しましたが、この事件は、1999(平成11)年に提訴されているので、私が着任した時には、既に3年が経過していました。私は、金沢に4年はいると思っていましたから、金沢を離れるときには7年が経過します。私が判決を書いていかないと、後任者がすぐに書けるはずがありません。それからさらに2、3年かかってしまい、10年裁判になってしまいます。さすがに、裁判所としてそういうわけにいかないから、自分が判決を書いていかないといけないという思いはありました。そのためには、原子力発電所の仕組みを一から勉強しなければいけないし、それをちゃんと理解して、膨大な記録を読み込んで、判決を書けるのかという不安がありました。

　審理の中で、いろいろな問題点があるということがだんだん理解できるようになって、差止め請求認容という結論もあり得ると思い始めましたが、プレッシャーを本当に感じるようになったのは結審してからです。結審後、裁判官3人で合議をします。合議している段階では、それほどではなかったのですが、精神的な負担感というか、プレッシャーみたいなものを感じるようになったのは自分が判決を書き出してからです。

　言い渡したあとの社会の反響がどんなことになるのかを、具体的にだんだんイメージするようになるので、それが精神的な負担になるという面があったと思います。時期的には結論を出したあとのことですから、プレッシャーを感じるからといって判決の中身に影響を与えることはありませんが、そういう気持ちの負担はあったと思います。

――「社会的反響のイメージ」とおっしゃっていましたけれども、具体的にはどん

なことを思い描くのでしょうか。

井戸　北陸電力がどんな反応をするだろうかとか、国がどういう反応をするのかとか、判決をマスコミや社会、世間の人たちにどういうふうに受け止めてもらえるかというようなことです。

──裁判官は、法と証拠と良心に基づいて判断するということで、はたから見るとプレッシャーをあまり感じないのかなという気もしますが、裁判官も人の子というか、そういうことは気になるのでしょうか。

井戸　そういうことを気にしてはいけないという思いはあります。しかし、人間ができていませんから、どうしても気になる面はあります。ただ、そのことで判決の内容が変わってしまうことがあってはいけない。それは、裁判官として最低限のモラルです。

──実際の判決が出たときの反響についてですが、新聞など報道をご覧になったときはどんなふうに感じましたか。具体的にはどんな反響がありましたか。

井戸　読売新聞、産経新聞、地元の北國新聞の3社は批判的だったと思いますが、それ以外は大体好意的な反応でした。北陸電力は直ちに記者会見を開いて、社長が出てきて、「不当な判決である」というコメントを出しました。社員が、すぐ志賀原発の地元を戸別訪問して、「こういう判決が出たけれども、安全性に問題が全然ないから安心してくれ」と言って回りました。

──社長の記者会見の「不当だ」というコメントについては、判決に書いたとおり、そんなことはないという自信はありましたか。

井戸　それはもちろんです。北陸電力の反応は、社長が直々に出てくるとまでは思わなかったけれども。

──原発訴訟の差止めの判決が2006（平成18）年ですね。それ以前に、最高裁の事

務総局で、行政事件担当裁判官会同があって、そのときに原発の行政訴訟も議題とされています。それをまとめた『行政事件担当裁判官会同概要集録』(1991年)には、審査の仕方について、正式なガイドラインというわけではないのでしょうけれども、高度な専門技術的な知識のあるスタッフを持つ行政庁のした判断を一応尊重して、審査にあたるべきだという方針も出ていましたが、その辺は少し意識していましたか。

井戸 そういうものが出ていたことを当時は意識していません。これは、行政訴訟、すなわち設置許可処分取消し請求訴訟や、無効確認訴訟についての協議要録ですから、民事訴訟には直接かかわり合いを持ちません。

判断のポイントは耐震問題にある

――志賀原発２号炉の差止めの判決の中身についてお聞きします。住民側から、具体的な危険性についての主張はいろいろあります。その細かいところは特にお聞きしませんが、判決をずっと読んでいくと、半分近くが耐震問題にあてられています。ということは、耐震についての判断が差止めのポイントになったと思いますが、具体的にどこが判断の分かれ目になったんでしょうか。

井戸 ポイントは三つあります。一つは邑知潟(おうちがた)断層帯の評価です。それが引き起こす地震による地震動の評価問題です。邑知潟断層帯でどの程度の規模の地震が起こるかという問題です。二つ目は、活断層が確認されていませんが、直下に想定すべき地震の規模の問題です。だから、邑知潟断層帯は、志賀原発にプロパーの問題ですが、直下にどれだけの地震動を想定するかは耐震設計審査指針自体の問題なので、ほかの原発にも共通の問題です。耐震設計審査指針が採用していた特定の地震から原発敷地の地震動を想定する方法を「大崎の方法」と言いますが、それが合理的かどうかという問題が三つ目の問題です。

その三つの問題で、「三つとも、電力会社の考え方は合理的ではない」と判断して、北陸電力が想定している地震動を超える地震動が原発敷地を襲う具体的なおそれがあると結論付けたのです。

――「地震の問題以外は、すべて、あまり具体的危険性がない」と判決の中で述べ

ていて、耐震問題についてだけ焦点を当てたのは、何か理由がありますか。

井戸 例えば、応力腐食割れによって、シュラウドに亀裂が入るとか、減肉によって重要配管が破断するといったリスクはあると思います。ただ、それが同時に複数カ所で生ずることは、一般的には考えにくい。電力会社が多重防護の考え方に基づき、1カ所で重要なアクシデントがあっても、それが過酷事故に至らない対策は採っているので、そのことを理由に原発の運転を差し止めるという結論に持っていくのは無理だと私は思いました。

　ただ、地震だけは別問題です。想定を超える地震動が原発を襲ったときに、故障が1カ所で済むと考える根拠は何もないので、当然複数同時故障を考えなければいけません。地震の問題と他の問題は、少し質が違うと私は思います。

原発の専門家でない裁判官として、何をどう判断すべきか

――裁判官自身は、原子力や地震の専門家ではありませんが、それでも判断しなければいけないわけです。判断するうえで、専門家ではない裁判官として、どういう点を念頭に置いたのでしょうか。

井戸 まず、当事者が議論していることを理解するところまでは、自分でしっかり勉強をしなければいけません。それが理解できないと判決が書けません。ただ、「科学裁判」と言われますが、問題になっている点について、科学的に何が正しいのかを裁判所が判断するわけではないと思います。

　例えば、「邑知潟断層帯が、全体44キロが同時に動く可能性がある」と原告側は言っている。被告側は、「いや、同時には動かない。個別にしか動かないんだ」と言っている。どちらが科学的に正しいのかを裁判所が判断する必要はないのではないでしょうか。

　様々な学者がそれなりの根拠を示して様々な説を述べている。そういう状況を踏まえて、原子力発電所という危険なものを扱っている事業者が、どの程度の安全対策をすべきなのかという問題だと思います。

判決の中でも、「政府の地震調査研究推進本部の44キロが同時に動くという想定が正しい」と言っている訳ではありません。ただ、「どうしても無視できないそういう考え方があるのだから、それを否定できない以上は、事業者はそれに対応した安全対策を採るべきだ」と言っているわけです。

――安全対策にかかわることですけれども、志賀原発2号炉の差止め訴訟は、原告の中には、志賀原発から700キロ離れた熊本市の方がいましたが、事故が起こったときは、そこまで危険ということを想定できると判断したわけですね。原告から、チェルノブイリ事故に関するいろいろな資料が出ていましたが、どうやってそれを現実感を持って判断の中に組み込むことができたのですか。

井戸　過酷事故が起こったときに、どういう被害を想定すべきかを考えると、現実の例としては、チェルノブイリしかないわけです。チェルノブイリのデータを見たら、700キロ離れたところで、50ミリシーベルトの被曝をしている場所があります。ホットスポットみたいなところですが、それを前提に考えれば、熊本市だって50ミリシーベルトの被曝をするおそれがあります。
　「1ミリシーベルト以上の被曝を受ける恐れがあれば差し止めを求めることができる」という一般的な基準を立てていますから、50ミリシーベルトなら当然できることになります。熊本市の原告についてだけ請求を棄却するのは、理屈を立てようがないということです。熊本市の原告について請求を認めたことで、非常識だという社会の反応はあるだろうと思いました。しかし、理屈を詰めていったら、棄却する理由はありません。

――非常識だという批判を出していたメディアはありましたか。

井戸　大手の新聞にはなかったと思いますが、ネットではそういうのもあったようです。

――この差止め判決は控訴審で取り消されました。その間に新しい耐震設計審査基準ができたことにも関係するのかもしれませんが、控訴審の判断についてはど

う見ていますか。

井戸 耐震設計審査指針自体が新しくなって、それに基づいての判断なので、控訴審の判断をどうこう言える立場でもないし、何とも言えません。それに基づいて、北陸電力は数百項目の耐震補強をしています。その後の安全性をどう評価するかですから。一審段階と控訴審の段階では、評価の対象が違っています。

——そのこととちょっと関係しますが、この間、原発訴訟をずっとやってきた海渡雄一弁護士と話をしました。原発訴訟ではほとんど負けているので、「原発訴訟はそんなには効果がなかったんじゃないか」という意地悪な質問をしたことがありますが、今の話を聞いていると、実際に裁判が起こされたことによって、原発の改良というか、いろいろな意味で、先ほどの指針も変化していったりしていますので、裁判提起自体に全く意味がなかったとは思えません。

井戸 私どもがした判決も意味があったと思います。半年後に新しい耐震設計審査指針がまとまったことについては、この判決が出た影響は否定できないと思います。それが結果的に不十分だったという面はあるにしても、旧指針よりは進歩しているのは明らかです。
　志賀だけではなく、全国各所で裁判を起こして、原告側が具体的な問題点を指摘することによって、それに対応して電力会社側も改良すべきところは改良する、受け入れるべきところは受け入れるということで、それなりに安全性が高まってきていた面はあると思います。
　活断層の長さの評価にも変化があります。島根原子力発電所でも柏崎刈羽原子力発電所でもそうです。反対運動があり、訴訟があり、そこで指摘されて電力会社が認めざるを得なくなり、活断層がだんだん長くなった。今まで「ない」と言っていたのが8キロになり20キロになった。それに応じた補強工事はしているはずです。
　もちろん訴訟を起こした以上は勝ったほうがいいでしょうが、負けたからといって無意味だったかというと決してそんなことはないと思います。

裁判にどう向きあうか

——井戸さん自身は、国策である原発についても、特にそう大きなプレッシャーを感じないで、素直に論理を組み立てていけば差止めをできると判断しました。ただ、裁判官以外の世界から見ると、相当勇気が要ることだろうと思います。これから法曹を志し、なおかつ、裁判官になっていく方に、こういう訴訟について、どういうことを考えて向き合っていったらいいのかという指針が何かあればお話しください。

井戸 立法機関の中にも行政機関の中にも、正しい問題意識を持って社会を変えていこうと思っている人はたくさんいると思いますが、現実問題としては、いろいろな利害が絡んでいて容易ではありません。原発の問題でもいろいろな利権があります。原子力村と言われるような背景があって、その中で、立法機関や行政機関にいる人間が何とかしたいと思っても、まず不可能に近いと思います。

だけど、司法はそれができます。国策に反することからくるプレッシャーもあるかもしれないし、素人の文系の3人の人間が、たくさんの専門家がかかわって決めたことを否定することができるのかという、おののくような気持ちもあるし、いろいろなハードルがあります。ゆくゆく、人事に影響するのではないかという不安もあるかもしれませんが、少なくとも判決をするについて、今の裁判所はどこからも圧力はかかりません。過去は知りませんが、今の裁判所ではかかりませんから、本当に3人で議論をして、合理的だと思う結論を出すことができます。

それが司法の独立だと思いますが、そういう意味では、日本の裁判所は、司法の独立が機能していると思います。自分がこんなに重大な判断をしていいのかという思いはあっても、まさにそれが国民から負託された権限ですから、そこでおののいていては、負託された権限、役割を果たすことができません。司法の役割の重要性を自覚しつつ、自信を持って一つ一つの事件に取り組んでほしいと思います。

——司法の役割の重要性を自覚しつつ、自信を持って一つ一つの事件に取り組ん

でもらいたいということですが、そうはいっても、それは理念的なことだと思います。現実的には、何がそういうものを動かす力になると感じますか。

井戸　動かす力ですか。

――もちろん、司法権も国民から負託されていると思います。裁判官になった方の考え方と私の考え方は違うと思いますが、それは結構抽象的なことだと思います。それを具体的に仕事の中に生かす秘訣と言うと変ですが、何かそういうものがありますか。

井戸　なかなか難しいです。ただ、一つは現実を見ることだと思います。現実の何を救済しなければいけないのか。原発の場合には将来予測ですが、多くの場合は被害者が救済してくれということで申し立ててくるわけです。この被害者をどうしても救済しなければいけないのか、この程度は我慢してもらっても仕方がないのか。

　もちろん当事者がどういう理屈を立ててくるか、その理屈が通るかどうかという問題もありますが、やはり、「これは司法が救済しなければいけない現実なんだ」と思えば、ある意味、原告側に少々肩入れしたかたちであっても理屈を立てて救済していくことになると思います。現実を直視することが判断するうえで大事だし、逆に、代理人の立場から言えば、それをきっちりと裁判官に見てもらう。そのうえで考えてもらうことが大事だと思います。

　そういう意味では、裁判所は、いろいろと批判されていますが、事後救済は結構やっていると思います。民主主義の多数決で政策が決まっていきますが、その中で少数の人間の権利が害される。それを救済するのが司法の一番の役割だと思います。事後的に救済するのはそれなりにやっていると思いますが、事前に差し止めるという判断をなかなかしにくいところがあります。

　ただ、事前の差止めであっても、過酷事故が起こる可能性を現実感を持って捉えることができれば、そこは一つハードルを乗り越えることができると思います。それが、今までと今後の違いだと思います。

どうなる、これからの原発訴訟

——福島第一原発事故が起こったことによって、事故が裁判上の話ではなくなって現実のものになったことで、これからの原発訴訟は、どんなところが変化のポイントになると考えていますか。

井戸　今まで裁判所がなかなか踏み切れなかった一つの理由は、先ほど申し上げた現実感の問題だと思います。その点は局面が全く変わりました。また、国の安全審査基準に対する信頼感がかなり強固に裁判官の中にあったと思いますが、それ自体が全然信頼に値するものではなかったということがいろいろな面で明らかになっているし、そもそも審査態勢自体が、原子力村と呼ばれるような、推進側と規制側を同じ人間がやっているという、制度としても非常に不十分なかたちでなされていたことも白日のもとにさらされています。

今後、安全審査基準が見直されて、それに基づいてバックチェックをした上で安全性が確保されるので再稼働するということになるかもしれません。しかし、新しくできた安全審査指針に対しては、その策定方法のありようにもよりますが、今までのように高い信頼感を持つことにはならないのではないかと思います。そういう意味でも、原発訴訟は、これから局面が変わってくるのではないかと思います。

原発に対する考えは？

——最後に、裁判官としてではなくて、原発政策というか、原発そのものについては、どのようにお考えですか。

井戸　裁判の中で争われるのは過酷事故が生じる具体的危険があるかどうかですけれども、仮に十分な安全設計、安全補強をしてそこがクリアできたとしても、抽象的危険は絶対ゼロにはできません。一度こんなことが起こってしまった以上、二度と起こしてはならないという姿勢は強く持つべきです。そういう意味からしても、明確に、脱原発の方向に日本の国が進むべきだと

思います。その方向で、自分ができる役割があるならそれを果たしていきたいと思っています。

　今の課題は、第二の福島を起こさないことと、今回の事故の被害をこれ以上拡大させないことだと思います。徐々に減少してきているとはいえ、いまだに相当の高線量を記録しているので、あの中で生活していくだけで、将来の健康被害が非常に危惧されると思います。原子炉を直接収束させることに関与はできませんが、特に、子どもたちの被曝による健康被害をすこしでもなくすために、ふくしま集団疎開裁判に協力しています。

> ※ふくしま集団疎開裁判：福島第一原発事故で福島県郡山市の小中学校に通う子どもたち14人が郡山市を相手に、放射線被曝を避けるために子どもたちを学校ごと年間放射線量1ミリシーベルト以下の場所に疎開させるよう求めて起こした裁判(弁護団代表：柳原敏夫弁護士)。2011年12月16日、福島地方裁判所郡山支部は、申立を棄却する決定をした。ふくしま集団疎開裁判の会のHP(http://fukusima-sokai.blogspot.com)に決定に対する批判が掲載されている。

　20年後の福島は、今のチェルノブイリではないかと思います。チェルノブイリの被害評価は、実は、国際放射線防護委員会(ICRP)や国際原子力機関(IAEA)と、これらに批判的な団体や学者では全然違います。これは難しい問題ですが、少なくともウクライナやベラルーシで起こっているのは甲状腺ガンだけではありません。子どもたちの免疫機能が低下して、多くの子どもたちの健康状態が悪化しているのは、いろいろなリポートもあるし、ほぼ事実だと見ていいと思います。

　低線量被曝によって将来がんになるリスクがどれだけ高まるかという問題も大きな問題です。しかし、それだけでなく、いろいろな健康被害が生じる危険性ははるかに広い範囲の子どもたちにあります。国はなかなか動きそうにありませんが、この問題は非常に重大な問題だと思います。

　もちろん裁判だけで解決できる問題ではありませんが、今の状態を変えていく一つのきっかけになればと思ってやっています。

(了)

第1部　原発訴訟と司法の責任

原発訴訟のあり方と今後の方向

阿部泰隆 中央大学教授・弁護士

執筆者プロフィール

阿部泰隆（あべ・やすたか）　1942年、福島県生まれ。1964年、東京大学法学部卒業。神戸大学法学部教授を経て、現在、中央大学総合政策学部教授・弁護士。最近の主な著書に、『行政の法システム〔新版〕（上・下）』（有斐閣、1998年）、『行政訴訟要件論』（弘文堂、2003年）、『やわらか頭の法戦略』（第一法規、2006年）、『行政法解釈学Ⅰ』（有斐閣、2008年）、同『行政法解釈学Ⅱ』（同、2009年）などがある。

1　はじめに

　本稿は、原発訴訟のこれまでを簡単に素描し、今後の方向を考えるものである。

　原発訴訟の仕組みは、原告と弁護団の並々ならぬ苦労、多数の裁判のおかげもあって、かなり明らかになった。

　ただ、過去の原発関連訴訟は約20件前後あるが、原告が曲がりなりにも勝訴したのは、もんじゅ訴訟の差戻し後の高裁（行政訴訟、名古屋高裁金沢支判平成15・1・27判時1818号3頁）、志賀原発2号炉の1審（民事差止訴訟、金沢地判平成18・3・24判時1930号25頁）だけで、最高裁ではすべてが敗訴している。[*1]

しかし、このたびの福島第一原発事故を受けて、国民の認識も変わり、裁判所の姿勢にも変化が見られるかも知れない(変化すべきである)ので、さらに訴えが提起されることが想定される。

　そこで、本稿では、既に解明されたことと、今後の課題のついての展望を行う。特に、抗告訴訟の訴訟類型をどうするか。立証責任、行政裁量の範囲、民事訴訟における具体的な危険性についての考え方、リスクマネジメントなどを工夫することは重要である。さらに、原発の許可が取り消されたら、電力会社は国家賠償を請求できるのかという問題もある。

2　原告適格と線引き論議

　原発許可取消訴訟において最初に論争点となったのは、住民の原告適格であった。被告は、許可は公益のためで、住民を保護する制度ではないと執拗に主張した。そのために、訴訟は門前の争いで時間がかかり、原告と弁護団は疲れた。もんじゅ訴訟は訴え提起から2度目の最高裁判決まで20年かかっている。長年訴訟を継続したのは、原発への恐怖心からではなかったかと思う。私にできることは尊敬するだけである。

　裁判所は原告適格の有無を判断するのに、処分の根拠法規の文言を重視する解釈作法を取ってきた。そして、原子炉等規制法24条1項4号は、原子炉の安全性に関する判断基準を「災害の防止上支障がない」こととという不確定概念で定めている。そこで、「災害の防止」という抽象的な基準では、原告適格がないのではないかという議論がなされたのである。もんじゅ訴訟第1次最高裁判決(平成4・9・22民集46巻6号571頁)は、長年の攻防の上、結論としては、万一の事故の際の被害の大きさから、原告住民全員(58キロまで居住)に原告適格を認めた。

　結論は妥当であるが、しかし、原発の許可制度は、私法の世界に任せず、原発の危険を事前に防止する行政法上の制度であるから、本来住民を保護す

る制度である。原告適格を否定することは、行政法の運用をお上の専権にゆだねる専制君主国家の発想で、行政法の実効性を著しく阻害するものである。したがって、たまたま偶然にできた(あるいは、法案を作成する行政庁側の防衛本能から作られた)文言を重視せず、制度の趣旨からして、周辺住民の原告適格を速やかに認めるべきであった。法文の文言を重視した発想(いわゆる制定法準拠主義)は行政法の存在理由を理解していないものである。なお、この制定法準拠主義は改正行訴法9条2項で廃止されたはずである。

　ここでは原発からどの範囲の距離に居住する住民に原告適格を認めるべきかという線引きが問題とされた。今福島原発許可取消訴訟を東京の住民が提起しているので、相変わらず、線引き論議が残る。[*2]

　もんじゅ第1次高裁(名古屋高裁金沢支判平成元・7・19判時1322号33頁)は20キロ、前掲最高裁は58キロと言った。どこかでは、区切らなければならないが、58キロと59キロの影響の違いは、予めわかるはずもない。風向き次第では、同心円状ではなく、風上は影響が少ない。事故態様でも違う。どれだけの事故ならどれだけ放射線がでて、健康にどんな影響を与えるかという事実は、調査のしようもない。今回の福島原発事故を見れば、近隣諸国から訴えが提起されても原告適格を認めるべきであろう。そこで、線引きは、およそ影響がないと想定される者を排除することに限定すべきである。その立証責任は原告にあるとの意見もあるが、そのような訴訟の入口で原告に過大な負担を負わせるべきではなく、おおざっぱに判断するだけで十分である。[*3]一部の裁判所は、これを重視するが、線引き論議はまさに全体を見ない愚の骨頂と言うべきである。

3　民事訴訟と抗告訴訟の関係

　原発をめぐる訴訟としては、許可等の行政処分(行政の決定)をふまえて、その法規適合性を争う抗告訴訟と、人格権侵害(環境権侵害は認められていな

い)などを理由とする民事訴訟がある。ドイツでは、計画確定手続という仕組みで、私法上の問題もすべて一括して行政処分で解決し、民事訴訟を許さない制度がおかれているが、日本にはそのような制度がないので、民事訴訟と行政訴訟が併存するのである。

　行政訴訟と民事訴訟の関係については、許可があれば、民事訴訟を提起できないのでないか(いわゆる公定力に妨げられること)という愚問があった。裁判官のかなりの発想の底流に流れている誤った公定力感(観)である。原発の危険性は、その設置によって生ずるものであって、許可はそれを助長したにすぎないから、許可があっても、民事訴訟によって、原発設置の私法上の違法性を争うことができるのである。丁度、建築確認があっても、日照権侵害を理由とする民事訴訟の提起が許されるのと同じである。また、その民事訴訟は行訴法36条、45条の定める処分の無効なり不存在を先決問題とする争点訴訟ではなく、純然たる民事訴訟である。[*4]

　これは、もんじゅ訴訟前記第1次高裁判決、前記第1次最高裁判決で解消された。学界では、公定力の説明を種々変え、今は抗告訴訟の排他的管轄などと、他の分野では通用しない理論を発明して、古色蒼然の概念を維持しているが、裁判官には行政のやることはとりあえず正しいという先入観を抱かせる機能を持っているらしいので、学界もこのような悪用される概念を廃止すべきである。[*5]

4　抗告訴訟の審理範囲(基本設計論)と訴訟類型

　抗告訴訟では、行政処分を捕まえて、その違法を争う。原発の場合には、段階的規制方式がとられる。最初の許可ですべてを決めるのではなく、その後、設計及び工事方法の認可(原子炉等規制法27条)、使用前検査(同法28条)、保安規定の認可(同法37条)、定期検査(同29条)(商業炉については電気事業法の規制がある)がなされるので、最初の許可の段階でどこまで審査すべきかと

いう問題がある。

　伊方原発最高裁判決(最判平成4・10・29民集46巻7号1174頁)と福島第2原発最高裁判決(最判平成4・10・29判時1441号50頁)は、原子炉の設置許可の段階では基本設計のみを対象とし、後続の設計及び工事方法の認可の段階で規制の対象となる当該原子炉の具体的な詳細設計及び工事方法は規制の対象外とした。廃棄物の最終処分の方法、使用済み燃料の再処理及び輸送の方法、廃炉、マン・マシーン・インターフェイス(人と機械との接点)、SCC(応力腐食割れ)の防止対策の細目にかかわることは原子炉設置許可の段階における安全審査の対象にはならないとされた。

　もんじゅ訴訟の差戻し後高裁(名古屋高裁金沢支判平成15・1・27判時1818号3頁、判タ1117号89頁)は、ナトリウム漏れ重大事故を起こし、世界中でも商業運転できず、撤退が相次ぐ高速増殖炉について、床ライナについては、漏えいナトリウムとコンクリートとの直接接触を防止するという設計方針だけではなく、その板厚等の腐食防止対策も基本設計に入るとして、この点の「調査審議又は判断の過程には看過しがたい過誤、欠落があると認められ」、炉心溶融に至りうる危険性(事故により厚さ6ミリの床ライナが大きく減肉した)等を指摘して、許可を無効とした。[*6]

　しかし、もんじゅ訴訟の第2次最高裁判決(平成17・5・30民集59巻4号671頁)は、「原子力安全委員会の判断に基づき、床ライナについては、漏えいナトリウムとコンクリートとの直接接触を防止するという設計方針のみが、原子炉設置の許可の段階における安全審査の対象となるべき原子炉施設の基本設計の安全性にかかわる事項に当たる」とし、「その板厚等の腐食防止対策や熱膨張により壁と干渉しないような具体的な施行方法は、設計及び工事の方法の認可以降の段階における審査の対象に当たるものとした主務大臣の判断に不合理な点はない」とした。原審では基本設計とされ、違法とされた後者の点があえて審理対象外とされたのである。

　この最高裁の基本設計論は完全に肩すかしであって、国の施策を何とか

守ってあげるために、土俵を勝手に変更して本来の争点から逃げたと感じる。これをみると、「行政救済法」とは違法行政から私人を救済するのではなく、私人のまっとうな訴えから「行政を救済する」法であるとの、アイロニーが正しいと嘆くしかない。

しかも、基本設計とは何かも主務大臣の合理的な判断にゆだねられているとされた。これでは、許可の取消訴訟で争えることが何かが不明確であり、何を後続処分のどこでどのように争えば良いのかはっきりしない。

この最高裁の立場に立ったとしても、本来は、詳細設計に当たることも、この訴訟の中で争えるように、詳細設計の取消訴訟が含まれていると善解するなど、柔軟に考えるべきであった。

この判決の見直しを迫りたいが、すでに確定しているので、これを前提とすると、それを超える分について争うには、どのような訴訟類型を選択すべきかという問題が生じる。

詳細設計や許可の後に行われる工事計画の認可等については、その取消訴訟、あるいは追加的な条件を賦課せよ、新耐震基準に適合するまで施設停止命令、新基準に適合するように改善命令を発せよ（原子炉等規制法36条）という非申請型義務付け訴訟が考えられる。

なお、菅前首相は、中部電力に浜岡原発の停止を超法規的に要請したが、これは電気事業法39、40条に基づき新基準を設定して、命令を発すればよいことであった。それがなされなければ、住民が非申請型義務付け訴訟を求める方法があった[*7]。

係争中に許可が変更された場合には新処分を争うべきか。元の処分の取消訴訟のまま新処分も争えるとの判例（東京高判平成13・7・4判時1754号35頁）に賛成する。許可を細切れにして、原告を右往左往させるべきではない[*8]。

このように、許可の取消訴訟では基本設計しか争えないとされたが、代わりに、許可等をした行政の判断に違法があれば、やり直しを求めることができ、必ずしも結果への影響までわからなくても良いはずである[*9]。他方、民事

原発訴訟のあり方と今後の方向　47

訴訟は、このような行政処分ごとに紛争を細切れにするのではなく、全体を対象とするメリットがあるが、代わりに、人格権を侵害する具体的な危険性がないと差し止められないとされてきた。

取消訴訟では出訴期間の制約がある。もんじゅ訴訟では出訴期間が徒過したので、無効確認訴訟が提起された。そこで、無効かどうかの基準として、重大な違法のほかに明白性が必要かが問題となった。集団訴訟では原告団をまとめるのが大変で、期間内に出訴するのは至難であるし、もんじゅという高速増殖炉の重大な違法について、明白でないから、出訴期間が徒過したら、受忍せよ、高速増殖炉の法的地位の安定性の方が大事だというのはいかにも均衡を失した理論である。出訴期間は、処分の安定のためとされるが、それほどまでに危険な原発の地位を保護すべき理由がない。したがって、もんじゅ高裁が重大な違法で十分としたことには大賛成である。[10]

5 違法判断の基準時ないし科学的経験則説

では、許可後に、これまでの基準では安全性が確保できないとして、基準が改定されたとき、これまでの許可の取消訴訟では、許可時の基準を適用すべきか、新基準を適用すべきか。また、基準が改定されていないとして、旧基準では瑕疵があると考えるとすれば、基準の改定をどのようにして求めるのか。あるいは、それをこれまでの取消訴訟で主張できるのか。

許可の取消訴訟では、違法性の判断基準時は処分時であるとする伝統的な考え方によれば、新基準ができた場合も、旧基準による許可は取り消されないが、新基準により改善命令を出すようにとの義務付け訴訟が適用されることになる。しかし、それは、原告の負担を増すばかりであり、実益のないことである。

そもそも、許可を得た原子力発電所は、許可時だけではなく現在も将来も継続して運転されるのであり、原子力発電所ほどの危険施設においては常に

現在の安全基準に適合していなければならない(建物のように既存不適格として、現在の法令に適合しないものでも許容されるという建基法3条2項のような考え方は取れない)と考えるならば、現在の基準に適合していなければ、許可の取消訴訟において現在の基準違反として取り消すべきである。被告はもともとの許可時における基準だけではなく、現在の基準にも適合するとの主張をして、それを司法審査の焦点にすればよい。伊方原発最高裁が「現在の科学技術水準に照らし」と述べたときここまでのことを考えていたのか、文言上はわかりにくいが、そのように解釈することとしよう。[*11]

なお、浜岡原発静岡地判2007年10月26日(http://www.geocities.jp/ear_tn/)は、当時の改訂耐震審査指針に合致しているとしている(判決文146頁)が、なお、2006(平成18)年に改訂された耐震設計審査指針は、「最近の知見や耐震設計技術の改良等を反映させて旧指針を全面的に見直したものであるが、その趣旨は最新の科学技術的知見を照らし合わせて更なる安全性の向上を図ることにあり、旧指針の妥当性を否定するものではなく、今後の安全審査等に用いることを第一義的な目的としているから、改訂がなされたからといって、既設の原子力施設の耐震設計方針に関する安全審査のやり直しを必要とするものではなく、個別の原子炉施設の設置許可又は各種事業許可等を無効とするものでもない。このような改訂指針の趣旨、目的に照らすと、旧指針に適合する耐震設計がなされていれば、耐震安全性は一応確保されたものとみるのが相当である」とした(36〜37頁)。

基準が改訂されていない場合でも、旧基準には瑕疵があって、ただ、その瑕疵がもともと存在し、「現在の科学技術」により、今回後から発見されたと考えれば、原始的瑕疵と見て許可の取消訴訟で主張できると考えるべきである。これは違法性の判断基準時というよりも科学的経験則の問題とする理解もある。[*12] もんじゅ訴訟第2次高裁では、許可後の事故によってえられた新たな知見が許可の違法を明らかにするのに役立った。もしこれを後発的瑕疵であるとしても、原発の安全性の重要性にかんがみ、新訴の提起を求めずに、

新基準を適用する考え方が妥当であると思う。

6 立証責任

　本案に入ると、立証責任の問題が生ずる。前記「災害の防止上支障がない」ことという不確定概念への当てはめについて、前記伊方原発最高裁は、原子力安全委員会という専門的な機関が行う専門技術的な判断であることを理由に、被告行政庁の行った判断に不合理な点があることの主張、立証責任は本来原告にあるが、資料を被告がすべて保有しているなどを考慮して、公平の見地から、被告行政庁がその判断に不合理な点がないことを主張・立証しなければならないとした。前記もんじゅ第2次最高裁判決もこの先例に従っている。[*13]

　しかし、原告に立証責任を求めるのは誤りである。専門家が行った以上は、専門的な説明をすべきである。原子力安全委員会という専門家の判断であればなおさらである。一般的にいっても、特に法治国家では行政は法律に従って事実を認定し法律判断をしたのであるから、その事実を立証し法的な説明をする責任がある。[*14]

　民事訴訟では、その一般原則上、原告住民に立証責任があることとなっている。前記志賀原発2号炉訴訟一審判決は、原告は、原子炉の運転により許容限度を超える放射線を被曝する具体的危険があることを主張立証すべきであるとした。しかし、安全性に関する資料はすべて被告が所有しているので、原告が、被告の安全設計や安全管理の方法に不備があり、本件原子炉の運転により原告らが許容限度を超える放射線を被曝する具体的な可能性があることを相当程度立証した場合には、被告の側で安全性に欠けることがないことを立証する責任があり、被告がこれを尽くさなければ安全性に欠けることが事実上推定されるとした。女川原発一審判決(仙台地判平成6・1・31判時1482号3頁)、同高裁判決(仙台高判平成11・3・31判時1680号46頁)、志賀

原発2号炉訴訟控訴審判決(名古屋高裁金沢支判平成21・3・18判時2045号、3頁、判タ1307号187頁)は、ニュアンスをやや異にする思考方法を採っているが、被告側に安全性についての相当の根拠を示して立証することを求める点では同様である。

行政訴訟と結果として同様の考え方である。ここでは法治行政の適用はないが、電力会社は専門家であり、情報をもっているのであるから、上記のように解すべきであろう。

7 行政裁量なり行政の専門性と司法審査

(1) 統制密度

本案の審理の仕方については、裁判所がどこまで深く審査するか(統制の密度)について、全部自分の目で判断する実体的判断代置主義、行政の裁量を広く認める裁量濫用説、中間の手続的実体審理、判断過程の統制、判断余地説等があった。

前記平成4年の伊方原発最判は、「……生命、身体に重大な危害を及ぼし……深刻な災害を引き起こすおそれがあることにかんがみ、右災害が万が一にも起こらないようにするため、……安全性につき、科学的、専門技術的見地から、十分な審査を行わせることにあるものと解される。」「右審査においては、原子力工学はもとより、多方面にわたる極めて高度な最新の科学的、専門技術的知見に基づく総合的判断が必要とされるものであることが明らかである。そして、……右のような原子炉施設の安全性に関する審査の特質を考慮し、右各号所定の基準の適合性については、各専門分野の学識経験者等を擁する原子力委員会の科学的、専門技術的知見に基づく意見を尊重して行う内閣総理大臣の合理的な判断にゆだねる趣旨と解するのが相当である。

以上の点を考慮すると、右の原子炉施設の安全性に関する判断の適否が争われる原子炉設置許可処分の取消訴訟における裁判所の審理、判断は、原子

原発訴訟のあり方と今後の方向　51

力委員会若しくは原子炉安全専門審査会の専門技術的な調査審議及び判断を基にしてされた被告行政庁の判断に不合理な点があるか否かという観点から行われるべきであって、現在の科学技術水準に照らし右調査審議において用いられた具体的審査基準に不合理な点があり、あるいは当該原子炉施設が右の具体的審査基準に適合するとした原子力委員会若しくは原子炉安全専門審査会の調査審議及び判断の過程に看過し難い過誤、欠落があり、被告行政庁の判断がこれに依拠してされたと認められる場合には、被告行政庁の右判断に不合理な点があるものとして右判断に基づく原子炉設置許可処分は違法と解すべきである」とした。

要するに、専門委員会の判断の過程を審査して、審査基準に不合理な点がないか、単なる過誤ではなく、「看過しがたい過誤、欠落がある」かどうかという視点から審査している。その基準は「右災害が万が一にも起こらないようにするため」という高度なものであろう。そして、安全審査基準に基づいて審査するのであって、単なる裸の安全論争をするものではない。裁判所は以後この枠組みで判断している。これは裁量という言葉こそ使っていないものの、一見専門裁量を尊重しているかに見えるが、その運用は、いかようにもなるものと考える。この判断枠組みでも十分な審査が可能である。[*15]

現に行政訴訟で唯一原発許可を無効とした前記もんじゅ差戻し後高裁は、この最高裁の判断枠組みの中で、ナトリウム漏れ事故を受けて、2次冷却材漏洩事故、蒸気発生器伝熱管破損事故、炉心崩壊事故について安全評価、安全審査の調査審議、判断の過程に看過しがたい過誤、欠落があるとした。

これに対しては、原子力安全委員会の専門裁量を軽視し、素人である裁判所が判断代置しているとの批判があるが、中川丈久は、本判決は、特定のシナリオやデータを考慮せよとしたのではなく、それが考慮されていない理由を被告が説得的に説明していないというのであるから、これも裁量審査であり、批判は当たらないとしている。[*16]

しかし、一般的には、結局は、行政側の判断が妥当だとする判断を積み重

ねるのが普通である。むしろ、裁判所は、国策を止めるには躊躇するし、官僚として、行政側の判断に近い発想を持っているので、危ないと思っても、止めるだけの勇気を持てないのが普通であろう。[*17]

　志賀原発2号炉訴訟の控訴審は、事故及び隠ぺいから直ちに具体的な危険の存在は認められないとした。断層の評価、能登半島地震、新潟県中越沖地震においても、住民に具体的な危険性は示されなかったとした。

(2)　リスクマネジメントによる社会的許容限度の探求

　したがって、ここでは、論点は、専門裁量の尊重とか統制密度とかいった判断枠組みよりも、合理的な思考であるかどうか、さらにリスクマネジメントである。社会的に受忍できるようなリスクにとどめられるかどうか(社会的許容限度)が論点である。民事訴訟ではあるが、女川原発一審判決も「災害発生の危険性をいかなる場合においても、社会観念上無視しうる程度に小さいものに保つ」ことに求めるとしている。浜岡原発静岡地判も、「原子炉施設の安全性」とは、「起こりうる最悪の事態に対しても周辺の住民等に放射線被害を与えないなど、原子炉施設の事故等による災害発生の危険性を社会通念上無視しうる程度に小さなものに保つことを意味し、およそ抽象的に想定可能なあらゆる事態に対し安全であることまで要求するものではない」とする。そこで、問題はその「無視しうる程度」（相対的な安全性）の理解にある。

　ここでは科学的な議論とともに、科学の不確実性の枠の中での社会的な選択の問題がある。[*18] 後者の問題は民主的な政治社会の課題であるとともに、裁判所に任された法律判断でもある。

　今回、平安時代の貞観地震まで想定していなかった。そして、1000年に1回の地震に耐えるような対応は無理だといった議論があったが、大間違いである。地震列島である日本には50基以上の原発があるから、20年に一度の大事故の危険があることになる。それは到底耐えられるレベルではない。したがって、それぞれの原発について、1000年に一度ではなく、日本

全体でも1000年に一度、1万年に一度にとどめることができるかどうかが争点であろう。三陸でも今回動かなかった地震の巣が30年以内に30％の確率で動くとの想定もある(毎日新聞2011年11月26日朝刊一面)が、その地震に耐えうる設計でなければ社会的許容限度を超えるであろう。

また、原発の事故は、想定が不可能なほど多様である。今回の福島第一原発は、非常用電源が高台にあれば助かった(福島第二原発、女川原発、東海第二原発は助かった)と言われるが、これまでは、非常用電源も外部電源もすべて喪失することを想定していては設計できないとして、そのような事故を想定しないこととなっていたのである。

民事訴訟ではあるが、浜岡原発静岡地判2007年10月26日(http://www.geocities.jp/ear_tn/)は、「このような抽象的な可能性の域を出ない巨大地震を国の施策上むやみに考慮することは避けなければならない」と判断していた。[19]

裁判所は素人なので、行政の専門性を尊重し、その判断に追随しやすい。しかし、こうした想定の誤りは原子力安全委員長である斑目氏が認めている。むしろ、今回の原発事故で、専門裁量のインチキが露呈した。[20]原発は安全だという前提に立っていたから、実は、行政も、そんなにまじめな議論はしていない。安全委員会といえども、ゼロから安全かどうかを審査するのではなく、安全と信ずる原子力村の住人の集まりであり、経産省の保安院も実は必ずしも専門的な能力はなく、電力会社からの派遣職員に大きく頼っていた。

しかし、原発も工学の常として、試行錯誤で安全性を高める技術であり(ボイラーでも車でもそうである)、特に高速増殖炉は重大事故を起こし、およそ未確立の技術であるから、安全側に立った審査では、巨大事故を惹起しかねない。

今回、配管は津波の前に地震で壊れたのではないか。水素爆発でメルトダウンしていたのではないか。非常用復水器を現場で勝手に止めていたのでは

ないか(人為ミスは避けられるのか)。「想定外」の事故が起きたときの対策はあるのか。４つの原子炉が同時に故障することも想定すべきでなかったか。非常用復水器が機能不全に陥ったのに、適切な判断がなされなかったのではないか(人為ミスはこのような滅多にない大事故では避けえないのではないか)。さらに、テロ、飛行機墜落、ミサイル攻撃などのリスクを考慮すべきである。日本は地震の巣であるし、テロ攻撃には無防備である。特に老朽化した原発は危険であるから、これらの論点を「想定外」としないでどれだけの対応をしているのかが争点である。これからは、今回の経験でこれらにある程度の対応はなされるであろうが、なお、現実にはあり得るのに想定外にすることはないだろうか。

　裁判所もゼロから審理するなら、行政の専門性に勝てないが、原告側も十分に主張立証しているのであるから、争点を整理して、いずれが不合理な主張をしているのか、原告の批判に対して、行政側は納得できるような反論をしているのかを判断すれば良いだけであって、行政の専門性におびえる必要はない。そして、疑問があれば、取り消してやり直させれば良いのであって、裁判所が原子力推進を阻止したという大げさなことになるものではない。[*21]

8　民事訴訟における差止基準

　民事訴訟では、行政判断の専門性、裁量性という仕組みはない建前であるが、実際には、行政訴訟と同様の判断の枠組みがとられている。[*22]

　民事の差止訴訟が認容されるためには、抽象的な危険では足りない、具体的な危険性が必要であるとされている(前記浜岡原発静岡地判平成19年10月26日、前記志賀原発２号炉訴訟一審)。これは民事訴訟の一般原則であろう。

　そして、志賀原発２号炉訴訟一審判決は、地震・耐震設計の不備について指摘して、周辺住民が許容限度を超える放射線を被曝する具体的危険が存在することを推認するとした。

しかし、「具体的危険」というと、今にも発現しそうな危険をイメージするので、原発のように事故の起きる確率が低いものには不適当であり、むしろ、リスクマネジメントが必要ではないか。

通常の場合には、被害が発生する確率が低ければ、具体的な危険性がないとされるのであろうし、リスクマネジメントは不要かも知れない。

原発の場合には、先ほどのリスクマネジメントで説明したように、目前の具体的な危険はなくても、万一の事故の際の被害は想像を絶するから、事故が起きる確率と事故が起きた場合の被害の積は大きなものがある。差止めすべきか否かの基準は、事故の起きる確率ではなく、この積すなわちリスクの大きさである。

そして、1000年に1回の確率の事故であれば、普通の事件では具体的な危険性がないとされようが、原発の場合には、それは想定外ではなく、前述のように日本でも20年に一回の超大事故と考えると、差止めの基準となる具体的な危険があると言うべきである。

問題はその具体的な適用にある。行政側の説明で納得するのか、さらに疑念を呈して、疑問が解消されなければ、安全性に欠けることがあるとするのかにある。

9 原発の許可が取り消された場合、電力会社は、許可庁の属する国に賠償請求できるのか

ドイツの判例を簡単に紹介する。ミュルハイムーケアリッヒ原発の許可が連邦行政裁判所で取り消された後で、電力会社が許可庁の属する州政府を被告に国家賠償訴訟を起こし、1、2審で勝訴した。連邦司法裁判所(最高裁)では1997年1月16日(BGHE134、268～304)、電力会社に責任がない限り賠償請求できるとの判決が下された。原発の許可の場合、電力会社も多数の資料を提出しており、また、安全性に関する知見も有しているから、許可が

あったからすべて行政の責任であり、許可は事業者への安全保障の意味を持つとまでは言えない。しかし、事業者に責任がなく、行政判断で決めたことであれば、事業者は、許可が裁判所で取り消された以上は、行政の違法過失を理由に国家賠償請求できると言うべきである。

注

1 しかし、原告が敗訴したからといって、これらの訴訟が無意味なものになるわけではない。このような訴訟があるために電力会社の方にも緊張感がある程度走り、今回の事故までは何とか持ちこたえてきたとも言える。訴訟がなければ、とっくの昔にもっと大事故を起こしていたであろう。また、伊方原発訴訟で文書提出命令が発せられ、原発審査の実態が明らかになった。こういう公益訴訟は、広く国民の安全に寄与するものであるから、筆者は、原告団に公益訴訟勝訴報奨金、勝てなくても、努力報奨金を出してあげたいものと思う。

　なお、原発関連の拙稿は、『国土開発と環境保全』(日本評論社、1989年)(以下、『国土』という)287頁以下。原発関連の判決の出典は、全部ではないが、阿部泰隆『行政法解釈学Ⅱ』(有斐閣、2009年)74、79〜80、280〜281頁参照。

　最近の文献として、海渡雄一「日本の司法は原発をどのように裁いてきたか」世界2011年7月号82頁以下、同「原子力発電所をめぐる訴訟」日弁連『公害・環境訴訟と弁護士の挑戦』(法律文化社、2010年)249頁以下は裁判を現実に追行した弁護士の筆になるものとして、具体的であり、その指摘も奥深いものがある。もんじゅ第2次訴訟最判、志賀原発高裁逆転判決その他に対する批判は鋭い。さらに、最近のものとして、桜井淳『原発裁判』(潮出版社、2011年)、高木光「裁判所は原子炉の安全性をどのように取り扱ってきたか」法セミ2011年11月号24頁以下。なお、東京弁護士会では、2011年9月28日にシンポが行われた。千葉恒久「事例報告—ドイツのミュルハイムーケアリッヒ原発訴訟から」、青木秀樹「東海第2発電所原子炉設置許可処分取消訴訟」。

　引用しなかった重要文献として、高橋滋『現代型訴訟と行政裁量』(弘文堂、1990年)、保木本一郎『原子力と法』(日本評論社、1988年)。

2 都内の江藤貴紀氏が、2011年4月7日、福島第一原発の原子炉一号機に関して設置許可処分無効確認請求(平成23年(ウ)217号「福島第一原子力発電所設置許可処分無効確認請求事件」)、同年5月23日、福島第二原発の原子炉一号機に関して設置許可処分無効確認請求(平成23年(行ウ)327号「福島第二原子力発電所設置許可処分無効確認請求事件」)をそれぞれ提起した。どちらも東京地方裁判所民事第2部に

継続中。期日の進行は同一とする運用であるが、弁論の併合はなされていない。現在の争点は原告適格のみである。
3 阿部泰隆『国土』302頁、阿部泰隆「行政訴訟における訴訟要件に関する発想の転換」(近刊)。なお、高木光『行政訴訟論』(有斐閣、2005年)299頁以下、高橋滋『先端技術の行政法理』(岩波書店、1998年)151頁以下参照。
4 阿部・前掲注1『国土』306頁以下、同『行政法の解釈』(信山社、1990年)215頁、同・前掲注1『行政法解釈学Ⅱ』80頁、289頁。高木・前掲注3書285頁以下。
5 阿部泰隆『行政法解釈学Ⅰ』(有斐閣、2008年)72頁以下、同・前掲注1『行政法解釈学Ⅱ』60頁。
6 これについては、『最新重要行政関係事件実務研究』(青林書院、2006年)263頁以下(海渡雄一)、317頁以下(斎藤浩)に詳しい。最高裁判決も徹底的に批判されている。さらに、山下龍一・ジュリスト1251号82頁、大西有二・法セミ584号82頁、首藤重幸・法教271号44頁参照。基本設計論については、交告尚史「福島第2原発事件」ジュリスト環境法判例百選206頁。
7 阿部泰隆「原発事故から発生した法律問題の諸相」自治研究87巻8号3～33頁(2010年)。
8 阿部・前掲注1『行政法解釈学Ⅱ』74頁。高木・前掲注3書202頁以下参照。
9 しかし、もんじゅ差戻し後高裁判決は、無効事由として、安全審査の瑕疵の結果として、具体的危険性を否定できないときとしている。これでは民事差止訴訟的な発想になり、行政訴訟の存在理由が消えてしまう。この批判として、山下・前掲注6論文90頁。
10 論者の多くが認めている。中川丈久・ジュリスト環境法判例百選211頁、山下・前掲注6論文89頁。高木・前掲注3書374頁。
　　出訴期間は本来原則として不要であり、その徒過を厳しくとがめるべきではないことは、阿部・前掲注1『行政法解釈学Ⅱ』166頁以下、277頁以下。
11 この問題については、山下・前掲注6論文89頁、高橋・前掲注3書184頁以下、195頁以下参照。
12 高木光『技術基準と行政手続』(弘文堂、1995年)11頁以下参照。
13 この趣旨について、高橋・前掲注3書180頁以下参照。これについての分析として、交告尚史「伊方の定式の射程」『加藤一郎先生追悼論文集　変動する日本社会と法』(有斐閣、2011年)245頁以下に詳しい。
14 阿部・前掲注1『行政法解釈学Ⅱ』217頁以下。
15 高木・前掲注12書8頁以下、高橋・前掲注3書277頁、植田和弘＝大塚直『環境リスク管理と予防原則』(有斐閣、2010年)243頁以下参照。裁判所の専門裁量批判については、斎藤浩・前掲注6論文『最新重要行政関係事件実務研究』317頁以下に詳しい。ここで、高木光「裁量統制と無効」自治研究79巻7、8号(高木・前掲注3書359頁以下に修正収録)に対する批判も展開されている。

16 中川丈久・ジュリスト環境法判例百選210頁。もっとも、高木・前掲注3書370頁は、もんじゅ差し戻し審高裁を「鑑定人裁判の怖さ」、「隠れた実体的判断代置主義」に陥っていると批判している。
17 細川俊彦「司法の組織構造から見た行政訴訟改革の論点」月刊司法改革19号(2001年)18頁参照。

　園部逸夫「国策に立ち入る判断しにくい」朝日新聞2011年11月30日朝刊15面。園部は、「最高裁には、行政庁の言うことは基本的に正しいという感覚があるのです。それを理屈立てするために『行政庁の自由裁量』という逃げ道が用意されています」という。「国策にからむ問題に深く立ち入って判断することへの『消極的な感覚』があるのです」ともいうのである。しかし、もんじゅは重大事故を起こしており、高速増殖炉は、およそ確立した技術ではないのである。国策だからと簡単に言われてはかなわないし、行政庁は組織の病理にかかっており、その言うことが基本的に正しいはずはない。こんな裁判所がなぜ「最高」なのか。園部は行政裁判所の設立を解決策のように言うが、裁判官の感覚を変えることこそが解決策である。行政裁判官も役所が正しいと思っていれば同じである。現に今の行政専門部にはそのような発想が見られるから、行政裁判所を設立しても変わりはないだろう。最高裁判事の人事こそが焦点とならなければならない(阿部・前掲注1『行政法解釈学Ⅱ』56-58頁)。
18 下山憲治「原子力事故とリスク・危機管理」ジュリスト1427(2011年)号100頁以下。さらに、同『リスク行政の法的構造：不確実性の条件下における行政決定の法的制御に関する研究』(敬文堂、2007年)、植田＝大塚・前掲注15書55頁以下参照。
19 只野靖・法セミ2011年8／9月号61頁。
20 リスク管理、規制機関には専門性、透明性、中立性が求められる(高橋滋ほか編『リスクマネジメントと公共政策』〔第一法規、2011年〕51頁)が、今回原子力安全委員会にはそれが欠けていたことが露呈した。
21 なお、高木光は、「阿部教授の『判断余地的な考え方』は原告が提出する疑惑や不安につきすべての論議が要求される点で『訴訟が第2の許可手続になってしまう』」という反論がありえ、他方『議論をひろげればひろげるほど判定困難になるのではないか』という懸念がないではない」(高木・前掲注12書27頁)と述べるが、第1の許可手続で十分に原告の疑惑や不安について審理されているのであれば、訴訟ではそれをくり返す必要はなく、裁判所が判断すれば済むことであり、それがなされていなければ、審理がくり返されてもやむを得ない。後者の点でも、必要な議論なら、広げるのはやむを得ないのであって、そうならないようにするためには原子力安全委員会の段階で十分に議論を煮詰めるべきことである。
22 岩橋健定「女川原発控訴審判決解説」ジュリスト重要判例解説平成11年度50頁。

〔追記〕脱稿後、比山節男「原発事故と行政法の覚書」『水野武夫先生古稀記念論文集　行政と国民の権利』(法律文化社、2011年)328頁以下、赤間聡「専門技術的裁量と科学技術

的判断に関する行政の優先的判断権の理論」青山法学論集53巻2号69頁以下(2011年)、今村隆「志賀原発2号炉訴訟控訴審判判決評釈」自治研究88巻1号133頁以下(2011年)、海渡雄一『原発訴訟』(岩波書店、2011年)に接した。

　安全学の畑村洋太郎教授を委員長とする政府の事故調査・検証委員会は、2011年12月26日中間報告を提出した(http://icanps.go.jp/111226HonbunGaitou.pdf)。現場対応、政府の対応、住民への避難の指示について多数のミスが指摘されている。これはいくら訓練しても、人間には防止できないようなミスと思われる。

第1部　原発訴訟と司法の責任

司法行政と原発訴訟

大出良知 東京経済大学現代法学部教授・弁護士

執筆者プロフィール

大出良知（おおで・よしとも）　1947年、宮城県生まれ。東京都立大学卒業。静岡大学教授、九州大学教授を経て現職。九州大学名誉教授。主な著書に、『新版刑事弁護』（現代人文社、2009年）、『長沼事件　平賀書簡』（共編、日本評論社、2009年）などがある。

はじめに

　1973(昭和48)年に、伊方原子力発電所1号炉について、内閣総理大臣が行った原子炉設置許可処分について、その取消を求め地元住民が行政訴訟を提起して以来、多くの原子力発電所(原発)をめぐる行政訴訟あるいは民事訴訟が提起されてきた。しかし、原告(住民ら)の設置阻止、運転差止めといった実体的な主張が認められたのは、全審級を通してわずか2回だけであり、その2回も、上級審で覆されている。したがって、現在に至るまで、最終的に原告の主張が認めれたことは1件もない。この間、1979(昭和54)年に、アメリカ合衆国でのスリーマイル島原発の事故、1986(昭和61)年の旧ソビエト連邦でのチェルノブイリ原発の事故等があったにもかかわらずである。そして、ついに今回の東京電力福島第一原発の事故に至ったということになる。

ということもあり、あらためて司法の消極的な姿勢の是非をめぐる議論にもなっており、様々な角度からの検証が不可欠である。その際、全体としての消極的姿勢に、個々の裁判体の判断を越えた司法行政的な何らかの意思が影を落とすということがなかったのかも検証してみなければならない。というのは、1970年代以降は、最高裁事務総局を頂点とする司法官僚体制の下、裁判官の職権の独立を侵害する、最高裁による裁判内容にまでわたる統制が進行していたからである。その一端は、80年代半ばになって新聞報道でも明らかにされたことがあった。[*1]

そこで、本稿では、原発訴訟にも、そのような統制が働いていたといったことがなかったのかを検証してみたいと思う。とはいえ、統制は、裁判所内部で秘密裏に進行しているといった性格のものであり、その実態を資料的に確認できるとしても、それは極めて例外的・限定的なものにならざるを得ないことをお断りしておく。

1 裁判統制体制の実情

70年代半ばには確立したと考えられる裁判統制体制は、司法官僚制の下、3つの体制整備によって可能になっていたと考えられる。[*2] 第1に、情報収集体制の整備である。担当事件はじめ、各裁判官のプライバシーに属するような情報も含めて一元的に集約する体制の整備であり、最高裁事務総局の拡充によって可能になっている。第2に、裁判官の服従体制である。裁判官の職権の独立に対する侵害を侵害と受け止めず、最高裁や裁判長の意向に従う意識の形成であり、第1の体制によって収集された情報を利用しての裁判官採用からはじまる人事行政が、そのために最も力を発揮してきたと考えられる。第3には、指示・意向の伝達方法であり、これには公式・非公式の方法があり得る。公式の方法の中心は、特定の裁判官を集めて実務の現場で問題になっている課題について協議を行っている裁判官会同・協議会を利[*3]

用しての最高裁の意向の伝達である。

　このような体制は、90年代を頂点に、2000年代に入っての司法改革の結果、その機能を弱めているようにも思われる。しかし、司法官僚制が維持されている限り、完全に機能を喪失しているとは考えられない。現に、志賀原発2号炉運転差止め訴訟で、運転差止めを認めた第一審の井戸謙一元裁判長は、インタビューに答えて「友人や同僚が『冷遇されるのでは』と心配してくれた」と述べている。別の機会に「冗談めかして言われた話です」とも述べ*4
ているが、「同僚」の間に、冗談めかしてであれ、そのような感想が出てくる*5
素地が歴史的に形成されてきたことを看過してはならない。

　現時点で、原発訴訟をめぐって確認できる統制の可能性については、裁判官会同等での協議とその内容の伝達をあげることができる。*6

2　原告適格をめぐって

　裁判官会同・協議会でいち早く取り上げられた原発関係の協議事項は、原発の原子炉設置許可処分の取消を求める原告適格の有無である。伊方原発1号炉、東海第2原発、福島第2原発について、相次いで提訴された後で、伊方原発1号炉一審判決（1978年4月25日）の約一年半前の1976年10月に開催された行政事件担当裁判官中央協議会で、次のように提起されていた。*7

　「原子力発電所の周辺住民は、内閣総理大臣の行った同発電所の原子炉設置許可処分の取消しを求めるについて、法律上の利益を有するものといえるか」。

　協議の結果としては、積極・消極両説が併記されている。

　積極説の要点は、原子力基本法20条の規定を受けて制定された「核原料物質、核燃料物質及び原子炉の規制に関する法律」（「原子炉規制法」）1条が、目的として、「災害防止、公共の安全確保を掲げている」こと、24条1項4号が「原子炉施設の位置、構造及び設備が災害の防止上支障がないものであ

司法行政と原発訴訟　　63

ること」を設置許可の要件にしていることから、「災害あるいは一定限度以上の環境悪化を受けないという利益を原子力設置場所から一定距離内に居住する住民に対して個別的、具体的に保護した規定と解される」としている。その上で、「この場合、万一事故が発生すれば付近住民の生命身体が侵害されるといった程度で原告適格を肯定する考え方は疑問であるが、事故発生の蓋然性につきある程度の確率が必要であると考えると、そのような科学的な問題が裁判所の審理になじむかについて問題が生じる」といった留保がつけられていた。

これに対して消極説の要点は、原子炉規制法24条1項4号の「要件の存否の判断手続として、原子力基本法、原子力委員会設置法等により必要とされる原子力安全専門審査会の審査対象には、放射性物質等による災害以外の環境悪化といったことは含まれていないし、他に一定水準以上の環境保全を許可要件としていることを裏付ける手続規定が見当たらないから、消極に解される」とされていた。さらに、消極説は、「原子炉事故の起きる確率が極めて少ないことを考えると、消極説によった場合でも実際に被害が発生しなければ救済が受けられないという危惧が現実になる可能性は非常に少ないから救済による不都合は生じない」ことをも支えにしていた。

以上の紹介の後、最後にさらに付け加えて、積極説の難点とされる「原告適格を有する者の範囲が明確でなく、想定事故の態様によってはすべての国民が原告適格を有することにもなりかねない点である」について、「技術的に見て発生の蓋然性のある事故を想定し、その事故による災害を基準にして原告適格の有無を考えることが可能」として、原子炉の規模等から、「直接被害の及ぶ範囲を、ある程度限定することとなろう」としていた。この協議の結果には、必ずしも最高裁事務総局の意向が明確に示されていたわけではない。

1978年4月25日の伊方原発1号炉についての松山地裁判決[*8]は、原告適格を認め、その主な理由として、協議の結果の積極説と同様、原子炉規制法

24条1項4号が原子炉の災害防止につき、「公共の安全を図ると同時に、原子炉施設周辺住民の生命、身体、財産を保護することを目的としている」と解されることをあげており、控訴審の高松高裁もほぼ同様の判断を示したことで、事実上決着がついた。[*9]

消極説の論拠が、要件判断手続から、要件を要求している原子炉規制法を解釈するには無理があり、しかも、「事故の起きる確率が極めて少ない」ことを大前提にしているということではおよそ説得力に欠けているといわざるを得ない。そのこともあって、最後に積極説を補足したと考えるのが妥当であろう。それに原告適格は、前提問題であり、ここでの「門前払い」は司法にとってのリスクが大きすぎると、判断したのであろう。[*10]

3 使用施設等の安全性(原子炉規制法53条3項要件)の審理方法について

(1) 協議事項

問題は実体判断であり、実体的要件の判断方法についても、1988年10月に協議事項にされていたことが確認できる。いずれも住民たち原告の敗訴となった伊方原発1号炉一審判決(1978年4月25日)、福島第二原発1号炉一審判決(1984年7月23日)、伊方原発1号炉高裁判決(1984年12月14日)、東海第二原発一審判決(1985年6月25日)の後であるが、伊方原発1号炉と福島第二原発についての最高裁判決(1992年10月29日)の4年前である。協議事項は、「核燃料物質使用許可処分取消訴訟における使用施設等の安全性(核原料物質、核燃料物質及び原子炉の規制に関する法律五三条三号要件)の審理方法、特に立証責任については、どのように考えるべきか」として提起されており、「要件の性質」、「司法審査の方法」、「主張・立証責任」が検討されたことになっている。[*11]「協議の結果」は、原告適格の場合とは異なり、両説併記というよりは、方向性がより明確に示されることになっている。

(2) 要件の性質

　まず、「政策的裁量の余地」について、「使用施設等の安全性の判断は、核燃料使用施設周辺の住環境及び周辺住民の生命、身体等の安全性の審査、判断の問題である以上、専門技術的見地からする審査、判断の結果に対して、更に政策的見地から裁量を働かせる余地はない」として、従前、行政当局の裁量という場合に用いられてきた政治的・政策的裁量の余地は否定している。

　その上で、原子炉規制法52条と53条が、抽象的に「災害防止上支障がないこと」と定めるだけで、核燃料物質の使用施設等の位置、構造及び設備の具備すべき具体的な要件や災害の具体的内容については、下位法令を含め、何の定めも置いていないことから、「この高度な科学的専門的知見に基づく判断を要する核燃料物質の使用施設の安全性という問題については、そのような高度の科学技術的事項についての判断が可能なスタッフを擁していると考えられる行政庁の裁量にゆだねているとする考え方が出てくる。従来の下級審の裁判例や学説の大勢もこの見解を採っている」として、「政策的裁量」ではない、「専門技術的裁量の余地」があるとする。それは、「安全か否かの評価判断については、幾つかの科学的学説があって、意見が分かれるところではあろうが、行政庁としては、最高水準の科学的知識に基づいて常に最良の学説を選択し、科学的に正しい判断をするべきであろう」という意味であるとする。

(3) 司法審査の方法

　ついで、「行政庁の行う安全性の審査が専門技術的裁量処分であると解する場合」には、「ここでの判断は、将来、事故等が発生しないかどうかという未来の予測にかかわる事柄であって、高度の専門技術的知識が必要であり、法は、そのような判断をするにふさわしいスタッフを擁しているところの行政庁……に専門的立場から判断をさせるというシステムを採っていると考え

られる」として、「そうだとすると、その判断の適否を審査するに当たっては、裁判所としても、行政庁のした判断を一応尊重して審査に当たるという態度をとるべきである」とする。要するに、「その限りでは、行政庁に裁量が認められているのと同じ結果になるように思われる」と括弧書きで確認している。その意味するところは、「裁判所が行政庁と同一の立場に立って独自に認定した上、処分すべきであったかどうかの判断を行い、その結果と当該処分とを比較してその適否を審査するいわゆる実体判断代置方式を採るべきではない」ということである。そして具体的な審査の内容は、「行政庁のした判断に合理性、相当性あるといえるかどうかという観点から審査をしていけば足りる」としている。また、なお書きとして、「行政庁の判断の合理性を判断するに当たっては、手続が適正にされたかどうかも考慮すべきであろう」としている。

(4) 主張・立証

(3)で示されたように、「専門技術的裁量」を認めるとした場合、「行政庁のした判断に合理性、相当性があるかという観点で司法審査が行われることになる」として、まず、被告行政庁が、「自分が幾つかある科学的専門的学説のうちから、どの説を最も正しいものとして採用し、その結果安全であると判断したか、その判断が科学的にみて十分な根拠を有し、合理性があるといえるかどうかということを証明する必要があるということになる」としている。これに対する原告に求められる対応は、「被告の採った説とは異なる有力な見解が存在することを立証して、合理性の立証を揺るがしたりする」間接反証といった方法になるとしている。

4 会同・協議会の果たした役割

上述の「協議の結果」と地裁と最高裁で最初に判断が示され伊方原発1号炉

についての判決の要点を少々長くなるが比べておこう。

【松山地裁判決】

　(原子炉)規制法二四条は、原子炉設置許可処分は、周辺住民との関係においても、その安全性の判断に特に高度の科学的、専門的知識を要するとの観点及び被告の高度の政策的判断に密接に関連するところから、これを被告の裁量処分とするとともに、慎重な専門的、技術的審査によつて、一定の基準に適合していると認めるときでなければ、その設置許可をすることができないとして、被告の裁量権の行使に制約を加えているものと解すべきである。

　なお、付言するに、以上のことは、当然に右許可処分の違法を主張する者が、当該原子炉の危険性、換言すれば、その安全に関する判断の不相当性を立証すべきであるとの結論を導くものではない。けだし、被告は当該原子炉の安全審査資料をすべて保持しており、かつ、安全審査に関わつた多数の専門家を擁しているが、右許可処分の違法性を主張する原告らは、安全審査資料のすべてを入手できることの保証はなく、また、その専門的知識においても、被告側に比べてはるかに劣る場合が普通である。

　したがつて、公平の見地から、当該原子炉が安全であると判断したことに相当性のあることは、原則として、被告の立証すべき事項であると考える。

【最高裁判決】[*12]

　原子炉施設の安全性に関する判断の適否が争われる原子炉設置許可処分の取消訴訟における裁判所の審理、判断は、原子力委員会若しくは原子炉安全専門審査会の専門技術的な調査審議及び判断を基にしてされた被告行政庁の判断に不合理な点があるか否かという観点から行われるべきであって、現在の科学技術水準に照らし、右調査審議において用いられた具体的審査基準に不合理な点があり、あるいは当該原子炉施設が右の具体的審査基準に適合するとした原子力委員会若しくは原子炉安全専門審査会の調査審議及び判断の過程に看過し難い過誤、欠落があり、被告行政庁の判断がこれに依拠してされたと認められる場合には、被告行政庁の右判断に不合理な点があるものと

して、右判断に基づく原子炉設置許可処分は違法と解すべきである。

原子炉設置許可処分についての右取消訴訟においては、右処分が前記のような性質を有することにかんがみると、被告行政庁がした右判断に不合理な点があることの主張、立証責任は、本来、原告が負うべきものと解されるが、当該原子炉施設の安全審査に関する資料をすべて被告行政庁の側が保持していることなどの点を考慮すると、被告行政庁の側において、まず、その依拠した前記の具体的審査基準並びに調査審議及び判断の過程等、被告行政庁の判断に不合理な点のないことを相当の根拠、資料に基づき主張、立証する必要があり、被告行政庁が右主張、立証を尽くさない場合には、被告行政庁がした右判断に不合理な点があることが事実上推認されるものというべきである。

以上と同旨の見地に立って、本件原子炉設置許可処分の適否を判断した原判決は正当であり、原判決に所論の違法はない。

以上のように、「協議の結果」と２つの判決のポイントはほぼ同趣旨の内容になっている。といっても、一般的には、「協議の結果」がなければ、必ずしも奇異というわけではない。しかし、「協議の結果」があることで、司法行政との関係で異なった意味を持ってくる。

まず指摘しなければならないのは、「協議の結果」が、松山地裁伊方原発１号炉判決にはじまる流れを決定的なものとして、裁判官の意識を事実上拘束し、最高裁判決への露払いになっていたと考えられることである。しかも、そこで重要なのは、住民側(原告)敗訴という確固たる流れがつくられたことである。

その内容上のポイントは、少なくとも４点あったと考えられる。

第１に、従前の行政裁量論を排斥した装いを取りながら、実際には、行政庁の「裁量」を前提とする判断を容認した。

そのことで、第２に、「実体判断代置方式」を否定し、独自の実体判断で

はなく、「行政庁の判断の合理性、相当性」の審査で足りるということにしてしまった。

その結果、第3には、いくら立証責任を転換してみても、その前提になっている圧倒的に豊富な科学技術的知識と資料を有していると想定されている行政庁の判断に疑義を差し挟むことは容易でなくなっている。

しかも、第4に、あくまでも「裁量」が前提になっており、行政庁に要求されている立証の程度が明らかにされていないこともあり、安全性についての疑問が決定的にならない限り、原告の主張が認められることにはならないことになっていた。

ということで、松山地裁判決の持つ意味を考えると、海渡雄一『原発訴訟』6頁以下(岩波新書、2011年)で「不自然な裁判長交代」とされている松山地裁の対応についても言及しておかなければならない。海渡が指摘しているのは、裁判長が交代し、事実審理を担当していない裁判長の下で判決が言い渡されたことであるが、それにとどまらない不自然さが伏在している。伊方原発1号炉訴訟が提起されたのは、1978年8月27日であり、12月20日にはじまった裁判の裁判長は、渡辺一雄であった。渡辺は、同年5月24日に松山地裁に所長として赴任しており、通例であれば事務分配ルールが決まっており、所長は個別事件を担当しないことになっていないのではないかと考えられるにもかかわらず、裁判長になった。しかも、1975年4月に渡辺の後任になった村上悦雄も所長であり、判決を言い渡した柏木賢吉裁判長も所長である。一貫して所長が裁判長を担当するということ自体、極めて異例であると考えられ、しかも、その所長は司法行政を担い、日常的に最高裁当局と接触のある立場である。もちろん、現時点でそれ以上の確たる根拠を確認できているわけではないものの、70年代の「裁判統制体制」を考えると、大きな疑問の残るところである。

最後に、あらためて、司法行政的に確固たる判例等の流れがつくられることをどう阻止し、個々の裁判官の職権の独立を確保するかを真剣に考える必

要があることを痛感する。そのためには、まず個々の裁判官が考える十分な審理を可能にするような精神的・物理的余裕を確保できるようにしなければならない。その具体的な方策の一つは、裁判官の大幅な増員と異動方式を含む人事制度の抜本的な見直しであろう。

注

1 1985年年9月5日付毎日新聞大阪版が、1976年及び1977年に最高裁が開催した裁判官協議会において、「環境権」を否定する見解を示していたことを、1987年11月8日付朝日新聞が、最高裁が、河川管理の瑕疵について初めての判断基準を示すことになった大東水害訴訟判決の一カ月半前に、やはり裁判官協議会で、大東水害訴訟の判断内容とほぼ同じ内容の見解を示していたことを明らかにしていた。朝日新聞の記事に関連しては、松本正「司法記者の検証レポート／司法行政はいま…〔パート2〕裁判官協議会、そして調査官」『今日の最高裁判所』(日本評論社、1988年)128頁以下参照。

2 その詳細については、大出「裁判統制の現状とそのメカニズム」法と民主主義176号(1983年)29頁以下参照。

3 裁判官会同・協議会、については、湯川二朗「裁判官会同・協議会について」法律時報62巻9号(1990年)9頁以下参照。

4 2011年4月22日付信濃毎日新聞に掲載された共同通信のインタビュー。

5 2011年6月2日付朝日新聞のインタビュー。

6 柏崎刈羽原発訴訟に関わり、裁判官会同の問題性について言及している2008年5月2日付の新潟日報の次の記事も参照。『揺らぐ安全神話　柏崎刈羽原発』第6部第5回「裁判官の苦悩」http://www.niigata-nippo.co.jp/jyusyou/report/07_05.html

7 最高裁判所事務総局『行政事件担当裁判官会同概要収録(その四)』行政裁判資料第51号132頁以下に掲載されている。この資料集には、「昭和四八年一月から昭和五五年三月までの間に開催された行政事件担当裁判官中央協議会及び各高等裁判所管内の行政事件担当裁判官会同等における協議問題とその協議結果の要旨」が収録されている。

8 判例時報891号38頁、判例タイムズ362号124頁等。

9 判例時報1136号3頁、判例タイムズ542号89頁等。

10 いち早くこの協議内容を検討した、湯川二朗「行政事件における裁判官会同・協議会」法律時報62巻9号(1990年)36頁以下は、「行政局意見はいずれかというと消極説に傾いていた」とする。しかし、根拠が必ずしも明確ではなく、私見のような推測も充

分成り立つと考える。
11　最高裁判所事務総局『行政事件担当裁判官会同概要収録中巻(その五)』行政裁判資料第64号651頁以下に掲載されている。この資料集には、「昭和五五年一〇月から昭和六三年一〇月までの間に開催された行政事件担当裁判官会同等における協議問題の…協議の概要」が収録されている。
12　最高裁判所民事判例集46巻7号1174頁、判例時報1441号37頁、判例タイムズ804号51頁。

第 2 部
福島第一原発事故
被害者の声

取材・編集協力：池添徳明フリージャーナリスト

＊本部の各報告は、脱原発弁護団全国連絡会主催のシンポジウム「福島原発被災者の声を聞け、全ての原発の即時停止を求める」（2011年8月9日。霞が関弁護士会館）での発言に基づいて、それに加筆・訂正を加えたものである。

福島第一原発から約20キロの道路上で検問する警察官（2011年4月11日）福島県南相馬市原町区
（写真提供：共同通信）

第2部　福島第一原発事故被害者の声

着の身着のまま逃げた

17年間原発廃止を訴える

楢葉町・早川篤雄（宝鏡寺住職）

原発が大丈夫なはずがない

　檀家が100軒ほどの小さな山寺で住職をしています。東電福島第一原発から約15キロ、福島第二原発からは約5キロ離れたところにあります。

　減反している農家から借りている分と合わせて1町4反の田圃で100俵ほどの米を作ったり、寺から2キロの場所にある精神・知的障害者支援施設の運営を手伝ったりしていました。

　お茶を飲んで、そろそろ農作業を始めようかという時に大地震が起きました。激しい上下動が長く続きました。これで原発が大丈夫なはずがないなと思いました。

はやかわ・とくお氏(71歳)

　その日の夜9時ごろ、福島第一原発から2キロ圏内の住民に避難指示が出たことをラジオの放送で知りました。翌朝9時過ぎになって、6号国道から「太平洋側の楢葉町の住民は避難して下さい」と町の防災無線が流れました。「そんな程度で済んだのかな」と思っていたら、その5分後ぐらいに、「楢葉町の住民は全員避難して下さい」という防災無線があったのです。

　「ああやっぱり。これはもうダメだ」と着の身着のままで逃げ出しました。

本堂の前は夏草が伸び放題だった（2011年6月にお寺に戻ったとき、早川氏撮影）

自分の8人乗りのランドクルーザーや施設職員の車に障害者施設の人たちを乗せ、みんなで大混乱する国道をいわき市に向かって、とにかく夢中で逃げました。

誘致をきっかけに住民運動

　私は地元で39年間、原発の危険性を訴えて住民運動をやってきました。1975年から17年間は、福島第二原発の設置許可取消訴訟の原告として、裁判を闘いました。結果は敗訴でしたが、仙台高裁の判決は「本判決は、基本設計のみを対象として安全性があるというに過ぎない。現実に建設され、運転されている原発が安全性を有するか否かは別問題である」というものでした。

　原発に関心を持ったのは、自分たちの町に原発ができると聞いて、本当に大丈夫なのかと不安に思ったのがきっかけです。1971年3月に福島第一原

発の１号機が営業運転を開始し、1968年に発表されていた福島第二原発の着工が始められたころです。

　最初は、隣の広野町に東京電力の火力発電所が誘致される亜硫酸ガス公害の方に関心があって、安全性を確かめようと勉強会をつくりました。しかし、目に見える火力発電所の公害と違って、原発は目に見えない怖さがある。むしろ原発の方が大変なんだということが分かってきました。

　当時の通産省工業技術院や日本原子力研究所の研究員に来てもらって、勉強会で話をしてもらいました。もっと勉強しなければいけないと痛感しました。これが私たちの住民運動の原点です。

原発事故は次も必ず起きる

　1973年には、全国初の原発公聴会の開催を要求して実現しました。ところが当時の科学技術庁は、この公聴会を逆手に取って原発の安全神話をつくりあげる場にしようとしたのです。いま問題になっている原発シンポジウムのやらせ質問は、実はこの時から既にあったのです。

　原発推進をうたったポスターも登場しました。セミヌードの女性が両手で乳房を押さえた写真に、「エネルギー・アレルギー」「原子力はすでに身近で使われています」などとキャッチコピーが書かれたポスターが、町のあちこちに張り出されました。科学技術庁が作成したポスターです。

　国や東京電力や学者が、住民の訴えにまじめに耳を傾けて、納得できるような説明をしてしっかりと対応していれば、こんな大変な原発事故は起きなくて済んだはずです。地震や津波がなくても、老朽化した原発ではいずれ事故が起きたでしょう。

　いま、抜本的な対策を取らなければ、またこの次も必ず大事故が起きます。全原発の廃炉しかないと思っています。

　これだけの事故を起こして、全国に迷惑をかけているのに、できれば原発を再開したいという動きが国や電力会社にあります。もしこの福島の事故が、浜岡原発や新潟の柏崎刈羽原発で起きていたらどういうことになったでしょうか。想像もできません。放射能の拡散による被害はもっと大変なことになったと思います。

9日かぶりに救出された愛犬「くま」
障がい者を乗せなければならないので犬は繋いだまま置き去りにするしかありませんでした。9日後衣類などを取りに戻ったとき、水しかやってこなかったので死んでいるだろうと思っていたら、かなり弱っていましたが生きてました。犬ながらとても悲しい目つきでよろこびました。

子どもたちは戻ってこない

　いわき市内に避難してから、4月に楢葉町への立ち入りを禁止されるまでの間に、自宅には5～6回戻りました。その後、許可を得て昨(2011)年6月18日に戻った時は、防護服に身を固めて、サーベイメーター(放射線測定器)を持たされました。チェルノブイリ原発30キロ圏内を訪ねた時と全く同じ姿だったので、なんとも遣る瀬無い思をしました。

　これまでに、米国のスリーマイル島の原発を1回、ウクライナのチェルノブイリ原発を2回視察しています。チェルノブイリでは石棺や疎開先の学校を訪問して、子どもたちの悲惨な状況を見てきました。

　福島で最も心配なのは、避難した人たちが30キロ圏内に元通り戻るだろうかということです。若い人や子育て中の人は、ほとんど戻ってこないだろうと思います。

　原発を取り巻く今の状況が変わらなければ、原発の大事故は次もまた日本ということになるのは間違いありません。

第2部　福島第一原発事故被害者の声

仕事も家もすべて失った
国と東電は被災に補償を

双葉町・白岩寿夫（市民オンブズマン双葉）

900人の住民と避難生活

　福島第一原発から5キロ圏内の双葉町に住んでいました。歯科技工士です。

　地震があった3月11日のあの時は、診療所に納品した帰り道でトンネルの中にいました。運転中の車が蛇行するのでおかしいなと思いながらトンネルを出ると、上から50センチくらいの岩が落ちてきました。自宅に向かって車を走らせて海の方を見ると、白い波が見えました。

　翌日の朝11時ごろ、役場の人に会い「すぐに原発が爆発しますから逃げて下さい」と告げられました。

しらいわ・ひさお氏(54歳)

　米沢の温泉に1カ月ほど滞在し、それから9月末までの5カ月間は猪苗代町のホテルで避難生活を送りました。最も多い時は900人くらい避難していましたが、だいたい200人～300人の住民が一緒でした。

　大学生の息子は米沢市から大学に通っています。娘は就職して埼玉県内にいます。私は妻と2人で10月からは郡山市内の賃貸マンションに移りました。かつて通っていた歯科技工士の学校がここにあって、仕事仲間も多く住んでいるので郡山に来ました。

補償がないと生活できない

避難していた猪苗代町のホテルには、東京電力の相談コーナーがありました。補償について相談に行ったら、東電の社員に「なんで働かないのか」と言われました。カチンときましたね。

私だって働きたいですよ。でも、仮設住宅や借り上げ住宅をどうするかという前に、補償がないと生活できません。まず東電の側が書類をそろえて説明するのが筋だろうと文句を言うと、ようやく補償について説明するようになりました。

「被災者に向けた相談室です」「必ず元の町に帰します」などと言いながら、相談に来る避難住民は金が欲しいだけというふうにしか思っていないのでしょう。

歯科技工士は飽和状態で余っています。口の中や歯型を見れば、患者さんの名前と顔がすぐ分かるのが歯科技工士です。地元で信頼関係を得て仕事をしているのです。次の仕事のめどは立っていません。

歯科技工士の仕事をするためには、作業の場所を借りて、高価な機械もリースしなければならないのですが、地震で機械は全部ひっくり返ってダメになってしまいました。多額の借金だけが残っています。自宅もめちゃくちゃ。利息だけ返済している状態です。

聞こえるのは風の音だけ

将来をいったいどうしてくれるんだ、と言いたいですね。双葉町に帰れるのか帰れないのか、はっきりしてほしい。見込みがあるなら、あと何年くらいかかるのか方向性を示してほしい。住民の一番の希望は、早く自宅に戻りたいということです。

6月に猪苗代町から双葉町の自宅に一時帰宅しました。でも何かおかしいのです。ツバメもスズメもいない。あれだけいたカラスもいません。風の音だけしか聞こえてきませんでした。

ここにはもう住めないな、もう双葉町には帰ってこられないと感じました。あの気持ち悪さ、不気味さは何なんだろうと今も思い返します。

町長の不正など、市民オンブズマンとして以前から追及してきました。東

電や原発も批判しましたが、双葉町は周りを見てもみんな東電の社員ばかりで、東電あっての双葉町なんですね。原発事故が起きて、原発が停止しても電力不足にならなかったと聞いて、もう原発は絶対にいらないと思いました。

　東電が説明していた原発の「安全・安心」とは何だったのでしょうか。原発の爆発で、仕事も家も財産も田畑も、何もかもを失ってしまいました。国や東電には被災に対してきちんとした補償を求め、これからの人生を前向きに生きていきたいと思います。

第2部　福島第一原発事故被害者の声

こんな事故が起きるとは
安全を信じた原発の町で

楢葉町・松本清恵（楢葉町議会議員）

とにかくもう逃げるだけ

　自宅は原発から20キロ圏内の警戒区域の中にあります。3月12日の朝に防災無線が流れて、消防車もカンカンと警報を鳴らしながら走ってきて、とにかく逃げろと言われました。電話も電気も通じないし、テレビの情報もなく、ただもう逃げるしかない。いわき市に着いてようやく、「ああ原発が爆発したんだ」と分かりました。

　地元では原発事故を想定し、1年に1回の避難訓練をやっていました。自衛隊がテントを設営し、ヘリコプターで負傷者に見立てた人を運ぶ様子を、みんなで邪魔にならないところから見ていましたが、今にしてみればあれは何だったのかな、何のための訓練だったのかなと思います。

　福島第一原発のすぐ近くにオフサイトセンター(緊急事態応急対策拠点施設＝福島県原子力災害対策センター)があります。こんなところに施設があるのおかしいねと話していたのですが、全然機能しませんでした。

まつもと・きよえ氏(59歳)

当時のことを語る松本清恵・松本三郎(右)氏

安全だと思っていた

　原発は安全だと言われ続けて、町会議員も含めて多くの人は疑問に思わなかった。楢葉町には原発OBの町議が1人いて、「原発は廃炉にすべきだ」といつも訴えていました。「地震が起きたら常磐線まで津波が来る。原発はどうなるんだ」と議会で質問していましたが、行政にも議会にも危機感はありませんでした。

　福島第一原発など東京電力管内の原発でトラブル隠し(記録の改竄や隠蔽)が2002年に発覚してから、東電の体質はおかしい、原子力発電には何かあるとは感じていましたが、まさかこんなことになるなんて夢にも思いませんでした。

　楢葉町には福島第二の原発のうち2基があります。電気を東京に送って、原発で生きる原発立地の町です。危険と隣り合わせの生活でしたが、みんな当たり前のように安全だと思ってきました。原発のお陰で雇用がある。出稼

ぎに行かなくてもいい。できたものは仕方ない。それが田舎の町の暮らしです。

10年間、議会で1回も質問したことがない議員もいます。そんなところで、「原発は必要ない」「おかしいんじゃないか」と言い続けるのは大変ですし少数派です。自分の信念を曲げないのは貴重な存在だと思います。そういう数少ない議員と一緒に発言しています。虚しさもあるけど、こういう災害があった時こそ、言うべきことを言うのが議員なのでやりがいも感じます。

第二原発を動かすのか

原発事故の1週間後に、楢葉町長が「福島第二原発は動かす」と発言して批判を浴びました。水素爆発で町民が避難している最中のことです。議会の6月定例会で町長は泣きながら謝りましたが、泣いてどうするというのでしょうか。

同じ津波を受けて、水素爆発などの大惨事を起こした第一原発の6基と、冷却されて止まっている第二原発の4基との違いは、建屋のコンクリートの厚さです。

古い技術の第一原発は80センチで、コンクリートの中は普通のワイヤや鉄筋。第二原発は厚さが120センチあって、コンクリートの中は針金を何回もよじって太くして丈夫に作ったそうです。第一より新しい第二は、冷却装置が建屋の中だったので、現在も冷却されています。

第一原発であれだけの被害があったのに、第二原発を動かすのでしょうか。安全性をどう確保するのか、第一原発が爆発した時のような避難体制でいいのか、そういうことを考えなければ町民は町に帰れません。国や東電の説明はデタラメでウソばかり。信用できません。国民、県民、町民が監視していくべきだと思います。

心配な子どもたちの健康

8月に楢葉町に一時帰宅しました。1000坪の畑にクリやウメ、プラム、キウイ、イチジクを植え、無農薬の米や野菜も作って自給自足していましたが、2メートルの雑草がぼうぼうですっかり荒れ果てていました。

現在はいわき市内で12坪の民間アパートを借りて住んでいます。隣にだ

れが住んでいるのかも分からないような暮らしは、これまで経験したことがありません。自分では買ったことのない野菜を買って食べる生活に、戸惑っています。

　心配なのは子どもの健康です。チェルノブイリだと強制退去させられるレベルの放射性物質が計測される状況で、これから5年先や10年先の子どもたちの健康状態が気がかりです。子どもたちがいない町や国など考えられません。医療費も大変になるでしょう。

　ウクライナでは原発事故後に生まれてきた子どものうち、健常者が15％しかいないそうです。福島県や楢葉町だけの問題ではありません。

第2部　福島第一原発事故被害者の声

子どもたちの命が心配

校庭の放射線量に驚く

川俣町・佐藤幸子（子どもたちを放射能から守る福島ネットワーク世話人）

レントゲン室内と同じ数値

　私たち親の仲間はまず自分たちでガイガーカウンターを手に入れて、校庭の数値を測ることから始めました。

　それまでは国も県も市も町も村も、子どもたちの学校や校庭の放射能の数値を測っていませんでした。原発事故直後の3月末に川俣町の小中学校4校と、福島市の小学校3校をサンプリング調査して測ってみて、数値の高さにびっくりしました。

　福島県が学校関係のアドバイザーとして招いた広島大学の先生が、「子どもたちを校庭で遊ばせても全く問題ありません」と記者会見で説明したのを聞いて、これでは子どもたちは殺されると本気で思いました。

　その後、県が測った数値を地図に落とし込むと、県内の75％の地域が放射線管理区域以上の状態だと分かりました。レントゲン室の中と同じです。「そういうところに子どもを置いておくなんて信じられない」と、京都大学原子炉実験所助教の小出裕章先生に言われました。しかし、県が招いたアドバイザーの先生は「安全だ安心だ」と言って歩くばかりです。

　3月末に、飯舘村、川俣町の山木屋地区、福島市の大波地区の土を私たちが独自に測ると、チェルノブイリの強制避難区域と同じ数値が出ていました。この三地区は、すぐに避難させるべきでした。しかし大波地区は、いまだに避難させていません。

　私は介護関係の仕事をしていましたが、レントゲン室と同じレベルという

さとう・さちこ氏(53歳)「子どもたちを放射能から守る福島ネットワーク」事務所にて。

ことがわかって、子どもとともに避難しました。夫は農業を営んでいましたが、もう川俣町ではむずかしいと、県外の友達をたよって農地を探しているところです。

子どもを疎開させてほしい

　うちの5人の子どもたちは、全員が福島県外に避難しています。
　3月11日のその日のうちにまず福島市に避難させて、山形県にいる友達が、すぐに連れておいでと言ってくれたので、12日には山形県に連れて行こうと思いました。
　結婚して福島市内で暮らしていた25歳の長女の夫の都合で、予定が1日延びて13日になりましたが、長女夫妻のほか、20歳の会社員の次男、17歳の三男、13歳の中2の次女を山形県米沢市に逃がしました。29歳の長男は東京・昭島市の社員寮に住んでいます。
　子どもたちには、「川俣町にはもう二度と戻れないと思いなさい。それくらいの覚悟がないと、あなたたちの命は守れない」と言いました。
　私たちは、とにかく子どもの命を守りたいのです。戦時中でさえも、子ど

もの命を守るために集団疎開をさせてくれたではないですか。どうして今、それをやってくれないのでしょうか。子どもの命をないがしろにして、何を守ろうとしているのですか。

チェルノブイリでは原発事故の5年後、10年後に、子どもたちの健康障害が次々に出てきました。福島の子どもたちが同じようになってしまうのかと思うと、悲しくていたたまれない気持ちです。

生き方や考え方を問い直す

福島県の30万人の子どものうち、1万4千人の小中学生が県外に転校したと言われています。乳幼児を含めると2万人以上の子どもたちが県外に避難したはずです。でもそのほかの子どもたちは、まだ福島県内にいるのです。

私たちは2011年5月1日に「子どもたちを放射能から守る福島ネットワーク」を立ち上げて、子どもたちの被曝を最少化するように国や自治体に働きかけています。

ネットワークは4つのセクションに分かれて、それぞれ活動を続けています。測定・除染のセクションでは、放射線量を細かく測定してホットスポットを知る手伝いをして、保育園などに除染の呼びかけもします。

避難・疎開のセクションでは、どこに避難させればいいのか、仕事がやめられないなどと不安を抱える保護者の相談に応じて助言し、避難を受け入れている自治体や民間団体を紹介しています。このほか、相談会や講演会、学習会を開いて安全な食べ物や水について考え、生活情報を発信するといった活動もしています。

大震災があった3月11日以降は、今までの生活の仕方を改めなさい、ということなのだろうなと思います。石油が止まって食料が入ってこなくなっても、生きていける技術を身に付けるように、子どもたちに伝えていくこと。今の暮らしや生き方や考え方を問い直すこと。大切なのはそういう基本的なことではないでしょうか。

第２部　福島第一原発事故被害者の声

露天商も困っています

祭りや盆踊り次々中止

いわき市・石川次夫(いわきブロック祭店連絡協議会会長)

行事なくなり売り上げ激減

いわき市内の露天商でつくる団体です。お祭りや縁日で、たこ焼きやお好み焼きの屋台を出して商売をしています。

神社のお祭りや盆踊り大会などが相次いで中止になって、いわき市では地域の行事が昨(2010)年と比べて３分の２に減りました。たこ焼きや焼きそばを屋台で売って生活する露店商の中には、売り上げが半分ほどになった業者もいます。

原発事故以降の３月から７月の間は全く商売ができない状態が続きました。花見やゴールデンウイークが続く時期に商売ができないのは厳しい。地震や津波の影響もないことはないのですが、放射能汚染の影響がやはり大きいです。保護者が敏感に反応して、子どもを外に出すようなイベントは開催されません。学校の運動会も体育館の中での開催です。子ども会の盆踊り大会も中止されました。観光客もほとんどゼロです。１日に20台〜30台は来ていた観光バスは１台も来ません。

いしかわ・つぎお氏(47歳)

原発事故の損害賠償を請求

同じように地震や津波の被害を受けた宮城県や岩手県では、自治体が率先して復興イベントを開いて、人を集めて町を盛り上げようと動いたのでイベントが増えています。
　ところがこれに対して、福島県では人を集めるイベントは開かれません。原発事故による放射能の影響を心配して外に出るのを避けるので、人が集まらないからです。放射能という見えない敵といろいろな業者が闘っています。
　私たち露店商の組合有志15人は2011年7月20日付で、福島第一原発事故の影響で商売ができなくなったとして、東京電力に対し約9200万円の損害賠償を請求しました。事故発生の翌日から7月11日までの4カ月間の損害分です。年間平均売上額を算出して、その4カ月分のうちの9割を原発事故の損害としています。
　私たちは原発のある浪江町や相双地区にも出かけて、商売をしていました。原発事故以来、立ち入り禁止になってしまいました。人がいないので祭りもできません。この状態がいつまで続くのかさえ、いまだにはっきりしません。

子どもたちの笑顔が見たい

　原発事故で被害を受けたのは、農協や漁協といった大きな組織に入っている業者だけではありません。補償の対象外になって忘れられている業種の人たちが、ほかにもまだまだたくさんいます。そのことを分かってほしいと思っています。
　地域のコミュニティーがめちゃくちゃに壊されたのが辛いです。仲のいい友達で県外に避難したやつもいます。11月になると北西の風が吹くので、空間放射線量が高くなるのを心配して、避難する人はさらに増えるのではないでしょうか。
　私はお祭りや縁日の雰囲気が大好きで、屋台にやって来る子どもたちの無邪気な顔を見るのが何よりの楽しみなんです。「このくじ引きは本当に当たるのけ」「馬鹿言うんじゃねえって」。そんな会話を子どもたちと交わすことができなくなるのは、たまらなく悲しいですね。子どもたちの笑顔が見られるお祭りができるようにと願っています。

第2部　福島第一原発事故被害者の声

ふるさとの川を元に戻せ

汚染されて釣り客は激減

矢祭町・佐川泉（福島県内水面漁業協同組合連合会会長理事）

基準超のセシウムで禁漁に

「内水面」とは内陸の川・湖・沼の総称です。そこで淡水漁業の管理運営をする組合が「内水面漁業協同組合」です。

私が住んでいるのは福島県の南端の矢祭町ですが、漁連の事務所は会津若松市にあります。会津若松市には桧原湖や猪苗代湖などたくさんの湖があって、漁協の数が県内で一番多いからです。

福島県の内水面漁業協同組合連合会（内水面漁連）は、県内の23漁協のうち19漁協で組織されています。

さがわ・いずみ氏(51歳)

原発事故が起きて、県内の河川や湖沼に放射性物質がまき散らされました。9つの漁協がある浜通りを中心に被害が大きく、そのうち7つの漁協のエリアで500ベクレルを超える放射性セシウムが検出され、河川への立ち入りも漁もすべて禁止されました。

あとの2つの漁協のエリアは、一度だけ500ベクレルを超えるセシウムが検出されましたが、その後は数値が基準以下になったため、解禁許可が出ました。

東日本屈指の鮎釣場である久慈川

アユだけでなく民宿も影響

　しかし、一度でもそんな高濃度のセシウムが検出された恐ろしい川に、人は来ません。「福島」と名前が付くだけで、釣り客は警戒してよその県に行ってしまうのです。

　風評被害だと私は思いません。現実にそれだけ高濃度のセシウムが測定されたのですから。9月の測定値は30～40ミリベクレルでした。ゼロとは違って少しでも出る。私たちは原発事故の被害者だと思っています。

　いくつかの漁協に問い合わせると、解禁日の釣り客は昨(2010)年の10分の1です。これでは漁協が成り立たず、本当に困っています。

　コイの組合もコイが全然売れなくて困っています。アユやヤマメやコイを養殖しても、川がダメなので放流できません。地元の民宿などにも影響が出ています。原発事故後、連鎖反応が起きています。

　風評被害ということでは、安全な川で取れた魚であっても一般のお客さんが買ってくれないのは恐ろしいことです。久慈川で取れたアユなんて味も姿

も日本一なのですが。

あすにでも店をたたむといった事態に悩んでいます。実際にセシウムが検出されて全面禁漁になった河川の方が、非常に残念ではありますが、気持の整理がつくのではないかと思っています。

原発事故でとどめを刺された

私たちは漁協の利益だけでなく、地元やふるさとの川を守る、水を守る、環境を守って維持していくために頑張っています。

原発事故が起きて、東京電力からは4カ月間、何の連絡もありませんでした。私たちが騒いで、ようやく7月の内水面漁連の総会に説明しに来ました。しかし原発の収束行程を説明するだけで、一刻も早い補償を求めても「前向きに考えます」と言うだけです。これはひどい。ふるさとの川をどうしてくれるのか。元に戻してほしい。

放射性物質の除染が進めば、洗い流された水がU字溝から排水されて、河川や海へ大量に流れ込む。これではセシウムのレベルが下がることはあり得ないでしょう。

最近はカワウが増えて、アユやウグイなどが大量に食べられる被害が出ています。福島県内には2000羽～3000羽のカワウがいますが、1羽が1日に500グラムを食べます。外来魚のブラックバスやブルーギルもアユを格好のえさにしていて、こちらも相当な被害を受けています。

そういう厳しいところに、今回の原発事故でとどめを刺された感じです。崖っぷちどころでなく、崖から転がり落ちているような状態です。国や東電に面倒を見てもらわなければ、このままではとても維持できません。

第3部
再稼働阻止と原発訴訟の緊急課題

(上)関西電力大飯原発3、4号機(写真提供:共同通信)
(下)「近畿の水がめ」とよばれている琵琶湖(滋賀県)。福井県にある原発の事故で汚染される脅威がある(編集部撮影)

第3部　再稼働阻止と原発訴訟の緊急課題

いま、直面する原発訴訟の課題
——再稼働をいかに阻止するか

冠木克彦 弁護士

執筆者プロフィール

冠木克彦（かぶき・かつひこ）　1943年、大阪府生まれ。1968年大阪大学卒業。司法研修所第30期修了。1978年弁護士登録（大阪弁護士会）。「脳死」問題、中国人強制連行問題、日の丸君が代問題など市民運動に広く関わっている。

1　はじめに

(1)　迅速に対応できる訴訟上の方針の検討

　東京電力福島第一原子力発電所の苛酷事故（以下、福島事故という）は10カ月近くたった現在（2011年11月）も収束せず、その全容は明らかにされていない。これまで、厳格な安全基準と耐震基準によって保障されているとされてきた原子力発電所（以下、原発という）の安全性が一瞬のうちに崩壊したのである。現在原発事故被災地から避難している人は自主避難者も入れると約15万人にのぼるとされ、今だけでもこの15万人の生活を破壊し、さらに長期的に増え続ける被害に私たちは直面している。

　一瞬にして崩壊した安全基準とは一体何であったかが問われなければならない。本来、これほど巨大かつ苛酷な事故が発生すれば、まず、全原発を停止させ、崩壊した安全基準の瑕疵とその原因を明らかにして、旧基準にかわ

る新しい安全基準を策定した上で合格した原発について稼動を許すのが正しい対処の仕方である。さらに言えば、これまで安全指針を策定し安全審査を行ってきた原子力安全委員会や保安院の審査担当者を総入れかえして原発に批判的な識者も加えて審査のやり直しをすべきであろう。

　しかし、政府経済産業省は3.11後の2011年3月30日に緊急安全対策の実施を指示して現に稼動中の原発の運転を許し、定期検査(以下、定検という)で停止中の原発については従前の定検項目にストレステストを加えてクリアした原発について再稼動を認める構えを崩していない。本稿はこのような再稼動に対してもっとも効果的に、かつ、迅速に対応できる訴訟上の方針を検討するものであり、あくまで実践のために必要最小限度の主張について述べる。大切なことはまず闘いに臨むこと、しかる後に応援を求める形があったとしても、運動として国民的広がりを求めていくことこそ真に原発を廃止する力となりうるであろう。

(2)　検討課題

　以下検討する課題は、第1に、原発の安全性を担保してきたとされる安全審査指針自体の一部誤りと諸原則の非合理性が明らかとなり、原発を稼動させる最低条件が保障されていないこと、第2に、具体的には全交流電源長期喪失に対する安全獲保の問題、第3に、耐震設計審査指針は2006(平成18)年9月19日に改訂されているが(志賀原発2号炉の金沢地裁平成18年3月24日の耐震性を中心とした勝訴判決は旧指針に基づいており、その後改訂されている)、この改訂されて強化されたはずの耐震性に基づいた現在の福島原発の配管が地震動で損傷したという問題、第4に、これは多くの訴訟でも影にかくれているか、提起してもほとんど問題にされなかった使用済核廃棄物の問題について日本政府は全く対処しえない状況に追い詰められつつあること、つまり、核廃棄物を作り出すこと自体が禁止されねばならないこと、第5に、定検後の再稼動の場合再稼動を合法的に行う「お墨付き」は経産相が

「定期検査終了証」を電力会社に交付することによってなされるが、この「お墨付き」をさせない、あるいはしても取消し訴訟はできるのか、できないのか、の問題、最後にいずれにしても絶対忘れてはならない主張として、立証責任転換論を訴状の段階から主張すること、である。

⑶　住民側が疲れすぎしないように進める努力を

　原発訴訟で考慮しておかなければならないことは、原告つまり住民側が疲れすぎないように進める努力をしなければならないということである。とは言っても、従前の訴訟は全論点にわたらざるを得ず当然に長期に及んだが、3.11以降ようやく論点をしぼる形で進められる土俵ができたように思われる。それでも電力側は全論点に広げてくるであろうが、裁判所を説得して最も大事な論点に向えるようにする努力が求められる。

2　差止め訴訟の構成と要件

⑴　全原発に共通する課題

　本稿のテーマが「定検後の再稼動」となっているが、主張すべき内容は現に運転中の原発や、3.11当時定検中の調整運転中であった原発についても共通している。それぞれの原発でさらに追加すべき特殊性がある場合にそれを追加するだけである。しかし、このようなテーマになったのは菅政権当時に定検で停止していた原発についてストレステストを追加することにより稼動させようとしており、今後の原発政策に重要な影響を与えると考えるからである。

⑵　基本型は「運転してはならない」との差止め請求

　定検から再稼動の原発について、電力会社を相手に「運転してはならない」との差止め請求が基本型であろう。先に述べた経産相の「定検終了証交付」行

為をどうするか。筆者は北海道電力を相手に「泊3号機」の行政訴訟で「定検終了証交付処分の取消」を求めている（泊1号機から3号機まで先日大規模な廃炉まで求める民事訴訟が提起されているが、これと別個の行政訴訟）。

　後に述べるように行政訴訟自体議論のあるところであるが、もしこれを採用する場合にはこの行政訴訟に電力会社相手の民事訴訟を提起して併合するのがやりやすい方法である。原発問題については、国策として推進してきた国に基本的責任があると考えるが、訴訟上国があらわれてくるのは設置許可処分（設置変更許可処分も含む）だけというのは納得しがたいという意識が根底にある。2011年夏には菅政権内部で対立もあり、国の政策に直接問題をつきつける機会でもあり政治的にはすぐれた判断であるが、法的には後に述べるように困難な問題もある。

(3) 具体的危険性の主張に変化

　差止めであるからその保護法益は原告らの生命身体の安全という人格権であるから訴訟要件として具体的危険性を主張しなければならない。従来原告側はこの主張立証に苦心惨憺してきた。しかし、3.11後はこの状況は変わったと考えられる。

　例えていえば、従来、原発は危険なライオンであるが頑丈な檻の中に入っているので安全であると電力側が主張し、檻に入っている事実を主張立証すればよかったのに対し、現在は、その檻が所々破れていることが判明し、原告側は檻が破れていることを主張立証すれば、電力側でその修復と安全性を主張立証する必要がある。その場合、先にも述べたが、立証責任転換論を同時に繰り返し主張し、裁判所の有効な訴訟指揮を導き出すべきである。

(4) 処分不能の高濃度核廃棄物の産出は半永久的な環境破壊行為

　差止めの要件として前記具体的危険性に併列して、処分不能の高濃度核廃棄物の産出は半永久的な環境破壊行為であり許されないこと、これまで処分

を可能にするとして進められてきた核燃料サイクルは要めの「もんじゅ」の廃炉が検討されるほど困難におちいっており、我国は自らの力で核廃棄物を処理することができなくなり、処理のできない核廃棄物を電力会社がこれ以上産出する権利自体存在しないことを主張すべきである。この主張はねばり強く広く訴え続けることによって広範な国民の支持を得ることができる。ただ、訴訟自体を早期に結着させようとすれば余りこだわるわけにはいかない。

3 具体的危険性の主張

(1) 全交流電源長期喪失

全交流電源長期喪失に対する設計上はもちろん、対症療法としても安全保障は存在しない。

①間違っていた安全指針

福島事故により発生した最大の危険が炉心の冷却が不可能となって炉心溶融に至ったことである。そして今なお、安定的な冷却状態に至っていない。この事態をもたらした直接の原因は原子力安全委員会が定めた「発電用軽水型原子炉施設に関する安全設計審査指針」(平成2年8月17日。以下、安全指針という)が「間違っていた」(班目原子力安全委員会委員長認める。2011年5月20日付毎日新聞ほか各紙)というのであるから被災者の無念ははかり知れないだろう。

3月11日14時46分巨大地震により、東北電力からの外部電源が鉄塔倒壊により喪失、非常用ディーゼル発電機2台が起動、15時37分津波により停止、全交流電源が喪失した。2台のディーゼル発電機は同じ高さの位置に設置されていたという(多重性の原則に違反)。

②安全指針の不在

電源喪失に関する安全指針は次のとおりである。

　　指針27．電源喪失に対する設計上の考慮

　　　　　　原子炉施設は、短時間の全交流動力電源喪失に対して、原子炉を安全に停止し、かつ、停止後の冷却を確保できる設計であること。

　　（解説）

　　指針27．電源喪失に対する設計上の考慮

　　　　　　　長期にわたる全交流動力電源喪失は、送電線の復旧又は非常用交流電源設備の修復が期待できるので考慮する必要はない。

　　　　　　　非常用交流電源設備の信頼度が、系統構成又は運用（常に稼働状態にしておくことなど）により、十分高い場合においては、設計上全交流動力電源喪失を想定しなくてもよい。

　この指針について班目委員長が「間違い」を認めたことは既に述べたが、この誤りを含めて安全指針全体の見直し作業が現在進められている。今現在全電源喪失に対する設計上の安全指針は存在しない。

　この事態に経済産業省は2011年3月30日大臣名で「平成23年福島第一、第二原子力発電所事故を踏まえた他の発電所の緊急安全対策について」を発出した。この緊急安全対策の核心は「津波による全電源喪失等から発生する炉心損傷等を防止し、原子力災害の発生を防止すること」におかれている。つまり、事故の原因を津波に限定しその対策がなされるなら運転してもよいという立場に立っている。後に述べるがこの緊急安全対策には地震動による機器や配管の損傷は考慮されていない。

　経産相からのこの緊急安全対策に基づく指示により、各電力会社は約1カ月程度で実施した措置について報告書をあげているが、1カ月程度の対策は全く小手先のものでなんら設計の不備を補うものではない。例えば、電源車を配置したというが、ある電力会社では数十キロも離れた場所にしか置

けず、いざというときに原発に走り架線するという。福島事故の事態を想定して考えればすぐにわかるが、全電源喪失に至るほどの地震津波の時に近づける道路があるのか、という疑問を出せばなんら対策になりえないことがわかる。また、加圧水型原発(PWR。福島は沸騰水型〔BWR〕)ではタービン動補助給水ポンプを用いて冷却すべしと指示(「PWRにおける津波発生時の事象と対応策」)しているが、全く頼りにならない対策である。PWRで全電源喪失がおこった場合原子炉からタービンへ送る蒸気を遮断し、タービンに行かなかった蒸気がタービン動補助給水ポンプを回転させ原子炉の水循環を行う手法となっているが、この補助給水ポンプは3台あるのが普通でそのうち2台は電気で稼動することになっており、結局電気なしに動くのは1台しか役に立たない(多重性原則に違反)。しかも、非常用ディーゼル発電機より下部に設置されているところが多く、今回の福島事故のように非常用ディーゼル発電機が津波で機能しないとなるとその下部の補助給水ポンプも役に立たないことがわかる。

　以上のように、全電源喪失に対する安全保障はほとんどないに等しい状態で今我国の原発は稼動している。ドイツなど「飛行機が突入しても大丈夫か」「テロ行為に対しても大丈夫か」という問いに答えなければならないのと比べ安全保障の脆弱性は際立っている。

　具体的危険性の問題にもどれば、もともと超危険物たる原発がその運転を許されるのは、厳格な安全基準をクリアしてはじめて許されるべきであるところ、現在我国の原発の状況は全電源喪失に対する安全保障のない状態であり、全電源喪失の事態が起これば制御できない核暴走を招くという状態で運転すること自体正に具体的危険が現在すると判断できる。

(2) 地震動による機器・配管の破損は耐震安全保障の喪失
　①地震動よる機器・配管の損傷
　大津波到来前に地震動によって機器や配管が破損していると主張する学者

や研究者の指摘に対し東京電力は必死になって否定し続けているが、客観的証拠により東電の抵抗も限界に近づいている。電力会社や政府保安院の目論見は定検終了後ストレステストを加えて問題がなければ再稼動と考えているが、地震動で損傷したとなると、現在の耐震設計審査指針が崩れ、ストレステストどころの話ではなくなるからである。しかも現在の耐震設計審査指針は有力な地震学者の反対を押し切って2006(平成18)年9月19日に決定された新指針であるから、これが崩れると新しい耐震基準を定めそれによる再審査なしに到底再稼動など不可能となるからである。

②早くからの海外の指摘と最近の確認論文

2011年5月19日のブルームバーグ紙が、福島第一原発で津波がくる前に放射能が漏れていたと伝え、今回、ネイチャー誌2011年10月27日号の論文で確認されている。ブルームバーグ紙は「3月11日午後3時29分に1号機から約1.5キロ離れたモニタリング・ポストで高いレベルの放射線量を知らせる警報が鳴った。大津波が福島第一原発を襲ったのはその数分後で」、「東電原子力設備管理部の小林照明課長は」取材に対し、「……『津波が来る前に放射性物質が出ていた可能性も否定できない』……」と認めたという。この情報は、東電が5月16日に公表した運転日誌類の「1号機当直員引継日誌」にホワイトボードの写真をつけてモニタリング・ポストMP3でHi-Hi(高高)警報が発生したと書かれている。

今回A.Stohl(ノルウェー大気研究所(NINI))たちの2011年10月20日発行の論文が同年10月25日付ネイチャー・ニュースで紹介されているが、同論文の結論の要約は「キセノン133の放出は早い時刻に、大地震によって引き起こされた炉の緊急自動停止の間か直後に起こったという強力な証拠がある。この早期の放出開始は興味深いものであり、地震の間に原子炉に何らかの構造的損傷が起こったことを示唆しているかも知れない」と述べている。[1]

③非常用復水器系蒸気管が格納容器の外での破損

　１号機では非常用復水器(IC)系の蒸気管が地震で破損したと考えられる。

　福島で地震の到来は14時46分、15時30分過ぎに津波が襲って15時37分全交流電源が喪失したが、この地震到来から約３時間経過した17時50分に１号機原子炉建屋の入り口付近で、測定器が振り切れるほど高い放射線が検出されている。原子炉建屋の外に高濃度の放射能が存在したということは、17時50分までに原子炉内の燃料被覆管が破損し、放射能が炉水内に溶け出したこと、燃料が破損するほどに原子炉の水位が下がって燃料がむき出しになり、その水位が下がった分の水は放射能混じりの蒸気となって、何らかのルートをとって格納容器の外(原子炉建屋内)に漏出したこと、この漏出は原子炉から出ている非常用復水器系蒸気管が格納容器の外で破損したことによって生じたとしか考えられない[*2]。

④３号機の高圧注入系配管の破損

　東電の2011年５月23日付「東北地方太平洋沖地震発生当時の福島第一原子力発電所運転記録及び事故記録の分析と影響評価について」によれば、３号機で最初に起動した炉心冷却のための原子炉隔離時冷却系(RCIC)が３月12日11時36分停止し、同日12時35分高圧注入系(HPCI)が起動した。その途端に、原子炉圧力容器の圧力は急低下し、約６時間の間に約６MPa(約60気圧)も低下し、１MPa前後で経過した。ところが、高圧注入系が13日２時42分に停止した途端原子炉圧力容器内の圧力は７MPaまで上昇した(同書40頁〜52頁)。

　これをみると高圧注入系に蒸気漏れがあると推測され、政府の原子力災害対策本部が2011年６月にIAEAに提出した報告書では「HPCI系統からの蒸気流出の可能性も考えられる」としている[*3]。東電は７月28日新聞発表で否定する記事となっているが、正式発表ではないともしている。

⑤タービン建屋のたまり水

　ニュース映像で明らかなタービン建屋の地下の高濃度汚染水は、原子炉に注いだ冷却水と考えられるが、なぜ、タービン建屋の下にもたまっているかは原子炉建屋からの配管の破損しか考えられないが東電は不明としている。

　以上のように地震動により配管等が損傷したことは確実な事実と考えられ、そうだとすると現在の耐震設計審査指針は崩れることを意味している。

　地震国日本において耐震基準が安全を保障するものではないとなれば、超危険物の原発が運転して存在すること自体が具体的危険が現在することを示している。

4　処理のできない核廃棄物の生産は違法である。

(1)　もんじゅと核燃料サイクル計画の破綻

　2011年11月27日朝日新聞朝刊は「高速増殖原型炉もんじゅ(福井県敦賀市)をめぐり、細野豪志原発相は26日、廃炉も含めて検討していく意向を示した」と報じた。もんじゅがダメになれば第二再処理工場の建設は不可能であり、プルサーマルのMOX燃料(ウランとプルトニウムの混合酸化物)の処理はできず原発サイトで保管することになる。六カ所再処理工場はガラス固化工程で完全に行き詰まっており、各原発からの使用済燃料をこれ以上搬入できないほどに満杯状態となっている。

(2)　重大な環境破壊

　このように、原発を運転すれば必ず発生する核燃料廃棄物を処理できない状態がすでに発生しており、この側面から原発の稼動を差し止める必要がある。使用済核燃料を各原発サイトで超長期にわたって保管し、必然的に膨大な量となって蓄積されるこれらの核廃棄物を放置していくことは重大な環境破壊であり、環境基本法第1条、3条、37条に違反する。

この点、まだ法律的成熟度には欠けるが、原発訴訟は住民運動に立脚するものとの筆者の立場からすれば、核廃棄物の問題は住民の切実な問題であって、広い運動を形成しうるものであるとの観点からも差止め要件として成立させたいと考えている。

5　伊方最高裁判決の活用と立証責任転換論

⑴　伊方最高裁判決の考え方

　伊方1号炉設置許可取消訴訟最高裁判決（平4年10月29日・判例時報1441号37頁）は、審査の対象を「原子炉の基本設計のみ」に限定したり、使用済核燃料の処理を安全審査の対象外にしたり、判決の前にチェルノブイリ事故がありながら一顧だにしなかったなど、手厳しい批判がされた。ただ、現在では活用できる部分がある。

　同判決は、

　　「以上の点を考慮すると、右の原子炉施設の安全性に関する判断の適否が争われる原子炉設置許可処分の取消訴訟における裁判所の審理、判断は、原子力委員会若しくは原子炉安全専門審査会の専門技術的な調査審議及び判断を基にしてされた被告行政庁の判断に不合理な点があるか否かという観点から行われるべきであって現在の科学技術水準に照らし、右調査審議において用いられた具体的審査基準に不合理な点があり、あるいは当該原子炉施設が右の具体的審査基準に適合するとした原子力委員会若しくは原子炉安全専門審査会の調査審議及び判断の過程に看過し難い過誤、欠落があり、被告行政庁の判断がこれに依拠してされたと認められる場合には、被告行政庁の右判断に不合理な点があるものとして、右判断に基づく原子炉設置許可処分は違法と解すべきである」

と述べる。

　この判断のすぐ前段に「……原子力委員会の科学的、専門技術的知見に基

づく意見を尊重して行う内閣総理大臣の合理的な判断にゆだねる趣旨と解するのが相当である」との認識が示されている。つまり、「科学的知見」を前提にして、「調査審議において用いられた具体的審査基準に不合理な点があ（る）」場合は違法であるとしている。

今、我々は安全審査指針27の誤りを確認し、同指針にかわる全電源喪失に対する安全指針がないこと、緊急安全対策はなんら安全を保障するものではないことも確認し、さらに、耐震基準自体も安全を保障していないことを福島事故で確認した。この点、上記最高裁判決に当てはめると、ある原発が定検を終了したといっても「調査審議において用いられた具体的審査基準」自体が誤っていれば、そのような定検審査は違法であるとの結論は直ちに導かれるはずである。

(2) 立証責任の転換

伊方最高裁判決は、立証責任について、上記引用のすぐあとでつぎのように述べる。

「原子炉設置許可処分についての右取消訴訟においては、右処分が前記のような性質を有することにかんがみると、被告行政庁がした右判断に不合理な点があることの主張、立証責任は、本来、原告が負うべきものと解されるが、当該原子炉施設の安全審査に関する資料をすべて被告行政庁の側が保持していることなどの点を考慮すると、被告行政庁の側において、まず、その依拠した前記の具体的審査基準並びに調査審議及び判断の過程等、被告行政庁の判断に不合理な点のないことを相当の根拠、資料に基づき主張、立証する必要があり、被告行政庁が右主張、立証を尽くさない場合には、被告行政庁がした右判断に不合理な点があることが事実上推認されるものというべきである」

また、志賀原発2号炉運転差止訴訟についての名古屋高裁金沢支部判決（平21年3月18日・判例時報2045号3頁）は一審の勝訴判決（金沢地裁平成18年

いま、直面する原発訴訟の課題　105

３月24日・判例時報1930号25頁）をくつがえした判決であるが、立証責任については

> 「本件原子炉の安全性については、控訴人の側において、まず、その安全性に欠ける点のないことについて、相当の根拠を示し、かつ、必要な資料を提出した上で主張立証する必要があり、控訴人がこの主張立証を尽くさない場合には、本件原子炉に安全性に欠ける点があり、その周辺に居住する住民の生命、身体、健康が現に侵害され、又は侵害される具体的危険があることが事実上推認されるものというべきである」

と判旨している。

本稿の冒頭で述べたように、可能なかぎり中心的論点に早く入り、この立証責任論を必ず主張して被告側に安全性の立証責任を負わせることが肝要である。

6 最後に問題提起として

本稿では定検終了後による再稼動をいかにして阻止するかというテーマを設定した。2011年7月には海江田経産大臣(当時)が佐賀県を訪れ正に再稼動寸前の事態が生じた。同相が九州電力に対して「定期検査終了証を交付」すれば商業運転が可能となる。では、これを阻止するには、この「終了証」を交付させない訴訟は可能かという問題意識が生じた。

そこで、現に再稼動が問題となった北海道電力の泊3号機について、行政訴訟として「定期検査終了証を交付してはならない」との差止めと、同差止めの「仮の処分」を申し立てた。しかし、裁判所での審理の時間もないまま再稼動がなされ、現在は「終了証交付処分を取り消せ」との訴訟に移行している。

問題はすぐにおわかりのように「処分性」の議論である。定期検査の実施主体は経済産業大臣であり(電気事業法54条1項)、事業用電気工作物を設置す

る者は、事業用電気工作物を経済産業省令で定める技術基準に適合するように維持しなければならない(同39条1項)し、経済産業大臣は技術基準に適合しないと認めるときは「その使用を一時停止することを命じ」(同法40条)ることができ、「この法令に反したものは3年以下の懲役もしくは300万円以下の罰金に……」(同法116号2号)処すこともできる。

　これらの規定をもとに処分性を主張し、政府経済産業大臣の判断や責任を追及することができれば、国と電力会社双方に対する闘争として成立し、反原発運動に寄与するものと考える。

　ただ、まだ始まったばかりであり、問題提起にとどめたい。

◉追記

　上記泊3号機の札幌地裁での第1回公判が2011年12月14日に開かれ、被告国側の答弁書は予想どおりその30頁の全てを「処分性なし」の主張でうめてきたが、原告住民側から「なぜ、北海道知事の同意を得てはじめて定検終了証を交付したのか」などの求釈明に裁判所も理解を示し「必要性があったとなれば限りなく処分に近づく」との発言もありこの戦術は充分国と闘える主張に転化していると思われる。

注

1　市民運動団体「美浜・大飯・高浜原発に反対する大阪の会」(略称「美浜の会」(代表小山英之)が発行した「海外の論文が示す津波の前の放射能放出─福島第一原発1号機」に紹介解説されている(ネイチャー・ニュースhttp://www.nature.com/news/2011/111025/full/478435a.html)

2　この問題についての詳細な論証は「福島第一原発では地震で配管が破損した─1号機と3号機の検証」(美浜の会代表小山英之、2011.10.5)。この論文は佐賀地裁における玄海3号機訴訟において甲63号証として提出している。
　美浜の会HP　http://www.jca.apc.org/mihama/fukushima/1f1ic_hasonron_20111005.pdf)

3　「原子力安全に関するIAEA閣僚会議に対する日本政府の報告書─東京電力福島原子力発電所の事故について─」(原子力災害対策本部、平成23年6月)概要11頁。

第3部 再稼働阻止と原発訴訟の緊急課題

再稼働禁止の法的武器としての「安全指針失効論」
福井原発再稼働禁止仮処分申請をめぐって

吉原 稔 弁護士

執筆者プロフィール

吉原稔(よしはら・みのる) 1940年、滋賀県生まれ。1962年、京都大学法学部卒業。司法研修所第19期修了。1966年弁護士登録。無駄な公共事業をやめさせる訴訟、オンブズマン訴訟、政教分離(滋賀献穀祭)違憲訴訟などで論文多数。

1 原発の脅威から「生命」と「琵琶湖」を守る

 2011(平成23)年8月2日に、原発の脅威から「生命」と「琵琶湖」を守るため、隣接県である滋賀県の167名の住民が関西電力福井原発7基の再稼働禁止仮処分を大津地方裁判所に申請した。また、11月8日に第2次訴訟として日本原子力発電の敦賀第1、2号機の再稼働禁止仮処分を大津地方裁判所に申請した(訴訟の経過等詳しくは、石川賢治報告〔本書第4部182頁〕参照)。

 仮処分では立証上の制約があるから困難ではないかとの意見があるが、再稼働をさせないことが喫緊の課題であるのに、「本訴」にすることは再稼働容認のシグナルを出すことになりかねないからである。本件は、定期点検で休止中の原発の再稼働は違法だから許さないというものである。

 私たちは、この仮処分の理由を「安全指針失効論」を軸に展開した。以下では、この「安全指針失効論」を中心に論じる。

2 申立の趣旨

　関西電力は、国によって、発電用軽水型原子炉施設についての福島第一原発の事故原因を解明したうえで、「発電用軽水型原子炉施設に関する安全設計審査指針」「発電用原子炉施設に関する耐震設計審査指針」「発電用軽水型原子炉施設に関する安全評価に関する審査指針」「発電用原子力設備に関する技術基準を定める省令(昭和40年6月15日通商産業省令第62号)」が改定され、新安全審査指針及び技術基準に適合したとする定期検査が完了するまで、美浜原子力発電所1号機、3号機、大飯原子力発電所1号、3号、4号機及び高浜原子力発電所1号、4号機、敦賀原子力発電所1, 2号機について、再稼動(調整運転を含む)をさせてはならない。

3 再稼働を違法とする法的根拠

(1)　人格権に基づく妨害予防請求権としての再稼動差止め

　住民らは、滋賀県内に居住しているが、関西電力の設置する美浜原発1号機等福井原発群から20～80キロ圏に住んでいる。

　本件の被保全権利は、人格権に基づく妨害予防請求権としての再稼動差止め請求権である。住民らに被保全権利が発生するのは、本件各原発を再稼動すれば、苛酷事故が起き、住民らの生命・身体・健康等の人格権が侵害される具体的危険があるからである。

　人格権は、絶対的権利であるから、侵害行為が外形的には法律上必要とされる手続を経て行われる行為であっても、人格権が侵害される具体的危険がある以上、その被害者は、侵害行為の差止めを求めることができる。もっとも、その行為が法律上必要とされる手続を経ている以上、その差止めを求める住民側としては、人格権侵害の蓋然性を立証する必要がある。

　他方、侵害行為が法律上必要とされる手続すら経ていない行為であれば、

そもそも我が国の法秩序においてその行為に及ぶことが手続的にも許されないのであるから、住民側の立証の負担も軽減され、人格権侵害のおおよその可能性を立証すれば足りると解せられる（金沢地裁平成18年3月24日判決・判例タイムズ1277号317頁）。

本件においては、安全審査指針及び技術基準が法的にも実態的にも失効している以上、関西電力が本件各原発について許可をうけたときの審査指針であった現行の安全審査指針及び技術基準を前提とする定期検査を受けても適法な定期検査を受けたことにはならないから、その状態で再稼動することは、法律上必要な手続すら経ていない行為ということになる。したがって、本件においては、住民らが本件各原発の再稼動によって人格権侵害のおおよその可能性があることさえ立証すれば、被保全権利が立証(疎明)されたことになるのである。

住民は、本件各原発を再稼動させたときは、過酷事故が発生するおおよその危険性があることを主張疎明する。これに対し、関西電力は、「定期検査において、本件各原発が現行の安全審査指針及び技術基準に適合していることが確認されたから、過酷事故発生の危険性はなく、安全に運転できる」と主張する。

住民らの、現行の安全審査指針及び技術基準が失効したという主張は、本件各原発が現行の指針、基準に適合しているとしても、何ら安全であることの根拠にならないという意味である。

(2) 再稼動の違法性（その1）

警告されていた原発の過酷事故が現実のものとなった現在、本件各原発においても福島第一原発と同様に過酷事故が発生する具体的な危険があるので本件各原発を再稼動することは許されない。
　①敦賀半島の原発は活断層の1キロメートル以内にあるから、若狭湾沿岸地域で大地震が起こる危険性が高い。

②本件各原発の多くは、老朽化している(40年経ったものが多い)。
③津波対策がとられていない。
④深層崩壊による道路崩壊、地滑りにより陸の孤島と化する危険性がある。

(3) 再稼働の違法性(その２)「安全指針失効論」

　現行の安全審査指針は失効しており、無効である。
　①福島第一原発事故により、従来の技術基準や安全審査指針の欠陥が明らかになり失効しており、今や定期検査がよるべき基準が存在しない。従来の技術基準や安全審査指針がもはやよるべき基準たりえず、法的にも事実上も失効している。
　②安全審査指針が失効したとする法的根拠について
　政府は、国会での審議において、つぎの点を一貫して答弁している。
(ア)　安全神話から完全に脱却した(海江田経産大臣)。
(イ)　安全指針自体が不合理だったことを認める。
(ウ)　事故の原因を徹底的に検証解明する。年内に中間報告をする(この答弁に基づいて、「東京電力福島原子力発電所における事故調査・検証委員会」〔委員長畑村洋太郎　東大名誉教授〕が発足し、調査が開始された〔2011年5月24日〕)。
(エ)　調査の結果により、安全指針を見直し、新しい安全指針を作る。
(オ)　新しい安全指針を作った上で、技術的基準との適合性を判断する。
　さらに、菅首相は、2011(平成23)年６月17日の参院復興特別委員会において、社会民主党の福島瑞穂議員からされた「これまでの安全指針に基づく原発設置許可は事故で無効になったと思うがどうか。安全指針は失効したと思うがどうか」との質問に対して、「これまでの指針をクリアした福島原発が重大な事故を起こしたのだから、指針が十分ではなかったことははっきりした」、「最終的には安全指針や基準というものが、検証の結果変えられていく

ということになろうかと思います」と答弁し、海江田万里経済産業大臣も、班目春樹原子力安全委員会委員長も、「今回の東京電力福島第一発電所の事故をしっかりと教訓化をして、新たな安全基準を作る。経産省は発電用原子力設備に関する技術基準を定める省令を直さなければいけない」と述べている。これは、行政のトップが安全審査指針の「失効宣言」をしたものである。

海江田大臣は「安全神話を脱却した」と述べたが、現行の安全指針は安全神話によるものであるから、事実上も失効している。

③安全審査指針は原子力安全委員会の決定であり、行政手続法38条2項の審査基準である。同法38条2項は、「命令等制定機関は、命令等を定めた後においても、当該命令等の規定の実施状況、社会経済情勢の変化等を勘案し、必要に応じ、当該命令等の内容について検討を加え、その適正を確保するよう努めなければならない」と規定し、規則、審査基準が失効することがあるを決めている。

行政手続法39条によれば、将来新しい安全審査指針を取り決める場合には、当然意見公募手続（パブリックコメント）の手続によって決定前に事前に国民の意見を広く聴収する手続が必要である。

1978(昭和53)年9月の発電用原子炉施設に関する耐震設計審査指針(旧指針)が2006年(平成18年)9月に改訂された(新指針)際にも、2001(平成13)年から2006年にかけて45回の耐震指針検討分科会がもたれ、5年間にわたる改訂の検討作業ののち、行政手続法39条による意見公募手続がなされ、700件の意見が寄せられた。これについて、麻生総理大臣は、2005(平成17)年6月の衆議院総務委員会で「パブリックコメントの提出意見は、合理的なものであれば、(指針に)反映されるべき」と述べている。

④最高裁大法廷平成17年9月14日判決、在外邦人選挙権制度違憲判決と最高裁大法廷平成20年6月4日退去強制令取消事件判決、大阪高裁平成22年4月27日行政委員月額報酬事件判決等のとる法制定当時は合憲(合法)であっても、事情の変更があれば違憲(違法)になるとの「立法事実変遷論」から

も規則等の失効は根拠づけられる。

(4) 定期検査の基準としての適格性の喪失

そもそも、現行の安全審査指針は極めて不合理なものであり、それが原発事故を惹起し、定期検査の基準としての適格性を失った。

①伊方最高裁判決は設置許可が違法となる場合について、(a)審査基準が不合理な場合、(b)安全審査の過程に看過しがたい過誤欠落がある場合、の２つの場合をあげている。指針が不合理だった場合は安全審査過程について言及するまでもなく、それ自体が違法事由となる。

②「指針27．電源喪失に対する設計上の考慮」は、「長期間にわたる全交流動力電源喪失は、送電線の復旧又は非常用交流電源設備の修復が期待できるので考慮する必要はない。非常用交流電源設備の信頼度が、系統構成又は運用（常に稼働状態にしておくことなど）により、十分高い場合においては、設計上全交流動力電源喪失を想定しなくてもよい」としている。今回の福島第一原発は、全交流動力電源喪失（以下、全電源喪失と略す）が長時間継続したため、冷却機能が失われたのであるから、長期の全電源喪失はあり得ないとする指針27は間違いであった。

③安全評価審査指針における単一故障指針の問題点

単一故障指針とは、事故が起きたときに、各種の安全機器例えばECCS（緊急炉心冷却装置、高圧注水系、低圧注水系等複数系統あり）や緊急電源用ディーゼル発電機（DG。発電容量の大小複数台あり）のうち各種の全部（例えばECCSの全部）が壊れることを想定（共通原因故障ルールという）しなくてよい。各種の全部のうち、最強のものをただひとつだけ（単に一つだけ）の故障を想定すればよいというルールである。もっと具体的に言うと、ECCSには高圧用２つと低圧用２つがある場合には高圧用一つの故障を想定すればよい。DGの発電容量の大中小とあるときには最強のものひとつの故障を想定すればよい。すなわち、DGの最大容量のDG１台とECCSの高圧用のもの一個が同時に故

障することは想定しなければいけないが、ECCSが全部同時に壊れることやDGが全部不起動となることは想定しなくてよいというルールなのである。

福島第一原発では13台あったDGのうち12台が地震若しくは津波によって破壊され、冷却水の循環に失敗したのである。

この安全指針の重大な欠陥が原発事故の「引き金」となったのであるから、点検基準としては失効している。

④想定している設計基準事象を大幅に超える事象であって、炉心が重大な損傷を受けるような事象を、シビアアクシデント(過酷事故)と呼んでいるが、原子力安全委員会決定(平成4年5月28日)は以下の通りとしていた。

「我が国の原子炉施設の安全性は、現行の安全規制の下に、所謂多重防護の思想に基づき厳格な安全対策を行うことによって十分確保されている。これらの諸対策によってシビアアクシデントは工学的には現実に起こるとは考えられないほど発生の可能性は十分小さいものとなっており、原子炉施設のリスクは十分低くなっていると判断される」「したがって、現時点においては、これに関連した整備がなされているか否か、或いはその具体的対策の内容の如何によって、原子炉の設置又は運転を制約するような規制的措置が要求されるものではない」。

⑤原子力安全委員会委員長の班目春樹氏は、浜岡原発運転差止訴訟において、2007(平成19)年2月中部電力側の証人として出廷し、原発内の非常用電源がすべてダウンすることを想定しないのかと問われ、「割り切りだ」「非常用ディーゼル2個の破断も考えましょう、こう考えましょうと言っていると、設計出来なくなっちゃうんですよ」と証言した。2011(平成23)年3月22日に参院の予算委員会で社民党の福島瑞穂党首からこの裁判の証言について問われ、班目氏は「割り切りは正しくなかった」と答弁している。これは、現行の安全評価指針が誤りであることを原子力安全委員会委員長が国会で認めたものである。

4 電気事業法の定期検査の技術的基準の失効

(1) 電気事業法39条1項は、事業用電気工作物を設置する者は、事業用電気工作物を経済産業省令で定める技術基準に適合するように維持しなければならないとし、その2項では、前項の経済産業省令は、「事業用電気工作物は人体に危害を及ぼし、又は物件に損害を与えないようにすること」（1号）としている。また、同法54条1項は「特定事業電気工作物について、これを設置する者は、経済産業省令で定める時期ごとに、経済産業省令で定めるところにより、経済産業大臣が行う検査を受けなければならない」と定めている。

(2) 定期検査は、事故故障の未然防止、拡大防止を図るため、また電気の供給に著しい支障を及ぼさないようにするため定期的に行う検査であり、これによって、電気工作物が工事認可申請及び経済産業省令で定める技術基準（発電用原子力設備に関する技術基準を定める省令（昭和40年6月15日通商産業省令第62号）等に適合するよう維持、運用することを確認することとされ、技術評価のポイントの一つは、国内外の発電所における評価対象機器のトラブルの発生の有無、トラブルの是正処置の適切性を評価することとされている。安全指針が失効すれば、電気事業法の定期検査の技術的基準も失効する。

5 原発事故の調査検証の必要性

事故原因についての究明は、政府の「東京電力福島原子力発電所における事故調査・検証委員会」で進められているが、最終結論がでるのは2012年夏とされている。

福島第一原発の過酷事故につながった全交流電源喪失をもたらした機器の故障が、地震によるものか、津波によるものかは大問題である。地震による

故障であれば、この程度の地震による故障は全国の原発で起こり得る。政府、東電は津波が主因といい、津波対策をとれば再稼働は可能だというが、事故の原因結果が明らかにならなければ、新安全審査指針が作れない。

　新安全審査指針ができれば、それを基準として定期点検を実施する。点検の結果、課題について対策をとる（例えば防波堤の建設）。そして、電気事業法施行規則93条の３による総合負荷性能検査の合格をもって終了証（定期検査終了証）を交付し、調整運転から営業運転に移行する。

　さらに、電気事業法39条の経済産業省令で定める技術基準は発電用原子力設備に関する技術基準（省令）の５条「耐震基準」（平成18年９月19日の原子力委員会決定による耐震設計審査指針）によって、適合性を判断する。このような手順で安全審査をすることになる。

　本件各原発の定期検査は、福島第一原発事故の原因（地震による故障か津波による故障か）が究明され、同様の事故が起こらないための対策がとられなければ、トラブルの是正措置の適切性を評価できず、定期検査が終了したとはいえない。それ以前になされた定期点検は違法である。

6　安全審査指針類の見直しの必要性

⑴　検討されていた「安全審査指針類」

　原子力安全委員会は、安全審査を行うに当たり、安全性の妥当性を判断する際の基礎として、「発電用軽水型原子炉施設に関する安全設計審査指針」や、「発電用原子炉施設に関する耐震設計審査指針」等の「安全審査指針」を策定している。また、これを補完するものとして、原子力安全基準・指針専門部会報告書や原子炉安全専門審査会・核燃料安全専門審査会の内規があり、これらを総称して「安全審査指針類」としている。

　原子力安全委員会は、2010（平成22）年12月２日に「原子力安全委員会の当面の施策の基本方針」を決定し、原子力安全の基本的考え方を提示するため、

①原子力安全の基本原則の明文化、②安全目標の明確化とリスク情報活用に向けた検討、③発電用軽水型原子炉施設におけるシビアアクシデント対策の高度化等を進めること、原子力安全規制制度の運用のさらなる改善等を図るため、安全審査指針類の策定・改訂等のあり方に関する検討等を行うこと及び原子力安全規制を支える環境整備等を行うこととした。これを受けて、安全確保の基本原則に関すること、安全審査の高度化等に関すること等について、外部の専門家との意見交換を積極的に実施することを決定、一部について検討を開始したところであったが、3月11日に東日本大震災が発生した。

(2) 全電源喪失の原因解明

前述したとおり、安全設計審査指針を作るのは福島第一原発事故の原因解明が前提となる。

全電源喪失の原因は津波だけではない。福島第一原発事故の大きな原因は、地震による鉄塔の倒壊や停電によって外部電源を失い、さらに津波によって、電気系統が浸水して非常用ディーゼル発電機も機能喪失し、津波によってオイルタンクが流出し、全電源喪失になり、崩壊熱の冷却が不能になって、現在の事態に至っているという過程が存在する。

全電源の喪失の原因は、津波だけであるかのように語られているが、そもそも、地震によって、「夜の森線」の受電鉄塔が倒壊し、外部電源を喪失したことが全電源喪失の重要な原因の一つであった。

元原発設計者の田中三彦氏等3名は2011年10月26日に福島原発事故は「地震で原発が壊れた」との「地震原因論」を公表した(『週刊朝日』2011年11月4日号)。

「田中　東電のデータを解析すると、配管破断の可能性が排除できない。最初に水素爆発を起こした1号機の圧力容器は、水位が急激に低下し、圧力も落ちた(運転時は70気圧が約8気圧に)。また、圧力容器の外側にある格納容器の圧力は設計上の限界値の2倍近くまで上がった。いずれも地震で圧力容器につながる配管のどこかが破損して、そのために起こった現象と考

えられる。いや、配管だけでなく、いわゆるマークⅠ型格納容器のドーナツの形をした「圧力抑制室」もやられていると見ています」。

「田中　とくに１号機は地震で配管が破壊されたと考える方が合理的です。１号機は、非常用復水器(IC)と接続している再循環系配管が破断した可能性がある」。

「広瀬　田中さんの説を認めると、すべての原発が危ないことの実証になるから。それが明らかになれば、阪神大震災を受けて06年に改められた耐震設計審査指針を、根本から見直さなければならない。事実上、原発は再稼働できなくなる」。

「広瀬　３月11日の地震で福島第一原発の揺れは、500ガル（ガルは加速度の単位）前後。ところがここ数年、２千ガルを超える地震が相次いでいる。03年宮城県北部地震、04年新潟県中越地震、07年新潟県中越沖地震はいずれも２千ガルを越えた。08年の岩手・宮城内陸地震では４千ガルを超えて、山が一つなくなってしまった」。

「田中　僕が原発の設計にかかわっていた1970年代のはじめは、今から考えると地震対策はいい加減なものでした。記録が残っている二つの海外の地震を参考にして、たしか250ガルぐらいで耐震設計をしていた。それが1978年に耐震設計審査指針ができて、見直していくわけです」。

「田中　針金を何度も折り曲げると、そのうち切れてしまいますね。地震の揺れが10秒とか20秒、回数にして数十回ほどの繰り返しだったら、配管破断は起こらなかったかもしれない。だけど今回は３分近く大きく揺れて、激しい余震も続いた。こういう揺れは設計時に考えていない。特に1960年代半ばに建築された１号機。当時の品質管理レベルは低くて溶接技術も良くない。そういう悪条件が重なって、配管などが壊れた可能性がある」。

「広瀬　10月26日に田中さんたちが、福島第一原発が地震でぶっ壊れた可能性を指摘して、電力会社が論理的に否定できなかったら、すべての原発は絶対運転するべきではない」と述べている。

(3) 新潟県の泉田知事は、2011年7月27日の会見で、「これは前々から申し上げているとおりなのですが、まずは(福島第一原発事故の)検証をしっかりやってほしいということに尽きると思います。今の臨時対策や緊急対策でよいのかどうか判断できません。まずは検証をしっかりやることが必要です。新潟県は技術委員会があるわけで、技術委員会から原子力安全・保安院に対して質問も出ています。まずは回答していただかないと、そもそも判断できる状態にならないと思っています」と述べている。

7 安全審査指針をどう作るか

　問題は、いかに事故防止に確実な安全審査指針をつくるかである。

　その事故の原因についての検証の結果を見て、安全審査指針の策定作業をすべきなのに、2011(平成23)年10月5日には、「SBO(全交流電源喪失)の発生確率が極めて低いものにすること」(絶対あってはならないはず)とか、「一定時間の全交流電源喪失に対して安全に停止し冷却を確保する」(一定時間とは、交流電源の復旧及び冷却停止に至らしめるために必要な資源と態勢を確保するための十分な時間)とか規定しているが、曖昧なままに弥縫(ほころびを縫う)的措置で「暫定指針」を決め定期検査をパスさせる可能性がある。安全指針の審議は安全神話を作りだした御用学者を排除し、原発に批判的な立場の学者を参加させ、完全に公開し、徹底したパブリックコメントを行って広く国民の意見を聞き、とりいれる必要がある。

8 国際公約を遵守する義務

　安全設計審査指針の将来の改訂は国際公約であり、国際原子力安全条約上の安全確保に関する義務である。

(1) 政府は2011(平成23)年6月に、国際原子力機関(IAEA)に対する日本政府の報告書を出しているが、そこでは、「現在までに得られた事故の教訓これらの教訓を踏まえ、我が国における原子力安全対策は今後根本的な見直しが不可避であると認識している」と表明している。

「法体系や基準・指針類の整備・強化　今回の事故を踏まえて、原子力安全や原子力防災の法体系やそれらに関係する基準・指針類の整備について様々な課題が出てきている。また、今回の事故の経験を踏まえ。IAEAの基準・指針に反映すべきことも多く出てくると見込まれる」(同報告書XII-10)としている。

このため、政府は、早急に原子力安全や原子力防災に係る法体系と関係する基準・指針類の見直し・整備を進めなければならない。これは国際公約としての義務である。

(2) 国際原子力安全条約は、1991(平成3)年9月に採択されたIAEAの原子力安全会議の宣言を契機として、IAEA加盟国間でチェルノブイリ事故以降、その安全性が懸念された旧ソ連、東欧諸国等における原子力発電所の安全性確保及び向上を目的としてIAEA専門家グループ会合においてその具体的な策定作業がおこなわれた。

右専門家グループの策定作業を受け、1994(平成6)年6月、IAEA加盟国において国際原子力安全条約の正式な採択がおこなわれ、同年9月、日本を含む38カ国によって署名、1996(平成8)年10月24日発効した原子力の安全に関する国際条約である。

この条約の締結により日本が負う義務の概要は次の通りである。

①この条約に基づく義務を履行するためにとった措置に関する報告を提出すること(5号)。

②原子力施設の安全を規律するため、法令上の枠組みを定め及び維持すること(7号)。

③法令上の枠組みを実施することを任務とする規制機関を設立しまたは指定

すること(8号)。

　締約国は、原子力施設の設計及び建設に当たり、放射性物質の放出に対する信頼しうる多重の段階及び方法による防護が講じられること等を確保するため、適当な措置をとるらなければならない(第18条)、としている。

9 敦賀半島の原発の深層崩壊の危険性

　第2次訴訟として、2011年10月28日に日本原子力発電株式会社を相手とする敦賀原発第1、第2号機について、再稼働禁止の仮処分を申請した。敦賀原発第1、第2号機も老朽化や活断層の点で関西電力の福井原発と同様にあるいはそれ以上に危険だからである。

　敦賀半島の東海岸には敦賀1、2号機と「ふげん」が、西側には「もんじゅ」と美浜1、2号機が立地している。そこに至る道路は片側一車線の行き止まりの道路だけであり、地すべりで道路が崩壊すると陸の孤島となる。

　2011年9月に、ノロノロ台風12号や15号が上陸し、2011年8月30日から9月6日頃、9月20日から9月23日頃までの間日本列島に豪雨を降らせた。この豪雨は、紀伊半島で特に酷く、奈良県上北山村では過去の平均年間雨量の6割を越える合計1800ミリもの雨が5日間程の間に降ってしまったのである。

　さらに、この台風12号による豪雨は、河川を氾濫させ、堤防を決壊し、道路を寸断するとともに山間部の崩落等をまねき、12道県において死者、行方不明者の合計90数名、倒壊家屋80数戸、浸水家屋数千戸、避難世帯110以上、土砂ダム10数カ所内4カ所は決壊のおそれありという甚大な被害をもたらした。しかも、このような多数の崩落した土砂による自然ダムの発生は、過去に想定されてきた深さ数メートル程度の狭い範囲が崩落するという浅層崩壊のみを前提としていては、山間部においてはもはや住民の生存さえ不可能であるという苛酷な現実を突きつけたのである。

　堤防の決壊、河川の氾濫、山間部の崩落、特に広さ数百平方メートル、深

さ数十メートル、崩壊土量数十万立方メートルというような広い範囲で山の略半分が崩落してしまう凄まじい規模の深層崩壊が各地で頻発する時代になったということである。従って、このような深層崩壊が原発の安全にとっての新たな脅威である。

日本では海岸にせまる急峻な山腹のすぐ側に原発が建設されているケースが多いが、日本原電の敦賀1、2号「ふげん」、関電の美浜1、2号「もんじゅ」は西方ケ岳(764m)と蝶螺ガ岳(686m)のある急峻な南北12キロメートル(東西6km)の狭い半島の両端にあるから深層崩壊による原発そのものへの地滑りの来襲、道路の地滑り崩壊による「陸の孤島化」は原発の安全性にとって重大である。そのことを敦賀半島の原発の危険性の要素として主張している。

10 若狭湾原発の固有の危険性

最後に、若狭湾に立地している美浜・高浜・大飯原発に関する危険性について表にまとめる。

設計・構造・安全審査等の問題	・老朽化 ・応力腐食割れ ・中性子照射脆化 ・マーク1であること ・使用済み核燃料プールの危険性 ・使用済み燃料プールの危険性についてはおおむね以下の4点である。①原子炉建屋の高所に設置されていること、②上部が開放されている(あけっぴろげになっている)こと、③使用済み燃料の保管施設になってしまっていること、④漏洩事故が起こっていること。 ・大飯原発1、2号機のアイスコンデンサー方式による低圧力化と小型化の危険性 ・サンプ閉塞事故による冷却材喪失の危険性 ・大飯3号機の溶接部不良による冷却材喪失の危険性
耐震性	敦賀の浦底断層、原発直下の分岐断層の危険性

第3部　再稼働阻止と原発訴訟の緊急課題

原発を終わらせるための緊急課題
――ストレステストと原賠法の問題点

只野 靖 弁護士

執筆者プロフィール

只野靖(ただの・やすし)　1971年、宮城県生まれ。1995年、早稲田大学法学部卒業。司法研修所第54期修了。2001年、弁護士(第二東京弁護士会)。脱原発弁護団全国連絡会事務局長。主な著作に『まるで原発などないかのように――地震列島、原発の真実』(現代書館、2008年)などがある。

1　はじめに

「福島原発震災」は収束していない。しかし、政府、電力会社は、福島第一原発事故の原因もわからないままに、原発再稼働の動きを加速させている。

東京電力は、1月16日、柏崎刈羽原子力発電所1、7号機のストレステスト(耐性検査)の1次評価結果を原子力安全・保安院に提出した。経済産業省原子力安全・保安院は、関西電力大飯原子力発電所3、4号機(福井県おおい町)のストレステストの評価結果について、「妥当で安全性が確認できた」との初めての判断を下した(1月19日各紙)。

本稿は、はじめに、ストレステストの問題点を指摘し、つぎに原子力損害の賠償に関する法律(「原賠法」)の問題点を浮かび上がらせ、そこから原賠法を改正することによって原子力発電所を終わらせることを提案するものである。

2 原発の再稼働問題

(1) 再稼働の条件としてのストレステスト

　現在稼働している原発は全54基中わずかに7基となった。このまま再稼働がされなければ、2012年4月に、稼働原発は0になる。

　再稼働の条件の1つが、菅直人前首相が指示したストレステストである。電力会社は続々とストレステストの報告書を提出しており、これらの報告書については、原子力安全・保安院の「発電用原子炉施設の安全性に関する総合評価に係る聴取会」において専門家委員から意見の聴取が行われている。

　ストレステストの考え方は、原発の設置根拠となっている設置許可申請等を基準として、当初の設計時に想定していた基準地震動や津波の何倍まで安全性が確保できるか、を検証するということにある。言い換えれば「当初の設計条件に対してどこまで余裕があるか」を見る、ということである。

(2) ストレステストの3つの根本的な疑問

　このストレステストの考え方には、根本的な3つの疑問がある。

　1つ目は、老朽化の視点に乏しいことである。原子炉圧力容器は中性子照射による脆化が避けられない。配管には減肉や応力腐食割れが生ずる。原発は、運転すればするほど確実に老朽化するものなのであり、それは確実に耐震性能を低下させるものなのである。にもかかわらず、ストレステストは、新品としての性能を保っているという架空の前提のもとで行われている。

　2つ目は、果たして何倍までの余裕が確認できれば再稼働を認めるのか、その基準が示されていない、ということである。合格基準のない試験は、試験として無意味ではないか。なお、これまで提出された報告書では、想定の1.8倍程度までは安全性は確保できる、とするものが多い。しかし、基準地震動は、現実に大きな地震が発生するたびに見直されてきた。柏崎・刈羽原発では、設計時の基準地震動は450ガルだったものが、2007年の中越沖地

震を経て、実に2300ガルに引き上げられた。再稼働基準を作るとしても、この現実をどのように踏まえるのか、そもそもそのような基準は作れるのか、が問われる。

　3つ目は、より根本的な、福島第一原発事故の原因との関係である。政府も東電も、福島第一原発事故の原因は、津波が想定を超えたことによって全電源を喪失したことにあるとしている。これに対して、少なくとも福島第一原発の1号機においては、津波到来以前に原子炉圧力と水位が急降下しており、これは地震動で配管が破壊されていたことによるのではないかとの指摘が専門家からなされている。経産省所管の原子力安全基盤機構も、原子炉内の圧力と水位の実測値は、IC（非常用復水器）や冷却水が通る再循環系の配管に0.3平方センチの亀裂が入った場合のシミュレーション結果と「有意な差はない」と結論付けた。これは、ようするに1号機の圧力と水位の急降下が、0.3平方センチの配管亀裂でも説明できるということである。もちろん、この解析結果だけから、地震によって配管が破断したということはできないが、その可能性は否定できないし、安全側・保守的に考えるならば、その可能性は十分にあると考えなければならない。

　従来、原発の安全設計は単一故障指針、すなわち、安全上重要な機器の一つが機能しなくても、原子炉の炉心の安全が確保されれば良いという設計思想によって行われて来た。ここにおいて、地震は、単一故障指針の想定の外である。地震は、機器・配管に等しく影響するので、地震による不具合は共通原因故障と呼ばれ、このような共通原因故障は考慮しなくて良い、というのが、これまでの設計思想であった。言い換えれば、地震に関しては、原発立地点において最大と考えられる地震を考慮し、それに機器・配管が耐えられるように設計・施工すれば足り、それを超える地震は考慮しなくて良い、ということになっていた。

　もし1号機において、地震によって配管が破断したのだとすれば、これは、全ての原発に共通である耐震安全性の考え方そのものを、見直すことが

原発を終わらせるための緊急課題　　125

必要となる。また、その中では、前述した原発の老朽化による耐震性能の低下をどう評価するかという視点も必要になる。

(3) 原発の安全性を保証しないストレステスト

このようなより根本的な問題が提示されている現在、仮にストレステストにおいて、再稼働の基準が示され、それをクリヤしたとされたとしても、それは、原発の安全性を保証するものにはなり得ない。

2011年12月26日に、政府の事故原因調査委員会の中間報告が提出された。この中間報告では、地震による配管破断は否定されているが、明確な根拠は示されていない。一方で、国会に設置された事故調査委員会からの報告書も2012年6月には、提出される予定である。地震による配管破断の可能性がどのように取り上げられるか、これらの報告に注目したい。

3 原賠法を改正して、原発を終わらせよう

福島第一原発からは、すでに膨大な放射性物質がまき散らされ、現在も被害は拡大し続けている。その損害は、数兆円とも数10兆円とも言われている。しかし、およその損害額でさえ、まだ誰にもわからない。この予測不可能な被害こそ、原発事故の本質である。つぎに、現行の原子力損害の賠償に関する法律(「原賠法」)を概説し、その問題点を指摘するとともに、原賠法を改正することによって原子力発電所を終わらせることを提案する。

(1) 原賠法のしくみ

原賠法は、1961年に制定された。その特徴は、以下の4点に集約される。[*1]

①民法の原則は過失責任主義、つまり、過失がなければ責任を負わないというものであるが、原賠法はその例外として無過失でも責任を負うことを定めている(3条1項本文)。言うまでもなく被害者保護のためである。ただし、

「異常に巨大な天災地変又は社会的動乱によって生じたものであるとき」には、その例外として免責される(同項但書き)。

②原子力損害の賠償責任は原子力事業者のみが負い、その他のものは責任を負わない(4条1項)。これを責任集中という。今回の場合は、東京電力のみが責任を負い、プラントメーカー等は責任を負わない。これは、被害者からみて責任主体を明確にするとともに、保険の累積を回避するため、とされている。

③原子力損害賠償責任を履行させるため、あらかじめ保険を締結することが義務付けられている(6条、7条)。通常の事故の場合には民間保険契約(8条)が、地震・火山等の天災の場合には政府補償契約(10条)が用いられる。天災かどうかによって分けられているのは、外国保険業者と再保険する場合に、天災を原因とする契約は受けてもらえないからである[*2]。立法時からは増額されたとはいえ未だその額は低額であり、一事業所あたり1200億円に過ぎない。

④諸外国の立法では、賠償責任の上限額が設定される例が多いが、日本では無限責任を負う。そして、損害が、損害賠償措置額(すなわち1200億円)を超え、かつ、この「法律の目的」を達成するため必要があると認められる場合には、政府が、原子力事業者に対し、原子力事業者が損害を賠償するために必要な援助を行う(16条1項)。ただし、原子力事業者が3条1項但書きの適用によって免責される場合については、政府は、被害者の救済及び被害の拡大の防止のため必要な措置を講ずるとされている(17条)。

これ以外の事項については、民法の一般原則が適用される。

(2) 無過失責任──東電の免責は絶対に許されない

すでに、東京電力の損害賠償を支援するために「原子力損害賠償支援機構法」が制定され、さらに、原子力損害賠償紛争審査会は「原子力損害の範囲の判定の指針」(18条2項2号)として中間指針をとりまとめている。これらは、

原発を終わらせるための緊急課題　　127

全て、東京電力に損害賠償義務があることを前提として策定されているものである。

にもかかわらず、今回の地震は「異常に巨大な天災地変」にあたり、東京電力は免責されるべきであるとの主張が根強くある。この「異常に巨大な天災地変」について、立法作業にあたった我妻栄東大名誉教授(原子力委員会原子力災害補償専門部会長)は、第38回国会衆議院科学技術振興対策特別委員会(1961〔昭和36〕年4月26日。同委員会議事録14号5頁)に参考人として出席した際、「人類の予想していないような大きなもの」と答弁している。政府も、この考え方を踏襲して、免責がされるのは「隕石(いんせき)の落下など」の場合であるとして、東京電力に対する免責を認めていない。

しかし、東京電力は、すでにいくつか起こされている訴訟や記者会見において、免責の余地があることを主張し始めており、未だに完全にこれを放棄していない。

仮に東京電力に免責が認められた場合には、17条では国は「被災者の救助及び被害の拡大の防止のため必要な措置を講ずる」とされているだけであり、損害賠償を国が行うことは規定されていない。つまり、免責の主張が認められた場合には、被害者は泣き寝入り(＝損害賠償０)を強いられかねない。

この問題の根が深いのは、東京電力の免責の主張が認められるかどうか、最終的な確定判断がされるのは、司法権の権能とされることである。つまり、最高裁判所の判決がされるまで、原則として、この点についての最終的な判断は確定しないということになる。そうすると、今後本格化するであろう損害賠償の交渉や裁判外紛争解決手続(ADR)ないし裁判手続において、東京電力は明示的あるいは黙示的に免責を主張することがあるだろうし、被害者の側も絶えずこれを意識しなければならないことになる。その結果、被害者は、より低水準の解決を強いられかねない。

実は、原賠法の立法経過においては、事業者が免責された場合でも、国が損害賠償義務を果たすべきだ、という意見が強く出されていた。被害者保護

を貫徹するのであれば、これは当然の帰結であった。現に、1959年12月の、原子力委員会原子力災害補償専門部会(我妻栄部会長)の答申は、その趣旨を述べていた。ところが、立法の過程において、国の負担を嫌った政府により、この考え方は排除されてしまったのである。

　もちろん17条に規定する「必要な措置」の中に、被害者に対する損害賠償の措置を入れて運用することも可能かもしれない。また、国自身に過失が認められた場合には、国家賠償法に基づき請求するという方法や(ただし過去の事件では否定)、既存の法律を超えて、被害者救済のための立法を行い解決するという方法もあるだろう。しかし、水俣病をはじめとする過去の公害事件で、国が被害者に対して満足のいく損害賠償をしたことはない。したがって、もし東京電力の免責が認められた場合、被害者の立場が著しく不安定になることは間違いない。

　東京電力が、原子力損害賠償支援機構法を利用するのであれば、今後免責の主張はしないことを国会などで明言させ確約させることが、最低条件ではないか。

(3) むしろ東電には重大な過失がある

　むしろ、東京電力には、以下の点について重大な過失がある。紙幅の関係から、項目だけを列挙する。

①当初想定した設計寿命(30年)を大きく超え、40年を経過した老朽化した原発を運転し続けたこと。
②沸騰水型原子炉マーク1型については、サプレッションプールが小さいなど、事故時の危険性が指摘されていたこと。現に諸外国では、水素ガス爆発防止策がとられていたこと。
③津波が想定を超えた場合、炉心溶融が100％発生することを指摘されていたこと。
④869年の貞観地震で大津波が発生したこと。

⑤明治三陸地震(1896年)並みの地震(M8.3)が起きたと規定した場合、10メートルを超える津波の発生を想定していたこと(東京電力はこれを2011年3月7日、原子力安全・保安院に報告していたが、対策はとられず、また発表もされていなかった)。
⑥これらのことが指摘されていたにもかかわらず、この指摘を無視したこと。

　IAEA元事務次長のブルーノ・ペロード氏(スイス・原子力工学)は、「東京電力の不作為は犯罪的」であり「東京電力が招いた事故だ」と述べたという。今回の事故を「人災」であるとの主張があるのも、この趣旨である。当然の指摘といえる。

　これらの指摘は、上記で述べた免責の可否に関係することはもちろん、いわゆる相関関係理論からすれば、損害賠償の範囲にも関係してくる重要な点である。

(4)　東電に免責を認めないだけでは何も解決しない

　東京電力が免責されずに損害賠償を負担するとした場合、それで問題は解決するだろうか。自由競争下の会社の場合には、たとえばJALの時がそうだったように、資産売却、不要事業の削減、(退任者を含む)取締役の責任追及、取締役・現役社員の報酬・給与水準の引き下げ、退職者の年金削減など、相当の自助努力が行われるはずである。原賠法16条では政府が「必要な援助」を行い被害救済する義務が定められているが、政府が公的資金を注入するとしても、東京電力自身最大限の自助努力をした上でなければ、本来、国民の納得は得られないはずである。

　しかし、東京電力(のみならず全電力会社)の行っている電力事業は地域独占体制で行われている。一般の消費者は、東京電力から電気を買いたくないと思っても選択の余地がない。

　この地域独占体制を何ら変更しないまま、東京電力に事業の継続を許し、

その「利益」から賠償資金を捻出しようとすれば、東京電力の自助努力は不十分なものとなり、電力料金が大幅に値上げされるか、税金が高くなるか、ということのみになってしまいかねない。

そもそも、電力事業のうち公益的なものはもはや送電・配電事業だけである。発電事業は様々な形態(たとえば太陽光、風力、地熱など)があり、すでに十分に競争可能性がある。こうした電力の自由化は、すでに諸外国ではスタンダードになっている。そして、電力会社から送電・配電事業を切り離せば、原発の真のコストも明らかになる。原発の真のコスト(当然のことながら、実は相当に高い)が明らかになれば、今後、原発を継続しようという者は誰もいなくなるだろう。第2、第3の「福島」の悲劇を発生させないためにも、被害者救済を考える上では、こうしたエネルギー政策の根本的な転換を図ることをセットで考える視点が必要だ。

(5) 原賠法を改正して、原子力発電所を終わらせよう

実は、原賠法の目的は、①被害者の保護に加えて、②原子力事業の健全な発達とされている(1条)。むしろ、立法途中では、②原子力事業の健全な発達が主目的とされ、①の被害者の保護を目的に入れるのには、相当な抵抗があったとされている。原子力損害の賠償に関する法律なのに、その目的は「原子力事業の健全な発達」だけにされかかったというのである。[*3] 全く本末転倒ではないか。しかし、原賠法は、まさに原子力推進のために策定され、そして、現在もこれが維持されているのである。

原子力損害賠償支援機構法の付則や附帯決議においては、原子力事業者の無限責任を見直すことを趣旨とする条項がある。この背景には、もちろん「原子力事業の健全な発達」という目的が潜んでいる。

しかし、仮に、原子力事業者の無限責任が見直され有限責任とされた場合には、よりいっそうのモラルハザードを引き起こすことは必定である。求められているのは、このような改正ではない。

福島原発震災を経験した今、「原子力事業の健全な発達」は、もはや夢物語であることが明らかになった。よって、原賠法の目的から、②原子力事業の健全な発達は削除すべきである。そして、その当然の帰結として、被害者保護を不安定にする原子力事業者の免責の余地を認める3条1項但書きも削除すべきである。さらに、保険の額も少なすぎる。福島原発震災を踏まえて、民間保険で少なくとも5兆円程度の保険は強制するべきである（もし、保険の引受けがないという場合は、それはそもそも社会的に受け入れられない無理な事業であることがはっきりする）。さらに、責任集中原則（4条）についても削除すべきだ。責任主体は多いほど被害者保護に資する。なぜGEや東芝や日立の責任が問うことができないのか合理的な理由はない。

　福島原発震災を経験した今、これらは、ごく普通に受け入れられる考え方ではないか。そして、たったこれだけの法改正で、原子力発電を続けようとする事業者はいなくなるだろう。原賠法を改正するだけで、原子力発電は終焉に向かわせることができる所以である。

注

1　大塚直「東海村臨界事故と損害賠償」ジュリスト1186号（2000年）36頁。
2　我妻栄「原子力二法の構想と問題点」ジュリスト236号（1961年）6頁。
3　井上亮発言「座談会原子力災害補償をめぐって」ジュリスト236号12頁。
　　なお、ジュリストの震災・原発事故関係の過去の論考は、有斐閣のサイト（http://www.yuhikaku.co.jp/static/shinsai/jurist.html#j2）において、無料公開されている。

＊本稿前半の再稼働についてふれた箇所は、日弁連公害・環境ニュースNo.50（2012年1月発行）に、後半の原賠法についてふれた箇所は、原子力資料情報室通信№447号（2011年9月1日発行）にそれぞれ発表したものに加筆・訂正を加えたものである。

第4部
原発訴訟の最新の動き

浜岡原子力発電所。右手前が5号機
(2011年2月23日。写真提供：共同通信)

第4部　原発訴訟の最新の動き

泊原発 1 〜 3 号機訴訟(北海道)

難波徹基 弁護士・泊原発廃炉訴訟弁護団

執筆者プロフィール

難波徹基(なんば・てつき)　1969年、岡山県生まれ。神戸大学法学部卒業。司法研修所第50期修了。1998年、弁護士登録(札幌弁護士会)。

1　原発の概要

　泊原発は、北海道の西部、積丹半島の付け根に位置する古宇郡泊村に設置された北海道内で唯一の原発であり、1号機から3号機の3つの原子炉を有している。1号機及び2号機は、調査等を経て1982年6月11日に設置許可申請、1984年6月14日に許可を受けて建設され、1号機は1989年6月に、2号機は1991年4月にそれぞれ営業運転を開始した。3号機は、2000年11月15日に増設の許可申請、2003年7月2日に許可を受けて建設され、2009年12月に営業運転を開始している。いずれも加圧水型軽水炉(PWR)であるが、3号機はウラン・プルトニウム混合酸化物燃料(MOX燃料)の装填も計画されている。

2 提訴までの経過

　泊原発をめぐっては、過去にも訴訟が1件提起されている。1986年4月のチェルノブイリ原発事故を受けて脱原発の世論が盛り上がる中、泊原発では1、2号機の建設が着々と進んでいた。そこで、周辺住民ら989人が泊原発の建設、操業を阻止しようと、1988年8月31日、北海道電力を相手に1号機、2号機の建設操業の差止めを求める訴訟を札幌地裁に提起した。しかし、10年にわたる審理を経て、1999年2月22日に棄却判決が下され、原告らが控訴を断念したため確定している(判例時報1676号3頁)。

　原告らは、泊原発は日常の運転、放射性廃棄物の処理、あるいは事故によって放射性物質が放出され周辺住民の生命身体への侵害を及ぼす危険性があるとして、人格権及び環境権を根拠に建設操業の差止めを訴えた。しかし、裁判所は、人格権が侵害行為の差止めの根拠となることは認めたものの、多くの棄却裁判例と同様に原発が周辺住民の生命、身体を侵害する具体的な危険性は認めなかった。事故の危険性についても、過去の事故事例は「不安」を抱かせるものであるが、電力会社は多重防護の考え方で安全性の確保を図っており、その対策の内容と妥当性についての解析結果等からすれば事故発生はきわめて高い確率で防止されているとした。電力会社が安全指針類に従って設計、建設し、安全性を評価し、原子力安全委員会も電力会社の自己評価を妥当と判断したことを重視したのであるが、この点は他の棄却裁判例と同じである。

　他方で、判決は、最後に、「原子力発電は絶対に安全かと問われたとき、これを肯定するだけの能力を持たない」「事故の可能性を完全に否定することはできないのであって」「とりかえしのつかない結果を招くという抽象的な危険は、常に存在している」と述べ、さらに「人類の未来へ目を向けたとき、原子力発電所がどのような意義を持つのか」「真剣に議論されるべき時期にさしかかっている」と指摘し、原子力発電の推進と中止という2つの選択肢

を挙げて「自分たちの子供に何を残すのか、多方面から議論を尽くし、英知を集めて賢明な選択をしなければならない」と所見を述べている。裁判所も悩みながら判断を行ったのかもしれないが、原発問題は司法ではなく政治で解決すべき問題だと言っているようでもあり、司法の責任という本書のテーマで考えると、人権を守る最後の砦としてそれで良いのか、本当に単なる不安や抽象的な危険としか認定できなかったのか、健全な想像力に欠けるところはなかったのか、と歯がゆい思いが残る。

この裁判が続いていた1996年、泊原発では3号機の増設計画が明らかになり、反対運動も起きたものの、2000年堀達也北海道知事が同意し、許可申請等の手続を経て、建設され、2009年に運転を開始した。

さらに、2008年には、3号機にMOX燃料を装填するプルサーマル計画が発表され、MOX燃料は毒性が高いこともあって反対運動も盛り上がりを見せたが、2009年3月、高橋はるみ北海道知事が同意を表明し、これを受けて、燃料変更に伴う設置変更許可が申請され、2010年11月には許可された。

このように北海道電力が、着々と泊原発の規模を拡大させ、プルサーマル計画の実施に向けて進んでいる中、2011年3月11日の福島第一原発事故が起きた。今さら言うまでもないが、原発に関心を持ち、その危険性を訴えてきた人たちからすれば予想したとおり、あるいはそれ以上かもしれないが、原発事故の現実を確認することになり、また、原発への関心が薄かった人たちも原発の実態、事故の被害の甚大さを目の当たりにして、多くの人が原発の危険性は単なる不安や抽象的なものではなく、具体的かつ差し迫ったものであることを思い知った。そして、他方で、原発中心の体制を見直そうとしないばかりか、体制を維持するために情報を隠し、問題を矮小化し、小手先の対処でごまかそうとしている国あるいは電力会社の姿勢に不信感を募らせた人も多かったであろう。北海道でも、2011年7月、有志が、原発のない社会を目指して「泊原発の廃炉をめざす会」を立ち上げ、同時に、泊原発の廃炉を求める訴訟を提起しようと呼びかけを始めた。北海道の西部に位置する

泊原発で重大な事故が起きれば偏西風によって北海道内の広い範囲に放射性物質が拡散し、福島第一原発事故以上の被害が生じることは容易に想像できる。それもあってか北海道内各地で学習会や講演会を開催し、賛同者を募ったところ、数カ月で1800名余りが集まった。そして、そのうちの612名が原告となって、2011年11月11日、札幌地裁に訴訟を提起するに至った。

　なお、泊原発の廃炉をめざす会が立ち上げられたのと同じ7月、定期点検中の3号機について、国が商業運転への移行を認めるのか、それとも運転を停止させるのかが、福島第一原発事故後初めての判断として注目を集めた。これに対しては、国の対応に不安を感じた北海道内の38名が、商業運転への移行、さらには2012年春に実施される可能性のあった3号機へのMOX燃料装填を阻止しようと、定期検査終了証の交付の差止めを求める行政訴訟と仮の処分の申立を札幌地裁に行った。しかし、国は、同年8月17日、裁判所の審理の始まる前に、3号機は国は福島第一原発事故の時点ですでに定期点検に入っていたので商業運転への移行は事故後の再稼動には当たらないという形式的理由で商業運転への移行を認め、知事もこれを受け入れたため、定期検査終了証が交付され、商業運転へと移行してしまい、その目的は果たせなかった。ただし、その後、プルサーマル計画導入に際しての北海道電力及び北海道のいわゆる「やらせ」が明らかになったこともあって、プルサーマル計画実施は延期されることとなった。

3　裁判の内容

　この訴訟は泊原発を保有する北海道電力を相手にした民事訴訟であって、人格権に基づく妨害予防請求権を根拠に泊原発全体の廃炉を求めるものである。具体的には、浜岡廃炉訴訟にならって、すべての原子炉の運転を終了させること(稼働中の原子炉は止め、停止している原子炉は再稼働させない)、燃料プールに保管されている使用済み核燃料を含め発電施設内にあるすべての核

燃料を冷温で安全に保管すること、そして、二度と稼働することがないようすべての原子炉について廃炉措置を採ることを請求の趣旨に掲げている。

　これらの請求の理由、すなわち、人格権を脅かす原発の具体的な危険性としては、①福島第一原発事故によって安全指針類が原発の安全性を担保するものではなかったこと、また新耐震設計指針に基づいて策定された基準地震動(Ss)の設定が過少であったことが明らかになっており、そのような安全指針類や基準地震動をもとに審査、許可を受け、設置、維持されてきた泊原発は、福島第一原発同様、大地震等によって重大事故が発生する危険性があること、②泊原発の沖合には設置許可時点では確認されていなかった活断層が存在しており、泊原発は設置許可時に想定されていた以上の地震やそれに伴う津波に襲われ重大な事故が発生する危険性があること、③加圧水型軽水炉は、経年的な劣化の問題をはじめ、地震など自然現象の他にも冷却材喪失や原子炉の破壊といった重大な事故が発生する構造的危険性を抱えていること、の3つを主張している。

　③は、これまでの各地の裁判でも争われてきたところだが、安全神話の崩壊した現在、改めて原発の構造的危険性を問い直す必要があると考えた。①は、安全指針失効論として、別項ですでに詳しく解説されているが、簡単に言えば安全指針類は想定している範囲ではしっかりと対策を求めるが、想定したくないことは想定せず対策も取らなくて良いことにしてしまうという単に原発を作るための基準でしかなかったことが明らかになったのであって、これらを根拠に安全性を吹聴してきた国や電力会社の主張や、これらを信頼してしまっていたこれまでの裁判所の判断は根本的に見直さなければならないことを主張している。②は、基準地震動の設定そのものに問題があることに加えて、地震に関しては泊原発固有の具体的な危険性が存在することを訴えるもので争点の中心ともなると予想されるので、主張の概略をここで紹介しておく。

　泊原発1、2号機が設置を許可された1980年代、太平洋側とは異なり日

本海側にはプレート境界が存在せず、大規模な地震は発生する危険性が少ないと考えられていた。しかし、日本海中部地震、北海道南西沖地震、サハリンのネフチェゴルスク地震、中越沖地震など、80年代以降、日本海側でも大地震が続けて起きていることなどからもわかるように、日本海側にもプレート境界が存在し、プレートの沈み込みが始まっていて、活動も活発化していることが明らかになってきた。また、日本海側のプレート境界は太平洋側に比べて複雑なため、将来起きる地震のメカニズムや規模の予測が太平洋側に比べて困難とも指摘がされている。つまり、将来、日本海側では大規模な地震が発生する危険性があるだけでなく、その予測も困難なのであって、原発へのリスクはそれだけ高い。

さらに、泊原発の十数キロ沖合にも、M7.5以上の大地震を引き起こす可能性のある活断層が存在することが、東洋大学の渡辺満久教授らによって2009年、指摘されている。この点、北海道電力の耐震性バックチェック中間報告書では、泊原発の30キロ圏外には多くの活断層を認めながら30キロ圏内には活断層は存在しないと評価されている。また、上記渡辺教授らの指摘があった後も、北海道電力は独自に調査を行った上で活断層の存在を否定している。しかし、海底地形や音波探査のデータ、地震性隆起を示す段丘等の地形からすれば、上記北海道電力の調査結果は不自然であって、また、海底地形や音波探査のデータからは、さらに多くの活断層の存在が泊原発の西方には推定される。

海底に未知の活断層が存在するとすれば大規模な地震や津波が起きる可能性があることになるが、北海道電力はその存在を否定しているのであるから、もちろん活断層が引き起こす地震や津波は想定されておらず、設計や安全評価でも考慮されていない。つまり、想定されていない大規模な地震や津波が生じ、これによって重大な事故が発生する危険性が泊原発にはあるのである。

4 今後の展開

　裁判は提訴を終えたばかりで、北海道電力の反論ももちろんまだ出されていない。われわれが主張する泊原発の3つの危険性はいずれも争われることになるであろう。

　福島第一原発事故を受けて、われわれは原発にどこまでの安全性を求めるのか、どこまでのリスクを甘受するのかが改めて問われている。『環境法判例百選（第2版）』には志賀原発運転差止訴訟の高裁判決の解説が加えられているが、解説には、高裁判決の「安全性とは絶対的安全性ではなく、災害発生の危険性を社会通念上無視しうる程度に小さなものに保つことを意味する」という判示を受けて、福島第一原発事故後は、絶対的安全性を想定することはできないとしても相対的安全性の判断基準は変わらざるを得ないだろうと書かれていた。

　判断基準あるいはその当てはめが変わるのは当然として、原発でひとたび重大な事故が起きればどのような事態になるかを目の当たりにした今、たとえ確率は低くとも原発事故の危険性を受け入れることは社会的に容認されないであろう。まして、裁判で問うているのは、人格権という重大な保護法益の侵害であって、これと比較しうるほどの有用性を原発には見出しがたいのであるから、原発に対してはそれを絶対的と言うかはともかく極めて高度な安全性が要求されなければならない。

　国の基準や審査を経ているという形式的な理由はもう何の説得力も持たない。現実に事故は起き、その被害の実態もわれわれは実際に見ているのであって、ほんの少しの想像力があれば判断も可能な状況にある。

　原発の問題は、あくまで人権問題であるから、司法の責任として、この裁判において原発の具体的な危険性、そして原発が人類とは共存できない存在であることを明らかにしたい。

第4部　原発訴訟の最新の動き

大間原発訴訟（青森県）

森越清彦 弁護士・大間原発差止訴訟弁護団共同代表

執筆者プロフィール

森越清彦（もりこし・きよひこ）　1946年、北海道生まれ。1971年、北海道大学法学部卒業。司法研修所第27期修了。1975年、弁護士登録（函館弁護士会）。

1　大間原子力発電所の概要と特徴

(1)　フルMOX・前史

　大間原発は、138.3万キロワットの世界でも最大級の、そして世界初のフルMOX（プルトニュウム・ウラン混合酸化物燃料を全炉心で使用）原発である。

　しかし、大間町では当初からフルMOX原発が予定されていたわけではない。

　1976年、町議会は過疎の町の企業誘致運動の目玉として原発誘致を決定し、町役場に「原発調査室」が設置された。2年後の1978年5月、大間町は海底ケーブル工事等で町当局と関係が深かった電源開発（Jパワー）に「立地適地調査」の実施を依頼し、本格的な原発設置計画がスタートした。しかし、国策会社である電源開発が進めようとした計画は、国のその後の原発行政の変転のため二転三転した。

当初考えられていたのはカナダ型重水炉であったが、その後は日本の原発自主開発路線の延長線上の新型転換炉(ATR−原型炉「ふげん」の実証炉)として、「もんじゅ」など、高速増殖炉が実用化されるまでのつなぎとして計画された。その後高速増殖炉の計画が破綻するや、今度は「プルトニュウム消費」のためのフルＭＯＸ炉へと変更されて今日に至ったのである。

1999年9月の第1回目の原子炉設置許可申請まで、実にこの間20余年が経過していた。

⑵　原子力発電所の概要

大間原発は、津軽海峡に面した青森県下北郡大間町に130万平方メートルの敷地を確保し、2008年5月から建設工事が開始された。

下北半島北西端のこの地域周辺にはむつ市の1市と4町村8万人余が暮らし、津軽海峡を挟んだ対岸30キロメートル圏内には函館市とその近隣に30数万人が暮らしている。下北半島と北海道渡島半島は、漁業、農林業の盛んな地域であり、函館市は本州と北海道とを結ぶ交通の要所でもある。

大間原発は改良型沸騰水型軽水炉(ABWR)であり、ＭＯＸ燃料が全炉心において使用される世界初のフルＭＯＸ原子炉である。

その総熱出力は392.6万キロワットであるが、他の原発と同様に電気出力はその3分の1の138.3万キロワットであり、冷却水となる海水は毎秒91トンが7℃温められて(実に3分の2の熱量が)海に排出される。

大間原発の電力は、原発を持たない沖縄電力以外の9電力に割当てられて買い取られることが予定されている。

⑶　設置許可と運転開始予定

　　2004年3月　炉心の位置変更のため第1回目の申請を取下げ、第2回目の設置許可を申請
　　2008年4月　設置許可処分

2013年12月　試運転予定
　　2014年11月　営業運転開始予定
　但し、「3.11」の東日本大震災のため資材の調達が出来ないとして、現在は工事進捗率37.6％で中断している。地元大間町、青森県は工事再開の要請活動をしているが、未だ工事再開の目処は立っていない。

2　提訴までの経過・訴訟の現段階

(1)　漁民・町民らの抵抗と総額数百億円の札束

　「何があっても土地は手放さない　海と畑があれば人は生きていける」（熊谷あさ子）。

　青森県下北半島西突端の大間町は、真っ青な海に突き出した漁業の町である。

　「大間マグロ」のブランドは、今(2001)年の築地市場で1匹3240万円と市場最高値を更新した。かつては、大間原発の誘致に反対する地権者・町民・漁民は多数いたが、この約20余年の間に国・県・町行政や電源開発の圧力、金銭的誘導（漁業補償は最終的に240億円余）によって569名の地権者が買収され、2つの漁協が漁業補償に応じた。残ったのは「大間の海は、宝の海」といい続けてきた、敷地予定地内に畑地を所有する地権者熊谷あさ子さんただ1人であった。

(2)　未買収地を含んだままの設置許可申請とその取下げ・再申請

　1999年9月8日　電源開発は熊谷さんの未買収地も含めて、敷地予定地として第1回目の原子炉設置許可申請をした。しかし、熊谷さんはその後の買収工作にも、「職場（畑と海）を失いたくない」として拒絶し続け、ついに電源開発に土地取得を諦めさせ、第1回目の設置許可申請を取下げさせたばかりか、原子炉の設置場所を200メートル南に移動させ、計画変更をした

再申請(2004年3月)を余儀なくさせたのである。この間、4年半余の建設の遅れは、結果として現在なお「世界で初めての実験的フルＭＯＸ原発」の操業開始を許さずに来た(なお、残念なことに熊谷あさ子さんは2006年5月不慮の死を遂げている)。

⑶　苛酷事故による被害の範囲

　核暴走事故や炉心溶融等の苛酷事故が起きたときには、下北半島は当然ながら、大間原発から約22キロメートル、津軽海峡を挟んで何の遮蔽物もない対岸に位置する函館市とその周辺地域が被る時間的、空間的被害の広がりは計り知れない。おそらく28万都市函館市は一挙に壊滅し、廃墟と化することは、福島第一原発事故の現状を見ても明らかである。ほとんどが「原発推進」に取り込まれてしまった大間町、下北半島に対して、対岸の函館市を中心とした道南の市民は、早くから大間原発の設置に反対する運動を粘り強く継続して来ていた。

⑷　設置許可に対する異議申立から提訴へ

　2008年4月　大間原発の原子炉設置許可が出されたが、函館市民を中心に異議申立が準備され、同年6月全国から集まった4541名の申立人によって許可処分庁である経済産業大臣に対する異議申立てがなされた(この結論は、未だに示されていない)。

　そして2年後、炉心から僅か300メートルの地に暮らし、原発建設反対の闘いを続けて来た熊谷あさ子さんの遺志は引き継がれ、2010年7月28日大間マグロ・戸井マグロの2匹と168名の原告団が、被告を国、電源開発とする大間原発建設差止訴訟が函館地方裁判所に提訴された(2011年11月現在裁判長・蓮井俊治　右陪席・高瀬保守　左陪席・曽我学。なお、2012年4月には、3人の裁判官はいずれも転勤の予定)。

　提訴の趣旨は、被告国に対する許可処分の取消請求、被告電源開発に対す

る建設・運転差止請求と、両被告に対する慰謝料を求めた損害賠償請求の「フル訴訟」であった(但し、裁判管轄、移送判断の関係で国に対する取消請求はその後取下げした)。

(5) 訴訟の現段階

①2010年12月に第1回口頭弁論が行われ、2012年3月に第5回目の口頭弁論が予定されており、訴訟は始まったばかりである。

通常では記者席を除くと40席しかない傍聴席には、特設席も設けられ、当事者席にも原告本人席が用意されて、法廷は57席の原告団関係席は常時満杯の状態にあり、抽選に漏れた原告団、傍聴人は裁判所隣の弁護士会館での裁判報告会のために常時数十人が待機している。

②原発訴訟は、時に「科学論争になる」と言われる。これが裁判所の「原発差止め」の判断を困難にしてきたとも言われることから(関与したある退職裁判官の弁)、弁護団は毎期日の90分間、原告らの主張についてのプレゼンテーションと、原告本人の意見陳述(最低2人)とを実施し、「何を主張し」「私たちはどんな気持ちで差止めを求めているのか」を「人」である裁判官に、「人」の言葉で、分かりやすく伝えるよう心がけている。

回を重ねるごとに、傍聴の原告らは、更に確信を深め、新たな賛同者を求めるための核になる。そして、2011年12月5日には、208名の新たな原告団が第2次訴訟を提起した。

3月11日午後2時46分、東日本大震災の巨大な揺れが襲ったその瞬間、函館地方裁判所5階大会議室では、この訴訟の第2回口頭弁論期日(5月19日—熊谷あさ子さんの命日)のための進行協議が行われていた。被告電源開発代理人は次回の予定として「本件原発の安全性を書面で」と述べた。その後の大きな揺れは福島第一原発に過酷事故を惹起させ、「原発の安全神話」を喪失させた。熊谷あさ子の国、電源開発への強い怒りが爆発したような余りにも大きな揺れであった。そして被告国、電源開発は未だに、この訴訟で「原発

の安全性」に関する積極的な主張が未だ出来ていない当然である。

3 大間原発訴訟の特徴と争点

(1) 世界初のフルMOX商業炉による巨大な実験

①大間原発はフルMOX原子炉

　大間原発はMOX燃料を全炉心で使用するフルMOX原子炉である。

　世界では、唯一フランスの小規模MOX実験炉がデータを取得し、その安全性については検証段階であるにも拘わらず、電源開発は実験炉、実証炉による検証もせず、データーも不十分なままで危険極まりない実験をここ大間で試みようとしている。

　日本で計画され、一部実施が開始されているプルサーマルは、最大で炉心の3分の1までの燃料をMOX燃料に置き換えるものである。

　プルトニウムを原発で燃やすことはMOX燃料がウラン燃料とその物理的・化学的特性を大きく異にしていることから炉心の特性を大きく変える。

　プルサーマルにおいてさえ、MOX燃料の使用経験は実証的には十分と言えない現段階で、国は大間原発にフルMOX稼動を求めた。そして、原発の運転経験を全く持たない電源開発がこれを引き受けた。大間原発が発電用のものではなく、核兵器の材料となるプルトニュウムの保有を許されないことが国際的に義務付けられているゆえの「プルトニウム消費の国策原発」であることは余りにも明らかである。

②フルMOXの危険

　MOX燃料を普通の原発で燃やすことは、融点の低下、熱伝導度の低下、制御棒価値の減少、炉心内での出力の偏り等々、原発の運転に危険な要素を新たに付け加えることになる。例えば、燃料ペレットの中では、プルトニウム濃度の高い数十ミクロン程度のかたまりが不均質に存在する。プルトニウムの含有量が多いかたまりでは局所的に燃焼度が高くなり、出力分布に局所

的な変化が生じる。さらに、出力異常などが起こったときに、燃料ペレット表面近くにプルトニウムのかたまりがあると、被覆管が破損し燃料が粉々に壊れる恐れが生じる。このように、MOX燃料を燃やすことによって、原子炉の不安定さの程度も増すため、苛酷事故の可能性も高くなること明らかなのである。

「計算上はありえない筈なのに、『想定外』の核暴走が始まってしまった」では済まされないのである。私たちが国・電源開発の巨大且つ危険極まりない「実験」に付き合わされ、この地が「実験場」にされる理由は全くない。

(2) 新指針以降、初めての原発設置許可
　　—巨大な活断層・地震を考慮せず—
①耐震設計指針」が改定

2006(平成18)年9月19日、「発電用原子炉施設に関する耐震設計指針」が改定(新指針)された。以降、既設の原発54基については新指針に基づく耐震安全性再評価(バックチェック)が実施された。各電力会社は旧指針の「限界値振動」(S2)を1.2倍から1.98倍にした新指針に基づく基準地振動(Ss)を設定した。

このSsの設定に当たって特徴的なことは、何故か青森県下北半島地域の3つの施設(大間原発、東通原発、六ヶ所村核燃サイクル施設)だけは、全国の最小値450ガル(地震動の加速度)が設定されたということである。

大間原発は新指針が出される2年半前(平成16年3月)に許可申請をしていたが、新指針後の初めての審査対象原発となり、2008(平成20)年4月許可処分が出された。

②新潟県中越沖地震

この間である2007(平成19)年7月に発生した新潟県中越沖地震(M6.8)は、柏崎刈羽原子力発電所に甚大な被害をもたらした。この被害の重大さに驚いた原子力安全・保安院は東京電力にSsの見直しを指示した。

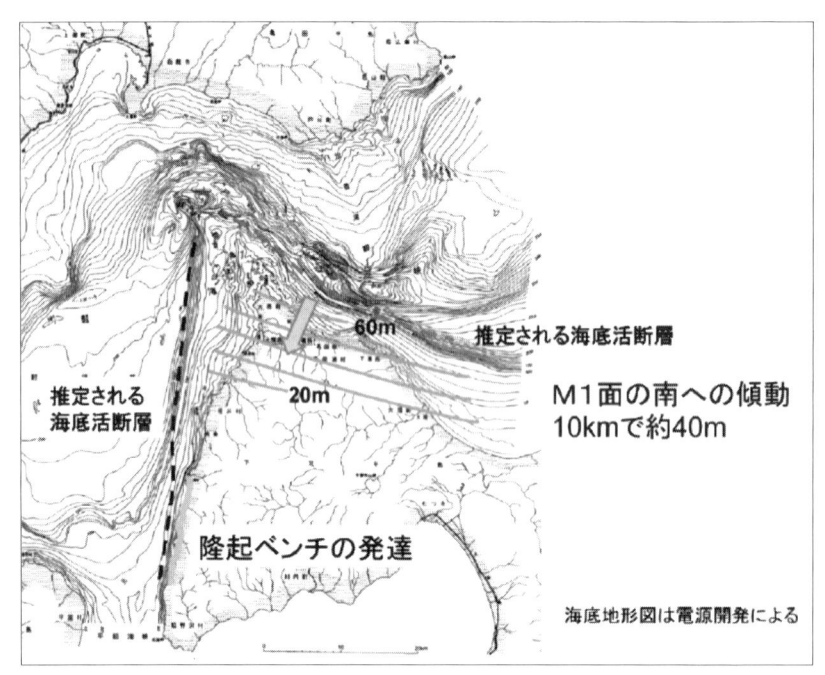

中田高教授らが存在を指摘する海底活断層

　柏崎刈羽原発１号機においては、従前設定されていたS2の450ガルを遥かに超える1699ガルが観測されたことから、この地震後東京電力は同原発のSsを従前の５倍を超える2300ガルに修正した。しかし、何故か大間原発は全国最小値である450ガルの見直しすることはなかった。
　③巨大な活断層の見落とし
　大間原発の設置許可審査においては、新指針に基づく検討がなされたが、原発施設に最も影響を与えると評価された活断層は極めて小さなもの(近海海底長さ3.4キロ)であり、想定される地震動はSs450ガルで十分と判断された。
　しかし、2008(平成20)年11月及び2009(平成21)年10月、日本活断層学会で変動地形学者である渡辺満久教授(東洋大学)、中田高教授(広島工業大学、

原子力安全委員)、鈴木康弘教授(名古屋大学)らは、下北半島西北部の詳細な調査データをもとに、下北半島大間崎沖から南方向に延びる47〜48キロメートルの活断層と、東南東方向に延びる約43〜44キロメートルの2本の巨大な活断層が存在する可能性が大きく、この付近の地形を見ると過去にM7クラスの地震が過去2度発生していると発表した。この大間原発近海の活断層の存在は、本件設置許可処分後に指摘・発表されたことから、原子力安全・保安院は直ちに被告電源開発に調査を命じたが、未だこれを明確に否定する調査結果は得られていない。

④津波被害の軽視

電源開発が、設置許可申請時に想定していた津波の高さは、4.4メートルであり、建屋地盤の高さが12メートルの位置にあることから、津波による被害は想定されないとしていた。しかし、3.11福島第一原発を襲った15メートルを超える津波(遡上高)が、一瞬にして全電源の喪失を招来したことを目の当たりにした電源開発は、慌てて改めて津波対策に取りかかった。その結果は、12メートルの地盤の高さに加えた3メートルの防潮堤の設置と非常用電源の高台への増設である。「なぜ、15メートルなのか？」。

当初4.4メートルと想定されていた津波の高さが、福島第一原発を襲った津波の高さと同じ「15メートルで良し」とされる科学的根拠は全く示されていない。

1993年7月に発生した北海道南西沖地震(プレート境界型地震)は、下北半島大間町と同一方向(日本海側)にある奥尻島では16.8メートルの津波の高さを観測し、遡上高は奥尻島西側で30.6メートルを観測した。今回の「3.11」のようなプレート境界型の連動地震が発生したとしたら、「津波対策は15mで良し」とする科学的根拠は全くないのである。

(3) 日本で初めて火山帯のど真ん中に

大間原発の敷地は、青森県側で15〜28キロメートルの範囲に3つ火山(恐

大間原発訴訟(青森県) 149

山等)、北海道側にも北側約26～39キロメートルの範囲に２つの火山(恵山等)が存在し、且つ敷地内には、溶岩の貫入や火山堆積物が厚く堆積しており、過去に何度も周辺火山活動の強い影響を受けていた地域である。我が国には、現在合計54基の原子力発電所が存在しているが、本件大間原発のように、火山フロント直近に建設された原発はこれまでになかった。

しかも、国は、地震以上に事前に予知することもその規模を想定することも困難な火山の爆発現象が原発に与える影響について、定量的な科学的根拠を示した安全性を確認するための審査基準を定立することなく現在にいたっている。

地震・火山国であるわが国に火山に関する審査基準・指針が存在しないのである。

伊方原発訴訟の最高裁判決は、原発設置許可が争われる場合に事業者に要求される立証の対象及び立証の程度について、

①安全審査に用いられた審査基準(安全審査指針類)に不合理な点がないこと、②当該原発についてこれら指針類の要求事項に適合した安全確保対策が講じられていることが安全審査で確認されていること(審査基準適合性)、との２点について、相当の根拠を示し、必要な資料を提出したうえで立証する必要があるとした。火山による原発の安全性への影響は、極めて重大であるにもかかわらず、そもそも、国はその審査基準すら定めていない。

そして、大間原発はその火山帯のど真ん中に建設されようとしているのである。

(4) 道南の中核都市函館が廃墟に

フルMOX原子炉は超ウラン元素の炉内蓄積量が多く、大間原発は１年間の稼動で、広島型原爆の約1250倍の死の灰を蓄積すると計算される。苛酷事故が放出する死の灰は、風向、風速によっては、何の遮蔽物もない30キロ圏内にある対岸の函館・道南に事故後20数分で到達すると計算される。

この場合は数万人が急性死し、全ての住民はやがて癌で死亡し、函館市周辺は廃墟と化するだろう。

　学者の試算によればその風向きによっては、青森、東京周辺、そして札幌周辺にも死の灰は飛散し、多数の癌死が広範囲に分布すると予測されている。

　日常的な運転による毎秒91トンもの温排水流出による海の生態系の深刻な被害、小さな事故によっても生じる漁業、農業、観光への「風評被害」に加えて、本件原発の近郊に住む私たちは地震が起こるたびに死の恐怖を持って生き続けなければならない。大間原発がこの地域にもたらす被害は「深刻」と評価するには足りない程に甚大にすぎるのである。

(5)　慰謝料(損害賠償)を請求する

　これまでの原発訴訟は、その全てが設置許可取消訴訟(行政訴訟)であり、また建設・運転差止請求訴訟(民事訴訟)であった。

　健康被害、死の恐怖を抱えて生きることを強制されてはならない以上、私たちはその日々の恐怖に対する償いを国・電源開発に求めなくてはならない。否、福島第一原発事故はその地域に生きる全ての人の生活・家族の絆、生きる術を根こそぎ奪い去ったのである。潜在する原告は、その地域に生きるもの全てである。

　「取消し」「差止め」訴訟のみでは、訴訟印紙額が膨大になるため、原告団の数を結果としては制限してしまう。

　大間原発訴訟は、世界で初めての実験的フルMOX原発を止めるための闘いである。

　差止訴訟は原告らの一部が担い、その余の多くの原告らは「その精神的苦痛は1000万円をもって足りるものではないが、内金3万円を請求する」として、印紙額を節約した大原告団の構成を目指している。

　今後も第3次、第4次と原告は増えつづけるだろう。

4 大間原子力発電所の建設を断念させるために
　──今後の展望

　当然ながら、原子力発電所の建設・運転が司法の力のみによって止められるものではない。大間原発訴訟の原告団は、これまでの長い闘いの中から生まれ、多くの「原発はいらない！」と願う人々に支えられて、その手立ての1つとして訴訟の途を選択したに過ぎない。

　370余名を超えるに至った原告団とこの数を遥かに上回る支援会員は、日々各町内会館や会議場で、繰り返し勉強会や講演会を実施し、署名活動、街頭活動を続けている。4万7500名に上る大間原発差止めの署名が、2011年10月21日国に届けられた。

　函館市長は「無期限凍結」を表明し、近隣町村首長に賛同を求め「大間原発建設凍結」の地域的な連合が諮られ、地元函館選出の国会議員も「大間原子力発電所は建設すべきでない」との態度を表明した。函館市内の全ての漁業協同組合は「建設反対」の決議をし、函館市議会も反対決議を挙げている。「3.11」以降、明らかに大間原発に対する函館・道南市民の態度は変わりつつあり、新聞報道では90％を超える市民が、反対、不安を表明している。

　いま、弁護団・原告団では『原発差止訴訟　市民法廷』劇の展開を検討している。裁判所の法廷手続を市民の手で「判りやすく」再現させたいとの思いからだ。

　裁くべきは「市民」であり、裁かれるべきは「安全神話」を醸成し、騙し続け、「原子力行政」を押し進めてきた国であり、「原発事業者」であり、これを支えてきた「学者」らであり、また一部のマスコミである。

　私たち市民は、この『市民法廷』で「原子力発電所は建設してはならない」との判決を判りやすく、明確に示すことで、更に建設反対の力を蓄え、広げて、裁判所においても勇気ある決断がなされるよう求めるため歩み続けたい。

第4部　原発訴訟の最新の動き

浜岡原発訴訟1（静岡県）

青木秀樹 弁護士

執筆者プロフィール

青木秀樹（あおき・ひでき）　1951年、茨城県生まれ。1977年、京都大学法学部卒業。司法研修所第36期修了。1984年弁護士登録（第二東京弁護士会）。

1　浜岡原発の概要

　中部電力が所有する浜岡原発は首都圏からわずか185キロメートルほどしか離れていない静岡県御前崎に位置し、ユーラシアプレートの下にフィリピン海プレートが沈み込む、そのプレート境界面の直上にある。原発の型式、出力、運転開始時期はつぎのとおりである。1号機（BWR／54万kw）1976年3月運転開始。2号機（BWR／84万kw）1978年11月運転開始。3号機（BWR／110万kw）1987年8月運転開始。4号機（BWR／113.7万kw）1993年9月運転開始。5号機（ABWR／138万kw）2005年1月運転開始。

　京都大学原子炉実験所の故瀬尾健氏は、3号機の格納容器が水蒸気爆発事故を起こした時、北東の風が吹いていると、首都圏で450万人の死者が出ると試算している。

2　第一審の訴訟経過

　ユーラシアプレートとフィリピン海プレートのプレート間地震である東海地震がいつ起きてもおかしくない時期に入っていること、特に１、２号機は老朽化していることを大きな理由にして、静岡県民を中心にして、2002年４月25日に１乃至４号機の運転差止め仮処分の申立てを静岡地方裁判所に提起した。５号機は未だ運転開始をしていなかったので対象から除いた。

　事件が進行するにつれ、原発の検証や文書提出命令の申立て、重要な証人尋問の必要に迫られ、仮処分では証拠方法が限定されていてそれらの証拠調べができないため、2003年７月３日に１乃至４号機の運転差止め訴訟を提起した。

　中部電力の所持する原発の詳細設計に係る書類は、安全性判断をするための重要な証拠であるので、この開示を求めたところ、任意提出がなされたもののマスキングがなされていて不十分な開示であった。そこで、2004年１月９日に文書提出命令の申立てをして更なる開示を求めたところ、「原子力発電所の安全性の確保は、単に申立人らや、これを稼働させている相手方の利害に関する事項というにとどまらず、社会共通の要請であり利益であるといえることも考慮すると」等の理由を付して2005年３月16日文書提出命令が出された(裁判長宮岡章、島田尚登、石川貴司)。これに対し、中部電力側から抗告が申し立てられ、2006年３月15日東京高裁(裁判長宮越和厚、桐ヶ谷敬三、佐藤道明)は「技術上のノウハウ」として保護すべきであるとして文書提出命令を否定する逆転の決定を出した。不当な決定であるが、訴訟進行が遅れるので、特別抗告は断念した。

　2006年４月６日に４号機の検証がなされ、2006年９月～2007年４月にかけて、原告側証人として、石橋克彦氏(想定される地震について)、田中三彦氏(機器・配管の安全性の考え方と限界等について)、井野博満氏(応力負傷割れ、脆性破壊等について)、被告側証人として、班目春樹氏(多重防護、機器・

配管の安全性について)、溝上恵氏(中央防災会議の震源モデルについて)、入倉孝次郎氏(中央防災会議モデルの地震動について)、徳山明氏(地盤について)、伯野元彦氏(建屋の耐震設計について)、鈴木純也氏(応力腐食割れ等について)、中澤博文氏(保安管理体制について)、新井拓氏(き裂進展評価等について)が調べられた。入倉氏は原告側も申請し、中立的立場で証言してもらうはずであったが、結局中部電力側の証人として登場した。

2007年6月15日に弁論が終結され、2007年10月26日に仮処分申立て却下決定、運転差止め請求棄却判決が出された。合議体の構成は、裁判長／宮岡章、右陪席裁判官／男澤聡子、左陪席裁判官／戸室荘太郎である。

判決までの間に起きた訴訟に関わる重大な出来事は、2006年9月19日耐震設計審査指針が改訂され、2007年7月16日に中越沖地震が発生したことである。浜岡原発3、4号機は改訂前の旧耐震設計審査指針で安全審査がなされ、1、2号機は旧指針も存在しないときに安全審査がなされたものであり、1乃至4号機は、改訂指針によるバックチェックはなされていなかった。また、中越沖地震を原因として柏崎刈羽原発では3000箇所以上の損傷が同時に発生し、共通原因故障を想定しない安全設計審査指針の不備が明らかにされた。中越沖地震は弁論終結後に発生したため、弁論再開申立を検討したが、裁判所から、中越沖地震による被害は公知の事実である、弁論再開をすればさらに審理期間を要し、現在の裁判体で判決することはできなくなると言われ、判決を求めたところ、予想外の酷い内容の判決を下された。

3　第一審の争点

(1) 主張立証責任、安全性の程度という訴訟の枠組みと、想定すべき地震動、単一故障指針、老朽化という個別の安全性の問題が大きな争点であった。第一審判決は、主張立証責任について、被告(中部電力)側の証拠の偏在、原告が証拠を入手することが困難という事情を考慮してまず被告が一定の主張

立証をすべきとしたが、その内容は「原子炉等規制法及び関連法令の規制に従って設置、運転されていること」の主張立証であり、審査基準の不合理性を検討する視点を欠き、従って審査基準の本質を考えて運用を厳しく審査するという姿勢も全くなかった。判決は安全審査をなぞっただけである。また、安全性の程度で考える危険性は「万が一にも事故が起こらない」という基準ではなく、「社会通念上無視し得る程度に小さなものに保つことを意味し、およそ抽象的に想定可能なあらゆる事態に対し安全であることまでを要求するものではない」という原発の危険性の特質を無視した緩い基準によるものとした。この枠組みに従って個別の安全性を判断したのであるから、運転差止めを認める判断を期待するだけ無駄な判決となった。個別の安全性については以下のとおりである。

(2)　想定すべき地震動

　中部電力は、中央防災会議モデルをもとに耐震設計を行っていた。中央防災会議モデルは、想定東海地震の際にどこまでの範囲を防災対策強化地域に指定をするかを考えるにあたって過去に起きた安政東海地震の資料をもとにして想定東海地震のモデルを作成したものであり、浜岡原発で想定すべき地震動を考えるために作られたモデルではない。浜岡原発への地震の影響を考えるならば、アスペリティの位置、震源断層面の深さ、応力降下量が重要な判断要素になるので、それらを安全側に考慮する必要がある。さらに、第一審の審理中に、通常の想定東海地震と異なる巨大な東海地震の痕跡が発見されたので、それに対する安全性が確保されているかも判断されなければならない。

①アスペリティの位置

　二つのプレートがかみ合いながら、沈降し、ある時かみ合いが外れてプレートが跳ね上がるのがプレート間地震であるが、かみ合う部分にも強弱があり、特に強くかみ合っていた部分が離れるとき、強い地震動を出す。その

強い固着域をアスペリティと呼ぶが、それがどこに位置するかによって、地上の揺れが異なってくる。アスペリティの直上付近では、強い揺れが生じ、中央防災会議モデルで配置されたアスペリティの直上の興津川上流では、基準地震動を大きく超える応答加速度が生じていた。

　そして、アスペリティの実際の位置は不明であるから、安全側に考えて浜岡原発の直下にアスペリティを置くモデルで地震動を考えるべきである。

　中部電力も「不確かさの考慮」として、アスペリティを浜岡原発直下に置いた仮想的東海地震モデルを作り、その場合地震動レベルは中央防災会議モデルの1.5倍になると評価した。

②震源断層面の深さ

　中央防災会議モデルは、震源断層面の深さを20キロメートルとしていた。しかし、石橋証人により、震源断層面の深さは14キロメートと判断すべきことが十分に立証された。

　中部電力も「不確かさの考慮」として、浜岡原発での震源断層面までの深さ14キロメートとした新知見検討モデルを提示するに至った。その場合地震動レベルは中央防災会議モデルの1.3倍になると評価した。

　上記①と②の影響を併せて考慮すれば、2倍になり、基準地震動の応答加速度を大きく超える。

③応力降下量

　プレートが押し合っている時に存在する応力が地震発生によって解放され、地震発生前に比べ発生後の応力が小さくなる。その応力の差を応力降下量というが、中部電力は、新知見検討モデルにおいて、浜岡原発付近の震源断層面までの深さを浅くする一方で、アスペリティの応力降下量を下げて、浜岡原発における揺れを抑えて安政東海地震の震度分布にあわせている。安政東海地震は一つの資料に過ぎず、応力降下量は、物理的にありうる値を採用すべきであり、応力降下量を下げなければ、基準地震動の応答加速度を超える地震動になるはずである。

④超東海地震

　安政東海地震では御前崎周辺が１メートル前後隆起したが、地震隆起の痕跡は地形として殆ど残っていない。それは、御前崎周辺は、フィリピン海プレートの沈み込みに従って年数ミリメートルから１センチメートルの速さで沈降しているので隆起が相殺されるからである。ところが、海-陸境界の高さが階段状になっている地形があり、これは沈降量を大きく上回る巨大な地震が起きていることを示すもので、離水時期の調査結果から、海岸段丘を形成する大きな隆起を伴うイベントが1000〜1500年に１回の割合で発生したと考えられる。

⑤第一審判決

　第一審は、中央防災会議モデルは妥当であると判断した。そして原告らの主張については「安政東海地震を上回る地震モデルは、可能性としてはともかく、科学的根拠をもって合理的に想定しうるものではない」「確かに、我々が知り得る歴史上の事象は限られており、安政東海地震又は宝永東海地震が歴史上の南海トラフ沿いのプレート境界型地震の中で最大の地震ではない可能性を全く否定することまではできない。しかし、このような抽象的な可能性の域を出ない巨大地震を国の施策上むやみに考慮することは避けなければならない」等と言って採用しなかった。

(3) 共通原因故障

　地震の際には、これを共通原因として多数の故障が同時に発生する。その想定をしなければ、安全な設計はできない。しかし、このような事態は実際の安全設計審査指針では想定されていない。「内部事象としての異常事態について、安全装置の単一故障の仮定をして安全性が保たれればよい」とする単一故障指針でよいとしている。しかし、中越沖地震で、3000箇所以上が同時多発的に故障したので、この指針の誤りが明らかになった。裁判所は、中越沖地震は公知の事実と言っていたにもかかわらず、判断をしなかった。

そして、「原子炉施設においては、安全評価審査指針に基づく安全評価とは別に耐震設計審査指針等の基準を満たすことが要請され、その基準を満たしていれば安全上重要な設備が同時に複数故障するということはおよそ考えられない」として、「原告らが主張するようなシュラウドの分離、複数の再循環配管破断の同時発生、複数の主蒸気管の同時破断、停電時非常用ディーゼル発電機の2台同時起動失敗等の複数同時故障を想定する必要はない」と判断した。これが明らかに誤りであることが福島第一原発事故で示された。

(4) 老朽化

老朽化に関わる現象は、応力腐食割れ(SCC)、配管の減肉、疲労、中性子照射脆化等があり、そのこと自体が安全性に関わる問題であるうえに、そのような現象と大地震が重なった場合の安全性が争点である。

①SCC

金属材料が応力と腐食環境にさらされることにより生ずる亀裂現象である。全国の原発で、シュラウド、再循環配管、制御棒等で多発して、これを完全に防止する対策はなく、全てを発見して対処することも不可能である。地震動で、亀裂部分に応力が集中して破断等が生じて大事故に至ることも想定される。

しかし、第一審判決は、亀裂の進展速度を問題にならない程度に抑えることはできる旨の証言を採用し、亀裂の進展評価及び機器の健全性評価が十分保守的になされている限り安全性は確保され、地震の影響も問題にする程はないと判断した。

②減肉

配管内を流れる水や蒸気の影響により、配管の肉厚が減少する現象であり、腐食と浸食(エロージョン・コロージョン)による減肉、浸食(エロージョン)による減肉がある。美浜原発3号機の二次系配管が減肉により破断し、噴出した熱湯で作業員5名が死亡した。その箇所は、全く点検がなされてい

なかった。原発には配管は多数あり、点検すべき箇所はさらに多数存在し、全てを点検することはできないので代表部位で点検を済ませている等、安全確保対策は不十分である。肉厚が減少すれば強度が弱くなり、大地震で配管が破断することは十分考えられる。

しかし、第一審判決は、そもそも配管減肉を原因とする冷却材喪失事故等発生の可能性は極めて低く、被告の行う減肉管理の手法によって、配管減肉に係る安全性及び耐震安全性が確保されないとはいえないと判断した。

③疲労

材料に繰り返し力がかかると、それが降伏応力以下の小さな力であっても、材料内部に亀裂が生じ、それが広がって破断に至る現象である。繰り返しかかる力には、機械的振動によるものと、温度変化によって生じる材料の伸び縮みによるもの(熱疲労)がある。配管溶接部に疲労割れが生じ、水が漏えいする事故が発生したことがある。無数の配管があり、検査のされていないところが疲労し、地震で破壊される事態もありうる。

第一審判決は、なされている検査等で対処は十分で、地震時においても安全上重要な機器につながる小口径配管が破断する具体的可能性があるとはいえないと判断した。

④中性子照射脆化

中性子の照射によって材料の延性が低下し、もろく壊れる現象であり、金属材料は中性子の照射によって、脆性破壊する温度が上昇する。すなわち、低い温度でもろく壊れるようになる。

この温度と中性子の照射量の予測式が、照射速度を考慮しておらず、同じ照射量でもゆっくり照射した方が脆くなりやすいという研究結果が出された。また、原発には監視試験片を入れてこれを取り出して脆化の程度を観察しているが、ドイツで解体された原発から取り出された圧力容器鋼材の衝撃試験をしたところ切り出し位置、切り出し方向が違うと脆化の程度が異なっており、監視試験片で全ての脆化の程度を評価することはできないと考えら

れる。地震力と合わされば、脆性破壊が発生する具体的可能性がある。

　しかし、第一審判決は、脆性温度管理の合理性を否定するまでには至っていないし、地震力を考慮した高経年化評価で安全である旨の評価がなされたことを信用できると判断した。

4　控訴審の訴訟経過及び今後の進展

⑴　第一審判決後直ちに控訴提起をし、2008年9月10日に第1回口頭弁論が行われ、裁判長から1、2号機は3、4号機と別にして何らかの話し合いができないかという和解勧告がなされた。中部電力はこれを拒否した。しかし、2008年12月22日に中部電力は1、2号機の廃炉を決定した。その理由は、耐震強度を高める工事費用が高額になるので、それよりも6号機をリプレイスした方がよいということであったが、高裁の和解勧告があったこと、1、2号機の耐震安全性を確保できないと自認したことが真の理由ではないかと考えられる。高裁で和解勧告をするほど第一審判決が間違った判決であったのである。中部電力は廃炉決定に基づき、2009年1月30日に1、2号機の運転が停止された。

　なお、内閣総理大臣の運転停止要請を受け、2011年5月9日以降3乃至5号機は運転停止中であるが、中部電力は18メートルの防波堤を作って再起動を目論んでいる。

⑵　控訴審の争点及び審理

　①第一審で実質審理されていない改訂された耐震設計審査指針による浜岡原発の耐震安全性の検討、第一審の弁論終結後に生じた中越沖地震による柏崎刈羽原発事故にかかる地震の新知見による検討が控訴審の新たな争点として審理が始まった。

　中部電力は、改訂指針に基づく浜岡原発3、4号機の耐震安全性のバッ

クチェックを原子力安全・保安院に提出していたが、現在に至るも未だに検討は終了していない状態である。改訂指針は、旧指針に比べ基準地震動策定方法を高度化し、旧指針にない「残余のリスク」を考慮してこれをできるだけ少なくなるようにすべきとされている。基準地震動Ssを策定するための検討用地震として、どのような地震を基本として「不確かさ」を考慮すべきかが争点である。

　基本とすべき東海地震は、アスペリティを直下に置き、震源域の深さを14キロメートルにし、枝分かれ断層との連動、遠州灘とう曲との連動を考慮した地震であり、不確かさの考慮としてこれに活断層との連動を考慮すべきである。

　中越沖地震では、柏崎刈羽原発の解放基盤表面の加速度が、基準地震動450ガルの4倍に相当する1699ガルであったと解析された。地震規模はマグニチュード6.8であり、それまでの知見ではそのような大きな地震動になることは考えられていなかった。東京電力及び原子力安全・保安院は、そのような大きな地震動になった要因は、①震源の影響が1.5倍、②深部地盤による不整形性の影響が2倍、③古い褶曲構造での影響が1～2倍であると説明した。これらは、新たに得られた知見であり、基本とすべき東海地震では、当然考慮されなければならない地盤構造である。

　これらの立証のために、石橋克彦氏及び立石雅昭氏を証人申請し、いずれも採用されたが、第一審に引き続き控訴審でも証人採用された石橋克彦氏の例は希有なことであり、それだけ重要な争点であるということである。

　②石橋克彦氏の証人尋問は2009年9月18日、10月30日、立石雅昭氏の証人尋問は2009年11月27日、2010年2月12日になされたが、その直前の2009年8月11日に駿河湾沖地震が発生した。この地震はM6.5という地震のエネルギーにして想定東海地震の180分の1で、かつ震源距離が2～3倍も遠いにもかかわらず、中央防災会議モデルの想定東海地震による予測を超える揺れが発生した。また5号機が3、4号機に比べ約2.6倍も揺れた。5号

機と3、4号機は300メートル程度しか離れておらず、この異常な揺れの理由は、それまでの知見では説明ができない問題である。地震の入射方向あるいは入射角の違い、地盤の違いによっては、3、4号機が特異に揺れることも考えられ、新たな争点になっている。

中部電力は、駿河湾沖地震による揺れの説明に窮し、新たに地盤の調査を開始して解析する準備中であり、控訴審はこの問題に関する中部電力側の主張立証を待っている状態になった。

③そうしている間に、2011年3月11日、東北地方太平洋沖地震が発生し、福島第一原発事故が起きてしまった。この地震、原発事故にかかる知見が、また新たな知見であり新たな争点である。原発事故によりどれほど甚大な被害が生じるかが不幸なことに現実のものとなって明らかにされ、「社会的に無視しうる程度の危険」は考慮する必要はないといって行政判断に追随して原発を止めてこなかった裁判所の判断枠組みは到底維持できなくなったと考えられる。

そして、福島第一原発事故によって、耐震設計審査指針が役にたたなかったこと、共通原因故障を考慮しない安全性評価が役に立たなかったこと、長時間の全電源喪失を考えない安全設計審査指針が役に立たなかった等々現行の安全指針類では原発事故を防ぐことができないことが示された。これから、さらに事故原因が明らかにされていくと思われるが、1号機では、基準地震動の範囲内の地震動であったにもかかわらず、地震の揺れによって配管の損傷、破断が生じて、冷却材喪失事故に至ったことが合理的に推測されている。基準地震動内の地震動では、配管破断等の事故が起きないという設計思想に基づいて全国の原発が作られているのであり、1号機が地震の揺れによって冷却材喪失事故が発生したのであれば、ことは福島第一原発の問題ではなく、全ての原発の耐震安全性の問題である。

第4部　原発訴訟の最新の動き

浜岡原発訴訟2（静岡県）

青山雅幸弁護士

執筆者プロフィール

青山雅幸（あおやま・まさゆき）　1962年、静岡県生まれ。1986年、東北大学法学部卒業。司法研修所第46期修了。1994年弁護士登録（静岡県弁護士会）。主な著作に『弁護士も聞きたい法律相談』（静岡新聞社、2000年）などがある。

1　浜岡原子力発電所の概要

(1)　所在地等

中部電力浜岡原子力発電所（以下「浜岡原発」と略す）は、静岡県御前崎市佐倉5561に所在し、5機で構成され、1～4号機は沸騰水型(BWR)、5号機のみ改良型沸騰水型(ABWR)となっている。

各炉の熱出力、設置許可を順に記すと、1号炉：約1,593MWt、1970（昭和45）年12月10日、2号炉：約2,436MWt、1973（昭和48）年6月9日、3号炉：約3,2933MWt、1981（昭和56）年11月16日、4号炉：約3,293MWt、1985（昭和63）年8月10日、5号炉：約3,926MWt、1998（平成10）年12月25日、である。

(2) 運転状況等

　１、２号機は、後述の浜岡第一次訴訟が控訴審に係属中の2008年12月22日、突如として廃炉の発表がなされ、運転が終了している。

　ただし、中部電力は、両機のリプレースとして６号機の設置を発表しており、その概要は、５号機の東側に電気出力140万kW級の改良型沸騰水型軽水炉を建設し、平成30年代前半の運転開始を目標にする、とされている。

　また、３〜５号機は、2011年５月６日、菅内閣総理大臣(当時)と海江田経済産業大臣(当時)が、全機の運転停止を中部電力に要請し、中部電力はこの要請を受け入れ、５月13日運転中であった４号機の、５月14日には同じく５号機の運転を停止し、定期点検中であった３号機を含め、すべての浜岡原発の運転が停止された。

2　提訴までの動きと裁判の状況

(1) 提訴までの経過

　浜岡原発(対象：１号機から４号機)に対する最初の訴訟は、2003年７月３日、東京の河合弘之弁護士らによって静岡地方裁判所に起こされ、民事第一部で審理されていた。2007年10月26日の敗訴判決を経て東京高等裁判所に係属中である(詳しくは、青木秀樹弁護士による報告〔本書153頁〕を参照)。

　その最中、2011年３月11日、東日本大震災が発生し、福島第一発電所において、重大な原子力災害が発生した。

　この事故は、静岡県に暮らし、経済活動を行っている静岡県弁護士会の弁護士たちにも大きな衝撃を与えた。静岡県も福島県と同様にプレート境界面に位置し、巨大震災に襲われる危険性は、東日本以上に喧伝されていたからだ。同時に、原子力災害について真摯に考慮せず、原発訴訟を他人事としていた自分たちの在り方を大きく反省することとなった。

　こうした声が県内の弁護士たちの中で広がり始めたそのとき、先行訴訟の

河合弁護士から声が掛かった。浜岡原発運転差止めの仮処分に、地元の弁護士たちが立ち上がって欲しいと。

こうして、普段は依頼者の権利のために闘う弁護士たちが、自らの、そして家族や友人、地域社会を守るため、弁護士自身が申立人となって、浜岡原発差止め仮処分の準備に邁進することとなった。その数も、静岡県弁護士会351人の3分の1、117人にまで広がった。

その矢先、菅首相が浜岡原発運転停止の英断を下した。真偽は定かではないが、一部報道によれば、その英断の背景には、この大規模弁護団の仮処分申立ての動きを伝え聞いたこともあったとのことである。この英断により、仮処分申立の必要性は薄れたが、東日本大震災による福島第一原発の重大事故の発生という現実を踏まえ、「静岡の地で地元を主体とした新たなる訴訟提起が必要である」という意見が高まり、仮処分弁護団がそのまま本訴の弁護団と衣を替え、新訴訟提起の準備を行うこととなった。

なお、浜岡第一次訴訟の対象には5号機が含まれていなかったことに加え、諸情勢を踏まえ、廃炉の方法や使用済み核燃料の安全な保管を求める必要性も重要な問題として認識され始めたことも新訴の理由の一つであった。これらはいずれも新訴の請求の趣旨に盛り込まれている。

(2) 原告団の構成

出発時の由来から、新訴の原告には、弁護団の中心メンバー9名が原告兼原告代理人として名を連ねることとなった。「他人事ではなく、自分の問題」だからである。そして、今回の原発訴訟は、静岡県民ひとりひとりにとって切実な問題である、という思いから、報道機関を通じて広く原告を公募することとした。

その結果、教師、臨床心理士、産婦人科医、退職後農業従事者、主婦など様々な年齢・性別・職業の方が応募され、市民の立場から原告となられた。自分たちや家族は勿論、生徒や患者、生活のために欠かせない土地が浜岡原

発によって危険にさらされている、なんとか原発をなくさなければ、という強い思いを抱き、顕名で立ち上がられた方々である。また、現職市長、市議、信用金庫理事長、といった、著名人もそれぞれの立場からくる制約を超えて加わられた。

　原告だけではない。資金的な基盤も、サポーターを募集し、広く市民の方々の寄付を募って賄っている。このような、組織的背景のない、一般市民参加型の原発差止め訴訟は、おそらくは新しい試みであろう。しかし、福島第一原発によって福島県民(ひいては全国民)が被った多大な被害を誰もが目にした今、全国各地で同じような訴訟が提起されていくのではないだろうか。

(3)　原告代理人団の構成

　原告代理人は、出発点である静岡県弁護士会所属弁護士117名及び東京を中心とした先行浜岡訴訟代理人弁護士7名(岐阜県1名含む)に加え、愛知県126名、長野県18名、山梨県3名、福岡県1名、三重県1名、福島県2名、計275名に上る大規模弁護団となっている。他県については、自主的に参加の申し出があった弁護士たちである。言うまでもないが、いずれも手弁当、交通費も自己支弁である。

　これも、原発災害が、立地県だけでなく、地域を越えて広範な被害をもたらすことが、全国民の身に染みた現状を反映したことによるものであろう。遠く福岡や、被災地からも弁護団への参加があったのである。

　また、愛知県弁護団員が多数となっているのは、愛知県弁護士会の有志が、「中部電力のお膝元から物申す」という意気込みを示してくれたところによる。

(4)　訴訟の経過

　2011(平成23)年7月1日、静岡地方裁判所に「浜岡原子力発電所運転終

了・廃止等請求事件」を提起した(訴訟の中身の詳しい内容は後記3)。

民事第2部合議係に係属し、山崎勉裁判長、右陪席杉浦正典裁判官、左陪席中村亜希子裁判官の構成(2011年10月31日現在)となっている。第1回口頭弁論期日は同年10月13日であり、原告8名が意見陳述を行っている。

この日までに被告中部電力は答弁書を提出したが、原告主張の認否にとどまった。しかも、2012年3月の第3回口頭弁論期日までは、被告の主張は行わないと頑強に抵抗し、裁判所の仲裁もあってようやく2012年1月の第2回口頭弁論期日に出せるものは出す、ということとなった。被告中部電力は、原子力発電所の安全性について、半年の期間があっても主張すら行えない状況でありながら、運転を続けるつもりであったのであろうか。誠に心許ない有様である。

なお、この静岡地裁本庁での新訴のほかに、やはり静岡県弁護士会所属弁護士が代理人となり、浜岡原発の地元住民らが原告となった別訴が、静岡地裁浜松支部に、2011年5月27日、提起され、同年7月11日、第1回口頭弁論期日が開催されている。

3 争点

(1) 浜岡先行訴訟から新訴へ

浜岡先行訴訟では、共通原因故障、制御棒の引き抜き、外部電源喪失、想定地震動の大きさ、アスペリティの位置と大きさ、最大の歴史地震、M9クラスの地震の可能性、地盤の脆弱性、発生応力値が想定を上回る可能性、再循環系配管破断、主蒸気管破断、老朽化(応力腐食割れ、配管減肉、疲労、圧力容器の脆性破壊)など、多岐にわたる問題点が指摘されており、その中にはまさに福島第一原発事故を予見していたかのような主張も存する。

特に注目すべきものが、非常用ディーゼル発電機の2系統共倒れ並びに[*1]全電源喪失による原子炉冷却不可→炉心溶融の指摘である。これは、極めて

残念なことに福島第一原発において、現実のものとなってしまった。そして、この論点に関連して、原子力安全委員会委員長斑目春樹氏が、先行訴訟の証人尋問において語った「割り切り」発言は、原発に携わるものたちの安全に対する不遜な姿勢によって福島第一原発事故がもたらされたことをはからずも明白にしたものであった。

「非常用ディーゼル２個の破断も考えましょう、こう考えましょうと言っていると、設計ができなくなっちゃうんですよ。つまり何でもかんでも、これも可能性ちょっとある、これはちょっと可能性がある、そういうものを全部組み合わせていったら、ものなんて絶対造れません。だからどっかでは割り切るんです」。

浜岡先行訴訟は、福島第一原発事故「以前」において、原発推進派が、安全性に目をつむり、「割り切って」看過した数知れない危険性に対し、正当に問い糾し続けた訴訟であるといえよう。

これに対し、浜岡新訴訟では、地元静岡県の弁護士が主体となっているだけに、浜岡原発の地理的脆弱性を重点的に論じている。さらに、浜岡敷地の歴史的由来や、過去における地震被害も丁寧に掘り起こしている。

これに関連して、東日本大震災で福島第一原発に大きな被害をもたらした津波について、極めて重要な問題として取り上げている。

原告の訴状におけるこれらの主張に対し、被告は認否を行ったのみであるが、原告主張の各事実については概ね認めている。ただし、被告からの主張は、現時点ではなされていない。したがって、次項以下では、原告主張をかいつまんで説明していく。

(2) 津波

津波を論ずるとき、浜岡原発における特殊な地理的状況を抜きにして検討することはできない。以下、地理上の具体的問題点とこれによって派生する津波増波の要因について述べていく。

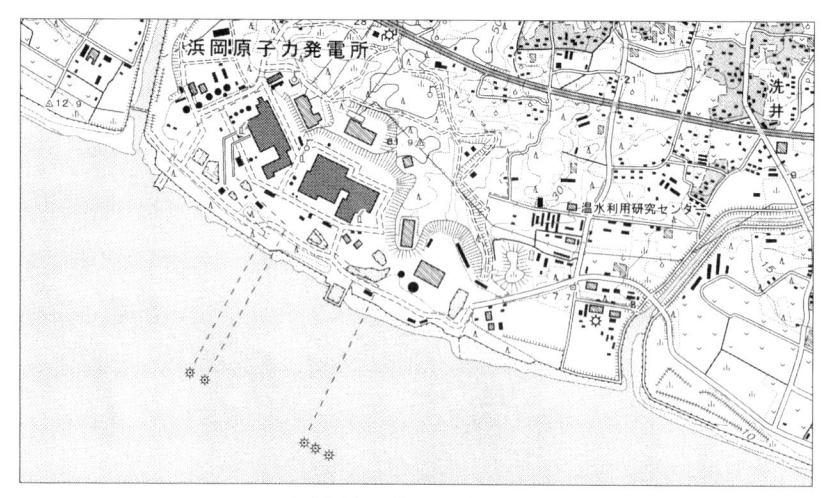

国土地理院HPより引用

①地理的状況

浜岡原発は、「御前崎」という岬のすぐ西側に位置し、さらに、後方を山、左右を川、すぐ面前(特に5号機)を海に囲まれた特殊な形状に立地する。浜岡原発の敷地前面には、防潮堤の類は一切設置されていない。中部電力によれば、原発敷地周囲は、標高10〜15m、幅60〜80mの砂丘に囲まれていて、これにより津波から防災されているとの主張である。しかし、この地形は、容易に想像されるとおり、津波に極めて弱い。地形等による津波高の増大が見込まれるからである。

②屈曲・回折効果

浜岡原発は、駿河湾からみて、鋭角な岬である御前崎の裏側に位置している。このような岬があった場合、津波の高さは、周辺部よりも高くなる。それは、津波の屈曲・回折効果による。津波も光と同じように、凸レンズ状の物体の影響を受け、屈折・回折を起こすためである。

まず、岬(御前崎)のふもとにあたる浜岡原発では、回折効果がおきる可能

性がある。また、震源域が岬に対して南東側の駿河湾の場合（＝東海地震）、波峰線が岬で屈折し、波向線の間隔が狭くなり、浜岡原発周辺は波向が高くなる。

③河口への集積と遡上時の増波

浜岡原発敷地は左右が河川であるため、前面の海岸線だけでなく、左右の河川からの津波の流入を考える必要がある。そして、河川においては以下の増波効果が生じる。

（ア）河口への集積

浜岡原発は、河口に隣接しているが、河口においては、リアス式海岸やV字型海岸と同様に津波が集積する。これは、湾口や水道に入ってくる津波のエネルギーフラックス（海域面積当たりの津波のエネルギーとその伝播速度の積）が一定なため、水路の幅が狭まれば波高がその分高くなるという当然の物理現象である。

（イ）波状段波

河川を遡上する津波を段波という。段波には2種類があり、先端部が激しく崩れながら遡上する砕波段波であり、波高はほとんど変わらない。

もう一つのタイプは先端部が数十メートルほどの波長をもつ複数の波にわかれた波状段波（ソリトン分裂波ともいう）であり、これは非常に安定した波であり、なかなか破砕しない上に、波高は2倍程度まで増すことがある。

④潮位変化の影響・大潮

各シミュレーションや、過去の津波高の検討は、通常潮位変化の影響を差し引いてニュートラルな潮位で行われている。

したがって、たまたま潮位が高い時期に津波が発生すれば、TP（東京湾平均海水面：海抜とほぼ同義）と比較した場合の津波高は当然増大する。御前崎の場合、各年とも9月には、満潮時にTP85センチメートル前後潮位が上が

岩手県宮古市田老地区

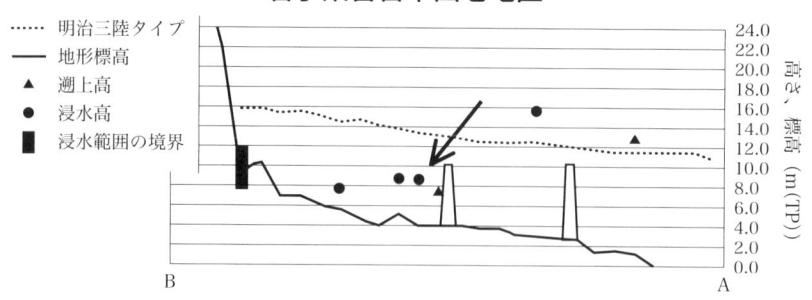

中央防災会議「東北地方太平洋沖地震を教訓とした地震・津波対策に関する専門調査会」第4回資料より引用

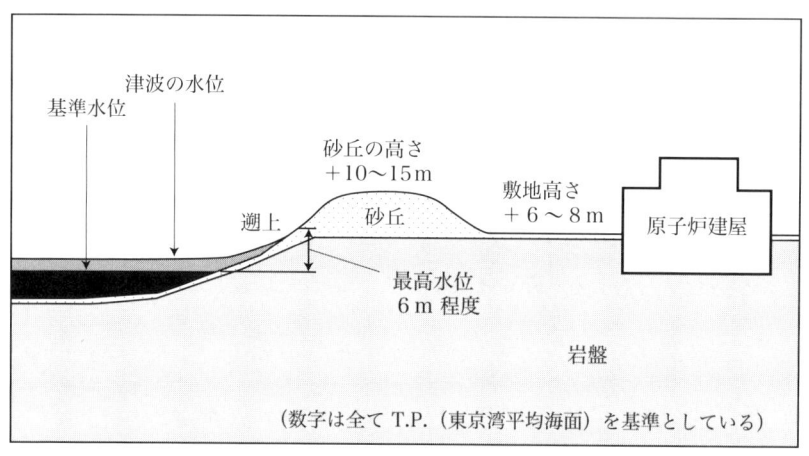

中部電力主張の周囲の形状(中電HPに基づいて作成)

る。すなわち、津波高もその分増すこととなる。

⑤なだらかな地形を遡上する津波

　浜岡原発敷地前面のように、海岸線が緩やかに上昇している場合、底面から一体となって押し寄せてくる津波は、海岸線から標高が徐々に高くなって

陸地を駆け上がる際に、そのままの波高を維持しながら遡上していく可能性がある。したがって、10メートルの津波高に対し、10メートルのTPがあれば、それ以上津波は遡上しないとは言えない。この事象は、今回の東日本大震災でも実際に起きたことが確認されている。

⑥防潮堤と津波高

　津波の前面に防潮堤が存在した場合、防潮堤の高さが津波高を少しでも上回っていれば、津波の浸入を防げるというものではない。

　津波の波長は、普通の波や高潮と違って長いため、前進してきた運動エネルギーが位置エネルギーに変換されて津波高の2分の1が加算され、連続して前方の障害物を乗り越えていく。すなわち、津波の波高が15メートルであれば、20メートルの防潮堤も乗り越えられてしまうことになる。

(3) 想定津波高における津波対策有効性の検討

①津波高想定

　現時点における中部電力の津波高の想定は、TP8メートルである。ただし、福島第一原発に襲来した津波高を参考に、TP15メートルの津波を想定し、TP18メートルの防波壁を設けるとされている。[*2]

　しかし、実際に生ずるかもしれない大津波に対する備えとして、足りるものであるか否かは、なんらかの客観的な根拠に基づいて検討されたものではない。換言すれば、浜岡原発にとってもっとも不利な条件を考慮して行われたシミュレーションによるものではないのである。東日本大震災を検証すればわかるとおり、最新の知見に基づいて、最良の予測をしても大災害を防ぎうるかどうかは不確実であるのが、津波対策の現状である。

　中央防災会議の「東北地方太平洋沖地震を教訓とした地震・津波対策に関する専門調査会」の「中間とりまとめ」において、「自然現象は大きな不確定性を伴うものであり、想定には一定の限界があることを十分周知することが必

要である。」「地震や津波は自然現象であることから、想定を超えることは否定できない。」という一種の不可知論が述べられているのも、地震・津波学における知見の現状を素直に吐露したところである。

東京大学理学系地球惑星物理学科教授で地震学を専攻されるロバート・ゲラー教授が、冷静な現状分析に基づき、次のとおり指摘したことも報道されている。

「(同教授が)『予知できる地震はない。これは鉛筆を曲げ続ければいつかは折れるのと同じことだ。それがいつ起きるのか分からない』と指摘。地震は予知不可能であることを率直に国民に告げる時期が来たとし、日本全土が地震の危険にさらされており、地震科学では特定地域でのリスクの度合いを測ることはできないと述べた。『われわれは(地震を予知するのではなく)想定外の事態に備えるよう国民と政府に伝え、知っていることと知らないことを明らかにすべきだ[*3]』」。

②ワーストケースにおける津波想定

この地震学の現状と東日本大震災の反省を踏まえたとき、原発と津波想定に関する結論は、当然、以下のとおりとなる。

〈事故の発生が許されない原子力発電所における想定津波高は、現時点で入手しうるすべての知見におけるワーストケースを採用して行うべきであって、それでもなお、想定として足りるか否かは判然としない〉、というものである。

このワーストケースにおける津波高として具体的に想定すべきは、〈東海地域(御前崎)から琉球地域(喜界島)まで及ぶ広大な震源域が連動して発生する、M9.5クラス[*4]の超巨大地震において発生しうる最悪の波高の津波であり、これに浜岡原発周辺の固有の悪条件である屈折・回曲効果、河川遡上による増波、河口集積による増波、大潮、ゆるやかに遡上する効果、そして、防潮堤における1.5倍の増波効果、そのすべてを掛け合わせた場合の津波高〉、と

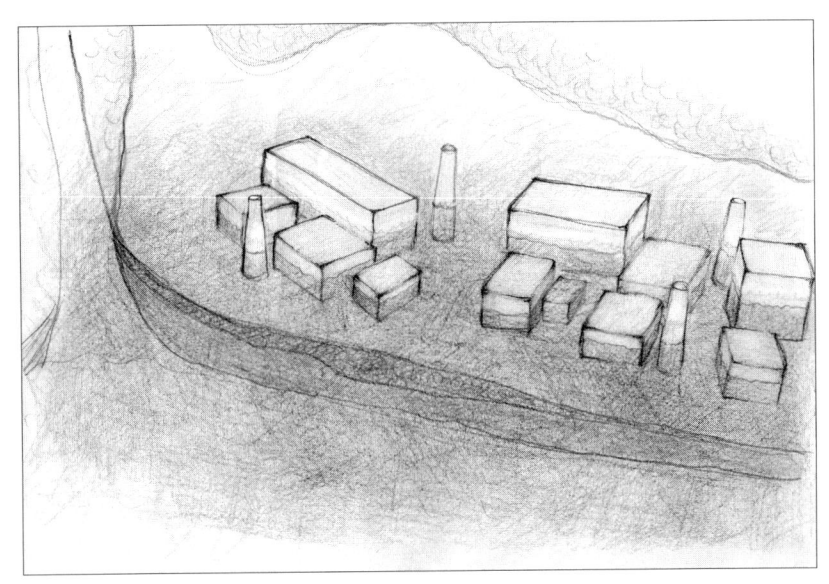

津波後出現する原発溜め池予想図(ライトハウス法律事務所作成)

いうものとなろう。そして、この想定を行うことは、「安全な立地への設置」を義務づけられた事業者としての中部電力の義務である。

　最悪の想定における津波高ないしは遡上高は、優に30メートルを超えるであろうが、これは決して突飛なものではない。1993年に奥尻島を襲った津波は、海岸では海抜15メートルの高さであったと推定されているが、谷筋を駆け上がった遡上高は標高30.6メートルにまで及んでいるのである。

(4) 危険を増大させる防潮堤設置：浜岡原発の敷地形状

　浜岡原発敷地は、周囲を高さ8～15メートルの土手・砂丘と背後の山に囲われた、洗面器のような形状をしている。

　これは、一見して津波に対して有利な形状に見えるが、実際は異なる。前記のとおり、浜岡原発の土手・砂丘は、想定される津波に容易に乗り越えられ、敷地は津波に洗われる。そうした場合、原発のように周囲が囲われてい

なければ、津波はやがて引くこととなるが、周囲が土手等で囲われた浜岡原発はそうならない。いったん流入した海水は逃げ場(引場)がないため、そのまま原発敷地に貯留することとなる。「原発溜め池」の出現である。

　このような事態となれば、浜岡原発の作業員に相当の人的被害がもたらされるほか、電気設備が水没することにより、機能はすべて失われる。さらに深刻なのは、応急の保守のために原子炉建屋及びその内部の格納容器や炉心に近づくことすら不可能になってしまうことである。当然、非常用発電車両も近づくことさえできない。まさにお手上げの事態となってしまうのである。さらに深刻なことは、原子炉建屋の構造である。原発は、その基礎が直接岩盤に接していることが要求されているため、浜岡原発の原子炉建屋は半地下のような構造となっており、3号機の場合、原子炉格納容器・圧力容器(炉心)の最下部は地下15メートルもの深さとなっている。したがって、仮にTP18メートルという中途半端な防潮堤を設置し、これを津波が乗り越えた場合、原子炉格納容器は、ほぼ水没することとなる。なお、中電は、防水扉で対策するというが、元々水密構造の建物ではないし、福島原発の例にあるように、地震により建屋が変形するなども考えられるため、完全な防水など不可能である。

(5)　液状化の危険性

　液状化現象とは、もともと水分を含む軟弱な地層が、地震の揺れによって加圧される結果、それまで有していなかった流動性を獲得し、流動化した地層よりも軽い構造物、たとえば中空のパイプ構造をしている下水管を押し上げたり、あるいは重い構造物を沈下させたり、あるいは液状化した地層自体が地表に吹き出してくる現象である。

　浜岡原発敷地は、もともと、河川と砂浜があったところを、1952年ころから盛り土をして形成された土地であったことが弁護団の調査によって明らかになり、中部電力は答弁書においてこの事実を認めた。このような土地に

おいては、東海地震などの大規模地震の際、液状化現象が発生する可能性が極めて高い。また、過去の地震においても、激しい液状化が報告されている。以下、概説する。

①敷地の歴史的変遷

本件原発敷地は、もともと、砂浜を埋め立てて土地の標高を10メートルに造営した土地と、海岸に近接した崖地を削って造成された土地である。

本件原発敷地内の西側には、1955年ころまで新野川が貫流しており、本件原発敷地の西側は、この新野川の河流を埋め立て新たに造営された土地からなっている。下の新野川の河流の位置は現在の浜岡原発1号機および2号機の建屋南西縁にあった。さらにその西側は、砂丘であった土地を埋め立てて造営された土地である。これらの造営は、1955年ころになされている。

②過去の地震における液状化

液状化については、1944年の東南海地震において、旧浜岡町において数多くの事例が記録されている。以下は、静岡県作成の資料における旧浜岡町内の記述である。

　　　浜岡町池新田：地割れが生じ、噴砂、噴水現象が激しい(大山)
　　　　　　　　　：海岸近くの砂丘と砂丘の間で噴水が見られ、底なしの状態となる(合戸)
　　　　　　佐倉：砂地の畑が地割れし、噴水激しく一面みずびたしとなる(宮内)
　　　　　　　　　：県道地割れ、1メートル位高く噴水(駒取、西佐倉)
　　　　　　　　　：地割れ各所にあり、噴水数日つづく(駒取、西佐倉)
　　　　　朝比奈：各所で地割れ、噴水する
　　　　　　　新野：地割れにともなう噴水、各所でみられる

さらに、「150号線原発入口のところに、幅20cm長さ50mの地割れができ

た」（静岡県中遠振興センター（東南海地震記録集編集委員会編集）「昭和19年東南海地震の記録」〔発行：昭和57年3月31日〕154頁）との記述もみられる。当時は人口も少なく、人家もまばらであったであろう旧浜岡町の各所で、「噴水」を伴い、「底なしの状態」となるほどの激しい液状化現象が観察されているのである。

過去に液状化が報告された地点では、新たな地震が発生した場合に「再液状化」することが多いとされており、巨大地震が発生した折には、同様の激しい液状化が再現されるおそれが高い。

③同敷地の来歴による液状化の高い危険性

大規模な地震災害に見舞われた場合、海岸沿いの埋め立て地では、液状化現象が起きることが知られている。

さらには、「側方流動」と呼ばれる、より危険な現象が生じることがある。これは、地盤流動現象の1つで、傾斜や段差のある地形で液状化現象が起きた際にいわゆる泥水状に液状化した地盤が水平方向に移動する現象である。側方流動には大きく分けて2つのタイプがある。1つは、地表面が1～2％程度のゆるい勾配になっており、地中部には液状化層が存在するものである。この場合、地盤が傾斜に沿って移動することとなる。もう1つは、護岸などに見られるタイプで、地震の揺れおよび地盤の液状化で護岸などが移動することで、後背の地盤が側方流動を引き起こすものである。

このような側方流動が発生した場合、地中構造物に多大な影響を与える。例えば、杭基礎であれば、側方流動が発生することにより杭は地盤から水平方向にせん断や曲げの力を受けることとなる。この地盤からの力が杭の耐力を超過し、杭のせん断破壊等を起こす。このため、杭基礎は上部構造物を支えることができなくなり、場合によっては構造物の転倒などを引き起こすことにつながっていく。原発の場合には、各種配管が破断すれば、深刻な影響が生ずることとなる。

浜岡原発1号機及び2号機は、もともと河川であったところを埋め立てたものであり、浜岡原発3号機から5号機の南側の敷地は海浜であった砂地を埋め立てたものである。中部電力が作成した、浜岡原発敷地西側の地層分析図（http://www.nsc.go.jp/senmon/shidai/taishin_godo_WG1/taishin_godo_WG1_03/siryoWG1-03-7.pdf）によれば、現実に地下数十メートルに存在する相良岩層に至るまで、ほとんどが砂層（青色の部分）となっている。
　したがって、大規模な地震災害によって、この砂状の地層が液状化する危険性は高い。また、元々の地盤は、海岸に向かって傾斜しており、側方流動が発生する可能性もある。

④静岡県の液状化予測
　静岡県がまとめた特定の土地ごとに液状化危険度を示す地図（http://www.pref.shizuoka.jp/bousai/gis/maps.html）がある。
　この予測によっても、浜岡原発敷地は、ほとんどにわたって液状化のおそれが中程度とされている。
　しかし、原発敷地が川、河川敷であったという来歴、周辺において過去に観察された激しい液状化からすれば、この予測も控えめに過ぎる、と言い得るであろう。

⑤原発に与える影響
　浜岡原発の敷地には、各原子炉建屋と、原子炉に通ずる各配管や発電用のタービン建屋（タービン発電機、復水器、給水加熱器、給水ポンプなどを収納）、特別高圧開閉所（発電機と送電系統の連絡や切り離しを行う機器類が設置）、貯水口、放水口（冷却用海水の出入り口）が散在している。このうち、各原子炉建屋は相良層に直接基礎を接しているため、沈下という点に関しては液状化の影響は受けにくいが、それ以外のタービン建屋や各設備は、液状化によって不均等な沈降が生じる。

したがって、敷地が液状化すれば、それぞれの建屋ごと不等沈下し、死活的役割を担っている一次冷却水を通水する配管を初めとする各配管類が破断し、原子炉が冷却不能な事態を発生させるおそれが極めて高いものである。

　また、原子炉は極めて重い構造物であり、周りの地盤で固められて一定の位置に定置されているのであるから、その南側隣接地だけが液状化し、軟弱化することがあれば、いかに基礎が地盤にあったとしても、原子炉建屋自体も傾くなどの被害が発生するおそれがある。

　さらに、この原子炉建屋に隣接する土地には、海水貯水溜があり、タービン建屋内の復水器に供給する海水の一時的な溜となっている。復水器に供給される海水は、一次冷却水を冷却するために存在するものであって、これは通常の発電手順における冷却系でも当然に使用される。ところが、これらの原子力発電所の付帯設備は、砂浜を埋め立てた土地の上にあり、液状化によって、中空状態のパイプであれば、上昇し、流動化した砂層よりも重いものは不等沈下する可能性が高い。これらの施設、すなわち海水溜や、これと原子炉タービン建屋を結ぶ配管などは破壊されて、原子炉冷却にとって必須の機能を失う結果となる。海水系設備は、原発で発生した熱を排出する最後の設備で、これが機能しなければ原子炉の熱は、どこにも排出できなくなってしまうからである。

　これから建設するという防波壁にも、この液状化は、大きな損傷を与えるおそれが高い。仮に地下の深くまで基礎杭を伸ばしても、基礎杭の周囲が液状化で揺れ動いては、基礎杭も傾くなどの損傷を受けるおそれがあり、そうなれば設計上の耐圧性能は大きく損なわれるため、津波の巨大な圧力に耐えきれずに倒壊することも考え得る。

4　むすび

　従前、浜岡原発の立地は、東海地震の震源域の真上に位置することにより、

地震動の危険性が特にクローズアップされてきた。

　しかしながら、浜岡原発において、これと同等以上の危険度を持つのが、地震随伴現象であるところの津波、液状化である。

　津波に対するに、防潮堤をもってするのであれば、その高さは高ければ高いほど良く、中途半端な高さは逆に大変な危険を生む。「原発溜め池」を生んでしまうのである。

　一方、液状化については、歴史的に近い東南海地震において、相当程度の液状化が報告されており、再液状化の危険性は極めて高い。しかも、これに対して打てる有効な予防策は現状皆無である。

　率直な感想を述べれば、よくもこれだけ危険な立地に「原子力発電所」という、それ自体が大変な破壊力を持つ施設を建設した、というものである。

　浜岡原子力発電所の最悪の立地では、どのような対策をもってしても、安全確保などなしうるはずもない。

　ただちに、廃炉とすべきである。

注

1　驚くべきことに、先行訴訟最終準備書面386頁では、非常用ディーゼル発電機が一階に設置されていることに対し、津波による冠水のおそれまで指摘している。
2　中部電力の説明資料等はわかりにくく、あたかも高さ15メートルの防波壁を設けられるがごとく誤解しやすいが、TP15メートルの地点では高さ3メートルの防波壁が設けられるに過ぎない。
3　ロイター、2011年4月14日(http://jp.reuters.com/article/topNews/idJPJAPAN-20609820110414)。
4　観測し得た過去のプレート境界型地震における最大例である1960年チリ沖地震のマグニチュード。しかし、2011年10月に行われた日本地震学会ではマグニチュード10も想定すべきとの議論が行われている。

第4部　原発訴訟の最新の動き

美浜・高浜・大飯原発裁判、敦賀原発裁判（福井県）
原発の脅威から「生命」と「琵琶湖」を守る

石川賢治 弁護士

執筆者プロフィール

石川賢治（いしかわ・けんじ）　1971年、大阪府生まれ。1994年、大阪市立大学卒業。司法研修所第60期修了。2007年、弁護士登録（大阪弁護士会）。2010年から滋賀弁護士会。日弁連貧困問題対策本部委員、滋賀弁護士会公害対策・環境保全委員会委員。

1　第1次申立て（美浜・高浜・大飯の各原発）

(1)　美浜・高浜・大飯各原発について

　福井県若狭湾は、リアス式海岸が続く風光明媚な景勝地であり、夏場には関西圏から多くの海水浴客が訪れる、関西では名の知れた観光地である。私事を書いて恐縮であるが、今から20年以上も前に、当時大学生であった筆者がスキューバダイビングの初級ライセンスの講習を受けたのも若狭湾であった。

　一方でこの若狭湾には、発電用原子炉13基と高速増殖炉1基が立ち並び、「原発銀座」と呼ばれるもう一つの顔がある。地元では長年にわたる反対運動が続けられてきたが、福島第一原発事故による広範囲の放射能汚染が発生して以降は、隣県である滋賀県においても、「近畿の水がめ」である琵琶湖の放射能汚染を危惧する観点からの反対運動が急速に高まった。

そうした中にあって、滋賀県、京都府、大阪府の住民168名が、2011(平成23)年8月2日、若狭湾の原発群のうち、いずれも定期点検のために運転停止中であった、美浜発電所の2基(1号機及び3号機)、高浜発電所の2基(1号機及び4号機)、大飯発電所の3基(1号機、3号機及び4号機)について、再稼動禁止命令を求める仮処分申立てを、大津地裁に対して行った。

申立内容の概略は後に紹介するとして、ここでは、これら各発電所の概要をみておくことにしたい。

①美浜発電所

(ア) 概要　「万国博覧会に原子の灯」を合言葉にして1号機が着工した。1号機が臨界に達したのは1970年7月29日であり、開催中であった日本万国博覧会に1万キロワットを試送電した。その後同年11月28日に、電力会社の原子炉としては国内最初の営業運転を開始した。

その後は、1972年7月に2号機が、1976年12月に3号機がそれぞれ運転を開始した。

各号機の型式はいずれも加圧水型軽水炉であり、発電能力は、1号機が34万キロワット、2号機が50万キロワット、3号機が82.6万キロワットであり、合計で166.6万キロワットである。

(イ) 過去の事故　配管が破損する事故を何度か起こしているが、特筆すべきは次の2件である。

○1991年2月9日　2号機の蒸気発生器の伝熱管1本が高サイクル疲労(金属疲労)により破断し、緊急炉心冷却装置(ECCS)が作動した。日本の原子力発電所においてECCSが実際に作動した初めての事故であった。

○2004年8月9日　腐食等によって磨耗していた3号機二次冷却系の復水系配管が破裂し、冷却水が高温の蒸気となって噴出した。付近で作業していた作業員5名が全身火傷等により死亡した。

②高浜発電所

1974年11月に1号機が運転を開始した。その後、1975年11月に2号機が、

1985年1月に3号機が、同年6月に4号機がそれぞれ運転を開始した。なお3号機は、2011年1月からプルサーマル運転を開始している。

各号機の型式はいずれも加圧水型軽水炉であり、発電能力は、1号機及び2号機がそれぞれ82.6万キロワット、3号機及び4号機がそれぞれ87万キロワットであり、合計で339.2万キロワットである。関西電力で発電する電気の約20パーセントが高浜発電所で作られるとされている。

③大飯発電所

1979年3月に1号機が運転を開始した。その後、同年12月に2号機が、1991年12月に3号機が、1993年2月に4号機が運転を開始した。

各号機の型式はいずれも加圧水型軽水炉であり、発電能力は、1号機及び2号機がそれぞれ117.5万キロワット、3号機及び4号機がそれぞれ118万キロワットであり、合計で471万キロワットである。関西電力最大の発電所であり、全国でも第3位の発電量である。

(2) 申立てまでの経過

①検討会

筆者の所属する法律事務所(吉原稔法律事務所〔滋賀県〕)では、おおむね1カ月に1度くらいの頻度で、「検討会」という所内カンファレンスを開催している。所属弁護士が、各自の担当する事件やこれから扱おうとする事件について、他の弁護士の意見を聞く場である。

この「検討会」に、今回の申立ての原案が提出されたのは、2011(平成23)年6月下旬のことであった。起案者は、吉原稔弁護士である。

実は筆者は、吉原弁護士が、原発に関する何らかの議論をいずれ「検討会」に出してくるのではないかと、薄々予想していた。というのは、福島瑞穂議員が、菅直人首相(当時。以下同じ)から、安全指針が事実上失効している旨の答弁を引き出した頃より、吉原弁護士が、原発に関していろんな資料を集め出すなど動きを活発化させているのに気付いていたからである。長年にわ

たり琵琶湖を守る活動をしてきた吉原弁護士が、若狭原発群による放射能の脅威から琵琶湖を守ろうと考えるのは当然のことであった。

しかし、まさか6月下旬の「検討会」に出してくるとは思っていなかった。菅直人首相の答弁からほんの2週間程度しか経っていなかったからである。そのとき提出された起案には、現在の安全指針失効論の骨格がほぼ完成していたのである。

「検討会」では、安全指針失効論について理論的な検討を深める必要があること、原発について経験の浅い吉原稔法律事務所のメンバーだけでは限界があり、原発全国弁護団との連携が必要であることは当然のこととして、原発に詳しいメンバーがどうしても必要であることなどが確認された。

ここに「原発に詳しいメンバー」とは、具体的には、2011(平成23)年3月に裁判官を依願退官し、翌4月に滋賀弁護士会に入会したばかりの、井戸謙一弁護士であった。井戸弁護士は、金沢地裁の部総括裁判官であった2006(平成18)年3月に、北陸電力の志賀原発2号機の運転差止めを命じる判決を裁判長として出していた。もし弁護団のメンバーを引き受けてくださせば、強力な戦力を得たことになるのは間違いない。そこで、我々は早速に、井戸弁護士を訪ね、弁護団への協力をお願いすることにした。

井戸弁護士は、若狭原発群による放射能の脅威から琵琶湖を守るという理念に共感してくださり、安全指針失効論にも興味を示され理論面の深化への協力を約束していただけた。

②再稼働禁止仮処分申請

こうした動きと平行して、申立人の確保も進めた。申立人の数については、申立のテーマの大きさを考えれば100人程度は必要と思われたし、その居住範囲も滋賀だけでなく、京都・大阪まで拡げたいところであった。琵琶湖が放射能汚染された場合、飲料水に対する打撃は京都・大阪に及ぶからである。申立人の確保は、主に、申立人代表の辻義則氏を中心とした口コミの方法によったが、気がついたときには100人を軽く超え、その後もどんどん増え続

けていった。原発に対して、国民の間ではっきりと「NO」の声が広がっていることを実感した。

　そして、何度かの弁護団会議を重ね、理論上の問題点を一つ一つクリアし、管轄などの訴訟条件についての確認作業を行い、いよいよ、2011年8月2日、申立人総勢168名による、「原発の脅威から生命と琵琶湖を守る関電福井原発の再稼働禁止仮処分申請」を大津地裁に対して申し立てるに至った。

　審理を担当するのは、長谷部幸弥、種村好子、寺田幸平の3名の裁判官である。

⑶　仮処分選択の理由

　原発裁判では訴訟という手段によることも多いが、我々は仮処分命令申立てという手段を選択した。その理由は、緊急性ゆえである。

　電力需要がピークとなる夏場を目前にして、停止中原発の再稼働は、福島第一原発事故後における国政上の重要テーマであった。

　海江田経産相(当時。以下同じ)は、2011年6月18日には、電力各社に指示していたシビアアクシデント対策について、「安全性について厳しいチェックをし、着実に実施されていることを確認した」と述べ、早々に安全宣言を出した。菅直人首相も、翌19日、「きちんと安全性が確認されたものは稼働していく」と述べ、同月29日には、海江田経産相が、玄海原発2号機及び3号機の運転再開を要請するために地元を訪れるなど、福島原発事故の本格的な原因究明に全く着手しないままに、各地の停止中原子炉が再稼働するのも時間の問題と思われる情勢となった。

　その後、菅直人首相が「ストレステスト」の実施を指示したことで、再稼働時期はとりあえず先送りになったが、「津波さえなければ福島第一原発事故はなかった」とする原子力安全・保安院のスタンスの下では、「ストレステスト」といっても、地震対策の観点が完全に抜け落ちたままの拙速なものとなることは明らかであった。

このような、早期の再稼働を目指そうとする政府・経済界・電力会社の動きに合わせうる緊急性のある司法手続として、仮処分命令申立てという手段を選択することにした。

(4) 申立内容

　再稼働をしてはならない理由は、大きく次の２点である。
　①申立ての対象とした各原子炉施設においても福島第一原発と同様の過酷事故が発生する具体的危険性がある。
　②申立ての対象とした各原子炉施設は、再稼働の要件として法律上要求されている、定期検査を受けたとは言えない。
　後者の中心をなすものは「安全指針失効論」であるが、その詳細については、本書中の吉原論文に詳しいので、ここでは前者について概略を紹介する。前者は、大きく、ⓐ若狭湾沿岸地域で大地震が起こる可能性が高いこと、ⓑ老朽化していること、ⓒ津波対策がとられていないことを内容とする。

　ⓐ若狭湾沿岸地域で大地震が起こる可能性が高い
　兵庫県南部地震後、我が国は地震の活動期に入っていることに加えて、東南海地震の前兆として、琵琶湖や若狭湾付近では、スラブ内地震が発生する危険が高まっている。
　また、若狭湾周辺地域には多数の活断層があり、殊に、美浜原発はC断層（想定マグニチュード6.9）の直上に、大飯原発はFO-A断層・FO-B断層（想定マグニチュード7.4）の直近に位置している。
　原子力安全・保安院によれば、活断層から１キロメートル以内に原発があるのは、もんじゅ、敦賀、美浜の３つだけであり、神戸大学名誉教授の石橋克彦氏は、若狭湾一体の原発は、浜岡原発の次にリスクが高いと述べている。

　ⓑ老朽化している
　もともと原子炉設備は、30年～40年の予定で建設されたものであるが、

運転開始後の年数は、美浜1号は40年を、同2号は39年を、同3号は34年を、大飯1号は32年を、同3号は20年を、高浜1号は36年をそれぞれ超えている(いずれも申立時点)。

また、中性子照射脆化の進行により、原子炉圧力容器の延性脆性遷移温度は上昇しており、殊に、美浜1号では81度、高浜1号では68度に達している(いずれも申立時点の公表数値)。

ⓒ 津波対策がとられていない

福島第一原発における土木学会の津波高さの評価値は5.5メートルであったが、実際には、これを9.5メートル上回る、15メートルの津波がきた。

他方、美浜原発における土木学会の津波高さの評価値は1.6メートル、大飯原発におけるそれは1.9メートル、高浜原発におけるそれは1.3メートルである。そこで、原子力安全・保安院は、関西電力に対して、これを9.5メートル上乗せした津波高さを考慮した浸水防止措置を講じさせることとし、関西電力においても、水密扉への取替、既存防波堤のかさ上げ、陸上防潮堤の設置といった対策を講じることを決定したが、そのいずれも完了していない。

⑸ 争点

本稿の脱稿時点において、関西電力からの詳細な反論はまだない。しかし、答弁書によれば、「主張の要点」は概ね次のとおりとのことである。

①関西電力は、全ての原子力発電所について、地震や津波に対する安全性、高経年化を踏まえた安全性等について適宜最新の知見に照らして評価、確認し、必要な対策を実施している。

②福島第一原発事故を踏まえ、地震、津波による全交流電源喪失等へのより着実な対応の観点から、全ての原子力発電所について、電源車による電源確保、消防ポンプによる給水の確保、安全上重要な施設の浸水防止対策等、適切な対策を講じている。

③したがって、本件各発電所においては、福島第一原子力発電所と同様の炉心損傷に至ることはない。

今後は、地震対策・津波対策が十分であるか、老朽化対策が十分であるか、安全指針がその実質を有しているか、福島第一原発事故の原因は津波だけであるか、ストレステストをいかに評価するかなどが大きな争点となるものと予想される。

2　第2次申立て(敦賀原発)

第1次申立ては、関西電力を相手方とするものであったが、若狭湾には、日本原子力発電株式会社の原発も存在する。敦賀原発である。本稿脱稿時点において、弁護団は、敦賀原発1号機及び2号機についても、再稼働禁止を求める仮処分を申し立てるべく準備を進めている。

(1)　敦賀原発について

敦賀原発1号機は、美浜原発1号機と同じく、大阪万博に「原子の灯」を灯すために着工された、日本最初の軽水炉である。運転開始は、1970年3月であり、美浜1号機よりも8カ月ほど早い。発電能力は、美浜1号機と同じく34万キロワットであるが、こちらは沸騰水型である。

敦賀原発2号機は、1987年7月に運転開始され、発電能力は116万キロワットである。

(2)　敦賀原発1号機の危険性

敦賀原発1号機は、美浜原発1号機と同じく、運転開始後40年超の老朽化原発であるという点で、美浜原発1号機と同様の危険があるが、次にみるような特有の危険を有している。

第1に、敷地内を活断層が走る危険性が指摘される。敦賀原発の敷地内(原

子炉建屋の東約200メートル）には、浦底断層が走っており、その分岐断層が、建屋直近を走っているとの指摘がなされている。敦賀原発は活断層の真上に建てられていると言ってよい。

　ところで従来、電力会社は、活断層の真上に原発は作らないと明言していた。国の原子炉立地審査指針も、そのような場所に原発を造ることを認めていない。では何故、敦賀原発は活断層の真上にあるのだろうか。それは、従前、日本電源が、浦底断層を活断層と認めていなかったからである。おそらくは、これを認めると敦賀原発の建設ができなくなるからだろうと思われる。しかし、2008（平成20）年2月1日に開かれた第2回地質・地盤に関する安全審査の手引き検討委員会において、専門委員として出席した杉山雄一主査は、浦底断層を活断層と認定しなかった日本原電の判断について、「あれを専門家がやったとすれば（中略）犯罪に当たると思います」と強く非難した。こうした経緯があってようやく、日本原電は、翌3月31日、浦底断層を活断層と認めるに至ったのである。

　第2に、沸騰水型原子炉であることに関連する危険性である。これはつぎの4点である。

　①スクラム失敗の可能性

　沸騰水型原子炉では、制御棒が下から挿入される。平時であっても、制御棒が脱落する事故が相次いでおり、地震発生時にスクラムに失敗する可能性は高い。東北地方太平洋沖地震のときは、全ての沸騰水型原子炉で制御棒の挿入に成功したが、これは、震源が遠く、P波とS波の到達に時間差があったことが幸いしたとされており、P波とS波がほぼ同時に到達する直下型地震の際にも成功するかどうかは未知数である。

　②再循環ポンプを原因とする事故の可能性

　沸騰水型原子炉において、圧力容器下部に取り付けられている再循環ポンプは、原子炉を流れる冷却水の量を調節すると同時に、原子炉の出力を調整する役割を担っており、原発の心臓ともいうべき重要機器である。しかし、

我が国の沸騰水型原子炉においては、再循環ポンプに関連する事故が頻発している。

③中性子照射による異常脆化

加圧水型原子炉に比べて径の大きい沸騰水型原子炉では、中性子の照射速度が小さい。このことにより、原子炉内部の鋼は、加圧水型原子炉とは異なる、独特の脆化が進行することが近時の研究により明らかになっている。しかし、老朽炉である敦賀1号機では、この照射速度依存性を加味していない予測式によって、原子炉圧力容器の脆化が計算されている。なお、敦賀1号機の脆性遷移温度は51度に達している(申立時点の公表数値)。

④アンダークラッド・クラッキング対策がとられていない

1970年、ヨーロッパの某メーカーが、沸騰水型原子炉圧力容器内部に溶着されていたステンレスを剥ぎ取ったところ、内部に無数のひび割れを発見した。アンダークラッド・クラッキングと呼ばれるこのひび割れは、当時、世界の原発メーカーに大きな衝撃を与え、その後は様々な対策が講じられるようになった。しかし、敦賀1号機は、アンダークラッド・クラッキングが発見された1970年には、既にステンレス溶着が施されてしまっていたので、意識的な対策が講じられることなく運転が開始され、今日に至っている。

(3) マーク1であることに関連する危険

敦賀原発1号機の格納容器型式は、事故を起こした福島第一原発1～4号機と同じ米国GE社製のマーク1である。マーク1については、1972年に、米原子力エネルギー委員会のヘナワー委員が「格納容器が小さいため圧力に弱く、水素爆発などの事故が起これば破裂の可能性がある。製造を許可すべきではない。」との意見書を出し、1976年には、GE社の技術者であったデール・グランデンバウ氏が、同様の理由で、当時マーク1を使用していた米国の電力会社に運転停止を求めた。

また、米原子力規制委員会は、1980年、マーク1の圧力抑制プールの耐

震強度が不十分であることを把握しながら、これを無視し、日本の原子力安全委員会も同様の国内指針を作成していた。東電福島第一原発事故で、2号機の圧力抑制プールが爆発したこととの関連性が疑われている。

さらに、同原発では、格納容器の圧力を外に逃がす「ベント」が取り付けられる改良が施されており、これによって格納容器の爆発が回避されたが、敦賀1号機では「ベント」が取り付けられていない。

3　支援者の組織化

第1次申立ては、マスコミでも非常に大きく取り上げられ、弁護団のもとには、報道で申立てを知ったという市民から、申立人に名を連ねたいという問い合わせが相次いだ。そうした問い合わせに対しては、いずれ提起する本訴の原告団に入って欲しいとの回答をしていたが、その時期については全く未定であり、それまでの間こうした市民をバラバラにしておくことが望ましくないことは明らかであった。そこで、申立人代表の辻義則氏を中心に、こうした市民を組織化することとし、「福井原発訴訟を支える会」を結成した。本稿脱稿時点で、会員は、約70名に達しており、今後も増え続ける見込みである。第2次申立てでは、これらの会員が申立人となっている。

4　最後に

福島第一原発事故は、私たちに原子力発電所の脅威をまざまざと見せつけた。

放射能汚染は、大気、土壌、海洋とあらゆる範囲に及び、10万人を超える住民が避難を余儀なくされた。周辺で生産されていた農作物が元のブランド力を取り戻すためにどれだけの時間を要するか、そもそも取り戻すことができるのか、現状では予測もつかない。

同じことが若狭湾で起こるかもしれない。琵琶湖の水が飲めなくなるかもしれない。こういう危機感が、私たちを突き動かした。

関西電力は、そんなことにはならないだろうと争う姿勢を示している。日本原電もおそらく同じ姿勢をとるものと思われる。

「かもしれない」と「だろう」はいずれも将来の不確実な事象に対する言葉であるが、その姿勢には大きな違いがある。その違いを言葉にすれば、慎重と軽率、深慮と浅慮といったところであろうか。

もちろん、将来の出来事を全て計算しつくすことなど不可能である。そうであればこそ、慎重に行くべきである。深慮の上にも深慮を重ねるべきである。

他方で、代替エネルギーをどうするかといった問題もある。しかし、それは知恵を絞れば解決できる問題である。

我々弁護団の闘いは始まったばかりであるが、原発のないクリーンな社会を実現するために、力を尽くしていきたいと考えている。本書を読まれている皆さんも是非、我々の闘いに賛同、支援いただければ幸いである。

● 追記

脱稿後の動きを簡単に報告させていただく。

第1次申立てについては、関西電力からの反論があった。紙幅の関係上、個別の紹介は不可能であるので、関西電力の姿勢がよく現れている主張部分を紹介させていただく。曰く、「債権者〔住民——執筆者〕らは、地震、津波という共通原因により同時に複数の機器が壊れるため単一故障指針や、長期間の全交流電源喪失を想定していない安全設計審査指針では不十分と主張しているが、本件各発電所においては、地震、津波に対する安全上重要な機器の健全性は確認されており、長期間の全交流電源喪失に至ることはなく、福島第一原子力発電所のような過酷事故が発生することは考えられない」。ここには、福島第一原発事故を自己の問題として危機感をもって捉える姿勢が

欠けているように思われる。

　第2次申立てについては、2011(平成23)年11月9日、「支える会」のメンバー51名が申立人となって、敦賀1、2号機を対象として、第2次申立てを行った。裁判体の構成は、第1次申立てと同じである。

第4部　原発訴訟の最新の動き

島根原発訴訟(島根県)

水野彰子 弁護士

執筆者プロフィール

水野彰子(みずの・あやこ)　1962年、愛知県生まれ。1985年、上智大学法学部卒業。司法研修所第44期修了。1992年、弁護士登録(島根弁護士会)。
日弁連公害対策・環境保全委員会エネルギー・原子力部会特別委嘱委員、島根県弁護士会公害対策・環境保全委員会委員長。主な著作に、監獄人権センター編『監獄と人権』(共著、明石書店、1995年)、入管問題調査会編『密室の人権侵害』(共著、現代人文社、1996年)などがある。

1　島根原発の概要

　小泉八雲の愛した町、島根県松江市の中心部から約9キロメートル、島根半島を背にした山陰の静かな入江に、中国電力島根原子力発電所(以下、「島根原発」)はある。

　島根原発には2機の原子炉がある。1号機は、電気出力46万キロワットの沸騰水型原子炉で、日本で5番目に設置された、マークⅠ型第一世代の原子炉である。1969年に設置許可を受け、1974年に運転を開始後、既に37年余が経過している。

　2号機は、電気出力82万キロワットの沸騰水型原子炉で、1983年に設置

許可され、1989年に運転開始した、マークⅠ改良型の原子炉である。

　島根原発は、日本で唯一の県庁所在地に立地する原発として知られ、半径30キロメートルの範囲には、島根県の松江市、出雲市、雲南市、安来市、鳥取県の境港市、米子市が含まれており、圏内には、約64万6千人の人々が生活している。

2 提訴までの経過と裁判の動き

(1)　1号機が設置許可された当時には、まだ耐震設計審査指針は、策定されておらず、同指針に基づく耐震安全審査は行われていない。当時の設置許可申請書には、活断層に関する記載はなく、「敷地周辺では過去において顕著な地震被害の経験はない」とされているのみである。安全上特に重要な施設について基盤における最大加速度300ガルの地震動に耐えられるものとして耐震設計された。

　2号機増設の際には、旧耐震設計審査指針(1978年／1981年に改定)が策定されており、同指針に基づき、耐震安全審査が行われた。当時、既に、活断層研究会が、敷地近傍の活断層の存在を指摘していた。しかし、中国電力は、半径30キロメートル以内には「耐震設計上考慮すべき活断層はない」とし、2号機は、M6.5の直下型地震を想定して設計され、設置許可された。

　ところが、1998年、中国電力の3号機増設に伴う調査によって、原発の約2キロメートル南側を東西に走る活断層が確認された。中国電力は、当初、この活断層(宍道断層)の長さを8キロメートルであるとし、従って松田式によれば、活断層から想定される地震は、M6.3であるから、1号機、2号機の耐震安全性に問題はないと発表した。

　1999年4月、島根県内外の市民130人が、中国電力の調査は、活断層を過小評価しており、島根原発は、想定される地震動に対し安全が保持されていないとして、松江地方裁判所に、島根原発1号機、2号機の運転差止を

求める民事訴訟を提起した。

こうして、「活断層の評価と原発の耐震設計」の問題を真正面から問う裁判が始まった。

第一審の松江地裁での審理は、2010年5月の判決まで、11年を要した。その間、複数の裁判官が審理にあたったが、最終的に、判決を担当したのは、裁判長・片山憲一、右陪席・三島恭子、左陪席・首藤祥子の3名の裁判官である。

(2) 中国電力の調査に対しては、公表当初から地元の地質学者が、その手法や評価結果に対する多くの疑問を呈し、活断層の長さは8キロメートルよりも長大なものになると指摘してきた。

訴訟では、住民達も、こうした科学者の指摘を軸に、中国電力による活断層評価の誤りを追及した。

一方、この活断層（宍道断層）については、変動地形学の第一人者である中田高教授（広島大学教授・当時）ら独立した研究者たちが、学術的調査を重ね、訴訟の進行中にも、次々と、新しい知見が明らかになっていった。2002年、中田教授らは、変動地形学の知見に基づき、一括活動する宍道断層の長さは18キロメートルに及ぶとする論文を発表した。2004年には、訴訟において、中田教授の証人尋問を行った。2006年中田教授らは、これまで、中国電力が「活断層はない」としてきた宍道断層の東端部でトレンチ調査を行い、活断層の存在を明らかにした。中田教授らは、地元の歴史学者らとともに地層に含まれる遺物の分析を行い、この活断層は、出雲地震（880年。推定M7.0）の起震断層に当たると指摘した。

同じく、2006年には、原発の耐震設計指針が25年ぶりに改定され、活断層調査に関する安全審査の手引きが策定されて、それらの新しい指針類に基づく、既存の原発の耐震安全性バックチェックが行われた。

このような状況の中、中国電力は、宍道断層の長さの評価を、8キロメー

トルから10キロメートルと変遷させ、さらには、耐震安全性のバックチェックの中で、活断層長さは22キロメートル(2008年3月中間報告書)とするに至った。原子力安全・保安院も、バックチェックにおいて、活断層長さ22キロメートルとの中国電力の評価を追認した。

中国電力によるこのような主張の変遷は、「伸びる活断層」と揶揄され、調査の杜撰さが批判された。

(3) 第一審の弁論終結後、原子力安全委員会は、中国電力に活断層の追加調査を命じたが、最終的には、長さ22キロメートルの判断に誤りはないとした。

中田教授らは、追加調査や原子力安全委員会での議論に対しても、有効性のない方法による調査手法に基づく評価であり、活断層はより東西に伸びている可能性があるとし、なお疑問を提起している。

一審の間には、鳥取県西部地震(2000年)、能登半島沖地震(2005年)、中越沖地震による柏崎刈羽原発の事故(2007年)が相次いで発生し、これを受けて、地震動の評価に関しても新たな科学的知見がと公表された。

このように、島根原発差止訴訟は、審理の途中で科学者による活断層の学術調査や実際に起こった地震動に関する研究成果が次々と現れ、原告側もこれら最新の科学的知見に基づく主張を行うという展開を見せた。

3 争点

(1) 主な論争

島根原発差止訴訟における主たる争点は、第1に、活断層の長さの評価であり、第2に、地震動の評価である。

①争点1(活断層の長さの評価)

第一の争点である活断層の長さについて、中国電力は、約22キロメート

ルであると主張した。

　これに対し、原告らは、中国電力の調査は不十分であり、活断層長さを過小評価しており、中田教授をはじめとする研究者から、活断層が東西にさらに長く続いていると指摘されていることを踏まえ、その長さは、少なくとも30キロメートル以上に及ぶと主張した。

②争点2（地震動の評価）

　第二の争点である地震動の評価について、中国電力は、断層モデルに基づき、政府の地震調査研究推進本部の強震動予測手法（以下、「推本レシピ」という）に則って、活断層から想定される地震動を評価した上で、安全性に問題はないと主張した。

　これに対し、原告ら住民は、中国電力の想定は、①前提となる活断層の長さを過小評価しており、かつ、②推本レシピに基づいて、中国電力が断層モデルに入力した各種のパラメーター（震源断層長さ、震源断層幅、アスペリティの位置、アスペリティの総面積、アスペリティの応力降下量、ライズタイム、平均破壊伝播速度、破壊開始点、破壊形態などの条件）の設定は、最新の科学的知見に合致せず、また、すべからく過小評価となるよう設定されていると指摘した。そして、パラメーター設定を誤った結果、中国電力は、宍道断層から想定される地震動を過小評価しており、原発の耐震安全性は確保されていないと主張したのである。

(2)　松江地裁判決

　2010年5月31日、原告らの訴えを棄却する判決が言い渡された。

①立証責任についての判決の考え方

　判決は、まず、差止め訴訟における立証責任について、「本件原子炉の安全性については、被告中国電力の側において、まず、その安全性に欠ける点のないことについて、相当の根拠を示し、かつ、必要な資料を提出した上で、主張立証する必要かあり、被告がこの主張立証を尽くさない場合には、本件

原子炉の安全性に欠ける点があり、その周辺に居住する住民の生命、身体健康が現に侵害され又は侵害される具体的危険があることが事実上推認されるものというべきである」とし、中国電力がこのような立証責任を尽くした場合には、原告ら住民において、「侵害され又は侵害される具体的危険性があることについて、主張立証を行わなければならない」との前提を示した。伊方最高裁判決の主張立証責任に関する考え方を踏襲したものである。

また、判決は、上記の判断は、「原子炉施設の安全性に関する判断は、科学技術は不断に進歩発展しているのであるから、最新の科学技術に基づいてされるべきである」とした。

②争点1（活断層の長さの評価）について

㋐　判決は、立証責任に関して示した上記の一般論を踏まえた上で、原子力発電所近傍の活断層の調査・評価に関しては、「新耐震指針、バックチェックルール、（新潟県中越沖地震を踏まえた）平成19年12月保安院指示事項、安全審査の手引きは、現時点における最新の科学的、専門的技術的知見を反映したものと考えられる」のであるとした。すなわち、科学的知見とは、国の指針類であるという見解を示したのである。

そして、判決は、中国電力がこれら国の指針類に基づいて調査及び評価を行い、原子力安全・保安院においてもそれが妥当とされたのであるから、中国電力は、相当の根拠を示し、かつ、必要な資料を提出した上で、原子力発電所の安全性に欠ける点がないことについて、主張立証を尽くしたとの判断を示した。

㋑　原告らは、中田教授をはじめとする研究者らが重要地点におけるトレンチ調査が必要であると指摘しているにもかかわらず、あえてトレンチ調査を行わない中国電力の活断層調査は、安全審査の手引きに違反した不十分なものであること、従って、中国電力は、相当の根拠を示し、必要な資料を提出した上で立証したとは言えず、活断層が東西に伸長する可能性があることを、主張・立証してきた。しかし、判決は、安全審査の手引きは、活断層が

推定される場所にトレンチ調査を行うことが重要としながら、それが困難な場合には、他の調査で足りるとしているなどとして、原告らの主張を退け、中国電力の現時点における調査結果を追認した。

判決は、「活断層研究はいまだ発展途上であり、……新たな調査手法等ができた場合には、より正確な判断ができるようになるとも考えられる」としながらも、現段階では、中国電力の判断及び保安院の検討・判断が十分根拠のあるものであると認められるものであって、原告ら住民の主張は抽象的可能性の指摘の域を出ず、具体的な疑いを生じさせるには足りないとしたのである。

(ウ) 一方、中国電力の活断層評価が次々と変遷したことについて、判決は、「従前の被告の判断・評価が誤っており、その前提とする調査も結果として十分ではなかったというべきであり、これをそのまま受け入れた従前の国の安全審査に結果として不十分な点があったことも否定できない」とし、中国電力の過去の調査の誤りを明確に指摘した。このような過去の調査結果の変遷は、現段階における中国電力の調査結果の信用性に大きな疑問を投げかけるものである。しかし、判決は、この点は現時点での判断には影響しないとして、切り捨てた。

③争点２(地震動評価)について

(ア) 地震動評価の点においても、判決は、「指針類、推本レシピ等が最新の科学的、専門的技術的知見を反映したものである」という、著しく狭い枠組みを自ら設定した。

その上で、判決は、宍道断層による地震動評価につき、中国電力が選択した手法は、現時点における最新の科学的、専門技術的知見を反映したものと考えられる新耐震指針、バックチェックルール、及び保安院指示事項に基づいていると判断した。中国電力が採用した推本レシピについても、判決は、その完成度など原告ら指摘の問題があるとしても、これが現時点における最新の科学的、専門技術的知見を反映したものと考えられるとの認定を覆すに

島根原発訴訟(島根県) 201

足りないとしつつ、修正レシピにおける修正部分はこれを適宜取り入れるべきだとした。

そして、判決は、中国電力の、断層モデルにおける各種のパラメーター設定は、最新の科学的、専門技術的知見を反映した「推本レシピ、または、修正レシピに則っており、問題はない」とした。

(イ) 一方、原告らが主張した研究者らにより公表されている科学的知見について、判決は、「推本レシピ、または、修正レシピに未だ、反映されていない」「現段階における最新の知見としてこれを取り入れるまでには至っていない」「専門技術的知見として確立したものとまでは言えない」などとして、ことごとく退け、中国電力の主張・立証を覆すものではないと判示した。

原告ら住民の指摘した研究者らの知見や科学的根拠に基づく指摘は、「未だ最新の知見として確立されていない」という特異な理由で、一蹴したのである。

④第一審判決を貫く論理は、国の指針類、推本レシピ等だけが、「確立された最新の知見」であり、これらに則ってさえいれば、最新の科学的、専門技術的知見を反映した調査・評価が行われたものとするものである。このような判決の態度は、指針類に基づく中国電力や国の判断をなぞるものであって、司法として独自の検証を行うべき役割を放棄したと言わざるを得ない。

第一審判決は、伊方最高裁判決に基づき、一般論として立証責任の一応の転換を図ったと見せつつ、結局は、原発設置者側の安全性の立証責任を軽く、住民らの危険性の立証責任を重くする結果を導いている。

また、判決の考え方は、審査のための指針類と、それとは別個独立に指針類による審査の対象となるべき生の「科学的知見」を混同するものである。

原子炉施設の耐震安全性は、その事故の重大性に鑑み、万が一にでも事故起こさないために、厳格な判断が求められている。事業者や行政の判断に追随せず、住民の安全をどう守るかという立場から、司法は、公正かつ適切な判断を行うべきである。科学的根拠に基づき、調査や評価に疑問が提起され、

危険性が指摘されているにもかかわらず、「その疑問は、科学的知見として確立されていない」などとして排除した原審の判断は、到底容認できるものではない。

4 今後の展望

(1) 控訴審での問題提起

原告ら住民は、松江地方裁判所の一審判決を不服として、2010年6月、広島高等裁判所松江支部に控訴した(裁判長中野信也、右陪席小池晴彦、左陪席高橋綾子)。

控訴審の第1回口頭弁論期日が開かれたのは、東北地方太平洋沖地震の一週間前、2011年3月4日であった。このとき、法廷にいる誰もが、福島第一原発でこれほどまでに大きな事故が起こることを知らなかった。

私たちは、福島第一原発事故によって、原発という巨大システム全体が地震に対して如何に脆弱であるか、そして、地震によって惹起された原発事故がもたらす被害が如何に甚大であるかを目の当たりにした。

従来の耐震設計指針類が「最新の科学的知見を反映したものである」とした第一審判決の大前提は、崩壊した。同時に、福島第一原発事故は、科学者による批判的指摘を軽視してきたこれまでの安全審査のあり方、立証責任を含めたこれまでの司法審査のあり方等について、重大な問題を提起した。

(2) 福島第一原発事故の教訓を司法で生かす

2011年6月に行われた控訴審の第2回口頭弁論では、裁判官も福島第一原発事故から強い衝撃を受けたことが窺われた。

控訴人らは、今後、控訴審において、福島第一原発が地震によって受けた損傷の状況やこれから明らかになるであろう事故原因の調査結果などを踏まえて、地震による原発事故の危険性を改めて主張・立証していく予定である。

裁判所も、福島第一原発事故から得られる知見や、今後、行われる指針類の改定が、本件訴訟の審理に大きく影響するとの見解を示した。

　その意味で、福島第一原発の事故調査が科学的にそして公正に行われるか否か、耐震設計審査指針が適切に見直されるか否かが、本件訴訟に与える影響は大きい。

　そして、何よりも、裁判所が、原発震災に対して警鐘を鳴らし続けている科学者の意見に真摯に向きあうことが望まれる。

　住民の皆さんとともに、控訴審において、慎重にかつ十分な闘いを展開することが、この事故の教訓を司法に生かすことであると考えている。

第4部　原発訴訟の最新の動き

伊方原発訴訟（愛媛県）

薦田伸夫 弁護士

執筆者プロフィール

薦田伸夫（こもだ・のぶお）　1950年、愛媛県生まれ。1977年、京都大学卒業。司法研修所第31期終了。1979年、神戸弁護士会登録（1982年、愛媛弁護士会に登録替え）。1999年、愛媛弁護士会会長。主な著作に日本弁護士連合会編『孤立する日本のエネルギー政策』（共著、七つ森書館、1999年）がある。

1　伊方原発の経緯

　四国電力(四電)は、1963年頃から原発を計画していたが、徳島県南部の海南町や愛媛県南部の津島町を原発立地候補地として物色したものの、地元の反対運動に遭って、断念を余儀なくされた。その教訓から、愛媛県西宇和郡伊方町では、原発の用地であることを隠して、隠密裏に用地買収を進め、また、「原発建設絶対反対」の決議を挙げていた地元漁協を切り崩し、賛成決議をでっちあげてまで漁業権を放棄させた。

　愛媛県を地図で見ると、犬のような動物が東に向かってジャンプしているように見えるが、その尻尾に当たる所が佐田岬半島で、伊方町はその尻尾の付け根付近に位置している。自然が残された風光明媚なところで、漁業とみかんが主な産業であった。全国の原発立地箇所のどこでも見られるように、

過疎地が狙われ、札束で原発が建設されることになったのである。

　四電は、原発を持つ９電力会社の中で一番小さい電力会社である。四電の本音を言えば、原発を持つ必要はなかった。そのことは、1975年５月の「国際経済」誌のインタビューに対し、当時四電社長であった山口恒則氏が、「我々は国の政策でやれというから急いでやった訳でしょう。……燃料サイクルの問題の解決がついていないのに日本でどんどん軽水炉を作っていく。本当におかしな話で、濃縮が日本で出来る訳でなし、再処理が日本で出来る訳でなし、とにかく発電所だけがどんどんできていくのは早すぎます」と述べていることからも明らかである。正力松太郎や中曽根康弘らが地震国である日本に原発を導入して以来、「原子力の平和利用」を国策とする政府が、上記山口社長らの常識的な発言さえ踏みつぶしながら、原発を次々建設させてきたのである。

　伊方原発は１～３号炉の３基あり、いずれも加圧水型軽水炉(PWR)で、その概要は以下のとおりである。なお、３号炉は2011年４月29日、１号炉は同年９月４日、いずれも定期検査に入って運転を停止しており、2012年１月には２号炉も定期検査に入る予定である。

○１号炉(56.6万キロワット)

1972(昭和47)年11月28日設置許可、1973(昭和48)年６月工事開始、1977(昭和52)年１月初臨界、1977(昭和52)年９月30日運転開始。

○２号炉(56.6万キロワット)

1977(昭和52)年３月30日設置(変更)許可、1978(昭和53)年２月工事開始、1981(昭和56)年７月初臨界、1982(昭和57)年３月19日運転開始。

○３号炉(89万キロワット)

1986(昭和61)年５月26日設置(変更)許可、1986(昭和61)年11月工事開始、1994(平成６)年２月初臨界、1994(平成６)年12月15日運転開始。

2010年３月２日から、高燃焼度燃料ステップ２とMOX燃料とを併用する世界的にほとんど実績のないプルサーマルを行っている。

2 これまでの伊方原発訴訟

(1) 1号炉

　愛媛県西宇和郡伊方町に原子力発電所(加圧水型56.6万キロワット)の建設を予定していた四電から、原子炉等規制法23条1項に基づく申請を受けて、1972(昭和47)年11月28日付で、内閣総理大臣が、発電用原子炉設置許可処分を行った。これに対し、(異議申立棄却後の)1973(昭和48)年8月27日、西宇和郡内の住民33名が原子炉の安全審査に瑕疵がある等主張して、原子炉設置許可処分取消請求訴訟を提起した。わが国初の原発訴訟である。

　訴訟における争点は、原告適格、許可処分の裁量処分性、原子力委員会における安全審査の杜撰さの他に、放射性気体廃棄物、放射性液体廃棄物、放射線管理システム、作業者被曝、固体廃棄物、使用済燃料及びその再処理(核燃料サイクル)、廃炉処理、温排水、一次冷却材配管の破断事故、LOCA時の燃料挙動、蒸気発生器細管事故、圧力容器及び一次冷却系配管の危険性、緊急炉心冷却装置(ECCS)、中央構造線、地滑り等の多岐に及び、科学裁判と称された。

　松山地裁1978(昭和53)年4月25日判決は、①原子炉設置許可処分につき、施設付近の住民は、取消を求める原告適格を有する。②許可処分における安全審査に手続上の違法はない。③許可処分における安全性の認定は、内閣総理大臣の裁量事項であるとした上、被告が安全審査資料をすべて保有し、専門家を擁しているのに対し、原告らはそのような立場にないから、公平の見地からして、当該原子炉が安全であると判断したことに相当性のあることは、原則として被告の立証すべき事項である。④内閣総理大臣の安全性の認定が相当であると判示して、原告らの請求を棄却した。原告らは控訴し、その控訴審係属中にスリーマイルアイランドの事故が発生したが、高松高裁1984(昭和59)年12月14日判決は、控訴を棄却した。

　上告審である最高裁第一小法廷1992(平成4)年10月29日判決は、上告を

棄却したが、次のように判示し、その後の原発訴訟の判断基準や主張・立証責任のリーディングケースとなった。①原子炉設置許可の基準として、右のように定められた趣旨は、原子炉が原子核分裂の過程において高エネルギーを放出する核燃料物質を燃料として使用する装置であり、その稼働により、内部に多量の人体に有害な放射性物質を発生させるものであって、原子炉を設置しようとする者が原子炉の設置、運転につき所定の技術的能力を欠く時、または原子炉施設の安全性が確保されない時は、当該原子炉施設の従業員やその周辺住民などの生命、身体に重大な危害を及ぼし、周辺の環境を放射能によって汚染するなど、深刻な災害を引き起こす恐れがあることにかんがみ、右災害が万が一にも起こらないようにする為、原子炉設置許可の段階で、原子炉を設置しようとする者の右技術的能力並びに申請に係わる原子炉施設の位置、構造及び設備の安全性につき、科学的、専門技術的見地から、十分な審査を行わせることにあるものと解される。②原子炉設置許可処分の取消訴訟における裁判所の審理、判断は、原子力委員会もしくは原子炉安全専門審査会の専門技術的な調査審議および判断を基にしてされた被告行政庁の判断に不合理な点があるか否かという観点から行われるべきであって、現在の科学技術水準に照らし、右調査審議において用いられた具体的審査基準に不合理な点があり、あるいは当該原子炉施設が右の具体的審査基準に適合するとした原子力委員会もしくは原子炉安全専門審査会の調査審議および判断の過程に看過しがたい過誤、欠落があり、被告行政庁の判断がこれに依拠してされたと認められる場合には、被告行政庁の右判断に不合理な点があるものとして、右判断に基づく原子炉設置許可処分は違法と解すべきである。③原子炉設置許可処分についての取消訴訟においては、被告行政庁がした右判断に不合理な点があることの主張、立証責任は、本来、原告が負うべきものと解されるが、当該原子炉施設の安全審査に関する資料をすべて被告行政庁の側が保持していることなどの点を考慮すると、被告行政庁の側において、まず、その依拠した前記の具体的審査基準並びに調査審議および判断の

過程等、被告行政庁の判断に不合理な点のないことを相当の根拠、資料に基づき主張、立証する必要があり、被告行政庁が右主張、立証を尽くさない場合には、被告行政庁がした右判断に不合理な点があることが事実上推認されるものというべきである。

(2) 2号炉

1977(昭和52)年3月30日付原子炉設置変更(増設)許可処分に対し、1978(昭和53)年、周辺住民らが、訴訟代理人を立てることなく本人訴訟で取消訴訟を提起して、22年間もの間、死力を尽くして伊方原発の危険性を主張、立証した。

2000(平成12)年12月15日、松山地裁判決は、伊方原発の敷地前面の沖合海域に存在が予想された断層群(前面海域断層群)の活動性に関し、本件安全審査においては、沖積層相当層の堆積以後(1万年前以降)の断層活動は認められないと判断されていたが、その後の調査等に基づく知見により、現在では、沖積層相当層の堆積以後(1万年前以降)の断層活動もあると考えられるようになったと判示したが、安全審査の判断の誤りについては、証拠等により認められる事情を総合すると、伊方2号炉については、現在の科学技術水準に照らしても、基本設計どおりに設置して稼働させた場合、基本設計が講じている事故防止対策が不十分なために重大事故が起こる可能性が高いとまでは認定することができないと判示した。

しかし、同判決は、「なお、本件訴訟の特質、審理経過にかんがみ付言する」として、次の異例のコメントを付した。

「本件訴訟において争われたのは、本件原子炉施設の安全性に関する被告行政庁の判断の適否であって、本件原子炉施設の絶対的安全性ではない。

国民生活の安定や経済活動の発展を図る為には電力の安定した供給を確保することが重要であり、かつ、原子炉事故等による深刻な災害が引き起こされる確率がいかに小さいといえども、重大かつ致命的な人為ミスが重なる等

して、ひとたび災害が起こった場合、直接的かつ重大な被害を受けるのは、原告らをはじめとする原子炉施設の周辺住民である。

　前記国内外の原子炉施設における事故・事象等の発生それ自体が、周辺住民に不安を抱かせる原因となっていることは否定できない事実であり、これらの不安に誠実に対応し、安全を確保する為、国や電気事業者等に対しては、今後とも厳重な安全規制と万全の運転管理の実施を図ることが強く求められる」。

　2号炉の一審判決に対しては、原告らは、活断層の活動性について国の誤りを認めながら責任逃れとも受け取れる異例のコメントを残して原告らを敗訴させた裁判所に深く失望した上、控訴して更に高松高裁で係争する余力が残されていなかったこと等から、控訴を断念した。

(3)　3号炉

　1986年5月26日の設置許可に対し、同年7月25日、四国、九州、中国、大阪の7府県の住民1383人が異議申立を行った。その異議申立が12年間も放置されたことについて慰謝料請求の裁判を行ったが、設置許可処分自体について訴訟で争うことはできなかった。

3　新たな提訴への動き

(1)　「伊方原発プルサーマル計画の中止を求める愛媛県民共同の会」

　上述した1号炉訴訟、2号炉訴訟は、原告を疲弊させ、原告に徒労感と司法に対する幻滅を残した。1988年2月に2号炉で行われた出力調整実験反対運動の際には、四電本社前で5000人が抗議行動をしたり、100万人署名を集めたり、一時反対運動が高揚したが、時間の経過とともに下火となって行った。2004年5月10日、四電が3号炉でプルサーマルを行うと発表したのを機に、県下の市民グループ、各政党、労働組合等が団結して「伊方原

発プルサーマル計画の中止を求める愛媛県民共同の会」を結成した。

(2) 「伊方原発をとめる会」

 2011年3月11日の東日本大震災による福島第一原発の事故を契機に、「伊方原発をとめないと大変なことになる」という声が大きくなり、上記「愛媛県民共同の会」を母体として、同年6月10日以降、10回の準備会合を重ね、同年11月3日、「伊方原発をとめる会」が発足し、伊方原発運転差止訴訟を提起することを決議した。「愛媛県民共同の会」から「伊方原発をとめる会」に脱皮する過程で、愛媛県という枠組みは取り外された。伊方原発で事故が発生した場合、被害を受けるのは愛媛県民に限らない。四国の他の3県も被害を受けるし、沿岸の広島、山口、大分等も被害を受けることになる。そればかりか、被害が全国に及ぶことは、福島第一原発の事故によって残念ながら実証済みである。そのようなことから、「伊方原発をとめる会」は、全国の人に参加を呼び掛け、全国の人に原告となることを求めている。

(3) 12月8日提訴

 12月8日を提訴日と決め、松山地方裁判所に提訴した。原告300名、弁護士147名の大事件となった。1953年12月8日、アメリカのアイゼンハワー大統領は、国連総会で「アトムズ・フォー・ピース」という演説を行った。58年前のことである。この演説が、我が国の原発の出発点ともいえる。また、1941年12月8日、真珠湾攻撃によって太平洋戦争が始まった。70年前のことである。伊方原発の至近距離にある三机湾が真珠湾と地形的に似ているということで特殊潜航艇の訓練が行われたという史実がある。勝訴判決で伊方原発をとめるという強い決意から、12月8日提訴を決めた。

4 訴訟の内容

(1) 争点の絞り込み

　四電を被告とする民事訴訟であるが、できるだけ早い時期に勝訴判決を得て伊方原発をとめるという目的で、原告の権利は人格権に絞り、争点も地震による事故を中心に絞り込んでいる。また、請求内容も伊方原発全部の運転差止めだけである。

(2) 地震動による福島第一原発の事故

　東日本大震災をもたらした東北地方三陸沖地震は、6つの震源域が連動した巨大地震であったとされている。地震学者はだれも予想していなかったとのことである。また、2011年1月1日付地震確率表では福島第一原発で30年以内に震度6以上の地震が起こる確率は0.0%とされていた。東電や政府は津波による原発事故と片付けようとしているが、地震動自体によって送電鉄塔の倒壊や受電遮断器の損傷等が起きて外部電源が喪失してしまったのは紛れもない事実であるし、1号炉や2号炉では地震動による配管の損傷等が指摘されている。

(3) 確率表のまやかし

　上記地震確率表では、伊方原発も同様に確率0.0%とされているが、まやかしの確率論にもはや騙されるわけにはいかない。地震学者は、一番危ないのは東海地震の震央に立地している浜岡原発だとしているが、その次に危ないのは若狭湾沿岸に集中立地している原発群と伊方原発であるとしているのである。

(4) 南海連動地震

　纐纈一起東京大学地震研究所教授らの分析により、東北地方三陸沖地震が

発生する前に広域に観測された日本海溝のひずみの蓄積量と、東北地方三陸沖地震によって実際に断層が一度にずれた量の分布が概ね一致することが明らかとなった。そして、南海トラフ沿いでも、想定された震源域より広域なひずみの蓄積分布が確認されており、過去に発生した東海、東南海、南海の３連動地震よりも広域な超巨大地震が発生する可能性が指摘されている。

　岡村眞高知大学理学部教授(地震地質学)は、東海、東南海、南海の３連動地震で死者２万人を出した1707年の宝永地震の際、周囲で高さ13メートルの津波のあった高知県土佐市宇佐の蟹ヶ池を調査した結果、宝永地震の時の津波堆積物層が約15～20センチメートルであったことを確認しているが、今から2000年前に当たるところに約50センチメートルの津波堆積物層があることを確認しており、東海、東南海、南海だけではなく、日向灘や海溝部をも震源域とするM9クラスの超巨大地震が発生する危険があることを警告している。

(5)　中央構造線

　伊方原発は、四国から九州に向かって伸びる佐田岬半島に位置している。佐田岬半島自体が中央構造線の活動によって生まれた半島であるとされているが、伊方原発の北６キロメートルの地点を、関東から九州まで続く全長1000キロメートル超とされる世界最大級の中央構造線が走っている。

　岡村教授によると、過去に約2000年周期で大地震を起こしてきた形跡があるところ、その最後の地震から既に2000年以上経過しており、また、九州や四国東部では約400年前に動いたのは確実だが、佐田岬半島沖は空白地帯となっているとのことで、上述した南海連動の超巨大地震とともに中央構造線で巨大地震が発生する危険が指摘されている。

　また、2003年には、政府の地震調査委員会が、佐田岬半島付近の130kmの断層が動く可能性があり、その場合にはM8クラスの地震の発生もあり得ると長期評価を発表している。

ところが、信じられないことに、伊方1号炉の安全審査の際には、1968（昭和43）年に発生した宇和島沖地震（M6.6）は審査しているものの、中央構造線は審査しておらず、伊方1号炉訴訟においても、国側は、中央構造線は伊方原発付近では活断層でない等と主張していた。また、伊方2号炉訴訟では、国側は、約1万年前以降の断層活動は認められないと主張したが、判決は、岡村教授の調査による6200年前、4000年前、2000年前に地震があったとする音波調査結果等を採用して、約1万年前以降も断層活動があった事実を認定しているのである。伊方原発は、中央構造線で地震が起きることを全く想定しないで建設され、その後も軽視されたまま増設されてしまったのである。

(6)　軟弱な地盤

　また、伊方原発は、中央構造線南側の破砕帯に位置しており、全国でも有数の地滑り地帯の真ん中に立地している。このような軟弱な地盤が、地震動の影響を更に深刻なものとすることは疑いない。

(7)　「止める」こともできない

　これまで、原発の安全性は、「止める」「冷やす」「閉じ込める」という標語で喧伝されてきた。「止める」とは、緊急時に制御棒が燃料棒の間に挿入され、核分裂を引き起こす中性子を吸収して核分裂反応を止めることであり、「冷やす」とは、止めても長年にわたり発生する燃料棒内の放射性物質から出る崩壊熱を水で冷やすことであり、また、「閉じ込める」とは、放射能の外部への放出を防ぐことで、燃料ペレット、燃料被覆管、原子炉圧力容器、原子炉格納容器、原子炉建屋の「5重の壁」で閉じ込めると説明されてきた。

　ところが、福島第一原発では、「止める」ことは出来たが、地震と津波によって、「冷やす」「閉じ込める」に失敗し、膨大な量の放射性物質を環境に放出してしまった。

地震波の実体波には、P波(Primary wave)とS波(Secondary wave。主要動と呼ばれる大きな揺れを起こす)があり、岩盤中の速度は、P波が5〜7km/秒とされているのに対し、S波が3〜4km/秒とされているので、先に届いたP波を感知して制御棒が挿入され、S波に備える仕組みとなっている。

　福島第一原発の場合には、東北地方三陸沖地震の震源が牡鹿半島の東南東約130キロメートル付近であったために制御棒を挿入する時間的余裕があったが、伊方原発の場合には、中央構造線から6キロメートルしか離れておらず、制御棒が挿入される前にS波(主要動)が到達して、「止める」ことに失敗して暴走事故に至る危険が極めて大である。この点にも、伊方原発の福島第一原発とは異なる危険がある。

(8)　伊方原発の事故被害の特質

　伊方原発は、閉鎖性海域である瀬戸内海に面している。福島第一原発の事故によって大量の放射性物質が太平洋に流出したが、遥か彼方のアメリカ大陸に届く程に広域に拡散し、希釈された。ところが、瀬戸内海ではそのようなわけにはいかない。伊方原発で事故が発生した場合には、放出された放射性物質によって瀬戸内海が重大な汚染を受け、閉鎖性海域故に正に死の海となってしまい、漁業に壊滅的な被害をもたらし、沿岸住民らは、海の幸を口にすることによって内部被曝を受けることになる。

　また、福島第一原発の場合には、大気中に放出された大量の放射性物質が人の居住していない太平洋にも流出したが、伊方原発の場合には、事故の際どのような風向きだったとしても、大気中に放出された放射性物質によって住民が被曝することは不可避である。

　さらに、伊方原発が立地する佐田岬半島は、早吸の瀬戸に向けて細長く突き出した半島である。伊方原発で事故が発生した場合、伊方原発よりも東側では避難の方法がないわけではないが、伊方原発よりも西側になると、伊予灘、早吸の瀬戸、宇和海に阻まれて、避難自体極めて困難となる。

5 訴訟の展望

　原告300名、弁護士147名という数に、市民の不安が凝縮されている。松山地裁では稀にみる大事件となった。

　決して簡単な訴訟ではないが、是が非でも勝たなければならない。

　私を含め、地元には原発訴訟の経験を持つ弁護士はいないが、河合弘之弁護士の呼びかけで脱原発弁護団全国連絡会が結成されて情報の共有が可能となったし、脱原発弁護団のメンバーの多くが「伊方原発をとめる弁護団」にも参加してくれた。

　不退転の決意で訴訟に取り組み、一刻も早く伊方原発の運転差止めを勝ち取りたい。

第4部　原発訴訟の最新の動き

上関原発訴訟（山口県）

丸山明子 弁護士

> 執筆者プロフィール

丸山明子（まるやま・あきこ）　1975年、福岡県生まれ。2007年、九州大学法科大学院卒業。司法研修所新61期修了。2008年弁護士登録（福岡県弁護士会）

1　はじめに

　上関（かみのせき）原子力発電所は、未だ建設計画中の原子力発電所であり、現在、国の安全審査手続中のものである。福島第一原発事故の後、新規建設が予定されている原子力発電所として、その動向が注目されており、本件に関しても多くの訴訟が提起されているが、現時点では、そのいずれも原子炉設置許可の取消しや運転の差止めを行うものではないため、原発の安全性等が直接裁判で議論され、それについての判断が下されているものではない。
　しかし、上関原発計画は、1982（昭和57）年に計画が浮上して以降、住民たちが数十年にわたって反対運動を繰り広げてきた歴史を持っている。本稿は、この反対運動や裁判の歴史を振り返ることで、原子力発電所の建設が抱える社会的問題という視点から、執筆を試みるものである。

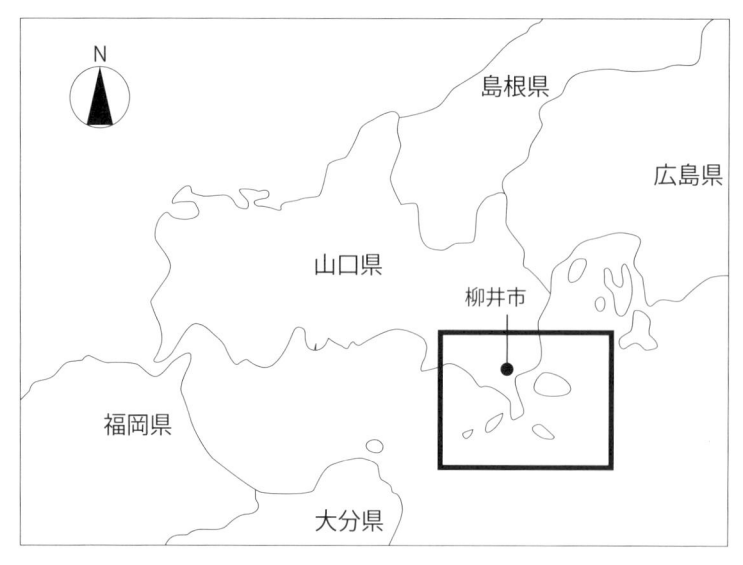

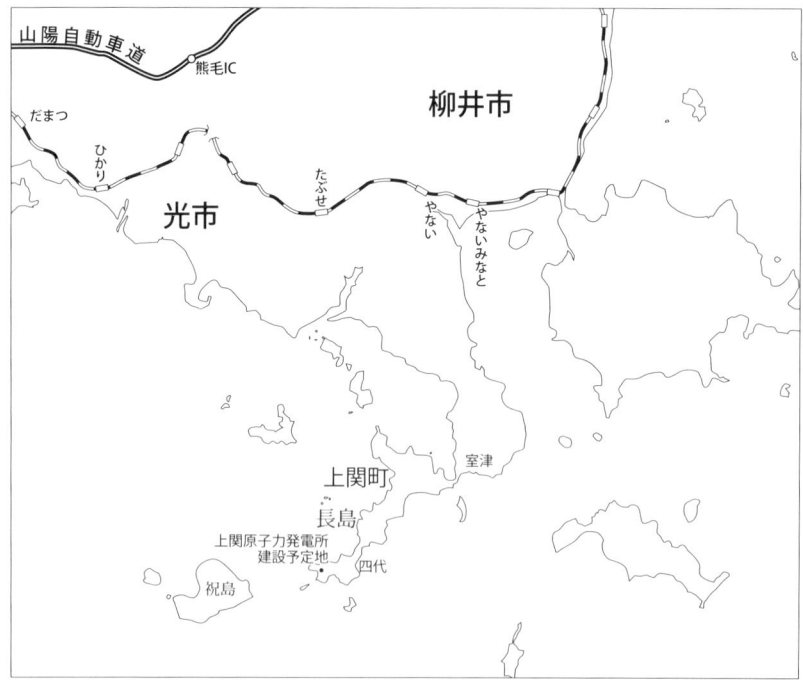

218　第4部　原発訴訟の最新の動き

2 上関原発計画の概要

(1) 建設計画中の発電所について

　上関原子力発電所とは、中国電力株式会社によって、山口県熊毛郡上関町大字長島に建設が予定されている原子力発電所で、改良沸騰水型(ABWR)の原子炉が2基(出力は各々137.3万kW)建設される予定である。発電所敷地約33万平方メートル(発電所用地は約160万平方メートル)のうち、約14万平方メートルが海面の埋め立てによって造成される。

　上関原発の予定地を含む山口県南東部は、ユーラシアプレート上にあり、その下には、フィリピン海プレートが潜り込んでいる。また、予定地の北側約30キロの地点には岩国断層帯が存在する。さらに、予定地南部の四国北西部には、巨大な活断層である中央構造線が走っている。

(2) 上関原子力発電所建設手続の経過

　上関原発計画は、1982(昭和57)年6月、上関町長が町議会で「町民の合意があれば誘致してもよい」旨を表明し、同年9月、中国電力が建設有力地として上関町を挙げたことに遡る。これを受け、1984(昭和59)年11月、中国電力は立地可能性調査(事前調査)を開始し、1985(昭和60)年5月、上関町に対し「適地である」旨の事前調査結果を報告、1988(昭和63)年9月、上関町が中国電力に対し誘致を正式に申し入れした。1994(平成6)年12月から1996(平成8)年2月まで、中国電力は立地環境調査を行い、1996(平成8)年11月、上関町、山口県等に対し、原子力発電所建設を正式に申し入れることとなった。

　1999(平成11)年4月、中国電力は、環境影響調査書を通産省(当時)に提出したが、これに対して、山口県知事および環境庁長官(当時)から、調査不足との意見や追加調査を求める意見書が通産省に出され、中国電力は、通産省の勧告を待たずに、2000(平成12)年1月から夏まで追加調査を行い(3月、

通産省は中国電力に対し、追加調査とその結果を盛り込んだ中間報告書の作成を勧告)、10月、その結果を中間報告書にまとめ、通産省に提出し、通産省は11月にその内容を了承した。2001(平成13)年1月、山口県も「1999年11月25日付の知事意見は基本的に尊重されている」との見解を経産省資源エネルギー省あてに送付し、同年5月環境大臣も「異存なし」と回答したため、同年6月、中国電力は最終報告書を提出し、環境影響評価調査を完了させた。

2000(平成12)年10月、通産省は第一次公開ヒアリングを実施。2001(平成13)年4月、山口県知事は上関原発計画を国の2001年度の電源開発基本計画に組み入れることに条件付きで同意し、5月、総合資源エネルギー調査会電源開発分科会の承認を経て、6月、経産省は、上関原発計画の電源開発基本計画への組み入れを決定した。

2005(平成17)年4月、中国電力は、原子炉設置許可申請のための詳細調査を開始し、2009(平成21)年12月、原子炉設置許可申請を経産省に提出したものの、2010(平成22)年7月、耐震安全性に関する地質調査の不備を指摘され、同年12月から現在も引き続き追加調査を行っている。

なお、敷地造成のための公有水面埋立許可書は2008(平成20)年10月に、林地開発許可は同年12月に取得し、中国電力は、2009(平成21)年4月から、準備工事(陸域の敷地造成、海域の埋立工事等)を開始している。

3 上関原発計画が抱える問題点と反対運動等

しかしながら、上関原発計画は、以下のような問題を抱え、長い反対運動等の歴史を展開することとなった。

(1) 祝島の島民たち

上関原発の建設予定地は、長島の西端(田ノ浦)に位置し、上関町民および本州の住民が普段生活する中でその予定地を直接目にすることはない。しか

し、地図を見て分かる通り、予定地から海を約4キロ挟んだ地点に離島である祝島(いわいしま)がある。祝島の集落は、島の東に位置し、予定地はその集落の真正面対岸4キロに位置している。祝島と陸とを結ぶ交通手段は、現在船しかないため、万が一の事故の際、避難の手段は、田ノ浦とは別の方向にある光市を目指し、20キロの距離を船で移動する以外は、空路によるしかなく、迅速かつ効率的な避難ができない。

　1982(昭和57)年に、中国電力が上関町を原発建設の有力候補地として以降、祝島の島民の多数は、これに反対し、反対派の住民たちにより「愛郷一心会」(1992〔平成4〕年2月「上関原発を建てさせない祝島島民の会」と名称を変更)が立ち上げられた。以後現在に至るまで、毎週月曜日の夕方、原発反対のデモ行進が行われているほか、2005(平成17)年以降の詳細調査や2009(平成21)年以降の準備工事に対する陸上および海上からのデモ行動等を行っている。

　また、祝島の住民は、そのほとんどが漁業、農業に従事している。汚染源がなく、大量の湧水によって極めて高い透明度を有する田ノ浦の周辺は、多種多様な魚介類が生息する豊かで貴重な漁場である。発電所からの大量の温排水や冷却水中に取り入れられる多量の殺生物剤(次亜塩素酸ソーダ)排出によって、この豊かな漁場が失われ、生業を奪われることから、祝島漁協(2004〔平成16〕年、合併により山口県漁協祝島支店となった)では、1983(昭和58)年4月の総会決議以降、一貫して原発建設反対の立場をとり続けた。

　1994(平成6)年、祝島漁協も属する共第107号共同漁業権管理委員会によって、中国電力の立地環境調査を許可する旨の採決がなされると、これに対し同年9月、祝島漁協は、同管理委員会と他の7漁協を相手に、採決無効確認の訴訟を提起し(翌年取下げ)、2000(平成12)年4月、同管理委員会が、上関原発の建設に同意し、中国電力との漁業補償契約を締結する旨の決議を、賛成7、反対1(祝島漁協)で可決すると、祝島漁協は、同年6月、中国電力と同管理委員会を相手に、漁業補償契約無効確認訴訟を提起した。なお、

この漁業補償契約に基づき、中国電力から補償金が10億8000万円支払われているが、祝島の漁民たちはこの受け取りを拒否し続けている。
　また、2008(平成20)年10月、山口県が中国電力に対し、公有水面埋立の許可を与えて以降、祝島の漁民らは、山口県に対して、許可処分の取消しを求め、訴訟を提起している。この公有水面埋立許可処分取消訴訟については、漁民以外の島民らおよび「上関原発を建てさせない祝島島民の会」も、後述する「長島の自然を守る会」とともに、訴訟を提起している。
　一方、中国電力は、島民らの抗議行動に対し、2009(平成21)年10月9日、埋立免許が出された工事海域内で工事の妨害をしてはならない旨の仮処分を申立て、2010(平成22)年1月18日、山口地裁岩国支部はこれを認めた。
　また、中国電力はこの決定に基づき、同年2月2日、島民らに対し、妨害行為を行った場合、一日約940万円の制裁金を課すよう間接強制を求め、山口地裁岩国支部は、3月31日、一日500万円の制裁金を認めている[*4]。また、中国電力は、2010(平成22)年7月22日、さらに陸域についても妨害行為禁止の仮処分を求めて提訴している。さらに、2009(平成21)年12月15日、中国電力は島民の内の2名と、後述するカヤッカー2名を相手に、妨害によって工事が遅延したことにより損害を被ったとして4800万円の損害賠償を提起している。

(2)　用地取得問題──四代地区住民4名と八幡宮神社前宮司

　1998(平成10)年9月以降、中国電力は、原子力発電所建設のための土地売買契約に着手したが、1号機原子炉建屋敷地部分には、宗教法人八幡宮所有の神社地と、四代(しだい)地区住民の入会地があり、八幡宮の当時の宮司と、四代地区住民の一部4人は、上関原発計画に反対していたため、当該土地を中国電力に売却することを拒否していた。
　結局、入会地については、1998年12月14日、登記簿の表題部が「四代組」から四代地区区長の個人名に変更され、所有権保存登記が行われた上、同日、

中国電力社有地との交換を原因として、中国電力に所有権移転登記が行われたが、これに対し、反対派の住民4人は、1999(平成11)年、その他の入会権者を被告として入会権確認訴訟を、そして中国電力を被告として、所有権移転登記抹消等請求訴訟を提起することになった。[*5]

　神社地については、原発を推進する立場の総代らが、2000(平成12)年、土地の売却に応じない宮司の解任を神社本庁に具申し、2001(平成13)年、さらに宮司を被告として、責任役員委嘱および書類閲覧請求の訴え等を訴訟提起するなどしたが、2003(平成15)年3月、神社本庁が土地売却に反対していた宮司を解任し、新しい宮司が2004(平成16)年10月に土地の売却に合意するに至った。しかし、その後、この神社地についても、2004年から17年にかけて、四代地区の反対派住民が、入会権の確認等を求めて訴訟提起し、現在山口地裁にて差戻審が係属中である。

(3) 自然環境——研究者らと長島の自然を守る会
①研究者らの環境調査
　また、祝島と長島のある周防灘の地域は、開発が進んだ瀬戸内海の中では、稀にも自然環境が維持されている地域である。護岸整備が進んでいないため、75％（瀬戸内海の平均は21.4％）の割合で、自然のままの海岸が残っており、汚染源が周辺にないため、陸域で地下に浸透した淡水が湧水として海底から多量に湧き出し、これによって透明度15メートルを超す極めて高い水質が維持されている。

　そのため、この地域では、近年瀬戸内海では激減しているスナメリ、絶滅危惧種II類のハヤブサ、オオタカ、地球上に5000羽程度しかいない国の天然記念物であるカンムリウミスズメ、山口県が準絶滅危惧種に指定しその集団繁殖地が国の天然記念物となっているオオミズナギドリ、国の天然記念物であり準絶滅危惧種であるカラスバト、貝類の系統進化を解明する鍵として国際的に注目されつつも極めてまれにしか発見されていないカクメイ科のヤ

シマイシンとその近似種類、長島で発見されたナガシマツボという新種、絶滅寸前とされる腕足動物のカサシャミセン、海の富栄養化、汚濁、底質のヘドロ化によって現在ほとんど見ることができなくなったナメクジウオ等々の希少生物が多数確認されており、「瀬戸内海の生物多様性の最後のホットスポット」と表現されている。[*6]

　一方、1999(平成11)年4月に中国電力が提出した環境影響評価は、不備が指摘され、追加調査が行われたが、その調査方法が「これまでに実施した調査法と同一」とされたため、日本生態学会は、2000(平成12)年3月、かけがえのない環境的価値を有する海域の開発・改変にあたっては、極めて慎重で周到な環境影響評価が必要となるとの見地から、現在行われている追加調査の方法の見直し、温排水が与える生態系への評価を行うこと等を求める学会大会総会決議を行った。しかし、中国電力がこの決議に沿って、調査方法を変えることはなかった。

　その後、研究者らが独自に調査を重ねたところ、2008(平成20)年、長島周辺の海域に、国際自然保護連合のレッドリストで絶滅危惧Ⅱ種に指定されているカンムリウミスズメが生息していることが分かり、これに基づき、同年6月、日本生態学会自然保護専門委員会委員長が、同年9月、日本鳥学会が、それぞれ調査の要望書を出したが、これについても中国電力が応じることはなかった。

　このように、複数の学会から再三の要望がなされながらも、中国電力をはじめ監督官庁がこれに応じることはなく、遂に、2009(平成21)年10月に日本ベントス学会が、2010(平成22)年2月に日本生態学会、日本ベントス学会、日本鳥学会の環境保全関係委員会が合同で、同年3月に日本生態学会が、上関原子力発電所建設工事の中断を求めるに至った。

　これらの学会が、これまでに出した要望書および意見書は、計12通に及び、一つの問題でこのような数の意見書が作成されるということは、極めて異例なことである。

②長島の自然を守る会

　長島の自然を守る会は、日本生態学会などの研究者らと連携して、長島の自然と生態系を保全することを目的に、1999(平成11)年9月に設立された(代表：高島美登里)。中国電力の環境影響評価書を縦覧した地元の人たちが、ヤシマイシンやスナメリの記載がないこと等を指摘したのをきっかけに、意見公募や公聴会でその問題点を指摘するとともに、当該評価書をコピーして研究者らに調査を依頼し、研究者らに長島の環境的価値を知らせ、上述した学会の活動につなげたのは、その後、会を立ち上げることになった高島氏たちであった。

　現在、日本生態学会などの研究者らと連携し、長島の陸上及び周辺海域の自然生態系の調査・研究を行うとともに、上関原発計画の中止を求め署名活動を行ったり、長島の貴重な自然を周知すべくエコツアーを開催し、スナメリやカンムリウミスズメ、スギモクの観察会を行ったり、シンポジウムを開催したりして、上関の自然の希少性を周知する活動を行っているが、こうした会の活動がきっかけで、日本海にしか分布しないと思われていたスギモクの群落や、カンムリウミスズメの生息が長島で研究者らによって確認されることになった。

　また、中国電力の詳細調査が環境に与えるダメージの有無を注視して観察し、海岸の岩に細かな泥がつもり、カサシャミセン等の貝類の死骸が増えるなど、その異変に逸早く気付き、原因が、陸のボーリング調査において、濁水がそのまま排出していたことにあることを突き止めたのも長島の自然を守る会であった。これにより中国電力は3カ月間詳細調査を中断するに至っている。

(4) カヤッカーらのデモ活動

　この他、2010(平成22)年9月から海域に埋立のためのブイを設置する作業が始まったが、これに対して、上関原発計画に反対する若者たちが、数十

名、全国から駆け付け、シーカヤックにのって祝島の島民たちとデモ活動を行っている。彼らのうち数名も、先に述べた妨害行為の差止め、間接強制、損害賠償請求訴訟の被告となっている。

4　裁判の現状

　以上の通り、その複雑さを反映し、上関原発をめぐる訴訟は、枚挙にいとまがなく、上記で言及できなかった訴訟も多数存在する。

　現在、漁民以外の祝島島民や長島の自然を守る会等を原告とした公有水面埋立許可処分取消訴訟(自然の権利訴訟)では、上関原発の危険性を訴える祝島島民やその他の住民らが、当該訴訟において原告適格を有するかが問題となり、埋立ての目的が原子力発電所の建設であることを考慮し、原子炉等規制法が行政訴訟法9条2項の関連法令にあたるかどうかが争点となっている。

　また、中国電力が祝島の島民やカヤッカーらを相手に訴えを起こした妨害行為の差止め、および間接強制、損害賠償請求事件等は、SLAPP(Strategic Lawsuit Against Public Participation)訴訟[*7]と言われるものであり、政治過程に反映されなかった意見を持つ人々の表現行為という民主主義社会にとって極めて重要な問題を、日本の司法がどこまで理解し、許容しているのかの試金石でもある。

5　福島の事故以後の上関原発をめぐる動き

　2011(平成23)年3月11日の東北地方太平洋沖地震を契機とした福島第一原子力発電所での事故を受け、山口県は、3月13日、中国電力に対し、上関原発の工事中止を要請し、中国電力は準備工事を中断させた[*8]。その後、上関原発予定地から30キロ圏内を含む周辺市町村は、5月に周南市議会が、

上関原発の建設中止を中国電力に申し入れるよう県に求める意見書案を臨時議会で可決したのを皮切りに、下松市、周防大島町、田布施町、平生町、岩国市、防府市、山口市、光市、柳井市、宇部市、山陽小野田市と次々に、原発建設計画の凍結等を求める意見書が相次ぎ、7月8日、山口県も、原発建設の凍結を求める意見書を可決した。また、山口県知事は、6月27日、県議会において、2012(平成24)年10月に期限を迎える本件埋立免許について、更新しない旨を明言している。

一方、2011年9月25日に行われた上関の町長選挙では、推進派の現職が67.4％の得票率を獲得し、反対派の候補を破ったが、もはや原発の推進、反対が町長選の争点とならず、推進派の候補も原発財源に頼らない町づくりを訴えずにはいられなかったことは、重要な変化であると言える。

これに加え、国においては、班目原子力安全委員長が、原発の耐震設計審査指針の見直しに言及し、菅首相(当時)が、脱原発社会を目指すことを明言するなど、国のエネルギー政策や安全基準そのものが抜本的に転換しており、新たな原子力発電所の建設を許可するのかどうか自体が問い直されている。

6 今後の展望——司法の役割

上関原発建設計画が具体化して以降、上関の町長選挙では毎回推進派が当選し、町議会選挙でも推進派が反対派を上回る議席を得てきた[*9]。推進派の人々は、祝島の島民たちがあげる反対の声を、一部のエゴだ、と言ってきたが、祝島の人たちは、原発によって日々事故の危険と隣り合わせでの生活を強いられ、さらに、農業と漁業を生活の基盤としている彼らの地域は、原発の建設によって崩壊する恐れもある。これらは、エゴの一言で片づけられるものであろうか。

多数決の政治過程で顧慮されなかった人たちにとって、司法が最後の砦と

なるはずだが、これまでの上関の訴訟の展開を見る限り、司法がその役割を果たしてきたかは、疑問なしとはしない。

　福島での事故後、エネルギー政策に係る政治は大きく変化しつつあるように見えるが、これに加え、多くの市民たちが脱原発を叫ぶようになった。こうした声を受けて、新たな原子力発電所を上関に建てるのか、祝島の人たちの生活や長島の希少な自然を犠牲にしてもなお、そこに原子力発電所を建設する必要性があるのか、まずは、政治が答えを出すことが求められている。

　その答え次第では、司法の出番はなくなる。上関において、司法がその役割を果たさなければならなくなるような事態は、むしろ、避けられることの方が望ましいのかもしれない。

注

1　なお、祝島の反対運動の歴史については、朝日新聞社山口支局編『国策の行方』(南方新社、2001年)と、那須圭子著『中電さん、さようなら』(創史社、2007年)に詳しい。
2　2012(平成23)年6月20日には、1100回目のデモ行進が島で行われた。
3　2006(平成18)年3月、山口地裁岩国支部は、契約無効については請求を認めなかったものの、祝島漁民の許可漁業及び自由漁業の操業を認める判決を出したが、2007(平成19)年6月、抗告審である広島高裁はこれを認めず、2008(平成20)年11月4日上告棄却となった。
4　間接強制の申立てについては、2010(平成22)年6月18日に抗告棄却、2010(平成22)年11月19日特別抗告棄却。
5　一審では、共有の性質を有する入会権の存在が認められ、請求の一部を認容したが、控訴審は、本件土地の入会権は時効により消滅したと判示するとともに、四代区には、役員会の全員一致の決議によってその財産を処分し得る慣行が存在し、本件土地は四代区の役員会の決議に基づいて有効に処分されたとして、一審原告らの請求を棄却し、2009(平成20)年4月14日、上告棄却となった(判例タイムズ1269号)。
6　長島の自然については、日本生態学会上関要望書アフターケア委員会編『奇跡の海』(南方新社、2010年)。
7　SLAPP訴訟とは、烏賀陽弘道氏(「『SLAPP』とは何か」法律時報82巻7号)によれば、「公的意見表明(public speech)の妨害を狙って提訴される訴訟」のこと。
8　ただし、追加調査のためのボーリング調査は続行している。

9 一方で、1988（昭和63）年、町長選をめぐり中国電力の社員を含む100名以上が不正転入を行ったとして起訴(略式含む)された他、2001（平成13）年には、推進派候補の後援会長で当時現職の町議が票の取りまとめなどの選挙運動をする報酬として現金を渡したとして10名以上の逮捕者を出し、当選した町長が辞任する事件も起こっている。

第4部　原発訴訟の最新の動き

玄海原発3号機訴訟（佐賀県）

冠木克彦 弁護士

> **執筆者プロフィール**
>
> 冠木克彦（かぶき・かつひこ）　1943年、大阪府生まれ。1968年大阪大学卒業。司法研修所第30期修了。1978年弁護士登録（大阪弁護士会）。「脳死」問題、中国人強制連行問題、日の丸君が代問題など市民運動に広く関わっている。

1　はじめに

　九州電力株式会社の玄海原子力発電所は佐賀県東松浦郡玄海町今村に、1号機から4号機まで4機の発電用原子炉を有しており、プルサーマル発電はその3号機においてなされている。このプルサーマル稼働については地元市民グループが2005年当時から熱心な反対運動を取り組み、裁判は「玄海原発プルサーマル裁判の会」（代表：石丸初美）によって支えられている。

　提訴は2010年8月9日になされ、原告130名、当初は「メロックス社製MOX燃料を使用して運転してはならない」という燃料使用差止めから出発してきた裁判も、2011年3月11日を経て、そもそも稼働させてはならないという差止め訴訟に転化しようとしている。現在玄海3号機は定期検査で止まっており、再稼働は3.11福島事故後の定期検査後の再稼動という一般的な再稼働問題にも発展していく訴訟である。

2011年7月7日、当時の海江田経済産業相が佐賀県に入り、直ちに玄海2号、3号機の再稼働がなされる情勢に対し、運転差止めの仮処分を提起している。ただ、再稼働問題はストレステストの問題でとまっているため、仮処分も玄海3号機のプルサーマル訴訟と同時進行で審議されている。
　プルサーマルはウランとプルトニウムの混合酸化物燃料(MOX燃料)を使用することから生じる特別な危険性を問題としており、加えて、3.11後の再稼働につながる問題においては、3.11福島事故における地震動による配管損傷のほぼ確実な事実を踏まえての再稼働問題という現在におけるより一般的問題とも連結する訴訟となっている。

2　玄海3号機の概要と特殊プルサーマルの危険性

　玄海町の4機の原子力発電所はいずれも、加圧水型原子炉を使用しており、玄海3号機は電気出力118.0キロワットで、1985年(昭和60)年8月に建設工事に着手し、2004(平成6)年3月に営業運転を開始した。プルサーマルは2009年10月に16体のMOX燃料集合体を装荷して同年12月2日から商業運転を開始した。
　プルサーマルとは、本来はウラン燃料を使用するように設計された原発で、ウラン燃料とは核特性の異なるMOX燃料を用いることである。MOX燃料に用いられているウランは劣化ウランでほとんど核分裂しないため、MOX燃料で燃えるのはほぼプルトニウムに限られる。この意味でMOX燃料は実はプルトニウム燃料である。プルトニウムの核特性はウランと著しく異なっており、制御棒の効きが落ちるなど、いくつかの重要な炉の制御特性において安全余裕が切り縮められている。
　膨大な放射性物質を胎内にかかえる原子力発電所は、念には念を入れて安全運転を心がけるべきであるのに、ウラン用に設計された原発でその設計で予定していないプルトニウムを中心とした運転をすること自体が無謀である

うえに、電気出力も118.0キロワットと加圧水型原発で最大級であり、使用しているMOX燃料の核分裂性プルトニウム富化度(含有率)も約6.1％と世界に例を見ない高さであって、危険な実験ともいうべきものである。

加えて、今回の訴訟の直接の対象となっているMOX燃料はフランス・メロックス社製であるが、同社の製造能力は低く燃料の質が悪いと考えられ、燃料溶融と燃料被覆管(燃料棒)の破損によって、重大事故へ発展する特別な危険性を有している。

3 提訴に至る経過

(1) はじめに

玄海3号機のプルサーマルの実施に対する佐賀を中心とした反対運動の人たちの、その真摯で熱心な活動については正に頭の下がる思いである。無数の活動があり、したがってとても語り尽くし得ない量であるため、この「はじめに」の次に概略と大きな活動を紹介し、後半、本訴訟に直結した活動を、そして、中間に「歴史に関係する話」をお伝えしたい。

(2) 概略と特筆すべき活動

2004年4月九州電力が玄海3号機でのプルサーマルの実施を表明後、2005年4月玄海原発設置反対県民会議やグリーンコープ生協さがなど7団体が、合計30万5000筆の署名を提出、8月唐津市の4漁協も140隻の海上デモ、2006年古川知事が安全宣言を行い、続いて、佐賀県、玄海町が事前了承したのに対し、様々な団体が結成されて夫々運動を広めた。

このような中で2006年10月「プルサーマル・大事な事は住民投票で決めよう県民の会」が県民投票条例制定を求め署名活動を行い、議会に請求したが否決され、組織を改組して「プルサーマルと佐賀県の100年を考える会」として運動を再開。2009年5月MOX燃料16体が玄海発電所に搬入されたのに対

し、全国420団体の使用済MOX燃料の行き場のないことに対する要望書を提出、「100年の会」「玄海原発設置反対県民会議」「NO！プルサーマル佐賀ん会」が抗議行動を起こす。

　2009年10月MOX燃料装荷、12月2日プルサーマル通常運転開始に対し、2010年2月「玄海原発プルサーマル裁判の会」が結成され、「玄海原発プルサーマル裁判を支える会」も立ち上げられ、現在「そいぎ」(佐賀弁で「それでは」という意味)機関紙を出している。

　この間の特筆すべき活動は以下の3件である。

　○プルサーマルに関する県民投票を求める直接請求(2007年2月)

　玄海3号機プルサーマル計画の是非を県民投票で問うべきだとする県民投票条例の制定を求める署名は49,609名に達し、有権者の50分の1(約14,000名)をはるかに上回った。しかし、2007年2月2日の県議会では自民党や公明党などの反対により、この請求は実現しなかった。

　○人文字で反対を表明(2009年5月10日のどんどんどんの森での集会)

　フランスから輸送されてくるMOX燃料の到着が迫る2009年5月10日に、佐賀市内のどんどんどんの森でプルサーマル反対集会が開かれ、全国各地からの特別参加も含めて約1,500名が参加した。人文字でNO MOXを表明し、その後市内パレードを展開した。

　○県内外の約44万名の署名を添えて県議会に請願(2009年9〜10月)

　MOX燃料の装荷が差し迫る9月14日、「NO！プルサーマル佐賀ん会」は県内外から集めた約42万名分の署名を添えて、プルサーマルの実施延期を求める決議を行うよう佐賀県議会に請願した。その後署名数は約44万名に増えたが、10月2日の県議会では自民党などの反対によって否決された。

(3)　高知県東洋町の前町長が「支える会」の会長

　明治新政府の中で輝ける司法卿として近代法制度の確立に努めた人は佐賀の人江藤新平(以下、敬称略)である。彼はフランスやドイツの法制度につい

て、通訳され翻訳ができると直ちに日本における制度に活かそうとし、人権を基礎に法制度の確立を目指した数少ない人といわれている。彼に事業の完成をさせなかったのは1874(明治)7年に勃発した佐賀の乱である。善意で巻き込まれるであろうと推知した大久保利通がこの機会に江藤を抹殺しようとしたともいわれているが、佐賀の乱で破れ西郷に助力を頼み断られ、板垣退助を頼って土佐に逃れたが板垣は不在で、甲浦(東洋町)まできたところで逮捕され、佐賀に送られ、死刑判決で即日執行・斬首された。

東洋町は高レベル核廃棄物処分場の候補となり、賛成した当時の町長を選挙で破り澤山保太郎が新町長となって拒否し、現在では町是として核廃棄物に反対する町となっている。澤山は人権を重んじた江藤を崇拝し、佐賀本行寺の江藤の墓前にひざまずき深々と頭を下げて東洋町での逮捕を詫びた。2008年以来東洋町の有志は江藤の墓参りをしている(墓碑「江藤新平君墓」は副島種臣の書)。

つまり、佐賀と東洋町を人権の赤い糸で結びつけた人は死せる江藤新平である。澤山は自らが代表者として発行した「そいぎ」No.1号に「佐賀発―『国民の権利』への絆」という挨拶文を載せ、その中で「プルサーマル原発に反対する佐賀県と核廃棄物に反対する東洋町は再び人権の回路として結ばれ、日本国家の礎に原子力産業を廃棄する、直接的には佐賀玄海のプルサーマルを阻止するという点でかたく手を結んでいきたいと思います」と述べている。

「プルサーマルと核廃棄物」であるが、この話を知らずして、訴状は差止めの理由を2つ挙げている。1つはMOX燃料の危険性であり、もう一つは、核廃棄物処分不能による危険性を理由としており、佐賀県と東洋町が期せずして結びついている。

4 訴訟に直結した問題の指摘

(1) 使用済MOX燃料の行き場がないという問題をめぐって

最近の核燃料サイクルの現状、特に六ヶ所再処理工場と高速増殖炉「もんじゅ」の現状に照らせば、MOX燃料を炉内に装荷して3～4年後に取り出される使用済MOX燃料には行き場がないという問題が誰の目にも明らかになった。この問題に対し、各原発立地自治体や市民から、全国的に強い懸念の声が湧き起こった。2009年5月18日には、全国の420の市民団体の連名で国に要望書が提出され、関係5部署(資源エネルギー庁、原子力安全・保安院、原子力委員会事務局、原子力安全委員会事務局及び文部科学省)との議論が国会議員のヒアリングとして行われた。その中で、資源エネルギー庁の担当者は、使用済MOX燃料の処理方策を検討開始するための条件である準備的検討の報告書が未だ公表されていないと表明した。

　これを受けて佐賀県などの住民・市民は、その趣旨を佐賀県内で説明する場を設けるよう県当局に要請し、その場が8月11日に実現して、資源エネルギー庁の森本課長の説明を受けた。ところが森本課長は、5月18日の担当者の発言を翻して、前記準備的検討の報告書はすでに提出されているとし、さらにその後、5月18日に担当者が虚偽の発言をしたとの謝罪文を国会議員に配布するというパフォーマンスまで行った。しかし、六ヶ所再処理工場の現状に照らせば、準備的検討の報告書が提出できるような状況にないことは誰の目にも明らかであり、また事実その「報告書相当」と称する文書に準備的検討と言えるほどの内容がまったく含まれていないことも明らかであるのに、官僚的な強弁を無理矢理まかり通したのである。このような理不尽な経過に対して、住民・市民はいまだ強い憤りの念を抱いている。

(2)　不良MOX燃料に関する疑問をめぐって

　2009年8月19日に関西電力が、玄海3号機用と同じメロックス社製のMOX燃料の1/4を自主検査によって不合格・廃棄処分にする事態が起こった。この問題は佐賀県議会においても取り上げられ、九州電力は同じ不合格レベルのMOX燃料を使用しようとしているのではないかとの強い懸念が議

員から表明され、佐賀県はその問題の調査をすると議会で表明した。この動きは、この問題に関して明確な説明を求める声が多くの県民・市民から佐賀県に寄せられたことを受けている。ところが九州電力は、この問題が議会で審議中の９月30日に、突然MOX燃料を10月２日に炉内に装荷すると表明した。それに対し、県民・市民の反対の声を受けた佐賀県議会は全会派一致で、装荷をしないよう九州電力に要請するようとの文書を県知事に提出した。そのため、九州電力はいったんは装荷を延期せざるを得なくなったのである。

また、このような過程の中で、10月７日の市民と原子力安全・保安院検査課との交渉において、検査課の担当者は、関西電力が不合格にしたのと同レベルのMOX燃料が九州電力の玄海３号機用MOX燃料に混ざっていることは否定できないと明確に述べた。しかし、このような疑問を無視し、佐賀県の調査結果も説明されない中で、九州電力は10月15日に炉内へのMOX燃料装荷を強行した。

そして、12月２日にはついに商業運転を開始したのである。

(3) このまともな説明もしないままに強行するという九州電力の体質は、今また、玄海４号機について、一切の説明をしないまま運転再開を強行した。筆者がこの原稿を書いている時、佐賀の人たちは約150団体連名の要請書をもって佐賀県庁や九州電力本社等に走り回っている。

5 提訴と裁判の進行

(1) 2010年８月９日長崎原爆忌の日にプルトニウムを使用するMOX燃料使用差止めを求め佐賀地裁に提訴した。原告は130名(代表：石丸ハツミ、事務局長：於保泰正)、代理人弁護士武村二三夫、大橋さゆり、と筆者の三名、補佐人として大阪府立大学を退官された小山英之(美浜・大飯・高浜原発に反対する大阪の会代表)の選任許可を得た。原発訴訟では技術的分析が可能な

専門家が不可欠であるが、原告の主張はこの補佐人の知見に基づいている。裁判長は野尻純夫、他に川島正樹、上野薫の3名の構成である。

(2) 訴状の構成

①玄海3号機の差止めであるが、メロックス社製のMOX燃料の使用差止めの形をとっている。

「被告は、被告が設置し稼働している玄海原子力発電所3号原子炉においてメロックス社製MOX燃料を使用して運転してはならない」。

その理由は論点を拡大させないためである。一般的に全体の稼働差止めを求めるとあらゆる論点につきあわなければならないし、それをやると何年かかるかわからないから、具体的危険性をMOX燃料に求めた。

差止めの理由は、メロックス社製MOX燃料の危険性と、使用済MOX燃料による健康被害、環境被害の危険性を設定している。この後者の論点は、大きな論点であり、我が国の核燃料サイクルとその行き詰まりを争点にするものであり、我々としても勇気ある設定と考えている。

②ギャップ再開による重大事故の危険性

(ア) この問題は図や原発の構成略図なしに説明するのは極めて困難であるが、あえて試みてみる。正確には後述の(イ)において引用している訴状が正しく説明している。MOX燃料ペレットは被覆管につめられて一本の棒となっているが、その中で核分裂を起こし、その熱エネルギーは被覆管の外に流れている水(冷却材)に伝達され、その水から二次冷却材(水)に伝えられた高温水の蒸気によってタービンをまわして発電するが、問題は、ペレットと被覆管の間が開いていると(ギャップがあると)熱伝導が悪くなってペレットが過熱し、溶融して破損したり重大事故に発展するという危険性をギャップ再開による重大事故という。

(イ) 「MOX燃料ペレットは被覆管につめられて一本の燃料棒となっているが、被覆管の外側は冷却材で囲まれており、被覆管内部における核分裂(燃

焼)によって発生した熱は冷却材に伝達され蒸気発生器に運ばれて発電する仕組みであるが、この冷却材は燃焼熱を伝達するとともに燃料の熱を奪い取ることによって燃料温度の上昇を抑えペレットの溶融及び燃料被覆管の溶融を防止することによって原子炉を重大事故に至らないように防護している。

　この燃料ペレットとそれをつめている燃料棒の被覆管の間には最初約0.085ミリメートル(直径で0.17ミリメートル)の隙間(ギャップ)が開いている。原子炉の運転当初開いているこのギャップは被覆管の外圧約157気圧(冷却材圧力)によって押され、被覆管の直径が縮まりやがてギャップは閉じる。その後ペレットは核分裂生成物である固体や気体が内部に蓄積して次第に膨張し、被覆管とくっついた状態で膨張していく。

　このようにペレットと被覆管がくっついた状態で運転されていくかぎり、燃料棒内部の核分裂によって生じた熱は冷却材に伝達されて燃料棒内部の温度が加熱上昇することはないので燃料の健全性は保たれるが、被覆管とペレットとのギャップが再開すると、外部の冷却材への熱伝達が低下し、ペレット温度が上昇し、そうなると、ペレット内の熱運動でさらに多くの気体がペレット内から隙間に放出されさらにギャップを押し広げるという正のフィードバックが働く(サーマルフィードバック)。そうなると、ペレット溶融の危険とともに、被覆管が内圧によって破壊される危険性が生じ、ひいては重大事故につながる」。

　(ウ)　被告九州電力が使用しているメロックス社製MOX燃料は粗悪であるため、ペレットから不純物たるガスが多くでたりして、このギャップ再開を促進することを理由として主張している。

　③もう一つ重要な論点は核燃料サイクル破綻による使用済MOX核燃料を処分するところがなく、永久的に原発サイトで管理せざるを得ないが、その結果として「被告は、超長期にわたって多くの放射線を出す使用済MOX燃料を玄海3号使用済燃料ピットに再処理の委託先が確定しないまま無期限に貯蔵するものであるが、臨界を完全に防止できるものではなく、また漏えい

により地下水や環境が汚染する危険は決して少なくない。この漏えいによって原告らの健康が害される可能性もある。この使用済MOX燃料の貯蔵は再処理の委託先の確定を求める原子炉等規制法23条2項に違反し、また環境基本法第1条、第3条の定める環境保全の基本理念や責務にも反するものである。

原告らは、人格権あるいは環境権に基づいて、このような違法な使用済MOX燃料の貯蔵をもたらす、本件玄海3号機におけるメロックス社製MOX燃料の使用差止めを求めるものである」。

④もう一つ重要な訴訟手続における主張として、立証責任論を出している。2009(平成21)年3月18日名古屋高裁金沢支部判決(志賀原発2号炉運転差止め控訴審)を引用して「その安全管理の方法は各原子炉ごとに異なり、かつ、その資料はすべて原子炉設置者の側が保持していることなどの点を考慮すると、本件原子炉の安全性については、被告の側において、まず、その安全性に欠ける点のないことについて、相当の根拠を示し、かつ、必要な資料を提出したうえで主張立証する必要があり、被告がこの主張立証を尽くさない場合には、本件原子炉に安全性に欠ける点があり、その周辺に居住する住民の生命、身体、健康が現に侵害され、又は侵害される具体的危険があることが事実上推認されるものというべきである」。

(3) 争点はもっぱら被告の資料不開示にある。

上記訴状の構成をみてもわかるように、極めて科学裁判であって、安全性の主張も防御も最終的には「ギャップ再開に至る燃料棒内圧評価値」となるか否かであって、関係する数値を明らかにされなければ立証も防御も進行しない。

ところが、被告は「商業機密」を理由に明らかにしない。

例えば、原告の方から求釈明として

「燃料棒内圧に関与する気体は4種類ある(初期封入ヘリウムガス、FPガス、

蒸発性不純物由来のガス、アルファ線等由来のヘリウムガス)がそれらが内圧に寄与する割合について、設置変更許可申請書と輸入燃料体検査申請書のそれぞれのばあいについて示されたい」としたことについて、

	初期封入ヘリウムガス	FPガス、アルファ線由来のヘリウムガス	その他ガス
設置変更許可申請書	約60%	約40%	数%
輸入燃料体検査申請書	約60%	約50%	数%

という回答をして、「各具体的数値は、三菱重工の商業機密であり開示できない」という。割合的表示でも合計100%をこえる雑な回答であり、具体的数値が明らかにならないと計算ができないから論争にならないというひどい対応である。

　3.11の深刻な事故をふまえても、なおかつ、「人命より商業機密なのか」とあきれるばかりである。こちらはもちろん原子力基本法の「自主」「民主」「公開」の基本原則まで持ちだして開示を要求している。

(4) 訴訟の進行状況

　従来の進行は以上のように、極めて悪い対応の連続であり、核心に迫る論点にいつ入れるかというありさまであった。やっと、裁判所も見かねて、被告九州電力に対し、原告の求釈明に対して答えるよう口答で指示をした。

　一方、裁判の進行過程で3.11の過酷事故が発生した。

　3.11により福島においては「全交流電源の長期喪失」がおこり、原子炉冷却がなされず、炉心溶融にいたり、莫大な放射能が大気中にばらまかれ深刻な被害が広範囲に発生し、今なお発生し続けている。

　全電源喪失は、安全審査指針27において、長期全電源の喪失の事態を想定しなくてもよいとされてきたものであって、班目原子力安全委員会委員長自ら、その指針は誤りであったと言明した。

さらに加えて、福島において、津波到着前に地震動により原発の重要な配管が損傷された疑いがあり、ほぼ確実な事実となりつつある。
　このような、安全審査指針という安全性確保のための最も重要な指針に誤りがあり、かつ、耐震設計されているはずの原発が地震動により配管損傷が生じたとすれば、これまで安全審査をクリアできれば安全な原発としてその稼働が許されてきたというこの秩序自体が、その根底からゆらぐ事態になってきている。
　そのような中で2011年7月定期検査終了による再稼働問題が、この玄海3号機と玄海2号機において発生したため、稼働差止めの仮処分を提起しており、玄海3号機のプルサーマルを争点とする本訴とともに仮処分の審尋が進行している。

6　今後の展望

　玄海3号機のプルサーマルの「ギャップ再開」の争点は、それ自体進行していくが、さらに加えて、そもそも、原発として稼働してはならない状況が3.11後発生していると考えられる。既に述べたように、これまでの安全審査指針に誤りが発見され、その見直しに入っていること、耐震指針も同じく見直しに入っている中で、従来の安全審査指針や耐震指針に基づいてその安全性を確認されてきた原発も、現在では安全の保障のない超危険物たる原発となっている。
　したがって、プルサーマルの論点とともに、より一般的な原発の稼働条件自体がゆらいでいる中で、現在進行中の玄海3号の本訴、2号、3号の仮処分も「そもそも稼働させてはならない」という方向に大きくシフトして行かざるをえないであろう。
　そして、この全体的な流れは押しとどめようもなく大きな力になっていかざるをえないと考えられる。九州電力は、今、玄海4号機について、住民

意思を完全に無視して稼働させたが、公益企業としては目に余る諸行為の連続に加えて、今回の真に無謀というべき行為によって、住民の完全な不信を買った結果について今後深刻な責任をとらざるをえないと考えられる。

◉追記

　玄海1号機、2号機、4号機について、一般的運転差止めの新訴と3号機について訴えの追加を近々提起する。この中で1号機については原子炉圧力容器の中性子照射による脆化が進行しており、もし、冷却水の注入により原子炉容器が破壊されれば福島事故どころか全関西が深刻な被害にあうというおそろしい事態がある特別な危険性を主張している。

第4部　原発訴訟の最新の動き

川内原発訴訟(鹿児島県)

吉田 稔 弁護士

執筆者プロフィール

吉田稔(よしだ・みのる)　1958年、鹿児島県生まれ。1981年、九州大学法学部卒業。司法研修所旧60期修了。2007年、弁護士登録(鹿児島県弁護士会)。

1　川内原発の概要

　九州電力株式会社(以下、「九州電力」という)は鹿児島県薩摩川内市久見崎町において、1984年、1985年に相次いで原発1号機・2号機(89万キロワット×2基)の営業運転を開始した。①1号機原子炉形式：加圧水型軽水炉、定格電気出力：89.0万キロワット、燃料・装荷量：二酸化ウラン・72トン、②2号機原子炉形式：加圧水型軽水炉、定格電気出力：89.0万キロワット、燃料・装荷量：二酸化ウラン・72トン。

　さらに、九州電力は3号機(159万キロワットの発電設備1基)の建設を計画し、2000年9月に鹿児島県と薩摩川内市に環境調査を申し入れ、環境影響評価法が定める環境影響評価手続を実施した。2010年3月24日、環境影響評価書の縦覧を終了した。

2 提訴の背景・経過

(1) 温廃水による海の環境破壊

　原発から放出される温廃水が、広範に海の環境破壊を引き起こしていることは、これまでもたびたび報告されている。

　原発はウランを燃やして水を沸騰させ、発生した蒸気でタービンを回して発電する。蒸気は冷やして、また水に戻して循環させる。このとき、蒸気を冷やすための冷却材として大量の海水を使用する。取水口から海水を取り入れ、放水口から温廃水として海に流す。

　この温廃水は、計算上7度上昇することになる。①温廃水の環境破壊要因としてこの熱が挙げられる。だが、それだけではない。②パイプにフジツボや貝が付着するのを防止するために注入される大量の毒物(次亜塩素酸ソーダ)がある。③パイプの中を高速高圧で海水が移動するが、ここでパイプの減肉が生ずる。それは金属イオンとなって温廃水に混入する。④温廃水に混ぜて海洋に投棄される放射能もある。これは、川内原発の場合1、2号機合わせて184億ベクレル、6000トンに上る(原子炉設置許可申請書)。

　注目すべきは、温廃水の量である。1、2号機合わせて、九州第2、南九州最大の大河川である川内川と同じ流量なのである。世界最大級の3号機が増設されれば、川内川の2倍の量が温廃水として放出されることになる。

(2) 海洋生物の死亡漂着

　実際、川内原発周辺でも、広く海の環境破壊が見られる。

　川内から串木野にかけての海では、さまざまな異変が報告されているが、その一つが海洋生物の死亡漂着である。数年前から死亡漂着は目立ち始めた。記録のある2009年には、温廃水の放水口のある寄田海岸では29匹のサメが死亡漂着した。エイやダツの死亡漂着は数百匹を超えた。日本のどこに

こんな異常な海があろうか。日本のサメの権威である仲谷一宏・北海道大学名誉教授によると、世界的にも、サメの死亡漂着は例がないという。

世界でも例のないサメの死亡漂着が、温廃水の放水口のある寄田海岸のみで見られる。

3 温廃水の再循環・温廃水拡散領域

九州電力はかねてより「発電所からでる温廃水の温度上昇は7℃以下」とか「海水温度が1℃以上上昇する範囲は、ほとんどが沖合い2km内外」とホームページ等で発表している。

原発の危険性や原発による環境破壊を指摘してきた原告団の有志は、2007年2月、毎月1回の海水温調査を開始した。

原告団有志の調査の結果、無視できない事実が分かった。

1点目は、「温廃水の水温上昇は7度以下」といいながら、実は周辺環境より平均8.5度、最高10度高温化したものを放出していたのである。

ちなみに、ここ10年で日本沿岸の海水温は1度上昇したと言われる。魚の保育所ともいわれる藻場が磯焼けで消え、獲れる魚種が変わったという各地で頻発する海の異変は、その1度のせいだ。川内原発周辺の高温域は、それにさらに上乗せされている。

2点目は、取水口の温度も高かったのである。周辺環境より平均2.5度高い。ここから、取水口から温廃水を再取水する、いわゆる「温廃水の再循環」の実態が浮かび上がった。

温廃水の再循環とは、放水口から一旦放水した高温の温廃水を取水口から再取水することをさす。再循環があれば、放出される温廃水は、その分より高温となる。「温廃水の再循環」は、電力会社にとって初歩的なミスといえる。自分の出した温廃水を、また取水口から吸い込むという何とも間の抜けた欠陥構造である。

鹿児島県と九州電力は安全協定により「取水口における取水温度と放水口における放水温度との温度差は、日間平均7度以下とする」と定めている。これは、ある程度熱を冷まさねば、漁業及び海洋生態系に悪影響が生ずることを県と九州電力ともに認識していることを示す。しかし、再循環があれば、取放水口の温度差が7度以内であっても、環境水温より7度を超えた温廃水が放水されることになる。
　これらの事実を裏付ける客観的データもある。
　朝日新聞は、そのデータをもとに、九州電力の海域モニタリングの調査結果の虚偽を報じた(2010〔平成22〕年2月3日)。
　海域モニタリングは毎年4回、九州電力が実施しているもので、温度データと等温線が書いてある。いずれも1度上昇を示す等温線は「2km」以内である。
　だが、よく見ると、等温線の外側にもその温度を示す海域がある。
　要するに、温廃水の拡散範囲を意図的に小さく見せ、九州電力がかねがね公表している「温廃水の1度上昇範囲は2km内外」に無理やり当てはめようとしたものにすぎないのである。
　このような作為的な操作は、2002年以降、17枚に及ぶ。
　等温線の意図的な操作は恒常的になされていて、悪質である。このデータから原告有志が指摘してきた温廃水の再循環も確認できた。この九州電力の「温廃水の調査結果」は、鹿児島県に報告された公式のものである。
　問題点は以下の3点にまとめられる。
　①3号機増設計画での九州電力の説明は、1、2号機の温廃水の拡散範囲は「2km内外」だった。
　②実際は恒常的に「2km」を超えている。はるか7キロメートル南まで拡散した事例もある。
　③温廃水の温度上昇の原因は、温廃水の再循環である。再循環は3号機の環境影響評価には考慮されていない。

原告団有志としては、上記の事実を指摘した朝日新聞の記事によって、九州電力の社長以下が平謝りをし、知事が九州電力社長を呼んで叱り飛ばす図を想定していたらしいが、そうはならなかった。

　すなわち、九州電力は、「県の海域モニタリング技術委員会で確認されている」から問題ないと居直った(2010年2月3日)。一方の県は「九州電力から塩分や深度の違う温度データを取り寄せて検討した。総合的に判断して、温廃水の影響範囲としては問題ない」とした(2010年2月5日)。

　原告団有志が「問題ない」とするデータの閲覧を要求しても「それはできない」、等温線の外側の高温域はどこから来たのかと質問しても回答がない。

　原告団有志は、県庁からその足で、鹿児島大学水産学部の専門家を訪ねた。

　彼は、「原発の可否を論ずるつもりはない」と断りつつも、「インチキ以外の何物でもない。100人が見たら100人とも、そう言うだろう」とのことであった。「放水口から舌状に伸びていることから、温廃水以外は考えられない」と。

　これでは、やはり、インチキと言われても仕方ないのではないか。原発の賛成・反対以前の問題である。

　このまま、3号機ができたら想定外の高温域が現れるのは間違いないであろう。放射能と温廃水が、海を破壊する。

4　訴訟の提起

　2010(平成22)年10月6日、原告団は、鹿児島地方裁判所に、九州電力を被告として、環境評価手続のやり直し義務のあることの確認、及び住民への虚偽の説明は環境評価法に規定された住民の意見陳述権を侵害することを理由とする損害賠償を求めて提訴した(3号機増設の差止め訴訟等も検討したが、この時点においては、訴訟要件を充足しないと思われたため、かかる訴訟形態によるほかなかった)。

5 争点

(1) 原告(住民)らの主張の骨子

①再循環の事実を考慮しないことは、環境影響評価法12条に違反する

すなわち、環境保全対策について評価を行うよう定めた環境影響評価法12条は、「主務省令で定めるところにより、対象事業に係る環境影響評価を行わなければならない」と定めている。

そして、主務省令は通商産業省令第54号(発電所アセス省令)であるところ、同省令第54号を具体的に解説した「発電所に係る環境影響評価の手引」(経済産業省、原子力安全・保安院)は、温廃水水温の予測の基本的な手法について「イ 数理モデルの場合 (ホ)再循環の影響／当該地点において、放水口より放水された温廃水の一部が、冷却水取水に伴って再び取水されると予測される場合には、この影響を考慮して拡散予測を実施する」と記している。

このように、環境影響評価法12条は、再循環を考慮することを要求している。

しかるに、九州電力は温廃水の再循環を無視して、環境評価手続を行った。

その結果、再循環を考慮すれば、当然のことながら温廃水の拡散範囲の予測はより広大なものとなるにもかかわらず、九州電力は再循環を考慮しないことにより、本件準備書(環境影響評価法14条)にきわめて狭い温廃水の拡散範囲の予測を記した。

さらに九州電力は、本件準備書手続の中で「深層取水方式を採用している1、2号機では下層の海水を取水することから、温かい表層の海水はほとんど取水していない」(2009.4住民意見に対する九州電力の見解「当社の見解」)と述べ、1、2号機の再循環の事実を否定した。

②環境影響評価準備書作成

準備書そのものが以上の通り、①温廃水の再循環の事実を考慮せず、3

号機増設時の温廃水の拡散予測をなした点、②また、虚偽に基づいて１、２号機の拡散範囲を「２km内外」とした点など、環境影響評価法14条の定める準備書作成義務を果たしたとは言えない。

③環境影響評価書作成義務違反

また、環境影響評価書の作成においても、原告らの指摘する以上の①②について、虚偽に基づく準備書から改められていない。そのまま準備書の虚偽が踏襲されている。これは、法21条の環境影響評価書作成義務を果たしたとは言えない。そこで、九州電力は再度、事実に基づいて調査し、準備書を作成し、環境影響評価書を作成し直す必要があることの確認を求める。

④意見陳述権の侵害

環境影響評価法18条は「準備書について環境の保全の見地からの意見を有する者は、第16条の公告の日から、同条の縦覧期間満了の日の翌日から起算して２週間を経過する日までの間に、事業者に対し、意見書の提出により、これを述べることができる」と定めている。

これは、環境権ないしは環境に直接関わる住民の権利、ないしは利益を保護するために、法が手続的な権利ないしは法的保護に値する利益を認め、これを保障するというべきである。

そして、環境影響評価法18条は、虚偽の事実の上に立った準備書に対する、住民の意見陳述を保障したわけではない。

まず住民は、科学的な事実を準備書によって事業者から知らされるべきで、それがあって初めて意見が述べられるのである。

九州電力の準備書でなした行為は、環境影響評価法が保障する環境保護に関する住民の意見陳述の権利ないしは法的に保護された利益を侵害するものであり、違法といわねばならない。そこで、意見陳述権の侵害を理由に慰謝料の支払いを求める(民法709条)。

(2) 九州電力の反論

原告の主張に対して、九州電力は大要以下のように反論している。

①「やり直し義務」確認の利益がない。

すなわち、環境影響評価準備書のやり直しの制度はなく、環境影響評価の変更命令も経済産業大臣の変更命令以外にはないので、これらのやり直しは制度上あり得ない。だとすれば、やり直し義務の確認の利益がない。

②損害賠償義務はない

住民が意見の意見提出は、事業者の情報収集のためのものに過ぎず、権利ではない。したがって、損害賠償義務はない。

(3) 九州電力の反論に対する、原告(住民)の反論

以上の九州電力の反論を受けて、「やり直し義務」の不存在に関して原告(住民)らは以下のように反論した。

①九州電力の主張(やり直す制度の不存在)

電気事業法が定める経済産業大臣の変更命令等は、事業者自らが環境の保全についての適正な配慮ができない場合に備え、国が当該事業の許認可に環境影響評価の結果を反映させる仕組みをつくり、環境保全上の支障が生じないようにしたものである。したがって、制度上の定めがない場合であっても、事業者自らが適正な環境配慮ができない場合には、環境保全上の支障が生じないようにしなければならない。制度の不存在を理由に適正な環境配慮をなおざりにすることはできないのである。

以下、詳論する。

②経済産業大臣の変更命令等の制度趣旨

　環境影響評価法(以下「法」という。)による環境影響評価制度の目的の第1は、環境情報の的確な収集のための手続規定等の整備にある。環境に著しい影響を及ぼすおそれのある事業の計画決定に際して、法は、地方公共団体や住民等に幅広く分散して保有されている環境情報(環境の保全の見地からの意見)を事業者が適切に収集することを義務づけ、その手続を定めている。

　すなわち、法は、事業者に一定の手続を履行させることによって、事業者において自主的に環境保全上の適正な配慮がなされることを期するというセルフコントロール(自制)の考え方を基礎とし、環境影響評価によって得られた環境情報は、まず、事業者自身によって環境保全のための措置をはじめとする事業の内容に反映させることが求められている。

　しかし、事業者によるセルフコントロールが不十分であり(例えば事業者が重要な環境情報を見落とした場合)、環境の保全上の支障が生じるおそれがある場合には、法は、「横断条項」(法33条～37条)により、許認可等を行わないこととし、あるいは、環境の保全上の支障が生じないよう所要の環境保全対策を実施することを条件に付して許認可等を行うことができるとしている。

　すなわち、事業者自らが環境の保全についての適正な配慮を行うことができない場合には、国が当該事業の許認可に環境影響評価の結果を反映させる仕組みを設けることにより、環境保全上の支障が生じないようにしているのである。これが環境影響評価制度の目的の第2である。

　そして、電気事業法は、経済産業大臣は、事業者が届け出た準備書について「環境の保全についての適正な配慮がなされることを確保するため必要があると認めるときは」、必要な勧告をすることができ(電気事業法46条の14)、また、評価書についても、「環境の保全についての適正な配慮がなされることを確保するため特に必要があり、かつ、適切であると認めるときは」、評価書の変更を命ずることができる(同法46条の17)としている。

以上のとおり、法及び電気事業法は、事業者のセルフコントロールの考え方を基礎としながらも、事業者自らが適正な環境配慮を行うことができない場合には、国が当該事業の許認可に環境影響評価の結果を反映させる仕組みを設けているのである。

　③的確な環境情報の収集を懈怠した九州電力は適正な環境配慮を行い得ない

　本件では、事業者たる九州電力は、第1に、準備書において、法12条及び通商産業省令に違反して温廃水の再循環の事実を考慮せず、第2に、法19条に基づく知事及び関係市町村長宛の「意見の概要及び当該意見についての事業者の見解を記載した書類」において、「1、2号機運転中における海水温度が1度以上上昇する範囲は、ほとんどが2km内外」という虚偽の事実を記載した(準備書そのものも同様の論理で貫かれている)。

　このような九州電力の行為は、的確な環境情報収集の懈怠にほかならない。そのような九州電力が適正な環境配慮を行い得ないことは明らかである。

　事業者が法の定める手続に従って的確に環境情報を収集した場合であっても、評価書の作成にあたって事業者が重要な環境情報を見落としたような場合などは、前記のとおり、セルフコントロールが不十分で、事業者が適正な環境配慮を行うことができない場合として、評価書の変更が命じられる。

　まして、法令の定めに違反し、また、虚偽の事実に基づいて準備書等を作成することによって的確な環境情報の収集を懈怠した九州電力には、そもそもセルフコントロールが期待できないのであり、九州電力に対しては、いっそう強い理由で、環境影響評価手続のやり直しが命じられなければならない。

　以上より、制度上の定めがなくても、九州電力は、的確な環境情報の収集を「やり直す義務」、すなわち、本件準備書および本件評価書の作成を「やり

直す義務」を負う。

④九州電力は原告らに対し信義則上「やり直し義務」を負う
(ア) 九州電力は、「環境の保全の見地からの意見を有する者」(法18条、以下「住民」という。)からの意見書の提出は、事業者が環境情報を収集するための手段にすぎないこと、事業者は意見書の意見に拘束さないこと、および、意見書の提出は国民の役割とされていることから、意見書の提出に「権利性」を認めることはできないと主張する。
　しかし、これらはいずれも、意見書の提出が住民の手続上の権利であることを否定する理由とはならず、九州電力は、環境影響評価に関与する主体である住民に対し、信義則上、的確な環境情報の収集を「やり直す義務」、すなわち、本件準備書および本件評価書の作成を「やり直す義務」を負う。
　以下、詳論する。
(イ) 意見書の提出は住民の手続上の権利である
　確かに、法及び電気事業法は、事業者に一定の手続を履行させることによって、事業者において自主的に環境保全上の適正な配慮がなされることを期するというセルフコントロールの考え方を基礎とし、環境影響評価によって得られた環境情報は、まず、事業者自身によって環境保全のための措置をはじめとする事業の内容に反映させることが求められている。
　しかし、事業者によるセルフコントロールが不十分であり(例えば事業者が重要な環境情報を見落とした場合)、事業者自らが環境の保全について適正な配慮を行うことができない場合には、国が当該事業の許認可に環境影響評価の結果を反映させる仕組みが設けられている。
　したがって、住民の意見書は、最終的には、国の許認可にあたって、環境影響評価の結果の一部として反映されうるのであり、意見書の提出が住民の手続上の権利であることは明らかである。

(ウ) 信義則上の環境情報提供義務

　法による環境影響評価手続の義務づけの意義の一つとして、関係者の行動のルールを明らかにするという点がある。

　すなわち、環境影響評価は様々な主体が関与するものであるから、これらが円滑に行われるためには、それぞれの主体の役割を明らかにするとともに、意見を求めるための周知、意見の提出方法、提出された意見への事業者の見解の表示方法等の手続をルールとして定めておくことが必要となるのである。

　このような関係者の行動のルール(手続)が成り立つ前提として、それぞれの主体の間の信頼関係の醸成が不可欠であり、とりわけ、事業者は、環境影響評価手続において、各関係者(地方公共団体、住民、国)に対し、信義則上、法令に従って真実の環境情報を提供する義務を負う。

　なぜならば、事業者が準備書の作成にあたって法令に違反し、または、虚偽の事実に基づいた環境情報の提供を行えば、住民の意見書の内容を誤らせることになり、また、法19条に基づく知事及び市町村長宛の「意見の概要及び当該意見についての事業者の見解を記載した書類」において、事業者が虚偽の事実に基づいた環境情報の提供を行えば、知事の意見(法20条)の内容を誤らせることになるからである。後者の場合であっても、住民の意見書に対する知事の理解を誤らせることになり、住民の手続上の権利が侵害されることに変わりはない。

　そして、事業者が法令に従って真実の環境情報を提供することによってはじめて、環境影響評価の目的である的確な環境情報の収集が可能となるのである。

(エ) 信義則上の「やり直し義務」

　九州電力が、法令の定めに違反し、また、虚偽の事実に基づいて準備書または法19条に基づく書類を作成したことは、九州電力が、環境影響評価手続に関与する主体である住民に対し、信義則上負っている環境情報提供義務

(法令に従って真実の環境情報を提供する義務)に違反し、住民の手続上の権利を侵害したことにほかならない。

したがって、九州電力らは原告に対し、信義則上、的確な環境情報の収集を「やり直す義務」、すなわち、本件準備書および本件評価書の作成を「やり直す義務」を負う。

(4) 温排水プログラムの開示を求める

また、九州電力は、訴訟前の態度を翻し、再循環の影響を考慮するプログラムを用いて温廃水の拡散領域を計算していると主張した。

そこで、原告らは、温廃水プログラムの開示を求めているが、九州電力は未だ応じていない。

(5) 今後の展望

裁判所が実体判断に踏み込むのか今後の展開は予断を許さないが、原告らは、裁判を通じて、1号機・2号機のみの現状において再循環があり、3号機が増設されても再循環は解消されないこと、温廃水は九州電力の主張よりもはるか沖合まで拡散することを立証する予定である。

司法は原発とどう向きあうべきか
原発訴訟の最前線

2012年2月29日　第1版第1刷

編　者	現代人文社編集部
発行人	成澤壽信
発行所	株式会社現代人文社

〒160-0004　東京都新宿区四谷2-10八ッ橋ビル7階
振替　00130-3-52366
電話　03-5379-0307（代表）
FAX　03-5379-5388
E-Mail　henshu@genjin.jp（代表）／hanbai@genjin.jp（販売）
Web　http://www.genjin.jp

発売所	株式会社大学図書
印刷所	株式会社ミツワ
装　丁	Malpu Design（星野槇子）

検印省略　PRINTED IN JAPAN　ISBN978-4-87798-514-1　C3032
© 2012　Gendaijinbun-sha Co.,Ltd.

本書の一部あるいは全部を無断で複写・転載・転訳載などをすること、または磁気媒体等に入力することは、法律で認められた場合を除き、著作者および出版者の権利の侵害となりますので、これらの行為をする場合には、あらかじめ小社また編集者宛に承諾を求めてください。

第2章　平成不況の特徴（塚原）

本章は，1990年代から2000年代前半までの期間，すなわち「失われた10年」と呼ばれる期間を分析対象にしています。この不況の特徴は「長期」であったことと，他の不況期と異なり，バブル崩壊にともなう「資産価格の大幅下落」と「デフレ」が発生したということです。本章では，先行研究を参考にしながら，なぜこのような長期にわたる不況が発生したのか，その原因について考察しました。結論としては，不況が長引いた原因として，資産価格の大幅下落を背景とした金融システムの機能不全とデフレを背景とした雇用システムの機能不全の2つが大きいと考えています。さらに，これらの機能不全が生じる原因としては，不良債権処理を先送りしようとする人間心理と名目賃金の低下を嫌がる人間心理が考えられます。経済合理性以外に人間の心理的な傾向も取り入れた行動経済学のアプローチが「失われた10年」の分析で有効であると考えています。

第3章　近年の消費者行動（安藤）

1990年代以降における日本の長期不況が語られる際，その原因の1つとしてしばしば指摘されるのが国内消費の低迷です。本章では家事生産アプローチから，夫の家事労働参加が妻の家庭外労働時間を増加させることにより，妻の効用を上昇させるだけでなく，妻が消費可能な財・サービスの金額が増加することを明らかにしています。そのために政府が果たす役割としては，ワーク・ライフ・バランスの実現，ポジティブ・アクションとファミリー・フレンドリー施策の同時達成が重要であることが示されています。

第4章　貯蓄率の低下と投資の低迷（鑓田）

本章では，国民経済計算のデータにもとづき，制度部門別の貯蓄と投資，資金の流れを検討しました。1990年代以降，一国全体での可処分所得はほぼ一定でした。企業による貯蓄は増えていますが，家計および政府の貯蓄が減少しているため，全体としては貯蓄率が大幅に低下しています。貯蓄の減少以上に国内の純投資の減少が急速に進んでおり，その結果，貯蓄の半分以上が海外への投資に向かっています。企業による純投資が少なくなっているため，家計の貯蓄を企業が投資するという資金循環が崩れ，家計・企業の貯蓄を政府が借りて，経常費に充てるという変則的な状況となっています。その結果，政府の保

まえがき

　本書は，早稲田大学名誉教授諏訪貞夫先生が主催されていた研究会での発表6本を一書にまとめたものです。本来は1年前に刊行する予定でしたが，諏訪先生が2008年9月20日に急逝されたため，延び延びになり，今回ようやく刊行にこぎつけました。

　研究会での主たる関心は，1990年初頭以来今日まで続いている我が国の不況（平成不況）の原因を探り，そこから抜け出すアイデアを見つけ出すことでした。このテーマは必要とされていながらも，現在まで余り研究が刊行されていないという点で，研究会のメンバーの関心事でありました。本書の内容はこの関心事に応えようとするものですが，成功しているか否かは自信がないというのが正直な気持ちです。読者のご批判を賜りたいと思います。

　章建て順に，6編の概要は以下の通りです。

第1章　日本経済平成不況への道（松本）

　本章は，以下の諸章の大枠を規定する意味合いを持ち，平成不況の原因を第二次世界大戦後の日本経済および世界経済の発展経過の中に求めています。主たる要因として，国内的には，戦後の「資源節約型技術の開発政策」と「輸出振興政策」の組合せがその後の長期高度成長を導き大成功であったがために，内外の経済環境が変わったにもかかわらず，変更することが出来なかった点，国際的には，1971年夏のいわゆる「ニクソン・ショック」により，米ドルと金の兌換制度が廃止され，地上から兌換制度が完全に消えたため，貨幣が人々の信用のみに依存する不安定な状況に置かれた点が挙げられます。後者においては，本来，不安定な通貨を安定させるために登場したデリバティブ（金融派生商品）が，貨幣と同じ性格を持つにもかかわらず，規制がかけられず野放しにされたために，金融市場が投機的市場に変質してしまい，しかも，問題を先送りにする政府の対応の行きつく結果として今日の世界的金融恐慌を引き起こしてしまいました。

平成不況

安藤　潤
塚原康博
得田雅章
永冨隆司
松本保美
鑓田　亨
　　著

文眞堂

有する正味資産は，1991年の358兆円から，2004年には54兆円となっており，債務超過一歩手前の状態になってしまいました。

第5章　投資行動の非対称性と連動性（永冨）

　本章では，長期にわたって回復基調にあった我が国の製造企業の設備投資行動がサブプライムローン破綻に端を発する金融危機・経済危機に直面する時点において一体どのような状況にあったのかを明らかにしています。また，東証一部上場製造企業に対して「投資決定等に関する実態調査」を実施し，回答を寄せた企業を対象に資本ストック調整および投資の調整費用の問題，資金調達手段の重要性，今後の研究開発体制等について基本的な事業環境を報告するとともに，景気の方向性に対する投資反応の「非対称性」の存在や同業他社の投資行動に対する「連動性」に関する分析も併せて行っています。

第6章　金融政策の実体経済への影響（得田）

　本章では金融政策当局による政策効果に減衰が確認されるか否かを実証分析により定量化してみました。対象は我が国のマクロ経済で，期間はゼロ金利制約や量的緩和政策を含んだ1986年以降2009年までです。実証分析に先立ち，量的緩和政策期に採られた手段と効果について，およびマクロ経済モデルについて若干の整理を行い，そのうえで，金融政策効果の実体経済への影響度がどう変化していったのかを，構造VAR（Vector Auto Regressive）モデルを用いて考察しました。その結果，2000年代初頭以降，金融緩和政策の実体経済へ及ぼす効果が減衰していく過程が確認されました。

　上にも述べたように，本書の刊行は，諏訪貞夫先生の急逝により，大幅に遅れることになってしまいましたが，研究会を主宰し，日夜我々を鼓舞・激励された先生に感謝し，本書を諏訪貞夫先生に奉げたいと思います。

　　2010年4月1日

著者一同

目　次

まえがき

1　日本経済平成不況への道……………………………〔松本保美〕……　1

  1．はじめに ………………………………………………………………　1
  2．1970年代までの世界経済 ……………………………………………　3
    2.1．米国主導下での現代資本主義の変化 ………………………………　3
    2.2．日本経済の高度成長 …………………………………………………　5
  3．1980年代の世界経済 …………………………………………………　7
    3.1．米国経済の衰退 ………………………………………………………　9
    3.2．日本経済の躍進 ………………………………………………………　14
  4．日本経済の資産価格高騰 ……………………………………………　25
    4.1．投資行動の変化 ………………………………………………………　25
    4.2．資金調達面での変化 …………………………………………………　26
    4.3．金融機関の融資面での変化 …………………………………………　27
    4.4．資産価格高騰の発生 …………………………………………………　27
    4.5．輸出依存型経済発展の行き着く先 …………………………………　30
  5．1990年代の日本の不況：問題先送り政策の代償 …………………　32
    5.1．冷戦崩壊と米国の経済再生 …………………………………………　33
    5.2．投機性が加速された国際金融市場 …………………………………　38
    5.3．日本経済：輸出依存型成長の破綻 …………………………………　40
    5.4．日本経済の90年代不況の原因：無責任な問題先送り政策 ………　42
  6．2008 米国発サブプライムローン破綻による世界金融・経済危機 ……　52
    6.1．米国発サブプライムローン破綻金融危機 …………………………　53
    6.2．サブプライムローン破綻の論理 ……………………………………　61

7. 終わりに代えて
　　──90年代の長期不況と2008年米国発金融危機から何を学ぶか……… 72
　　7.1. 危機の始まりは「ニクソン・ショック」…………………………… 72
　　7.2. デリバティブを経済戦略として徹底的に利用した米国政府 …… 73
　　7.3. モラル・ハザードによる米国政府の自業自得 …………………… 73
　　7.4. 日本政府の責任：過去の成功に縛られた問題先送り政策 ……… 74
　　7.5. まずはモラルの回復が必要 ………………………………………… 75
　　7.6. 私的通貨の発行：金融・経済危機を未然に防ぐ新しいアイデア … 75

2　平成不況の特徴 ……………………………………〔塚原康博〕…… 87

1. はじめに ………………………………………………………………… 87
2. 不況の原因に関する諸説 ……………………………………………… 88
　　2.1. 生産性の低迷 ………………………………………………………… 89
　　2.2. 投資の停滞 …………………………………………………………… 91
3. 不良債権処理の先送りと名目賃金の下方硬直性 …………………… 95
　　3.1. なぜ不良債権処理は先送りされたのか …………………………… 95
　　3.2. なぜ名目賃金は下方硬直的なのか ………………………………… 97
4. 経済政策の有効性と今後のあり方 …………………………………… 99
5. 平成不況からの景気の回復と今後の研究の方向性 …………………102

3　近年の消費者行動 …………………………………〔安藤　潤〕……106

1. はじめに …………………………………………………………………106
2. モデル ……………………………………………………………………107
　　2.1. 基本モデル ……………………………………………………………107
　　2.2. 基本モデルの修正：夫の家事労働参加の導入 ……………………110
3. 男性主権と妻の家事労働時間削減 ……………………………………112
4. 男女間賃金格差 …………………………………………………………115
　　4.1. 女性のライフ・ステージと労働力参加率 …………………………115
　　4.2. 男女間賃金格差と女性の結婚・出産ペナルティ …………………116
5. 既婚女性の再就職市場 …………………………………………………118

6. 夫の家事・育児参加への課題：日本の長時間労働 ……………120
　　7. 政府の役割 ………………………………………………………122

4　貯蓄率の低下と投資の低迷 ………………………〔鑓田　亨〕……127

　1. はじめに ……………………………………………………………127
　2. 国民可処分所得 ……………………………………………………128
　　2.1. 消費と貯蓄 ……………………………………………………128
　　2.2. 国民可処分所得の制度部門別の分配 ………………………129
　3. 貯　蓄 ………………………………………………………………136
　　3.1. 制度部門別の貯蓄 ……………………………………………136
　　3.2. 貯蓄の使途 ……………………………………………………138
　4. ストック ……………………………………………………………142
　　4.1. ストック編の統合勘定について ……………………………142
　　4.2. 正味資産 ………………………………………………………144
　　4.3. 生産資産 ………………………………………………………146
　　4.4. 有形非生産資産 ………………………………………………146
　　4.5. 金融資産 ………………………………………………………147
　5. 結　論 ………………………………………………………………148

5　投資行動の非対称性と連動性 ……………………〔永冨隆司〕……151

　1. はじめに ……………………………………………………………151
　2. 製造業諸部門の設備投資をめぐる状況 …………………………153
　3. 投資機会の推移と企業の投資決定状況 …………………………160
　　3.1. 企業の投資機会の状況 ………………………………………161
　　3.2. 経済成長と投資反応 …………………………………………163
　　3.3. 投資決定要因と連動性 ………………………………………166
　4. 投資行動の「連動性」 ……………………………………………175
　　4.1. 投資行動の連動性に関する予備的分析 ……………………175
　　4.2. 投資行動の連動性に関する投資モデルの推計 ……………182
　5. おわりに ……………………………………………………………188

6 金融政策の実体経済への影響 〔得田雅章〕……201

1. はじめに ……201
2. 先行研究 ……202
   2.1. 量的緩和期の金融政策効果 ……202
   2.2. マクロ経済モデルに関するカテゴライズ ……204
3. 実証分析 ……207
   3.1. 金融政策代理変数の作成 ……207
   3.2. 4変数構造VARモデル ……209
   3.3. 5変数構造VARモデル ……216
4. まとめ ……222

索引 ……226

1
日本経済平成不況への道

1. はじめに

　本章の目的は，1980年代後半から1990年代初めにかけてのいわゆるバブル景気が破綻して以降，現在まで続く不況（以後平成不況という）の原因を探ることである。2008年の秋，米国で顕在化したサブプライムローン破綻による金融危機・経済危機は極めて深刻な様相を見せている。そこで，本章では，現在の金融危機も含め，この平成不況からどのような教訓が得られるかを分析する。

　経済学にバブル景気という専門語があるわけではない。したがって，バブル景気といっても特に明確な定義はない。世の中でよく言われている1980年代後半から1990年代初めにかけての日本のバブル景気とは，投機による株と土地の価格の急激かつ異常な値上がりである。つまり，日本のバブル景気とは資産インフレ／資産価格高騰のことである。本章ではこの同じ意味の2通りの表現法が各所で用いられている。世の中一般には「バブル」の方が通りが良いので，一般的な説明にはこの言葉を，厳密さが必要なときには「資産価格高騰」という言葉を用いる。

　このような経済的大事件には，当然のことながら，必ず原因がある。本章では，その原因が1970年代に起こった世界経済の構造変化と第二次世界大戦以降一貫して堅持されてきた日本経済の硬直的な発展構造にあったことを論証する。とりわけ，日本政府，日銀の問題先送り政策が事態の解決を遅らせた大きな要因であることが指摘される（井村 2000）。ここで，実は，デリバティブ（金融派生商品）のリスク・ヘッジとはリスクの先延ばしであり，この問題先送り機能がデリバティブ取引の中に最初から組み込まれているという点で，今回のサブプライムローン破綻による金融危機が，日本の90年代の長期不況と，同じ性格を持つ原因として実体経済に作用しているという点を頭に入れておいて欲し

い。したがって，以下において，バブル景気とその破綻に関する説明は，基本的にサブプライムローンの拡大と破綻に置き換えて読むことが可能である。

　バブル景気は何時か必ず弾ける。膨らんだバブルが大きければ大きいほど，弾けたときの社会的経済的な影響と混乱は大きい。日本の場合，それは，俗に言われる 1990 年代の「失われた 10 年」という長期の不況であった（Callen and Ostray 2003）。バブルに発生する原因がある以上，その原因を突き止めれば，バブルの発生・拡大を完全にとは言えなくてもかなりの程度防ぐことが可能であろう。バブルの発生と崩壊は国民生活の福祉と厚生に不可避的に大きな影響を与える以上，バブル対策に果たす政府の役割は大きいと言わざるを得ない。

　一方，2007 年夏以降，米国ではサブプライムローン破綻による金融危機が本格化し，2008 年 9 月以降，一気に世界に拡大した。サブプライムローンとは，米国において低所得者に住宅を供給するために設けられた住宅ローンで，最初の数年間は金利が意図的に低く設定されているが，その分，その後の金利は高くなるというローンである。所得が確実に上昇していくなら住宅購入者の返済は可能であるが，不況になれば，返済が苦しくなり，破産者が発生し，不良債権が増加することになる。この住宅ローンはその債権が小口証券化され，デリバティブとして，販売者の信用だけに依存して，年金基金や退職金基金の運用先として投機の対象となっていた。破綻は，販売者の信用が低下することで起こるが，2000 年頃からぽつぽつと現われ始めていた。一方，デリバティブは 80 年代初めから米国を中心に広がり，その後様々な金融派生商品が開発されると共に，それらを様々に組み合わせた商品も多数作られた。従って，今回のサブプライムローン破綻による金融危機の解明は非常に複雑であり，その対策の有効性も不確かにならざるを得ない。

　著者は，今日の長期にわたる平成不況の背景には，多くの人々が，戦後の高度成長という成功物語に捕われ，現状を冷静かつ客観的に分析できなかったために，有効な対策を打ち出す事が出来なかったという状況が存在すると考えている。そこで，本章では，第二次世界大戦後の世界経済の構造にも触れながら，1970 年代以降の世界経済構造の変化の要因とその影響を考察することからスタートすることにする。

　なお，以下では米国と日本の夫々の経済政策と経済状況を並行的に概観す

る。米国の経済政策と経済を検証する理由は，その動きが実際には世界経済の大枠を決めていると言ってよいほど大きな影響力を持っているからである。日本の経済政策と経済の検討では，米国の強い影響下で，日本経済が如何にしてバブルへと続く繁栄の道を歩み，躓いたのか，そして，そこからの回復に何故そんなにも長い時間がかかっているのか，その原因を明らかにしたい。そして，最後に，現在のサブプライムローン破綻による金融危機に関する分析と絡めて，その危機克服に日本の経験が役に立つのか否かを検討する。

なお，本章の内容に関連する主要な統計値については，長期に渡る動きを概観できるよう，1970年から約30年間に渡り一表に纏めたため，各表が大きくなってしまった。また，本章中，各所で頻繁に参照されるため，それらを巻末に一括して掲げることにした。

2. 1970年代までの世界経済

2.1. 米国主導下での現代資本主義の変化

第二次世界大戦後の世界経済は IMF-GATT (International Monetary Fund-General Agreement on Tariffs and Trade：国際通貨基金−関税と貿易に関する一般協定) 体制，もしくはブレトン−ウッズ体制と呼ばれる自由貿易を基調とする経済体制でスタートした。これは，1929年の大恐慌後世界がブロック経済化し，第二次世界大戦の悲劇に繋がったという認識と反省から生まれ，ケインズ的有効需要政策に基礎を置いた自由貿易主義体制である。この世界経済の枠組は，スタートしてからの25年間，世界の自由貿易体制を管理する制度としてかなりうまく機能していたといえるだろう。とりわけ，日本はそこから最大限の恩恵を受けたといえる。

ところが，この体制の最大の問題点は，米国の通貨であるドルを，金との兌換性を付して世界の基軸通貨とし，経済信用の最後の引き受け手とした点にある。この決定は第二次世界大戦直後の米国の突出した経済力からして，当然と言えなくもない。しかし，戦後10年余りの間に，戦争で疲弊した諸国も次々と経済力を回復してきたため，必然的に米国経済の相対的地盤低下および基軸通貨としてのドルの信用の低下をもたらした。にもかかわらず，米国は世界の

覇者としての役割を放棄することができなかったために，大量のドルを海外に流出し続けることとなった。国内，国外共に同一の通貨で決済できる基軸通貨国米国は，自国の政策の誤りの責任を容易に外国に転化できるという安易な政策を採用できる誘惑には抗し難く，このことが長期にわたって米国経済の相対的地盤低下を助長することとなった。このような経済力の相対的低下過程において，とりあえず GATT 体制は維持しながらも，最早 IMF 体制は維持できなくなったという表明が，1971 年 8 月 15 日のいわゆる「ニクソン・ショック」である。この日をもって，基軸通貨としての米ドルは金との兌換性を停止し，戦後 IMF 体制は崩壊し，現代資本主義は先行き不透明な方向に大きく動き出したといってよいだろう[1]。

　「ニクソン・ショック」のショックたる所以は，米国の突然かつ一方的な「金・ドル交換停止」である。これが意味するのは，国際資本移動を管理する制度が無くなってしまったことと，それと裏腹な関係としての，民間資本の国際取引が自由になったことである。前者は，世界経済の先行きを不透明にし，世界経済に混迷をもたらした。それに追い討ちをかけるような 2 度の石油危機[2]によ

---

[1] 兌換制度が完全になくなったということは，貨幣の価値が人々の評価によって 100%決定されるということを意味する。従って，貨幣価値の安定性が失われ，すなわち，貨幣価値の変動が加速され，投機に対する誘惑と実物経済の不安定性が増大する。特に，国際的投機的金融移動は，世界を覆うコンピュータ・ネットワーク・システムという格好の手段の下で，「グローバル化」の波によって一気に加速化され，今日の金融危機にまで至ったといえよう。現在の世界の金融制度は現状を上手く利用できるまでには至っておらず，小賢しい投機家にやりたい放題にやられている状態であるが，解決策がないわけではない。コンピュータ社会において，貨幣が信用のみに依存するということは，貨幣が記号となってしまったことを意味する。我々は誰でも自分の貨幣を創ることが出来る。インターネット上で，自分の貨幣を創ると宣言するだけで十分だからである。それが貨幣として流通しないのは，我々の信用が社会で認められていないからに過ぎない。世界の国の数は約 200 であるが，大多数の国の経済規模よりも大きい民間企業はいくらでも存在する。そのような企業では，独自の貨幣を創り，流通させることが出来る。そうすれば，企業は，投機的金融による国の通貨の変動を回避でき，安定的な経営を行うことが可能になるだろう（松本 2004）。この問題は後で詳しく分析する。
[2] 日本では，この 2 度の石油危機（Oil Crisis）を通常石油ショックと呼ぶ。石油を全面的に輸入に依存し，しかも，輸入に占めるその比率がダントツに高いわが国にとって，石油価格が一夜にして数倍に跳ね上がることは確かにショックである。しかし，本章を読み進めるうちに，読者は，この石油ショックが日本経済の長期的発展にとって，実は石油ボナンザであったことを理解するだろう。これは，どのような事態にも，功罪両面があり，功の方をうまく利用することが人間社会にとって有意義であることを示している（Matsumoto 2006, 2007, 松本 2007）。しかしながら，本章で扱う 1970 年代から 1980 年代後半にかけての日本経済の繁栄の基礎にこのような認識があったとは思われない。がむしゃらに現在の危機を脱しようとした努力が，結果的に苦境を良い方向に偶然転換したに過ぎない。これは 1990 年代の日本政府の不況に対する無策ぶりを見れば明らかであろう。

り，世界経済は混乱と停滞を余儀なくされた。つまり，世界的持続的経済成長の破綻であり，今まで経験したことのない多くの問題と矛盾が次々と生じることとなった。IMF に代わる新しい安定的な国際的経済管理システムが未だに成立していないという現状は資本主義をこれからも長く流動的にし，混迷を深める主たる要因になっている。要するに，1982 年のメキシコ通貨危機，1997 年の東南アジア諸国を中心とする通貨危機，本章で論じる日本のバブル景気の発生と崩壊，サブプライムローン破綻による金融危機といった問題は，いつどこの国にも生じ得るということである。

一方，後者は，世界経済停滞の下で，有利な投資先のなくなった資本が収益を求めて国際移動することを容認し，投機的取引を促進する要因となった。さらに，コンピュータ・ME（Micro Electronics）技術の急激な革新と普及は，膨大な国際的情報を即座に処理・管理できるオンライン・ネットワークを世界中に張り巡らし，資本移動を加速化した。こうして投機的取引が急速に世界中に蔓延することとなった。

2.2. 日本経済の高度成長
2.2.1. 資源節約型技術の開発と輸出振興政策

第二次世界大戦後の日本の経済政策の基本は，他の多くの国々と同様，ケインズ的有効需要政策であった。政府は積極的に経済に介入したが，その中心となる政策は，資源節約型技術の開発と輸出振興政策にあった。この政策の組み合わせは，IMF-GATT 体制で保証された自由貿易のメリットを最大限に活かし，長期の高度経済成長を実現することに成功した。この方針は 1970 年代以降も変わらず世界的経済停滞の中でも日本の輸出依存的成長が実現された。しかし，1978 年末の第 2 次石油危機に際し，対インフレ対策として金融引き締めを行うと同時に，財政を拡大したため，政府財政が危機的状況に陥った。

1980 年代以降の日本の経済的躍進の原動力は 1970 年代から本格化した ME 化政策にある。これも日本政府による資源節約型技術開発の延長線上の政策である。政府はコンピュータ及び ME 技術を将来の日本経済の基幹産業とみなし，手厚い保護育成政策を講じてきた。1970 年代前半は，減量経営に資するため，政府は ME 化政策を推進したが，ここでは，トランジスタ量産技術で

得た経験を利用するなどして，IC 産業，コンピュータ産業を中心に，資源節約型技術を一層追求した．この過程で開発された技術は，巨大な資本力を持つ総合電気機器メーカー，通信機器メーカーを中心に，1970 年代後半以降，様々な新製品開発となって，世界市場を独占することになる．

2.2.2. 日本経済躍進の原因

(1) 自己完結型経済体制の完成

日本経済が戦前の最盛期を凌ぐまでに回復し，高度成長を開始した 1955 年以降，まず，最新鋭の重化学工業が創設された．これを基礎に，素原料を除く殆どの労働手段（機械設備・化学装置），労働手段用原料（鉄鋼など），消費手段を国内生産で賄える，いわゆる自己完結型経済体制が出来上がった．これは，多くの生産分野が少数の巨大企業による熾烈な寡占的競争の市場となり，様々な技術改良，新製品開発が行われるようになったことを意味する．しかし，これを貿易の面から見ると，日本にとって外国とは原料と食糧の供給者であり，工業製品の需要者であることを意味する．これは，特に，対先進国との関係では経済摩擦を引き起こす原因となった．

日本が世界貿易に復帰した 1950 年当時，日本の輸出規模の世界経済に対する比率は極めて小さかったので，この自己完結型経済体制が引き起こすであろう様々な困難は，恐らく誰も予想できなかったと言ってよいであろう．しかしながら，結果論であるが，政府の重要な役割の 1 つは，このような事態を想定し，それに対する対抗策を予め考慮しておくことであろう．

(2) ME 技術革新[3]

前節で論じたように，1970 年代に ME を中心とした資源節約型技術革新が加速化され，1980 年代の日本の経済的躍進の基礎が作られた．

米国から輸入された IC 技術は，1970 年代中葉に量産体制に入る．この段階で，コンピュータ技術を利用して IC の微細加工技術を改良し，1980 年代初頭には，DRAM で世界をリードすることとなる．

---

[3] 本章における ME 技術革新およびその普及に関する記述および数値に関しては，日本半導体年鑑（各年），電子工業年鑑（各年），コンピュータノート（各年），コンピュータ白書（各年），情報化白書（各年），通信白書（各年），情報通信白書（各年）などから引用している．ここで言う ME 化，ME 技術革新とは，マイクロエレクトロニクス技術とその関連技術の開発および組み込み製品を指すが，厳密に定義されたものではない．

ME技術を応用した新製品の開発・工業化では，1970年代以降，VTR，産業用ロボット，PC，オフィス・コン，ワープロ，電子式複写機，ファクシミリ，ビデオカメラ，CD，CDプレーヤー，VD，VDプレーヤーなどが次々と開発され，1980年代末以降は，自動車用・携帯用電話，録音可能CDにも新技術が応用されるようになった。これらの製品は，開発当初は日本のメーカーが世界市場をほぼ独占した。

1970年代後半に，ME技術革新は，ホストからパーソナルへ，そして，それゆえに，集中型から分散型へとコンピュータの一大変革をもたらすが，これが日本に有利に働く結果となった。すなわち，IC，MPU，磁気ディスク技術の導入はコンピュータを超小型化，超低廉化し，分散システムを普及させ，ワークステーションなどの新しいコンピュータを開発し，膨大な市場を開拓した。このような技術革新とその利用拡大は，従来米国の独壇場であったスーパー・コンピュータの分野にも及んだ。その結果，ME技術の利用は，初期の輸出関連企業中心から全産業分野に拡大した。

日本の主要輸出品の推移に関しては，章末の表1-5（輸出金額），表1-6（輸出比率）を参照されたい。表1-6から，代表的輸出品の推移・変遷を見ることが出来るが，注目すべきは，過去30年余りに渡って，精密機器の輸出全体に占める比率が5％程度と安定している点である。これは，日本の工業技術水準が常に高水準で維持されてきたことを意味している。このことが他の産業の輸出品の質を高く保つのに大きく貢献してきたものと考えられる。

3. 1980年代の世界経済

1980年代の世界経済は，米国主導の新自由主義経済の挫折とそれによる混迷の時代と要約することが出来る。そこには2つの大きな要因があった。その1つは，米国の国内産業の停滞である。米国経済の1980年代の特徴は，貿易収支赤字の激増と対外投資収益収支の黒字幅の急減である。1982年以降，経常収支赤字が恒常化し，とりわけ，米国が対外純債務国化したことと国際資本取引が膨大になったことは重大である。米国が対外純債権国から対外純債務国になった直接の原因は，巨額の財政赤字，膨大化する貿易収支赤字・経常収支

赤字を放置し，高金利，異常ドル高，金融自由化という状況の下で大量に流入した外国資本で財政赤字・経常収支赤字をファイナンスしたことである。これは，金交換から解放されたドルが基軸通貨であることに安住し，国内産業の国際競争力低下を放置した結果である。かくして，1980年代にはハイテク製品の貿易収支が航空機関連を除いて軒並み急激に悪化した（井村 2000）。

　もう1つの要因は，米国政府の他国に対する強引な金融自由化要求である。特に貿易赤字の主たる原因が日本からの輸入の急増であると判断したため，米国の日本に対する金融自由化の圧力は厳しかった。

　1980年代後半の世界経済は，1985年9月のプラザ合意で幕を上げた。これは，レーガン政策の失敗を意味する米国の政策転換であった。5カ国蔵相・中央銀行総裁会議（G5）では，先進国の協調介入によってドルを切り下げることが決まった。米国の狙いは，ドルの切り下げと米国金利の引き下げによって国内産業の国際競争力を回復し，貿易収支の赤字拡大を阻止することにあった。ドル引き下げによるドルの大量海外流出とそれに伴う暴落を防ぐために，米国の利子率を他の先進国の利子率より高めに設定しなくてはならないという貿易収支・経常収支赤字の解消という目的に反する政策を採らざるを得なかった。そのため，他の先進国の協調介入が必要になったのである。しかし，実際には米国の貿易収支は好転せず，ドル下落が予想以上に進む結果となってしまった。このため，1987年2月に，フランスで6カ国蔵相・中央銀行総裁会議が持たれ，各国は為替相場の不均衡を是正するよう努力するというルーブル合意が成立した。これは，当時の水準で為替レートの安定化を狙ったものである。さらに，1987年12月のG7でドルの安定の必要性を再確認している。

　このプラザ合意とルーブル合意は次のようなことを意味している。まず，国際的不均衡の解決およびドルの安定は変動相場制の自動調節機能にはゆだねられない。さらに，米国は自国の政策だけで国際収支の改善とドルの安定化を実現できない。したがって，国際協調に頼らざるを得ない。しかし，この合意は米国の自国中心の強引な国際協調であり，これは，規制緩和と市場原理導入を掲げるレーガン政策の破綻を意味している。

　このような世界経済の状況において，日本経済のみが繁栄を謳歌していた。

3.1. 米国経済の衰退
3.1.1. レーガンの新自由主義政策

　米国のレーガン大統領（1981年1月～1989年1月）と英国のサッチャー首相（1979年5月～1990年11月）は，1970年代後半以降のスタグフレーション，すなわち不況下でのインフレ持続という経済状態に対峙して，従来のケインズ的有効需要政策を批判し，新自由主義政策を掲げた．その骨子は，規制緩和と市場原理の尊重，「小さな政府」，通貨抑制である．ここでは，1980年代以降今日までの世界経済を規定しているレーガン大統領の政策を見てみよう．

　レーガンは，従来の政策が財政赤字，インフレ，低成長，失業の原因であるとして，1981年2月18日に「経済再生計画」（A Program for Economic Recovery：通称レーガノミックス）を発表した（U.S.Government 1982）．これは，「小さな政府」を目指す新自由主義政策と呼ばれ，それまでのケインズ的経済成長政策の大転換を意味した．その骨子は，以下のように纏められる．

(a) **財政縮小**

　財政規模を縮小するために政府支出を削減する．削減項目に社会福祉が含まれるが，軍事支出は例外である．

(b) **大幅減税**

　企業，高額所得層を中心に大幅減税を実施した．大幅企業減税は生産力向上と設備投資促進のため，また，高額所得層の所得減税の狙いは貯蓄を促進し，それが設備投資に回るようにすることであった．

(c) **規制緩和**

　政府は大幅な規制緩和（ディレギュレーション）を独占的企業，金融を中心に徹底的に行った．狙いは2つあり，1つは政府のコスト削減であった．もう1つは，米国が圧倒的優位性を持つハイテク産業や高度技術産業を中心とした民間企業の活性化で，これによって経済成長を促進しようとした．

(d) **通貨抑制**

　インフレ克服のため通貨供給・信用拡大の抑制を狙った．

(e) **強い米国**

　強いアメリカの復活を狙った対ソ脅威論を展開し，ハイテク産業，高度技術

産業を核とした SDI（戦略防衛構想：1983年3月）を軸に戦略核戦力の近代化を試みた。

以上の経済再生計画は以下に示すように早い段階で悉く失敗したといってよい。

3.1.2. 米国経済の衰退と世界への影響
(1) 身勝手な政策運営

先に述べたように，1971年に米国は一方的に金・ドル交換を停止し，IMF 体制を崩壊させ，世界経済の持続的成長を終焉させた。IMF 体制に代わる国際的金融取引管理制度が作られなかったために，金交換制約がなくなった米国は，膨大な貿易収支・経常収支の赤字，財政赤字を巨額のドル流出で処理できるようになった。米国の対外債務はドル建てなので，債務超過額の支払いは自国通貨であり，外国為替レートを気遣う必要がない。こうして 1980 年代以降，対外証券取引を皮切りに，国際資本取引が膨大化したが，この実体経済から乖離した国際的投機的金融活動は米国が主導した。米国が諸外国に金融自由化を強要したのである。これは規制緩和政策の一環であり，その背景には，インフレを克服し，金融の自由化・国際化という規制緩和を行うことによって国内産業の再生を図るという考えがあった。しかし，結果的にはこの政策は失敗し，双子の赤字（膨大な財政赤字と貿易収支・経常収支の赤字）を恒常化させる結果となった。その理由は次のように説明されよう。米国が高金利政策を採ったために，国外に大量に流出していたドル，すなわち大量の外国資本が米国に流入してきた。本来ならば，黒字国はここで国内通貨膨張・信用拡張を行って，経済成長を刺激したいところだが，1980 年代の資本主義国の経済は低迷しており，設備投資は低調であった。そのため，米国から流出した巨額のドルは有利な投資先のない過剰資本となり，米国への対外投資（証券投資と銀行取引を中心とした国際資本取引）という形で，米国に還流してきた。このような投機的金融活動は，ドル不安を助長し，金利や証券価格の変動が拡大するため，差益を狙った投機的金融活動が加速化されることになる。一方，このような事態は米国政府・経済にとっては，海外ドル資金の還流によって貿易収支・経常収支，財政赤字（財務省証券）をファイナンスするという安易な政策をとりやすくさせる。その結果，米国は真剣に国内産業の再生に取り組むことが出来ず，その結果として対外純債務国となっただけである。

このような状態に陥ったのは，ドル流出に対する米国の認識の甘さと身勝手な政策運営に原因がある。一言で言ってしまえば，米国の政策は，諸外国に対する規制緩和の強要と自国に対する規制強化である。すなわち，諸外国に対しては，その国内市場開放を要求する。自国の防衛に対しては，1985年9月の新通商政策に見られるように，諸外国の不公正な貿易慣行に対する報復措置として1974年に制定された通商法301条を強化したスーパー301条で報復措置を容易に発動できるようにし，さらに，スペシャル301条では知的所有権の保護を強化している。この条項による制裁発動は米国の一方的な判断でなされるという極めて保護主義的傾向の強い政策であり，GATT／WTO（World Trade Organization：世界貿易機関）に違反することは明らかである。ここには米国の国内産業を再生するための取り組みは全くない。

米国は何故財政赤字を減らすことができなかったのだろうか。

(2) 財政赤字の膨大化

当初，米国政府は通貨供給を抑制したためインフレの早期沈静化に成功した。しかし，経済成長率が1981年は1.9％，1982年は－2.5％と落ち込み，深刻な景気後退を招いてしまった。そこで，通貨抑制政策は早くも1982年後半には放棄され，通貨供給を拡大し，財政も拡大政策に変更された。これによって景気は回復したが，財政赤字の主たる原因であった国防費の急増によって財政赤字が急増した。そのため，国債を大量発行したが，当然の結果として国債利払費が累積し，一層の財政赤字を引き起こした。こうして財政赤字が膨大化していった。

通貨供給が管理されているところへ大量の国債が発行されたため，米国金融市場は圧迫され，高金利となった。米国の金融機関はこの高金利を利用してオイル・ダラーを取り入れ，発展途上国に高利で貸付けた。発展途上国は金利負担増を招き，経済的困難が増し，1982年のメキシコ債務返済不能問題に示されるような累積債務危機を引き起こした。

プラザ合意後のドル大幅引き下げでも米国の膨大な貿易収支赤字は継続し，対外投資収益黒字も急減したため，米国は経常収支赤字を解決する手段を失ってしまった。その結果，外国からの資金流入超過，すなわち借金の必要性が増大し，当然の結果として，対外純債務は増大し，対外投資収益は黒字から赤字

に変わり，経常収支の赤字が一層拡大するという悪循環に陥ってしまった。

米国の対外支払いが外国からの資金流入超過に依存しているということは，外国からの資金流入が減少したり，外国資金が資産売却などを行って国外に流出した場合には，米国内の資産価格の暴落とドルの暴落を招くことになる。そうなると，米国経済を基点として世界経済の大混乱が引き起こされることになろう。この筋書きは経済論理に従ったものであり，このような事態を阻止できるのは米国の政策によるしかない。

(3) 米国経済の衰退

この時期における米国経済の概況は次のように説明できるだろう。まず，米国経済停滞のきっかけは異常ドル高によって米国内製造業の国際競争力が低下したことである。そこで企業は海外現地生産，外部調達，外国企業の OEM を促進した。ドル高は同時に農産物の輸出に打撃を与えた。さらに，大幅減税と赤字財政が加わり，大量の需要が創出され，輸入が大幅に増加した。これによって，国内製造業が打撃を蒙り，その結果，貿易収支赤字が一挙に拡大した。

米国企業は国際競争力の低下・経営悪化に危機感を持ち，その生き残り策として，金融自由化，独占禁止措置の緩和をメインとする規制緩和措置を利用した企業合併や買収（M&A：Merger & Acquisition）に狂奔した。短期間での収益取得が目的で，ターゲットはハイテク部門，銀行・金融部門，サービス部門を中心とする高収益分野・戦略的重点分野だった。衰退分野は切捨てられた。買収資金は LBO (leveraged buyout) 方式（被買収企業の資産，将来の収益力を担保にした借り入れ）で，商業銀行・投資銀行が買収資金の融資や証券引き受けで応じたため，投機的活動が強化されることとなった。収益は企業資産の売買益，資金調達コスト差・手数料などであるため，国内製造業の生産力低迷を促進し，借り入れ依存を強める結果となった。以上のような企業行動は，生産者としての本来の機能，すなわちより効率的に高品質の製品をより安い価格で市場に供給するという役割を無視している点に注意が必要である。

(4) 投機的国際金融市場

1980 年代は実体経済から乖離した国際的投機的活動が恒常化した時代であるが，当初は，高金利に引き寄せられた米国への証券投資が中心で投機的利益を狙ったものであった。この投資は，その後，世界的な投機的取引の膨大化・

恒常化・定着化のきっかけとなるもので，今日まで続く世界の実体経済停滞の大きな原因の1つである。

借り入れ資金に依存する金融活動は，金本位制の下ではその制約を受け，それを超える活動は自動的にできなくなる。しかし，金本位制の制約がない場合は，好況時には旺盛な需要拡大傾向・物価上昇・利潤率上昇を通して，信用膨張・過熱的商品取引の拡大・投機的取引が過剰生産恐慌で収縮・破壊に至るまで拡大を続ける。この恐ろしさは，以下に記すように，1980年代以降の金融拡大の経過を見れば想像がつくだろう。

世界の外国為替取引高を1日平均（1989年）でみると，財サービス輸出の40倍に達している（Bank for International Settlements 1990）。これは，外為取引が実物取引と無関係であることを示している。

1980年代には，リスク回避手段であると同時に投機的利益獲得手段でもあるデリバティブ（金融派生商品）が世界的に急拡大したが（Bank for International Settlements 1990），その原因は，為替相場・金利・証券価格の大幅変動によって急増した国際的金融取引・金融資産保有のリスクを回避する必要性が急速に増加した時に，これを積極的に投機的収益を獲得するための機会と捉えた点にある。しかし，デリバティブの本質は他者へのリスクの転嫁を狙った利益獲得の争いであり，全体のリスクが減少するわけではない。したがって，各国の為替相場・金利・証券価格の変動は新たなリスクの発生を意味し，リスク回避の必要性は一層増大し，必然的に投機的活動領域も拡大せざるを得ない。その他の要因としては，小額の証拠金・オプション料で何十倍もの取引ができ，莫大な利益の獲得も可能である点，バランスシートに載らない簿外取引である点などが挙げられよう（井村 2000）。

1980年代中葉以降，米国の銀行に貸付の質的変化が生じ，その結果，経営危機や倒産に至った銀行が急増した。まず，金利の低下により，不動産，M&A，消費者金融に対する貸付が急増し，商業銀行がこの分野に進出してきた。従来，短期預金調達，住宅・不動産融資は貯蓄貸付組合（S&L：Savings & Loan Association）が専門的に担当してきたが，商業銀行の参入により，多くの貯蓄貸付組合が経営危機に陥り，倒産が急増した（U.S.Government 1991）。商業銀行は非住宅不動産にも進出し，不動産・住宅融資はハイリスク・ハイリ

ターンの投機的投資に変質して行った。

　米国主導による新しい投機的金融証券活動が拡大した。これはバブルの発生および崩壊の基礎である。この投機的金融証券活動は世界中に広がり，金融資産・不動産の世界的規模での投機的取引と価格上昇を相互促進させ，資産価格のスパイラル的高騰，すなわちバブルを生じさせた。

　ここで，1987年10月19日のニューヨーク株式市場における史上最大の暴落，いわゆるブラック・マンデーに言及する必要があるだろう。この暴落の原因は，10月14日の米国貿易収支赤字発表が世界に米国の金利上昇とドル安を予想させた点にある。暴落の収拾は主要先進国の政策協調を必要としたが，実体経済への波及は免れなかった。この何らかの不安材料によって世界の金融市場が大混乱に陥る可能性は今でも依然として未解決のまま存在する。このような事態が再び発生したとき，世界の大多数を占める経済力の弱い国は経済危機を乗り切れることができるだろうか。

(5) 家計の赤字体質強化

　従来から米国では家計の貯蓄率が低かったが，1980年代の所得減税は，その意図とは裏腹に，消費増大・貯蓄率低下を促進した。そのため，消費者信用が膨張し，資産価格（債券・株式）の上昇，個人消費増大に起因する輸入増から貿易収支赤字が拡大した。その結果，実体経済が停滞する中，実体を伴わない国際的投機的金融活動が膨大化・恒常化し，それがドル不安，金利・証券価格の変動拡大をもたらしたために，実体経済とその政策が一層制約されることになった。これが，今日まで続く国際金融証券市場の不安定性激化の原因である。

3.2. 日本経済の躍進

　1980年代の世界的景気後退の中で，なぜ日本経済だけが躍進を遂げたのだろうか。以下ではその原因を探ってみるが，実は，そこに1980年代後半から1990年代初めにかけての日本の資産価格高騰，すなわちバブル景気の原因がある。

3.2.1. 経済政策

　中曽根政権（1982年11月〜1987年11月）は増税なき財政再建と行政改革を掲げてスタートした（臨時行政調査会OB会・臨時行政改革推進審議会OB会 1991）。基本的には，レーガン，サッチャーの新自由主義経済政策に同調し

たため，民間活力の活用，規制緩和，市場・競争原理の導入，経済活動の効率化が政策目標となった。

(a) 金融自由化の推進

日本の対外資本取引は第二次大戦後全面的に禁止されていたが，変動相場制移行後徐々に解禁された。日本政府は，1977年に，財政危機打開策と規制緩和政策を抱き合わせる形で国債取引を自由化し，大量の国債を市場に流通させた。さらに，1979年には自由金利のCD（譲渡可能定期預金）が容認された。その後，1981年から1985年にかけて，五次に分けて金融自由化措置が段階的に講じられた。その内容は，金利の自由化，新金融商品の創出，金融業務拡大，銀行・証券間の業務分野規制の大幅緩和などである。こうして，日本は1980年代前半には国内金融の自由化を一応達成した（経済企画庁 1984, 1988）。この一連の金融自由化措置の背景には，以下に述べるように，日米両国の思惑が強く働いていた。

膨大な対日貿易赤字・対日経常収支赤字（表 1-2 参照）に苛立つ米国は，諸外国に金融自由化を要求していたが，日本に対しては，その貿易収支・経常収支の黒字急増と貿易摩擦ゆえに，特に厳しく要求していた。この要求に応えて，1979年12月に外国為替及び外国貿易管理法を大幅に改正（1980年12月1日施行）し，為替取引が原則として自由化されると共に，居住者の外貨預金，外国為替銀行からの借り入れが完全自由化された。さらに，1983年11月に来日したレーガン大統領は日本の金融・資本市場の開放を迫った。このときに作られた日米円ドル委員会は1984年5月30日に報告書を発表したが，同じ日，大蔵省も「金融の自由化及び円の国際化についての展望」を発表した。両者ともその内容は対外取引面での自由化をうたったものである。このような報告書が発表された背景には，もちろん米国の外圧があるが，日本政府および財界側にも，貿易収支・経常収支の黒字を用いて対外資本取引を拡大したいという願望があった。

日本の金融自由化・国際化の基本方針となったこれらの報告書に従う形で，1984年4月には実需原則（実体取引関連以外の先物為替取引の原則禁止），同年6月には円転換規制（調達外貨を円に転換できる限度枠規制）が撤廃された。この実需原則と円転換規制の本来の目的は，国内金融市場の秩序の維持と

投機的為替売買の抑制であった．然るに，撤廃に際し，その影響や対応措置に関しては十分な検討がなされなかった．この点はその後のバブル発生を考えると大きな問題である．

こうして，東京外国為替市場は急拡大した．その後，デリバティブ取引の拡大を受けて，1985年には債権先物取引（長期国債）が可能となった．さらに，1986年12月には東京オフショア市場（非居住者との間での預金取引・資金貸借取引を国内金融取引と遮断して，預金利子課税等なしに自由に行うことのできる市場）の開設，1989年6月には東京金融先物取引所の創設と金融市場の自由化が進められるが，その際，政府・関連公的機関は複雑化するデリバティブの特徴やその危険性に対する十分な理解と準備を欠き，米国主導の金融自由化の潮流に安易に追従しただけだった．こうして，バブルを膨張させる枠組が整えられた．

(b) 財政改革と民間活力の活用

財政再建策として，国債費，防衛関係費，経済協力費を除いた歳出削減，福祉見直し，政府関係機関の民営化などが主要政策となった．その結果，1984年の日本電信電話公社の民営化（NTT），1985年の日本専売公社の民営化（JT），1987年の日本国有鉄道のJR7分割民営化，同年の日本航空など特殊会社の民営化などが実現した．これらの民営化は政府の財政負担の軽減もさることながら，民間活力を活用して，革新的技術導入による高度情報化基盤の強化と効率性の向上が期待された．特に，余剰人員を整理することで労働組合の弱体化を意図し実現したこと，産・学・官の連係を図ったことなどが注目される．

(c) 内需拡大政策

1985年のプラザ合意後，円高が急速に進んだが，同時に，米国は日本の内需拡大を要求してきた．本来，米国の要求に応えたものではなかったが，1986年4月に「国際協調のための経済構造調整研究会の報告書」（前川レポート）が発表された．その骨子は，輸出志向等経済構造の転換，内需主導型の経済成長実現，金融資本市場自由化・国際化推進，緊急内需拡大政策の受け入れであった．これを受けて，1987年6月には，緊急経済対策として6兆円の公共事業拡大，1986年以降，金利引下げ・超低金利の長期持続（表1-1参照），民活方式都市再開発事業の推進が実施された．この結果，中曽根政権は，その政

策目標であった財政再建を実質的に放棄し，赤字財政・公共投資拡大を容認した形で内需拡大を追及するようになった。

(d) 都市開発・地方開発

規制緩和・民間活力活用の具体化策の1つとして，大規模な都市再開発・地方開発政策が実施された。まず，1983年には大規模都市再開発政策（＝アーバン・ルネッサンス）が構想された。これは，ME化・情報化・金融国際化に対応できるように都市の国際的情報化を目的とする再開発計画である。政府が基本政策と具体構想策定都市を決定するが，財政改革推進中ということで，実施は民間企業が行うという民活方式が採用された。この政策のスムースな実施を図るため，宅地開発や中高層建築物建設関連の諸規制が緩和・廃止された。さらに，1987年には総合保養地域整備法（＝リゾート法）が制定された。官民の分担は上述の大規模都市再開発政策と同じである。すなわち，公的機関が計画・調整した大規模リゾート開発であり，実施は民間業者である。そのために，税制特別措置，公的資金援助，土地利用規制緩和などの特典を付与した。その結果，森林・山野の乱開発が促進され，1980年代後半には，土地の投機的買い漁り・地価高騰および両者の相互促進的進展が加速化された（建設省 1988～1991）。要するに，バブルの引き金を引いた政策である。後にこのバブルがはじけ，つまり開発が破綻し，多くの地方自治体が財政危機に陥ることになる[4]。

(e) 日米共同防衛体制による規制強化

これも基本的には米国のイニシァティブの下で，1978年11月に，日米防衛協力のための指針が発表され，アジア防衛のために，米軍事体制に日本の軍事力が動員されるようになった。さらに，1983年11月には，対米武器技術供与に関する交換公文が締結された。これによると，米国は，日本に軍事分野における技術供与を要求すると共に，米国のSDIへの参加を求めてきた。その一方で，安全保障上の理由で日本の先端技術企業への制裁・牽制を強化している。これは，米国の軍事力を背景とする強力な規制と圧力である。この取り決

---

4 この説明から容易に理解されるように，80年代後半から90年代初めにかけてのバブル景気を発生させた責任は中曽根政権の政策運営にある。当時好況と認識されていたために中曽根政権は長期政権となったが，より長期的に見ると，90年代不況の原因となったバブルを煽った政権であり，その責任を問われるべき存在である。

めはそもそも規制緩和と市場原理を尊重するというレーガン新自由主義政策の基本原則に違反しており，米国が如何に自分勝手な政策を押し付けてくるかということをよく示していると同時に，米国の規制・圧力に追随する日本政府の姿も浮き彫りにしている。

3.2.2. 超低金利政策下での大企業の保有資金拡大

1980年代は日本も金融自由化・金融革新・新しい金融活動の時代であった。その基礎には，政府の金融自由化措置，大幅な貿易収支黒字・経常収支黒字の持続，ME技術革新があった。

1986年1月以降，先進諸国は協調利下げに入り，1987年2月のルーブル合意直後は2.5％と史上最低の水準まで下がった。この超低金利・超金融緩和政策は誤りであったが，それを可能にした条件は，急激な円高の下でも依然として貿易収支・経常収支の大幅黒字が持続されたことによって，政府にとっては国際収支対策が不要となり，インフレ危惧もなかったからである。

1986年から1988年にかけての通貨当局の大量ドル買い介入は結果として資金供給拡大を刺激した。ドル買い介入円資金として発行された外国為替資金証券は殆ど全額が日銀引受であるにも関わらず，資金吸収のための日銀の売りオペレーションが不十分であったために，国内資金供給が急増した。その結果，マネーサプライ（M2＋CD）残高は1987年以降4年連続10％の増加率を記録した。

3.2.3. ME技術による経済的躍進とバブルの芽

1980年代の産業界は，85年のプラザ合意後の大幅円高による一時的な不況はあったものの，全体としては好況であった。特に，プラザ合意後の円急騰対策として，徹底した減量経営が追求され，コストダウン，多品種生産を実現するための広範なME化・省力化設備投資・建設投資が積極的に推進された。これによって，日米摩擦が熾烈化した。その概要は以下のように要約される。
① 輸出依存産業では，円高対応策として各種ME機器の開発・改良を含む最新鋭ME化設備投資が積極的に推進された。ここで言う輸出依存産業とは主としてIC／ME機器メーカー（コンピュータ，民生用ME機器，産業用ME機器）と自動車産業である。
② 広範な産業分野においてME化設備投資が発生した。

③ 全国的開発政策により，建設投資・住宅投資が拡大し，これが設備投資の加速度的拡大に繋がった。ME 技術革新・ME 化は各種製造業，第 3 次産業（通信，金融・保険，運輸，商業，サービス）に広がり，新業種（リース業，情報処理業）を生んだ。

　国際競争力を増した日本の輸出は膨大かつ恒常的な貿易収支・経常収支黒字を生みだした。これに金融自由化が加わったため，貿易収支・経常収支の大幅黒字（表 1-2 参照）は巨額の対外投資（表 1-7 参照）に向けられた。これは，国内大企業の資金調達・運用方法に変化をもたらし，それが金融機関の融資方法に変化をもたらした。

　一方，巨額な貿易収支黒字・経常収支黒字の持続は，雇用を拡大させ，所得総額を増大させた。これが乗用車，民生用 ME 機器，繊維品を中心とした消費の拡大を導き，生産拡大・設備投資増大に繋がった。

　上述のように，1985 年の G5・プラザ合意後，大幅かつ急激な円高の進行で日本経済は円高不況に陥ったが，加えて米国との間の貿易摩擦が熾烈化したため，米国の金融自由化政策を受け入れる形で，大幅な金利の引き下げを余儀なくされた（表 1-1 参照）。その結果，早くも 1987 年には不況を脱し，好況に転じた。他の先進諸国が長い不況に苦しんでいたのに，日本だけが短期間で不況を脱することができたのは，対米輸出は頭打ちになったとはいえ，円高でも好調を維持した貿易収支と経常収支の大幅黒字のお陰であった（表 1-3，4 参照）。その原因は ME 技術革新・ME 化により圧倒的な国際競争力を持った少数の輸出製品が世界市場を独占していたからである。貿易収支の黒字幅は，日本が必要とする輸入品の総額をはるかに越えたものであった。この事態を別の視点から見ると，この時期は資源節約型技術開発政策がその頂点に達した時と言ってもよいだろう。この意味で，この政策は「偽装独裁者」[5]（Matsumoto 2006, 松本 2007）として絶頂期を迎えたといえる。この時点で，政府はこの政策と対になっていた輸出振興政策を放棄し，市場でだぶついている資金を吸

---

5 「偽装独裁者」とは，多くの人々に積極的に受け入れられる社会的影響力の大きい考え・アイデアなどを指す。その多くは，短期的には成功するが，長期的には社会にマイナスとして作用する。このような考えやアイデアは責任の所在を突き止めにくい特徴を持つ。最近よく言われる「グローバリズム」もその一例である。詳しくは，Matsumoto (2006)，松本 (2007) を参照のこと。

収して，それを用いて国内の厚生水準を高める政策を導入すべきであった。第二次世界大戦後ずっと堅持してきた資源節約型技術開発政策と輸出振興政策は，あまりにも成功したがゆえに放棄するタイミングを失し，結果として，長期的には大きなマイナスを国民経済にもたらした典型的な例と言える。

一方，超低金利・金融緩和政策を維持したことによって，長期にわたって累積した巨額の貿易収支・経常収支黒字が過剰資金として市場に流れ込み，資産価格高騰を引き起こした。すなわち，巨額の余剰資本は土地・建物と株式の購入に向かい，それらの異常な高騰，すなわちバブルを招来した。都市・建物，株式の価格の高騰は好況を倍加し，日本経済は見掛けの繁栄を謳歌する。

結論としては，実体経済全体におけるME化が1980年代後半の好況を生んだ直接の原因だが，それによって生じた膨大な貿易収支・経常収支黒字と金融自由化・金融活動が資産価格高騰の基礎となった。資産価格の高騰は，中曽根政権のまずい政策に助長されて，住宅需要・大型消費を倍加させ，過熱化した好況を導いた。ところで，日本経済躍進の立役者となったME技術革新・ME化はどのようにして進展したのだろう。

(1) 全産業に普及したME技術革新

ME化の基本技術はもともと米国で先端軍事技術・宇宙開発用技術として開発されたものである。しかし，この技術は日本では民生用，産業用として，1970年代後半より積極的に活用されるようになった。

ME技術とコンピュータ技術を組み合わせた部品の内蔵化は機能の飛躍的向上，超小型化，大幅コスト削減に繋がっただけでなく，応用機器の開発から生産工程の制御，情報・通信技術の変革と全製造業に大きな影響を及ぼした。こうして，1980年代の飛躍的輸出拡大，貿易収支黒字の膨大化，経常収支黒字拡大の基礎ができた。その後，ME技術は非製造業にも拡大し，1980年代後半には第3次産業が肥大化（通商産業省 1989）し，そのための巨額設備投資を生んだ。これが，1980年代後半の好況の牽引力である。

半導体産業は1981年，1985年に深刻な不況に見舞われた。専業メーカーが多かった米国ではその多くが経営危機に陥った。しかし，日本では，巨大資本の総合電器機器メーカーや通信機器メーカーが半導体を製造していたために，それほど深刻な影響は受けなかった。それどころか，各企業は各種機器への

ME部品内蔵化，新応用製品開発によって販路拡大，コストダウン，高性能化を実現した。同時に，品質管理，生産性向上，製造工程改良，製品改良を行う一方，欠陥製品防止などの面で労働者の協力を得て，従来非常に低かった製品歩留まり率を著しく向上させることが出来た。また，産業用ロボットを広範に導入したことも品質向上・コストダウンに大きく貢献した。

ME技術革新が徹底的に追及された産業の代表はME機器と乗用車である。乗用車の場合，ME化・ME技術革新を利用して，燃費効率の向上・エンジンの高出力化が進んだ。さらに，製品開発促進ツールとしてのCAD／CAM (Computer Aided (Assisted) Design/Computer Aided Manufacturing)，産業用ロボット，需要・生産・販売を統合的に処理する情報管理システムなど広範な分野でME化が急速に普及した。

消費財としては，テレビ，電気冷蔵庫，電気洗濯機，カメラ，時計，自動車，工作機械などにIC，MPU，マイコンが内蔵され，全自動化，小型・軽量化が図られた。その後，大型高性能化に向かうが，コストの大幅な削減と製品の多種多様化が可能となった。1980年から生産過程へのME機器として産業用ロボットの導入が各種産業で急速に進んだので，この年は産業ロボット普及元年と言われる。

このようなME化は1980年代後半に円高対策として加速化され，生産工程の自動化・省力化，品質改良，コスト削減，多品種生産等の面で一層の進展を見た。FMS (Flexible Manufacturing System) やCAD／CAMが全産業で利用されるようになったのはこのころからである。

ここで特に注目すべき点は，ME技術とコンピュータ技術の結合により，画期的な情報処理システムとしての通信ネットワークが実現したことである。この技術は，規制緩和政策の一環として民営化された電信・電話，鉄道において，デジタル交換機の導入，高速デジタル伝送サービスの提供，コンピュータによる運転管理システムや新規座席予約システムの開発等が加速化された。しかしなんと言っても，この技術の影響を最も強く受けたのは金融業界である。その結果，世界の金融取引の投機性を加速させ，世界経済の不安定性を増加させた。日本のバブルの発生とその崩壊，および，米国発のサブプライムローン破綻による金融危機に影響された不況をもたらした大きな原因の1つである。

金融業における ME 技術・通信ネットワーク・システムの導入は，まず，預金オンライン・システムから始まり，その後，取引のための情報・通信システム，ディーリング・システム，決済システムなど新しいシステムが開発されると共に，それらのグローバル・ネットワーク化が進んだ。さらに，ME 技術によって内蔵情報量を大幅に拡大し，情報処理も可能なカードが登場したことで，金融業界では通信・商業分野までも巻き込んだグローバルなネットワーク・システムが急速に構築されるようになった。卸・小売・スーパーマーケットで急速に普及した POS（Point of Sales）システムは，このようなグローバル・ネットワーク・システムと消費者を繋ぐチャネルとなっている。

(2) 集中豪雨的輸出と貿易摩擦

1980 年代の輸出は IC 関連，ME 機器，乗用車といった少数の企業と一部少数品目に集中していた。たとえば，1988 年においては，輸出額上位 20 社が全輸出額の 40％，輸出額上位 30 社が全輸出額の 50％を占めている。これらの企業，製品は圧倒的な国際競争力を背景に，驚異的な輸出拡大を実現したため，貿易収支・経常収支の黒字は膨大な額に達した。1985 年時点における輸出依存比率の高い製品は，電子卓上計算機 79.1％，工作機械 37.6％，TV 受像機 77.5％，ビデオ・テープレコーダ 90.1％，乗用車 57.9％である（通商産業省 1989）。これらの極度に国際競争力の強い少数の製品が集中豪雨的輸出で世界市場を独占していたため，プラザ合意後の円高も輸出に全く影響しなかった。資源節約型技術開発政策の成功である。

1980 年代の輸出拡大は米国市場への依存度を増した。日本の対外輸出シェアを見ると，1987 年は，米国 36.5％，韓国 5.8％，西ドイツ 5.6％，1989 年は，米国 33.9％，韓国 6.0％，西ドイツ 5.8％であった（通商産業省 1988）（表 1-3, 4 も参照）。対米輸出主要品目は機械機器（ME 機器，乗用車）で，対米輸出総額に占める比率は，1965 年，28.5％，1970 年，47.8％，1980 年，73.4％，1988 年，82.5％と急激に増加している（井村 1990）（表 1-5, 6 も参照）。

米国に対する一方的な輸出拡大は輸出超過となり，これが 1980 年代における貿易収支黒字拡大の中心であるが，米国産業にとっては大打撃となった。米国経済再生の軸とみなされていたハイテク産業（TV 受像機，家庭用 VTR，工作機械，半導体など）の貿易収支は急激に悪化し，赤字に転落した。

1980年代におけるME化した日本産業の躍進と輸出の急増は，米国の中枢産業の衰退，貿易収支・経常収支の赤字をもたらし，日米貿易摩擦の原因となった。その結果，日本側が輸出の自主規制を余儀なくされた製品は，乗用車（1970年代末から1980年代），半導体（1985年），NC（Numerical Control）工作機械（1983年から1986年）などである。

(3) 直接投資の急拡大

円高と日米経済摩擦の激化により，日本企業は対外直接投資（表1-7, 9, 10参照）により現地生産を急速に拡大した。1980年代の現地生産の特徴は以下の通りである。

① それまでの現地生産は主にアジアの発展途上国において労働集約的な繊維関係が中心であったが，これが，米国はじめ先進国での現地生産へと移っていった。主たる生産は自動車，電機，その他機械で，いずれも巨大な設備投資・高加工度の組み立て産業である。

② アジアでの現地生産も変化し，従来の繊維・雑貨といった低賃金労働を利用した現地市場向け労働集約的産業から，機械産業（電気製品，半導体），化学産業へと変わった。その輸出先も先進国，アジア向け，逆輸入向けと拡大した。この変化は日米貿易摩擦の回避を狙ったものである。投資先も従来のNIEs（Newly Industrialized Economies）からASEAN（Association of South East Asian Nations）諸国にまで広がったため，多くのアジア諸国では日本が輸出・直接投資第一位国となった。

③ こうして，自動車メーカー，総合電気・通信機器メーカーを中心とする日本の巨大企業は，米国，EC／EU（European Community/European Union），アジアに直接投資を行い，対外証券投資，為替売買によって海外で資金調達を行う形で多国籍化していったが，国内でも依然として国内生産設備を維持し，巨額の輸出を維持したままだったから，輸出依存体質が変化したわけではなかった[6]。したがって，国内経済が低迷しても，今度は従来のように輸出で切り抜けるということが出来なくなった。また，日本企業の現地生産は日本式減量経営の輸出であったため，企業経営にとって有利な条件は全て利用した。この

6　米国の海外直接投資は，日本の場合と異なり，本国の生産能力を海外に移転する形をとっている。

ことは，労働問題や公害・環境問題が発生する可能性が大きいことを意味する。

　日本が直接投資を急速に拡大していったこの時期，「前川レポート」で指摘されたように，日本政府は輸出振興政策を放棄し，日本経済の輸出指向型体質を改めるべきであった。換言すれば，海外直接投資を拡大していた日本の巨大輸出企業は国内生産規模を国内市場の規模に見合うまでに縮小し，真の多国籍企業（というよりは無国籍企業という方がより適切な表現だと思われるが）に脱皮すべきであった。それが出来なかったことと，資源節約型技術開発政策が製品開発から効率的経営までの全分野において限界まで推し進められていたためにそれ以上の発展が望めなかったことが，バブル崩壊後の不況が長引く主要な要因となった。資源節約型技術の開発と輸出振興政策は，これらが採用された第二次世界大戦直後の日本経済においては当然の，そして恐らくは最良の政策であったろう。それゆえにこそ，長期にわたる高度成長が実現したとも言えよう。しかし，どんなに優れた政策であっても，余りにも長く採用していると実際の経済には合わなくなってくる。日本政府と産業界はこの判断を誤ったといえるだろう[7]。

(4) 対外投資の活発化

　貿易収支黒字の大規模化から経常収支の大規模黒字恒常化にいたる状況下で，金融自由化措置が講じられ，日本企業の対外投資活動は国内金融活動と密接の絡み合いながら急展開することとなった。

　1980年代に入り，日欧の企業は米国への直接投資を活発化したため，米国は資本輸出国から資本流入国に変化した。このため，日本の貿易収支・経常収支の黒字が急増したにもかかわらず，ドルは異常に高くなった。この時期，日本の対外投資は，長期資本流出が驚異的に拡大しただけでなく，対外証券投資も急増した（表1-7，8参照）。その半分は米国に向かったが，大半が債券投資（米国財務省証券）であった。米国の異常な高金利によって日米間の金利に大幅な格差が生じたため，その差益を狙って，国内の余剰資金が米国に向かったのである。主な投資家は生命保険会社，簡易生命保険会社を中心とした機関投資家であった。しかし，1980年代前半は，日本の巨大企業による米国への直接投資の比重はまだ低かった。

7　Matsumoto (2006)，松本 (2007) を参照。

1985年に，米国が世界最大の純債務国に転ずる一方，世界最大の純債権国となった日本は，対外投資収益の黒字が激増し，これが経常収支黒字の新しい柱となった。

4. 日本経済の資産価格高騰

1980年代後半に発生した日本のバブル景気／資産価格高騰の原因は，大きく2つの要因に依存していると考えられる。1つは，今まで述べてきたように，世界経済を安定的に管理する新しい国際的枠組ができていないために，投機的金融取引をコントロールできないという問題である。その根底には，米国の無責任な経済政策がある。もう1つは，日本の経済発展論理の硬直性といってよいであろう。日本経済の躍進と停滞はこの硬直性故の成功と失敗と評することができる。ここで言う硬直性とは，前節でも論じたように，日本政府と主要産業が資源節約型技術の開発と輸出振興政策に余りにも固執したことである[8]。

4.1. 投資行動の変化

プラザ合意後も日本の対外投資額は拡大を持続したが，その内容には変化があった。急激なドル安・円高と金利低下により，円でドル買いの対外証券投資は巨額の為替差損を蒙ったため，米国債投資は減退した（大蔵省国際金融局1987〜1989）。それに代わって，為替差損回避のため，ドル－ドル型投資が急速に拡大した。しかし，これはまだ受動的な借り入れであった。ドル相場，金利共に不安定という国際環境の下で，対米証券投資は，従来の長期高金利・配当狙いから短期の売買差益を狙った投機的な投資に急速に変わっていった。

金融自由化の下で，外為銀行は国際的金融取引を積極的に拡大し，ユーロ市場で巨額の借り入れを行った。明らかに為替差益狙いである。ドルの下落が進行すると，通貨当局が介入し大量のドル買いを行うので，外為銀行は借り入れたドルを通貨当局に売却することで巨額の為替差益を得ることが出来るからである。つまり，政府は巨額の為替差損という形で外為銀行に儲けさせていたの

---

[8] Matsumoto (2006)，松本（近刊）を参照。

である．政府のこの行為は所得配分を歪めることになる．なぜなら，政府が蒙った為替差損は実際には国民から集めた税金を意味し，それが一部の民間企業に移転されているからである．

対外投資は経常収支黒字を上回る拡大を見せ，1984 年以降，長期資本流出超過額が経常収支黒字を上回るようになる．こうして，1989 年には対外資産残高世界一となるが，同時に対外負債も急速に拡大する．その大半は民間の短期負債である．要するに，短期ドル借り入れによる対外資産拡大である．

以上の話は，大規模な貿易収支・経常収支の継続的黒字は日本の経済力の強さを示しており，それゆえ巨額借り入れが可能となったのだが，同時に，円で対外投資を行えないという日本の国際金融面での弱さも示している．

米国国債に対する投資は 1980 年代前半までは民間企業が主体であったが，1986 年から 1988 年にかけては通貨当局が主体となった．通貨当局は円高防止策としてドル買いを行い，そのドルで米国の国債を購入した．米国の赤字財政にファイナンスしたわけであるが，ドルの下落により巨額の為替差損を被ることになった．

1980 年代後半の日本企業の対外直接投資の特徴は米国の不動産・企業買収である．急激な円高と日本の資産価格の急上昇は，ドルで見た場合の日本の資産評価額が急上昇するのに対し，円で見た米国の資産評価額は急下落する．日本国内の土地・株式高騰は，不動産企業・一般企業・生命保険会社などが巨額の低金利資金を調達することを可能にし，これが米国の不動産・企業の大型買収に向けられた．

この時期，巨大企業の資金調達法にも大きな変化があった．輸出の拡大と対外投資収益の拡大が収益の急増に繋がるというのが 1980 年代を通じての特徴であったが，1980 年代後半に入ると，急激な円高から巨額の円高差益を得たため，輸入関連商社や輸入原材料を大量に利用するメーカーを中心に保有資産が激増した．一方で，減量経営が推し進められてきたこともあって，企業の借入金は縮小し，自己金融比重は上昇し，巨額の保有資金を確保することとなった．

4.2. 資金調達面での変化

製造業，とりわけ ME 機器，自動車産業では，積極的に設備投資を推進し

たが，粗設備投資は内部資金（内部留保＋減価償却費）で賄うことができた。

1986年から1989年にかけて，大企業は，エクイティ・ファイナンス（有償増資株式，転換社債，ワラント債）で巨額資金を調達した。これは大企業の資金運用面（実物投資＋金融投資）に変化をもたらした。エクイティ・ファイナンス中心の外部調達資金は実物投資の伸びをはるかに上回ったため，余剰資金が金融資産として運用され，株式の購入に当てられた。これが株価のスパイラル的上昇を招き，投機的資金運用の性格を強めた。実物投資は，非製造業を中心として，値上がり含み益期待の投機的土地保有が増加した。

4.3. 金融機関の融資面での変化

大企業が豊富な資金を保有する一方，政府は金融緩和政策で長期の超低金利政策を維持していたので，1984年以降，金融機関から不動産業，金融・保険業（ノンバンク），サービス業に対する貸出残高が急増した（この間，製造業に対しては，輸送用機械器具に対しては大幅減少，一般機械器具・電気機械器具に対しては若干増であった。）。また，中小企業への貸付も増大している。

1980年代後半の全国銀行による急速な貸し出し拡大は，主として，住宅信用供与（割賦返済方式＝住宅ローン），消費者信用供与（消費者ローン），および，割賦販売業者（自動車販売会社），信用販売会社に対して向けられた（製造業や大企業では借入金依存が大幅に低下し，銀行離れが進んだ。）。これは資産価格高騰に影響した。

ノンバンクとは預金等を受け入れないで与信業務を営む会社であり，住宅金融会社，消費者信用会社（信販，クレジット会社），事業者信用会社（リース会社），抵当証券会社などが含まれる。これらは銀行，証券会社，保険会社，商社などを母体とする系列会社である。

4.4. 資産価格高騰の発生

1980年代の金融自由化と過剰資本の増大は資本主義国に投機的商品取引を一般化させ，株価の持続的高騰を生じさせた。しかし，1987年10月19日，ニューヨーク株式市場で発生した株価の大暴落（ブラック・マンデー）は瞬く間に各国の株価暴落を引き起こした。これによって株式市場は沈静化した。

ニューヨークやロンドンの株式市場が活気を取り戻すのに 1 年半余りの時間を必要としたが，東京の株式市場の回復は 2 カ月も要しなかった。

4.4.1. 消費の拡大

個人消費拡大の基本的原因は雇用の拡大による所得総額の増大である。1980 年代後半には全産業で雇用の拡大と所定外労働時間の増加が確認されている。消費支出の伸びは可処分所得の伸びほどではなかったが，消費支出総額は増大している。この背景には，企業の派手な広告・宣伝と資産価格高騰による人々の富裕化意識があり，これが消費者の欲望を刺激・拡大した。そのため，消費者金融（ME 内臓クレジット・カード，情報処理システムの発展，低金利）が爆発的に拡大している。消費の内容は ME 化による多様化・高級化した製品，（外国）旅行，ホテル・レストラン，ゴルフ，レジャー・外食・スポーツなどである（経済企画庁 1990, 日本銀行調査局 1990）。

4.4.2. 株価の高騰

金融自由化により対外証券投資が拡大した（表 1-7, 8 参照）。株価は 1983 年から上昇を開始，1986 年から上昇が強化された。

大企業は豊富な内部資金を持ち，政府は米国の要求に従って 1986 年 1 月に公定歩合を引き下げ，その後長期にわたり超低金利・金融緩和状態が続くことになった（表 1-1 参照）。

1987 年以降は，株価上昇をきっかけに，大企業はエクイティ・ファイナンス（ワラント債，転換社債）で，（本来の事業活動・設備投資には過剰な）巨額の超低コスト資金を調達し，（価格上昇差益を狙った）株式や土地に対する投機的取引に走らせた。

4.4.3. 地価の異常な高騰

(1) 直接の契機

都心部商業地のオフィス・ビル・商業地の実需拡大の原因は，金融自由化・国際化と（ME 技術革新による）画期的な情報・通信ネットワークの普及により，東京圏への経済活動・人口集中が再燃し，企業の本社・事業所の東京都心部移転，（銀行・証券を中心とする）外国企業の日本進出を促したことにある（日本銀行調査局 1990, 日本長期信用銀行調査局 1986）。

地価の上昇は，東京都心部商業地から都心部住宅地，次いで周辺部，さらに

地方都市へと広がった。

都市の住宅価格が年間所得の数倍を超えるまでに高騰した原因は，もともと住宅事情が劣悪であったため，宅地・住宅の新規取得・改造・買換えの潜在需要が強かったことにある。

(2) 実需拡大から地価高騰へ

地価の異常な高騰が長期継続した原因は，政府の規制緩和・民間活力活用政策による都市再開発と長期にわたる超低金利・超金融緩和政策にある。都市再開発政策遂行のため，環境・住宅条件にかかわる諸規制が緩和・廃止され，1984年以降，東京都の国公有地・旧国鉄用地などが入札制で，公示価格の2〜3倍の価格で売却された（土地問題研究会・(財) 日本不動産研究所 1989）。その結果，高価格・低居住条件の住宅が乱立し，都市の乱開発，環境悪化を招いた。この現象は更なる地価高騰により拍車をかけられる。地価高騰は森林・山野の買い漁り・乱開発にも及んだ。

住宅とオフィスに対する強い需要に地価の上昇と低金利が加わったために，居住目的の個人が宅地・住宅購入に走る一方，企業は有利な利殖手段として価格上昇を期待できる土地の取得に狂奔した。こうして生じた地価の高騰が土地の担保価値を増し，これが超低金利資金の大量借り入れを引き起こし，地価の高騰に一層の拍車をかけた。非金融・法人企業の土地購入ネット額は1989年には9.7兆円に達したが，その殆どが借り入れ資金であった。

大半の居住者にとっては，自分の所有する住宅の価格がどんなに高くなっても，売ってしまったら住むところがなくなるので，売るわけにはいかない。つまり，多くの住宅所有者にとって，その住宅価格は「虚」の価格に過ぎないから，住宅価格の変動は居住者の使用価値／有用性には影響しない。しかし，住居を持たない人にとっては，宅地・住宅の高騰は実際の支払い価格だから「虚」の価格ではない。それゆえ，住宅取得の困難性が増し，これが賃貸料の高騰，通勤・通学時間の増大につながった。その結果，持てる人と持てない人の格差・不平等が急速に拡大した。

(3) 土地・株式の資産価格の異常な膨張

1987年におけるキャピタル・ゲインは416兆円に達し，労働・企業活動による所得の343兆円を上回っている。

株式・土地価格高騰の異常さを見てみよう。1987年における日本の株式時価総額は米国のそれを上回り，1988年末には500兆円に達している。同じ1987年における日本国土の地価総額は1638兆円で，米国の4倍である。これらの数字は「虚」の膨張であり，国民生活には何の使用価値／有用性も付与しない。キャピタル・ゲインの獲得者は余分の土地・住宅の所有者，金融資産の売買を繰り返すことのできる人・企業であり，多くの人が売却すれば暴落することは目に見えている。

(4) 資産価格高騰による好況の倍加作用

住宅建設の促進は，結果として多くの人々に資産家意識・富裕者意識を植え付け，高級大型消費へと走らせた。企業は低金利を利用した株式・土地への投機から巨額の運用収益を獲得し，これが交際費，政治献金，暴力団への謝金などに流れた。

4.5. 輸出依存型経済発展の行き着く先
4.5.1. 資産価格高騰の原因

1980年代の日本経済は金融自由化・国際化の時代であり，大手民間銀行，生命保険会社，証券会社は諸外国に支店網を張り，世界の資産規模別銀行ランキングの上位を独占した。一方，国内経済面では，1980年代は都市開発・高層化，大リゾート開発，土地取得の時代で，巨大不動産会社と建設企業が巨大プロジェクトを遂行した。

その結果，巨大企業集団は次のように変質していった。商社や金融機関は対外投資・対外金融活動を通して情報を収集し，集団内企業に伝達し，企業集団内企業は高速情報処理・管理システムの構築，新素材開発，石油資源開発などを担当した。このシステムを利用して急速に生産性を高め，圧倒的な国際競争力をつけた企業が，独占的に世界市場を支配している少数の製品の集中豪雨的な輸出によって，巨額の黒字を継続的に獲得した。

このような大規模な貿易収支の黒字を生み出した主たる要因は，ME技術を導入し，フルに活用したME関連企業や自動車産業の突出した国際競争力であったが，同時に勤勉で新技術に柔軟に対応し，企業忠誠心の強い労働者の存在，優れた下請け中小企業を有利に利用した点を見逃してはならない。労働組

合運動の面では，運動の長期低迷化の流れの中で，1989年11月に，総評の解散，連合，全労連の発足という大転換期を迎えたが，労働者の組合組織率と交渉力の低下を止めることは出来なかった。この労働組合運動の低迷も巨大企業の強大化に寄与したといえるだろう。

こうして獲得された黒字は，主として米国に対する投資の持続的拡大，米国債投資，政府開発援助（ODA：Official Development Aid）として流出した。その結果，巨大企業を中心に，対外長期資産の増大と対外投資収益の増大が実現し，1980年代中葉に日本は世界最大の対外純債権国になった。

4.5.2. 資産価格高騰の末路：何のための経済発展か

今まで長々と論じてきた貿易上の大規模な輸出超過という余剰は，実は，労働条件の改善や国民生活諸条件の改善には向けられなかった。さらに，殆どドル建ての対外資産・対外債権はドルの下落と共に資産価値を減少させた。日本の企業は何のために国際競争力を高め，貿易黒字を溜め込んできたのであろうか。

政府の政策は国際競争力強化，輸出拡大最優先であり，大規模な恒常的輸出超過は国民生活を維持し，向上させるものではなかった。

4.5.3. 財政再建の失敗・財政問題の深刻化

1980年代初めに政府は増税なき財政再建を政策の要として掲げていたが，実際には，1980年代を通して財政問題は深刻化した。経済成長持続のため，政府は大量の国債の持続的発行を行ったため，国債残高が累増した。このため，1980年代後半には国債の利払いのための国債発行，国債償還のための借換債発行が定着した。

国債発行の原則は，それによる借り入れを需要創出のために支出し，景気上昇を図り，増大した税収をもって借り入れを返済することである。しかし，現実には，過去の借金の利払いと返済のための国債発行となってしまったため，国債に依存する体質を解消することは困難であった。

NTT株式の売却で得た10兆円の収益を国債整理基金に入れ，国債償還に充当したり，資産価格膨張によって税収が増大したが，国債償還には無力であった。こうして，国債費は一般会計支出中，地方財政関係費に次ぐ支出項目となった。これは経済大国実現に伴う代償と言えよう。

5. 1990年代の日本の不況：問題先送り政策の代償

　永遠に続く不況がないと同様，永遠に続く好況もない。バブルも何時かは弾ける。バブルが大きく膨らめば膨らむほど，弾けたときの影響は大きく，深刻である。日本の場合，1991年にバブルが弾け，その後10年余り，長い不況に苦しんだ。(基本的には，この不況は現在も続いている。) 多くの人はこれを「失われた10年」という。これは正しい評価だろうか。1990年代から今日に至るまでの日本経済は，確かに好況とは言えないだろう。しかし，この間，物価は極めて安定し，そのため，名目賃金は上昇しなかったにもかかわらず，実質賃金はやや上昇気味であった。失業率にしても6％前後に上がったとはいえ，ほかの国の失業率と比べればなきに等しい低レベルであった。全体として，日本経済が危機的状況にあった，あるいは，あるとは言い難い。あれほどのバブルが崩壊したにもかかわらず，何とか国民生活が持ちこたえたのは，日本経済の大きさと強固さによるものだといってよいだろう。これが，小さな経済なら，それこそ大混乱に陥って，破綻に至ったかもしれない。それは，近年のメキシコ，タイ，インドネシアなどにおける金融経済危機を見れば分かるだろう。当時の世界的投機的金融状況は依然として現在も続いており，近い将来，安定的な世界的金融管理制度が出来るとも思われない[9]。巨大な投機的金融が横行している今日の世界では，いかなる国もちょっと景気がよくなればバ

---

[9] 1971年の金・ドル交換停止により，貨幣を最終的に担保するものがなくなり，貨幣の定義は「人々が信じる限り貨幣」と変化した。さらに，全世界を覆うコンピュータ・ネットワークの完成により，貨幣は完全に情報と化した。これが，現在の巨大な世界的投機的金融市場を成立，不安定化させている元凶である。国際金融取引の99％以上が投機的金融取引であるという現状は，その為替レートと変動が企業の国際競争力とは関係のないところで決まっていることを示している。多くの企業にとっては自分の行動や責任とは関係のないところで，輸出入価格と国際競争力が決まっているということである。しかも，その変動は極めて激しい。このような状況は個々の企業だけでなく，経済社会全体にとっても極めて不都合なことである。何とか外国為替市場を安定化する方策はないものだろうか。世界が単一の共通通貨を利用すればこのような問題は生じないが，それは現状では不可能な願いである。かといって，外国資金の流入・流出を完璧にコントロールもしくは補足出来る方策もない。そもそも，国際競争力をいう個別企業の問題を1国1通貨を基礎とした為替レートで換算するというのも乱暴な話である。何とか良い方策はないものか。ここで，1つアイデアを出そう。それは，各企業や企業グループ（別に企業でなくてもかまわない）が「貨幣＝情報」という現状を逆手に取ること↗

ブル経済に陥る可能性がある。バブルは突然破裂する。特に，大幅な貿易黒字を抱えている国ではその可能性が高い。そのような国では，政府が事前に民間の過剰な余剰資金を吸い上げ，国民の福祉や厚生の向上に資するように用いるべきであろう。「市場原理」，「グローバライゼーション」，「規制緩和」といった言葉に普遍的価値があるわけではない。極端な市場原理，グローバライゼーションあるいは規制緩和の追求は返って社会をゆがめてしまう。このような場合にこそ，政府が経済に介入し，国民全体の福祉・厚生の向上を図るべきときである。そうでないと，1980年代後半から1990年代初めの日本のバブル景気のように，長い苦難の努力の末に獲得した貿易黒字をむざむざと溝に捨ててしまい，拡大した貧富の格差を是正しようにもその余裕がなくなっているという結果に終わるだろう。

5.1. 冷戦崩壊と米国の経済再生

1980年代末から90年代初めにかけて，ソ連・東欧共産主義国家が崩壊し，第二次世界大戦後35年余り続いた冷戦構造があっけなく消滅してしまった。一方，米国は，1991年，湾岸戦争に勝利した。米国が用いた近代兵器は他国を圧倒し，米国は世界で唯一の軍事的政治的覇権国[10]となった。軍事的な優位性を確立した米国にとっては，本格的に経済の立て直しを図る時間が得られ

↘である。すなわち，各企業が自分の私的貨幣を創り，それを通貨にしてしまうのである。通貨発行権が国／政府に属するという明確な根拠・理由はない。現在の多国籍企業グループは世界中に展開しているので，自分の私的通貨を内部取引に用いれば，グループ内の国際間取引も含め，創出された付加価値は他の貨幣に変換されないから，課税されることもない。このような私的通貨はグループ外企業であっても取引関係のある場合には魅力的だろう。交換レートの計算は面倒になるが，これはコンピュータ技術で対応できる。この方法を用いれば，投機的マネーの影響もかなり回避できるだろう。多くの人はこのようなアイデアを実現不可能だと思うだろう。しかし，現に，日本では，政府が地域活性化の一環として，地域に限定された私的貨幣の流通を促進している（例えば，早稲田大学周辺の商店街で使用されているアトムマネー）。ここで論じている私的通貨は，アトムマネーの流通領域を単に拡大しただけである。強大な多国籍企業の組織は，経済力でみると，（厳密な比較は不可能だが）現在地球上に存在する200余りの国の殆どよりも大きい。強力な企業であればあるほど一般の人々もその私的マネーに魅力を感じるに違いない。したがって，このアイデアはそれほど非現実的ではないだろう（松本 2004）。

10　集団的選択理論的には，米国は軍事的政治的に独裁者にまではなれなかったが，弱独裁者にはなったと言えるだろう。独裁者であれば，どのような意思も世界で実現できるが，米国にはそれほどの力はない。しかし，米国は，その意に逆らう国や組織，個人の意思の実現を阻むことが出来るという意味で弱独裁者と言える。

たことになり，これは，クリントン政権の最大の政策目標となった。

5.1.1. リストラクチャリング

1985年のプラザ合意により，米国は，ドル大幅切り下げと金利切り下げを実施したが，米国の貿易収支赤字は解消しなかった。そのため，米国政府と産業界の中には，最早為替調整では問題は解決せず，本腰を入れて国内産業を再生しなくてはならないという政策転換を求める機運が高まってきた。

クリントン政権誕生に先立ち，多くの米国企業は，1980年代後半より，"リストラクチャリング"に取り組み始めた。これは，徹底的なコスト削減と短期利益を追求した経営法で，景気回復とその持続的成長を支える基礎と認識された。そこで，経営者は，大規模な人員削減やレイオフ，正規雇用の縮小，賃金の抑制を強力に推し進める一方，生産工程にME機器を導入し，低収益事業を切り捨て高収益企業を買収・合併し，部品・完成品をコストの安い国からのアウトソーシングに頼った。これによって，経済の持続的成長が可能になり，失業率も低下したが，実質賃金は伸びなかった。

一方，米国政府も，世界市場を独占できる高性能技術の開発を支援した。特に，MPUの高性能技術開発[11]に力を入れると同時に，軍とも提携し，87年には，軍主導でセマテック（主要半導体メーカーの半導体製造技術組合）を設立し，また，米国の高度な軍事技術を民間に転用できるようDUT（dual-use technologies）戦略を推し進めた[12]。

一方，80年代より，国際的投機的金融取引が恒常化していたが，これが90年代に入ると加速化した。クリントン政権としては，独自の経済計画以外に，この投機的取引の影響も視野に入れて政策運営を行わなければならなかったが，後に説明するように，上手くコントロールすることができず，今日の金融危機の原因をつくってしまったといえる。

5.1.2. クリントン政権の経済再生計画：情報通信革命

クリントン大統領は，情報通信革命を機軸とする経済計画によって，持続的経済成長を達成し，優位な技術によって世界経済の覇権を握ろうとした。一

---

[11] この結果，マイクロソフト社のMS-DOSやWindows95がデファクト・スタンダードとなり，インテル社も高性能なMPU「マイクロコード」の開発に成功した。
[12] ここからは人工衛星を利用したカー・ナビゲーション・システムなどが生まれている。

方，政治的には，市場経済化・資本主義化が順調に進んでいない旧ソ連・東欧諸国に関しては，経済破綻が生じた場合には資本主義諸国全体で負担するとし，米国が大きな責任を負うのを避けた。

まず，93年に，国家経済会議（NEC：National Economic Council）を設立したが，これは，国家最高会議である国家安全保障会議（NSC：National Security Council）と同格としている。如何に経済再生を重視しているかが理解される。さらに，国家科学技術会議（NSTC：National Science and Technology Council）も設立しているが，この狙いは軍事・民需両用技術戦略（dual-use technology strategy）であり，具体的には情報通信革命を主導するものである。

同年の大統領経済報告によれば，クリントン政権の経済計画は，
① 財政均衡化
② テクノロジーと教育への積極的投資
③ 海外市場の開放と輸出拡大
の3本柱からなっている。

① は財政支出削減と税収増加で実現するとしており，当然，経済の持続的成長が前提となる。一方，③ は発展途上国や新興工業国の市場開放を推進し，半導体，コンピュータとテレコム機器，ソフトウェア，農産物の輸出，サービス貿易を拡大すると共に，知的所有権の強化を狙っている。情報通信市場での覇権を狙う米国としては，ここでは，特に，諸外国に対し，電気通信市場の規制緩和と市場開放を強く求めている。具体的には，電気通信法を改正し，民間の相互参入を認め，競争的市場にすることで，米国企業がM&Aを通して世界市場を独占するという目論見である。これも，結局は技術力が問題になるので，② が最も基礎的な計画になる。そこで，計画では ② に対して積極的な財政支出を行うとしている。

5.1.3. 設備投資拡大による持続的経済成長

米国経済は，91年3月より，長期の持続的経済成長過程に入った。GDPの成長率は2〜4％の間で，それほど高いわけではないが，長期に渡り安定的に成長しているという点が重要である。この経済成長を支えているのが民間設備投資の持続的拡大，とりわけ，コンピュータ・関連機器の設備投資の拡大であ

る．これが，ビジネス・サービスの急速な発展を促し，それが専門知識や技術サービス関連の雇用の拡大に繋がり，最終的には，失業率の低下と個人消費の拡大を導いた．

実質工業生産指数（1992年＝100）は，製造業全体では，90年の76.7から98年の131.4と2倍近く延びているが，同時期の電気機械は51.7から291.5，産業用機械および装置（含コンピュータ）は65.8から203.7と急激に伸びている．従って，米国の持続的経済成長の原因は「情報処理および関連設備」を中心とした民間固定設備投資の持続的な拡大にあると言える．もちろん，この結果は米政府による情報通信技術開発政策が大きく影響している．

この持続的経済成長を支えたのは輸出と個人消費である．輸出は，国家輸出戦略により，発展途上国や新興工業国に対する輸出が持続的に拡大している．その原因は，リストラクチャリングにより米国企業の国際競争力が強化されたことと，情報通信革命を通して新しいサービスを輸出できるようになった点[13]にある．さらに，米政府の強力な要求によって，長期に渡ってドル安の状況が維持されたことが追い風になっている．

一方，個人消費と民間住宅需要は堅調に推移しているように見える．しかし，これはかなり不安定なバランスの上に成立していた．まず，金融市場を見ると，株価高騰によるキャピタル・ゲインが増大している一方で，個人債務が増大している．米国の個人貯蓄は98年にはマイナスになった．つまり，米国の消費拡大は個人債務に依存した拡大である．この事態は，米国民の消費性向だけの問題ではなく，次節で論じるように，米国財政の構造的問題にも原因がある．

5.1.4. 増大する貿易収支・経常収支赤字と対外純債務

米国財政は，98年に，貿易収支・経常収支では依然赤字であるが，統合予

---

[13] ここで見逃してならないのは，この時期，米国の武器輸出が急増している点である．これは，冷戦崩壊後の力の空白地域で武力紛争が頻発しているところを狙った輸出である．湾岸戦争で示された米国のハイテク武器は紛争当事者ならば誰でも欲しがる．しかし，アフガニスタンやイラクの例から分かるように，現在，米軍が武力行使をしている地域で，その武力紛争を煽ったのが米国自身であった点は重要である．米国は自分で紛争の種を蒔き，現在それを刈り取っていると言える．別の見方をすれば，米国政府は自国の軍需産業のために世界各地で武力紛争が起こるような環境を作っているとも言える．これは明らかなモラル・ハザードである．

算では財政均衡が実現し，一応，財政赤字は解消した。しかし，これは，キャピタル・ゲインの現金化による一時的な現象である。

　この時期，米国では輸出の拡大を上回る勢いで輸入が増大していた。米国の海外直接投資の結果として，逆輸入が増大したこともあるが，主たる輸入は外国からの資金流入超過，つまり借金である。この資金流入が経常収支赤字をファイナンスし，対外直接投資に回されていたのだが，同時に，消費拡大の原資にもなっていた。米国の消費は借金に依存していたということである。さらに，98年には，対外投資収益も赤字になり，貿易収支と経常収支の赤字拡大→外国資金流入超過（借金）の必要性増大→対外投資収益収支の黒字激減から赤字転落→経常収支赤字拡大→…という悪循環が深刻化した。こうして，米国の対外純債務は膨大化し，その結果，米国は巨額のドルを海外に垂れ流さざるを得なくなり，国際的投機的資本取引が膨張する原因をつくり，国際金融証券市場の不安定性を助長することとなった。

　対外純債務が膨大化すると，外国からの資金流入が減少したり，外国への資金逃避が発生し易くなり，そうなると，証券価格の急落とドルの急落を引き起こすことになる。そこで，米国政府は，対外純債務が累積した時には，ドル暴落の危険がないと判断すると，ドルを切り下げ，対外債務の実質軽減化を図りたい誘惑に駆られる。これは，外国に対して為替差損リスクの増大を強いることであり，モラル・ハザードである。

5.1.5. 借金による消費拡大と忍び寄る金融危機

　長期の経済成長が続いたにもかかわらず，米国では物価が安定していた。ここには大きな要因が3つある。それは，① 情報通信革命により，コストが大幅に低下したため，これが価格低下に繋がったこと，② 企業の徹底的なリストラにより，賃金コストが大幅に削減されたことにより，価格上昇が抑制されたこと，③ 海外から大量の資金が証券市場に流れ込んできたことである。80年代，90年代を通じて，米国の中産階級以下の実質所得は低下し続けていた。従って，本来ならば，国内需要が減退し，米国経済は不況に陥るはずであった。しかし，米国経済の持続的経済成長につられて，外国から大量の資金が流入して来た。これらの外部資金は，米国債や株式の購入に当てられただけでなく，デリバティブ取引にも大量に投資された。住宅ローンなどの債権を小口証

券化したデリバティブへの大量投資は，米国の多くの低所得者層にも投機的住宅投資を急激に拡大させるための潤沢な資金となり，米国経済は急速に投機的経済に変わっていく。この経済の基礎は人々の信用にしか依存していないので，それが失われたときには，銀行の信用創造とは逆の過程，すなわち信用縮小を引き起こし，急激かつ深刻な金融・経済危機を引き起こす。これが，現在のサブプライムローン金融危機といわれる危機である。

5.2. 投機性が加速された国際金融市場

80年代より，国際金融市場の投機性が拡大していたが，90年代はそれが加速されたといえる。98年10月時点での世界全体での外国為替取引高は，1日当たり1兆5000億ドルで，財・サービスの取引による為替取扱額の60倍にも達している。その特徴は，先物商品取引（デリバティブ）の急速な拡大であり，外国為替取引の殆どが，リスク回避と一体となった投機的利益を取得する目的である。

5.2.1. ニューヨーク株価の異常な高騰

ニューヨークの株価をダウ平均で見てみると，89年10月19日のいわゆるブラック・マンデーには，508ドル下げ（22.6％下落）たが，89年より緩やかに回復し，95年初めから高騰し始めた。このニューヨークの株価高騰には様々な要因が複雑に絡み合っているが，概略以下のようである。

営業利益が大きく，発展性が期待できる情報関連企業の株が高くなると，企業は資金調達が有利になり，同時に，取引量が増大し，株価も拡大する。これがニューヨーク株価全体を押し上げる方向に作用する。

5.2.2. ヘッジ・ファンド拡大が引き起こす金融制度の不安定性

デリバティブ（金融派生商品）取引であるヘッジ・ファンドやミューチュアル・ファンド（一般大衆の資金運用のために作られた多数証券を組み合わせた投資信託的運用ファンド）が急膨張している。90年初めの米国の金利引下げで，多くの人が銀行預金からミューチュアル・ファンドに乗り換えている。当初は確定拠出型退職貯蓄プランがデリバティブで運用されていたが，急速に将来の退職年金基金までもが投機的利益を求めてハイリスクな証券市場で運用されるようになった。

ヘッジ・ファンドは，富裕な個人や機関投資家を対象に，巨額資金を調達し，各種デリバティブを組み合わせたり，頻繁に空売りを行って，高収益運用を狙うファンドである。その取引対象は，各国通貨，株式，国債，社債，不動産などであるが，これらを様々に組み合わせた新たなデリバティブが続々と考案され，証券化されている。97年に，証券市場改革法が施行され，ヘッジ・ファンド規制が緩和されたため，98年半ばには総額約3000億ドルに達している。ヘッジ・ファンドや証券投資運用機関は，世界各国の為替，金利，証券価格を操作できる能力を持ち，巨額の投機的利益を得ることが可能だが，この操作により，為替相場，金利，証券価格などが不規則な変動をするようになり，元々リスクを解消あるいは平均化する目的で作られたデリバティブのリスクが返って増大する結果となっている。これが投機的活動分野の一層の拡大を余儀なくさせ，誰もコントロールできない状況になっているというのが現状である。

5.2.3. 投機的取引と株価上昇のスパイラルを引き起こしたデリバティブ取引

80年代より恒常化している投機的取引とデリバティブは，90年代には，ヘッジ・ファンドとミューチュアル・ファンドによって膨張したが，これらの投機的取引やデリバティブは，株価の上昇を契機に急膨張する。この投機的取引と株価上昇のスパイラルが株価全体を押し上げる。

この証券市場に投入された資金の主なものには，個人資金（ミューチュアル・ファンド），民間企業年金，公的退職基金がある。また，外国から米国へ流入してくる資金は債権購入が目的であるが，これによって長期金利が低下するので，米国の民間企業や個人が債権を売って株式を購入することで入ってくる資金がある。さらに，円キャリー・トレード（yen carrying trade）と言って，日本の金融市場で超低金利資金を大量に調達し，それを米国の証券市場で運用して利益を上げるために入ってくる資金もある。97年のアジア通貨危機においては，米国の株価も急落したが，欧州その他の資金がアジアから米国に流れ，株を購入したため，落ち込んだ株価は早期に回復・高騰することになった。民間企業従業員の自社株購入やストック・オプションも株価の上昇を促進した。

以上から言えることは，国際金融証券市場では，投機的取引の拡大が投機的資金流入を招くと共に，株価を押し上げ，それが投機的取引を拡大させるとい

う上昇スパイラルが発生したということである。これを逆から見ると，何らかの要因で，ヘッジ・ファンドやデリバティブ取引の失敗，通貨危機，経済破綻などが一旦生じると，株価が急落し，株が売却され，それが株価の一層の下落を引き起こすという，株価（とドル）のスパイラル的暴落が発生し得る。そうなると，実物取引は，大きな影響を被ることは避けられないので，ドルによる国際取引，対外決済が不能になる自体も予想される。そのような場合を，一国の政策や国際協調で阻止できるだろうか。

5.3. 日本経済：輸出依存型成長の破綻
5.3.1. 米国に翻弄された日本経済

80〜90年代の日本経済は，米国の世界戦略・対日反撃政策に基づく，円の大幅変動，金利引下げ要求に振り回され，翻弄された。

(a) 厳しくなる一方の米国の対日要求と日本の甘い期待

1960年代後半以降，米国政府は，貿易収支や財政収支の悪化や赤字が深刻化する度合いに応じて，対日要求を強めてきた。たとえば，80年代以降の規制緩和・金融自由化の要求は，競争原理を導入して日本の市場を米国と同じ市場に変えるよう求めてきた厳しい市場開放要求であった。80年代後半以降，熾烈化した貿易摩擦は，一方的な米国への輸出自主規制，日本の内需拡大と不況対策，日本の経済政策の変更を求め，米国産業の保護と日本への米国製品の強制的輸出を求めるものであった。85年秋のプラザ合意後の大幅円高・ドル安も，93年から95年にかけての円高も，自国産業保護と経済成長維持を狙った米国政府の強引な政策の結果であった。日本に対する低金利の要求も，米国内における景気対策の一環であり，外国資本流入の必要性と外国による証券保有の維持によってニューヨーク株価を維持する必要性から生じたものである。この米国政府の動向を読んだヘッジ・ファンドや国際投資運用機関は大規模な投機活動によって，世界各国の為替市場，金利，証券価格の変動を増幅し，操っていたといえる[14]。

94年度のCEA年次報告では，米国の対日赤字と日本の対米黒字はほぼ一致

---

14 この意味では，米国政府とヘッジ・ファンドや国際投資運用機関はグルになっていたとも言える。これらのつけが，一挙に噴出したのが2008年の金融危機勃発といってよいだろう。

するとし，米国の貿易赤字の元凶は日本が市場開放を行っていないからだと，日本に対する厳しい意見が表明された。これに先立つ93年7月の宮沢・クリントン会談を受けた日米包括経済協議で，米国は，制度，政策，経営組織，流通組織を含む広い範囲を対象に，日本側の市場開放を要求した。そこでは，市場開放の数値目標設定と市場開放の程度を示す客観基準まで求めるという厳しい要求であった。米国が日本に求めてきた主な要求は，政府調達（コンピュータ，スーパーコンピュータ，人工衛星，電気通信，医療技術），規制緩和・競争力（金融サービス，保険），経済的調和（直接投資，知的所有権，企業間取引関係），その他主要セクター（自動車・部品）であった。

　このような米国の厳しい対日要求を日本政府は殆ど受け入れた。そこには，政府と財界の，米国市場に過度に依拠することで，輸出に依存する成長と対外投資の拡大を維持できるとの期待があったからである[15]。この期待に沿って，日本政府は外貨の大部分を米財務省証券で保有することで米国に協力すると共に，超低金利政策の維持と金融証券規制緩和により，民間企業や個人が米国証券へ投資を促進した。その結果，98年度末には，米財務省証券の非居住者保有残高は日本が21.5％，2926億ドルと世界一になっている。これにより，日本の資産は，米国の株価や証券価格が下落したり，ドル安になると巨額の損失を被ることになるので，日本政府はドル下落阻止を望み，米国に協力せざるを得ない状況になり，日本経済はますます米国に翻弄され易くなった。

　こうした，十分な理解と準備も無しにデリバティブやヘッジ・ファンドを受け入れた日本政府の対応が，その強引な活動を許し，それに大幅円高，超低金利維持政策が加わって，日本経済に大きな衝撃と混乱をもたらすこととなった。その結果，日本政府や財界の甘い期待が裏切られることになった。

(b) **仕組まれた大幅円高**

　米国政府は，自国の都合に合わせて為替操作を行う。米国は，輸出拡大のために長期に渡ってドル安政策を取っていたが，これは，日本にとっては円高であり，輸出企業が受けた打撃は非常に大きかった。特に，80年代後半の円高

---

[15] このような特定の状況に過度に依存する政策は，環境の変化に対する柔軟な適応力を失うことになるので，短期的にいくら利益が上がったとしても，中長期的にはほぼ確実に失敗するという極めてリスクの高い政策である。

期に，多くの輸出企業は ME 化を推進し，大幅なコスト削減を行っていたため，更なるコスト削減の余地がなく，輸出は大打撃を被ることとなった。そこで，多くの輸出企業は輸出先を東南アジア諸国に切り替え，さらに，東南アジア諸国への直接投資を増加させた。

日本企業を一層窮地に追い詰めたのは，従来の製品の国内需要が頭打ちになると共に，輸出にも行き詰まりが見えてきたのに，それらに代わる新製品を開発出来なくなってしまったことである。従来の輸出品は，直接投資の結果として逆輸入されるようになり，また，東南アジア企業の急速な追い上げにも会い，多くの企業は苦境に立たされることになった。

(c) 米国の世界制覇戦略：情報通信革命

米国は，基本ソフトとコンピュータの中枢技術である高度 MPU によって世界制覇戦略をとっていた。そこには，大きく2つの目標がある。1つは，世界のインターネット化であり，もう1つは，家電，通信機器などを組合せたトータル・システム化であった。この方面においては，日本の立ち遅れは明らかであった。

(d) 輸出依存的成長から脱却できない日本経済

これは輸出依存型成長の付け[16]といっても良いが，輸出依存産業の多くは設備過剰状態にあったため，必然的に，設備投資の大幅減退を招くことになった。これが，90年代の不況の根底にある。最早，輸出依存的成長が不可能であるにもかかわらず，輸出依存体質は変わっていない。これらの企業は，米国においては証券投資を行い，東南アジアにおいては直接投資を行っているため，巨額の純対外債権を保有している。

5.4. 日本経済の90年代不況の原因：無責任な問題先送り政策

90年代の日本の不況は戦後最大かつ最長の不況である。この不況は今日まで続いているとみなすことが出来るため，平成不況と呼ぶ方が適切かもしれない。その原因を一言で述べると，政府の長期に渡る一時しのぎ的先送り政策が功を奏さなくなり，80年代から累積されてきた構造上の諸問題・諸矛盾が一挙に噴出した結果である。政府が断固とした抜本的対策を取らず，一時しのぎ

---

[16] 日本経済は輸出に依存していると多くの人々には思われているが，実際にはそれほどでもなく，GDPに対する輸出の比率は，戦後一貫して9〜13%と安定している。

の政策で問題解決を先延ばしにした結果，不況を長期化させてしまった典型的な例と言える。ここには，戦後一貫して堅持してきた輸出振興政策の呪縛から政府も財界も逃れられなかったという背景がある。この不況の原因をバブル崩壊に求める見解が多いが，問題の本質はそれほど皮相的で簡単なものではない。詳細な分析に入る前に，まず，全体の枠組を頭の中に入れておこう。それは以下の3点である。
- 米国の世界戦略，米国経済の優位性の再構築，投機性を強めた国際金融証券市場。
- 日本のME化が輸出依存的発展の行き詰まりを加速化した。
- 日本の金融自由化と資産価格高騰の崩壊により，金融機関に巨額の不良債権が発生し，金融不安に繋がった。

5.4.1. 日本経済の構造的問題が開いた破綻への道

90年代を通して，日本の国内景気は冷え込んでいたが，97年のアジア通貨危機は経済を一層停滞させ，国内の巨大企業は軒並み減収・減益となった。そのため，日本経済全域で大規模なリストラが行われ，巨大金融機関もいくつか破綻し，深刻な経済状況の中で21世紀を迎えることになる。

(a) 輸出拡大路線の行き詰まりと国内設備投資・消費の冷え込み

90年代不況の基底には輸出拡大で不況を克服しようとする旧態依然たる対応が存在するが，このような考え方は時代錯誤的で最早不可能な考え方であった。既にME化設備投資を完了していた輸出産業が米国の強硬な対日要求を受けると，対米輸出は大幅に落ち込まざるを得ず，必然的に設備過剰となり，雇用を削減せざるを得なくなる。これは国内消費の冷え込みに繋がり，実体経済は悪化する。窮地に陥った企業は東・東南アジアに対する直接投資を急増させたが，これが国内設備投資と雇用の削減に繋がり，資産価格の急落と企業の倒産を加速させることになった。こうして，失業の増加が就業不安と生活不安を拡大し，国内消費は益々冷え込むことになった。

(b) 長期の低金利政策がもたらした問題

設備投資を促進する要因がない限り，低金利政策は不況対策にはならない。さらに，銀行が不良債権処理のために貸し渋りを行うことは企業活動を制限することになる。したがって，90年代の金融機関支援は不況対策ではなく，

返って不況を悪化させる結果を導いた。

超低金利を長期継続すると，① 消費支出が冷え込み，不況を加速し，② 企業年金基金は運用予定利率を維持できず，積み立て不足が累積し，③ 生命保険には保証利回りと運用実績の逆ザヤが発生するので，経営が悪化し，国民の将来生活に対する不安に拍車をかける。さらに，米政府がニューヨーク株価下落阻止のため，日本の低金利政策を強く求めたため，④ 円キャリー・トレードが激増し，投機的活動が加速化される一方，⑤ 国民の金融資産は銀行預金から国内外の証券・株式の購入に向うことになった。

(c) 国民の税負担増による消費の落ち込み

橋本内閣は景気が回復したと誤った判断し，財政構造改革を推し進め，97年4月，消費税率を5％へ引き上げると同時に，特別減税を廃止し，医療保険負担を増加させた。その結果，国民は失業・リストラ・将来の生活不安と財政赤字による税負担増への不安を高め，これが消費の大幅落ち込みと不況を招いた。

(d) 1997～99年の金融・経済危機

過剰設備による雇用削減と雇用不安，超低金利の長期持続，消費税引き上げなどによる国民負担増は消費の冷え込みを加速化した。一方，米国との間の貿易摩擦が熾烈化し，円高政策を強いられたため，日本企業は東アジアへの輸出と直接投資を増加したが，97年夏のアジア通貨危機によって経済が停滞したアジア諸国では，電気機器，自動車・部品，一般機械を中心に，現地販売型製品の売り上げと利益が大幅に減少したため，日本経済にとって大打撃となった。その結果，経営が悪化した多くの輸出企業に銀行が巨額の融資を行った。これに不動産投資の失敗が加わり，日本の銀行は不良債権を増加させてしまった。

98年に入ると，大企業は大規模なリストラ，合併・事業提携を推進し，第3セクターの破綻も相次いだため，金融機関の不良債権はさらに増大し，地方自治体は巨大な損失を被り，ゼネコンは巨額借入金による行き過ぎた海外投資，国内不動産投資と開発の失敗から，経営悪化を招き，破綻に追い込まれた。こうして，金融機関の経営は悪化の一途を辿った。

これらの破綻から明らかになったことは，① 80年代における金融機関による巨大な貸付は，経営者の乱脈にして，かつ無責任・不法な経営の結果であり，この背景には，② 政・官・財・金融機関の癒着があり，その発覚を恐れ

たために，③ 政府・大蔵省が不良債権処理の抜本的処置を行わず，金融機関の経営を放置し，最終的には大量の公的資金投入で銀行を救済することになった。すなわち，政府は，98年11月に，緊急経済対策として16兆6500億円を当て，財政構造改革法を一時凍結し，99年度は大型予算を組んだ。99年3月には大手金融機関への膨大な公的資金による資本注入を行い，一応，金融機関の連鎖破綻を食い止めた。しかし，この巨額な公的資金で救済された金融機関が，不良債権問題発覚後，経営が悪化した大口融資先へ融資を拡大し，系列ノンバンクへ不良債権を移転したり，不良債権隠蔽のためのノンバンクを新設したという破廉恥な経営はまさにモラル・ハザードである。これを許した政府の責任は重大である。

99年5月には，柳沢金融再生委員長は大手銀行の不良債権処理完了を宣言したが，情報開示がないので，危機が本当に回避されたのかどうかは確証がない。

(e) **深刻化する失業・雇用問題**

90年代初め以降，輸出依存型産業は設備過剰化と円高により，東・東南アジアへ大規模直接投資を行ったが，その結果，アジアからの輸入が急増し，中小企業の多くで経営悪化と倒産が相次ぐこととなった。同時に，多くの投機的不動産業も倒産したために，中小金融機関が破綻・合併を繰り返すことになった。その結果は広範な雇用削減と失業で，雇用条件が悪化したため，派遣労働者，パートタイマーが低賃金で出向したり，転職を繰り返す状況となり，消費の冷え込み，不況が拡大した。

97年から98年にかけては，主要産業主要企業において，不採算部門・対外部門の閉鎖・売却，本採用者を中心とする大規模な人員削減・雇用削減をメインとする大規模リストラが敢行され，派遣労働者やパートタイマーが急増した。新規学卒者の就職難により，将来に対する不安が広がり，消費の削減により，不況が一層深刻化した。完全失業者は134万人（90年度）→216万人（95年度）→294万人（98年度）と増加する一方，有効求人倍率は1.43（90年度）→0.64（95年度）→0.50（98年度）と低下している。

(f) **金融機関への無制限な公的資金投入**

90年代初め以降，政府・大蔵・日銀は不良債権処理・金融機関破綻処理のため，PKO，租税特別措置，日銀特融，住専処理への財政資金投入という政

策を採った．97年以降，日銀は，金融危機拡大を阻止するために，金融危機対策と称して，公的資金を投入する緊急支援を決定，緊急資金供給体制を整備し，公的資金投入のための法的措置として，公的資金投入枠を30兆円（98年2月）から60兆円（同年10月）に拡大した．しかし，これは下手をすると日銀資産内容の悪化を招く可能性が高い政策であった．

(g) 深刻化する財政危機

80年代初期の増税なき財政再建は失敗し，89年度末には国債残高161兆円，借換債15兆円を発行した．90年代に入ると，不況対策として大型財政支出が余儀なくされ，財政資金が，住専処理に投入されたのをきっかけに，止めなく拡大したため，財政は危機的状況に陥った．国債残高は99年度末に327兆円と89年度末の2倍に達し，38.4%となった国債依存度は補正予算によって43.4%までに拡大し，（国債発行額＞国の純税収）という主要先進国では例がない規模にまで膨らんだ．99年度末には一般会計歳出に対する国債費の割合が24.2%となった．この歯止めなき国債発行は国債依存解消が困難な構造を作り出し，誰が見ても将来の大幅増税は不可避となった．増税の対象は89年4月1日に3%でスタートした消費税の税率アップ以外には考えられない．

財政投融資の原資（郵便貯金，厚生年金・国民年金基金，簡易生命保険）は運用によって元本返済と利子支払いが賄われているが，超低金利による運用利益不足に加えてPKOの赤字が上積みされることにより，赤字決算となった．一方，政府金融機関は，98年10月に解散した国鉄清算事業団の負債28兆3000億円（87年の国鉄民営化時点では24兆5000億円）[17]，長期不況による地方税収入の減少による税収不足増大と第3セクターの経営破綻が引き起こした回収不能の財政赤字拡大によって，99年度には地方財政借入金残高が175.9兆円に達するという巨額の不良債権を抱え込むことになった．地方財政は財政破綻寸前といってもよい状況で，日本は世界一の財政赤字・国家債務国となってしまった．

---

[17] 旧国鉄の負債返済について，政府は，景気回復による税収の増大と資産・株式の有利な売却によって，近い将来容易に返済できると判断したのであろう．一見，経済原則に従った措置のように見えるが，ここには日本がおかれた経済環境に対する認識の甘さと問題先送り的対応が明らかに見られる．一見，経済理論的判断には見えないかもしれないが，将来を正確に予測することが出来ないことを考慮すると，負債は金がある時に少々無理をしてでも完済しておくというのも，合理的経済的判断である．国鉄の負債返済に関してはそうすべきであった．

このような状況に陥った原因は政府の誤った政策運営に原因がある。すなわち，投機的企業の破綻とそれによる資産価格急落が引き起こした金融機関の不良債権増大に対し，抜本的解決策を早急に採らず，一時しのぎの政策によって，長期に渡り不良債権を拡大させてしまったことと，公共事業拡大・大規模開発という景気浮揚策としては効果が大きく減少してしまった不況対策を繰り返したことに原因がある。

5.4.2. 90年代不況長期化の直接的原因
(a) 資産価格高騰の崩壊

永遠に続く好景気も，永遠に続く不景気もあり得ない。こんなことは経済学を学ばなくても分かることである。これをもう少し一般化して言えば，人間の意思が反映する余地のある物事には，それがどんなものであっても，永遠という状況はあり得ない，ということになる。当然，土地神話などというものは存在せず，上昇し続ける資産の価格も，いつかは下がることになる。これは確実に言えることであるが，問題は，何時下がるのか分からない点である。資産価格が高騰すればするほど，反転したときの崩壊の度合いは増すといってよいだろう。経済現象としては，大量の債権が不良化するということである。この時，政府が何もしなかったら，金融機関が抱える不良債権は膨れ上がり，金融不安が生じ，長期の金融危機に至ることは確実である。政府が資産価格高騰を何とかうまく処理しようと思うとき，2つの方法がある。1つは，事前に価格高騰を抑止することであり，もう1つは破綻後の処理を間違えずに迅速に行うことである。最初の方法の方がよい事は言うまでもない。

さて，90年初めの資産価格高騰の崩壊は，崩壊にまで至ったのであるから，政府は最初の方法に失敗したことは明らかである。2番目の方法はどうであったか。これから詳しく検討するように，政府はこの方法にも失敗し，いたずらに解決を遅らせる結果になってしまった，というのが結論である。

資産価格高騰の崩壊前後を見てみることにしよう。まず，公定歩合は，89年5月31日に引き上げられ，90年8月には6.00%まで上昇した。これを受けて，外国筋を中心に，物価指数先物と現物市場との裁定取引が増加し，株価上昇が加速化された。そして，12月29日には日経平均株価3万8915円という市場最高値を記録する。だが，90年に入るや否や，株価が急落し，エクイ

ティ・ファイナンスが一挙に縮小すると共に，特定金銭信託の解約が急増し，株価下落が加速された。90年3月には不動産融資に対する総量規制が採られた。これは，ノンバンクや不動産業界には大打撃で，資金繰り難から倒産や経営危機に陥る業者が相次ぎ，土地取引の大幅縮小と価格低下を招き，金融機関で不良債権が発生した。こうして，90年10月1日，日経平均株価が2万221円に暴落し，いわゆる日本のブラック・マンデーを迎えることになる。事態に驚いた政府・日銀は政策を転換し，91年7月1日に公定歩合を引き下げ，日銀の窓口規制を廃止した。さらに，92年1月1日より総量規制を解除した。

(b) 長期に渡って不良債権を処理できなかった理由

バブル経済が崩壊したときに，政府が迅速かつ断固とした不良債権処理の政策を強力に実行していたら，不況がこれほど長引くことはなかったであろう。結果として，政府の政策は一時しのぎに終始し，問題の先送りでしかなかった点に不況長期化の原因がある。この点を以下で見ていくことにしよう。

① 政府の問題先送り的政策

90年代は，政界・官界・金融業界・産業界の癒着・不祥事が数多く明るみに出た時代であった。そのため，政策担当者は事態の全貌を明らかにすることを極力回避し，結果として，一時しのぎの救済策や公的資金の投入という問題を先送りする政策の実施に終始した。このような対応は，不良債権を減少させず，温存することになっただけではなく，さらに増大させる結果ともなり，問題の解決を遅らせることになった。そのような政策の主なものを挙げると，以下のようになる。

● PKO (Price keeping operation)：公的資金（郵便貯金・簡易保険，国民年金・厚生年金）を株購入に用いられるように株式運用の規制を緩和し，株価維持を狙った政策である。これは，93年3月までに達成しなければならなかったBIS (Bank of International Settlement) 規制によって正当化されたようなところがあり，毎年3月の決算期にPKOによる株の大量購入を行い，株価の維持を図ったが，所詮，一時的な価格維持にしかならなかったために，投機的取引に狙われ，大きな損失を被っただけであった。投機筋に儲けさせてやったようなものである。

● 租税特別措置：不良債権償却に対し無税とする措置であるが，これは法人税

収入の減少になり，実質的な公的資金の投入と同じであった。
● 超低金利の長期継続：95 年 9 月には公定歩合が 0.50％まで引き下げられたが，景気浮揚には全く効果がなく，安易な銀行救済策であった。投機筋は，この日本の金融市場の低金利を利用して，安い資金を日本で大量に調達して，米国の市場で運用し，莫大な利益を上げた（円キャリー・トレード（yen carrying trade））。これも外国の投機筋を儲けさせただけの政策である。
● 日銀特別融資：乱脈経営で破綻した東京協和信用組合，安全信用組合，コスモ信用組合などに日銀融資を投入したが，これは問題を先送りするだけで，返って損失額を増やす結果に終わった。同じことは，住専破綻に公的資金注入を行った場合にも生じた。「住宅金融専門会社」7 社は，不動産担保付住宅資金貸付を業務としていたが，80 年代後半には個人住宅以外の不動産融資を急速に拡大した。総量規制の対象外であったため，90 年代前半にはリスクの高い融資を急速に拡大し，不良債権を累積し，95 年に相次いで破綻した。政府は公的資金 6850 億円を投入，金融機関は債権放棄をすることで，何とか決着をつけたが，これが前例となり，後に，金融システム安定化政策と称して，有力銀行中心に巨額の公的資金を投入する道を開いてしまった。これは，不良債権問題を長引かせ，かつ，曖昧なままで決着を見る結果となった。

② **都市再開発・地域開発の失敗と地方自治体の財政危機**

中曽根内閣がぶち上げた大規模な都市再開発・地域開発政策による建設投資は 90 年代に入って増加する。経営は第 3 セクター方式で，国や地方自治体が参加していたため，信用があると看做され，無計画で無謀な投資も簡単に認められた。そのため，開発の端から赤字経営に陥る計画が続出した[18]。にもかか

---

[18] 政府が確かに責任を負っているかどうかを確かめもせずに，安易に巨額の投資を行い破綻するというのは，サブプライムローン破綻にも共通している。今回のサブプライムローン破綻による金融危機が一気に現実のものとなったのは，2008 年 9 月 7 日，フレディマックとファニーメイが政府の管理下に置かれたことにある。この 2 行は共に政府系特殊銀行であったが，完全に民間の株式会社で，政府にはその債務を保証する義務など全くなかった。にもかかわらず，「暗黙の政府保証」が期待され，政府と同等の信用力を認められていたために，優良格付け企業と認定され，それゆえに世界中の金融機関が両行に膨大な資金を供給していた。たとえば，日本の金融機関が保有する両行の債権総額は 23 兆円に達する。格付け会社が如何にいい加減な格付けを行っているかが明らかになったわけであるが，多くの金融機関が格付けの理由を確かめもせず，格付け会社の言いなりになって膨大な投資を行っていたという無責任極まりない経営振りにはただただ呆れ驚くばかりである。

わらず，金融機関や地方自治体は追加貸付によって問題の先送りをしただけだったために，90年代後半に入ると破綻が噴出し，金融機関の不良債権増加と地方自治体の財政危機を招いた。この政策に便乗して盛んに行われたゴルフ場建設も，その失敗によって，90年代後半には多くのゼネコンが経営危機に陥った。これも，金融機関の不良債権増加の一因になった。

③ 住宅地・商業地の地価下落

80年代後半に，宅地・住宅価格の高騰は需要者（居住者）の購買力を超え，商業地も地価の高騰・ビル価格の高騰により，共に実需が減少した。それまで，不動産・建設企業は巨額の低金利資金を借り入れ，投機的な土地の買い漁りを行っていたが，金利の上昇と総量規制によって，資金難に陥り，土地取引が困難になってしまった。当然，取引は減少し，窮迫販売をせざるを得ず，必然的に価格が下落したため，経営破綻に至り，不良債権を増大させる結果となった。

④ 金融機関の乱脈経営とモラル・ハザード

金融業界には，政府・官僚との癒着と共に，官僚の天下りを受け入れる体質に加え，政府は銀行を倒産させないという神話の上に築かれたずさんな経営があった。たとえば，投機的金融証券取引の膨大化に伴い，一挙に巨額の利益を得ることが可能となったために，本来銀行が持つ堅実性や信用尊重という気風を失い，手段を選ばぬ利益追求や投機的経営に走る傾向が強くなった。また，政府・日銀の一時しのぎの救済策や支援に寄りかかって，金利を延滞している大企業に利払い用の追加融資を行ったり，大口融資先への救済的追加融資を拡大したり，関連ノンバンクへ不良債権を移転したり，不良債権隠蔽のためのノンバンクを新設するといった出鱈目な経営が横行した。総量規制解除後には，不動産，建設，ノンバンクに貸付を拡大し，景気回復後に，資産価格値上がりによる不良債権の改善を期待していた節もある。さらに，不良債権の隠蔽を図ることで，不良債権処理を先送りし，返って不良債権を増大させている。

5.4.3. 戦後日本経済の総括

以上の分析から明らかになった日本経済の問題点をここで纏めてみよう。

(a) 国際競争力の強化と輸出依存型高度成長：硬直的にしてかつ皮相的な政府の政策

90年代の不況は，戦後一貫して堅持されてきた国際競争力の強化と輸出依

存型高度成長を機軸としてきた日本政府の政策により累積されてきた諸問題，諸矛盾が一気に噴出したものである。

　国際競争力の強化および輸出依存型高度成長の基準はコスト，効率，利益であり，輸出拡大と経済成長を達成する理由はどうでもよかった。コストと効率は，産業と企業を育成淘汰するための唯一の基準と信じられていたため，80年代以降の規制緩和と市場への競争原理の導入に際し，一層強化されることになった。この基準は，産業公害・環境破壊を引き起こし，国民生活の安定性（健康・命）の破壊に加担したが，同時に，人間の健康への長期的影響を十分検証することなく，有害な農薬，食糧・食品加工における危険な防腐剤・着色剤・添加物が使用され，遺伝子操作による植物・魚類の育成やクローン家畜の育成が進められるというように，科学技術が人間の豊かさの追求から乖離した誤った方向に用いられた。効率・利益のみの追求は，都市への経済活動の集中と加速化を進め，生活環境・自然環境を無視した都市・住宅・大規模リゾートの乱開発，ごみ問題・産業廃棄物問題の深刻化をもたらす一方，同時に引き起こされたモラル・ハザードは，国際金融証券市場において膨大な投機的取引を恒常化し，金融業界・産業界は堅実性や社会的モラルを喪失し，手段を選ばない利益の獲得・追求に狂奔することになった。ヘッジ・ファンド，デリバティブの投機的活動は，賭けによる利益の独占を意味し，人間生活にとって有用なものは何も生み出さない。経済活動の本来の目的は人間生活を豊かにすることであって，企業の効率や利益を追求することではない。従って，今こそ，経済政策の基準を本来の方向に転換しなくてはならない。

(b) **住宅政策の不在**

　戦後の日本において，国民生活にとっての最大の問題は住宅問題である。なぜなら，住宅は人間生活の基本的基盤[19]だからである。この点は，今日一層

19　第二次世界大戦直後のベルリン市長は，後の西ドイツ首相ウィリー・ブラントであった。彼はベルリン復興の最も重要な政策として，まず住宅建設に取り掛かった。住宅は人々の生活の最も重要な基盤であるというのが，彼の説明であった。私がこれを知ったのは学生時代であるが，どうしても合点がいかなかった。当時の私には，まず食べることが第一だろうとしか考えられなかったからである。しかし，今回，本章を執筆している過程で，私はウィリー・ブラントが何故食料確保よりも住宅建設を優先したのか，その意味が理解できたように思う。我国には未だに確固とした住宅政策が存在しないが，これは戦後日本において欠けている最も大きな政策であるように思われる。

明確になっている。80年代後半，住宅・宅地への投資は投機の対象としてであり，いわゆるバブルの崩壊は，失業者を増加させ，高い住宅ローンを巡る悲劇を伴った。これは，戦後の新しい深刻な事態であったが，戦後の復興とは一体何であったのかと考えさせる事態でもあった。

(c) 米国との緊密な経済・軍事関係

国際収支の悪化が深刻化するにつれ，米国政府は，日本に対し，対外援助の肩代わりや米軍駐留費の負担を要求するようになり，アジア全般の防衛のために日本の防衛力と防衛費を動員させる政策を押し付けるようになって来た。これに対し，日本政府と財界は，日米共同防衛体制に積極的に協力すれば，情報通信技術を巡る米国の対日要求を緩和できると共に，情報通信技術の立ち遅れを挽回できるとの甘い期待を抱いていたようである。しかし，日米共同防衛体制の強化は，経済面での米国の一方的な要求に従う関係の強化を意味し，単に我国が自国の将来を自分で決定できなくなるだけでなく，周囲のアジア諸国との関係をも危うくし，まさかのときに誰にも助けてもらえない状況を作り出す危険性が高くなる。

(d) 90年代不況で噴出した諸問題・諸矛盾が意味すること

90年代不況が生み出した諸問題と諸矛盾は，日本のこれまでの発展のあり方，現代資本主義のあり方を問い直すことを要求し，経済活動の真のあり方・経済政策の基本理念の追求を迫るものである。

6. 2008米国発サブプライムローン破綻による世界金融・経済危機

今までバブルから90年代の日本の長期不況の分析を行ってきた。次の問題は，この分析から，2008年秋以降一気に深刻化した米国のサブプライムローン破綻に起因する金融危機・経済危機を克服するための有効な教訓を導き出せるかどうかを検討することある。

90年代の我が国の不況と2008年秋以降の世界金融危機の間には，一見何の関係もなさそうに見えるが，実はそうではない。両者の原因は同じで，それは，1971年のニクソン・ショックである。これによって，世界の全ての通貨はその信用のみに依存する記号に変わり，世界の金融制度は極めて不安定に

なった。当初，米国は，自国の通貨ドルが基軸通貨であるという利点に頼りすぎたため，結局は国内産業の再生に失敗し，（また，世界の警察官としての自負から軍事支出も急速に増大し，）膨大な赤字（双子の赤字）を抱え込むことになったが，外国為替市場を自国に有利なように操作することで，外国から大量の資金が米国内に流入し，それで赤字をファイナンスすることが出来た。この過程において，投機家は国際金融市場では容易に莫大な利益が得られることに気付き，世界の金融市場は投機市場に変質した。それに追い打ちをかけたのがデリバティブ（金融派生商品）であった。デリバティブは，当初，金融リスクを回避するために登場したのだが，通貨と同じ性格を持つにもかかわらず，これを規制する制度が存在しなかった。このデリバティブで簡単に莫大な利益をあげられることに気付いた米国は，これを最大限に利用するために，あえてデリバティブを規制しなかった可能性も高い。こうして，デリバティブは，米国から海外に出て行ったドルを還流させるだけでなく，外国が積極的に米国に投資するための商品として利用されたと言ってよい。その先兵を務めたのが，グローバル化というキャンペーンであった。この政策が大成功を収めたのが日本の90年代の不況である。米国が最初から意図的に仕掛けたとは言い切れないが，バブルで景気を煽るだけ煽っておいて，それがはじけてからは，日本に低金利を強要し，儲けた黒字を根こそぎ取り返したところまでは，米国の完勝であった。それに味をしめたのだろうが，もっと儲けようと欲張ったために，自分が仕掛けた罠に自分がはまってしまったというのが2008年秋に顕在化したサブプライムローン破綻による米国発世界金融・経済危機である。

そこで，この節では，今回の金融危機の経過と原因を中心に分析を進め，90年代の日本の不況と共通する要因を明らかにしようと思う。

6.1. 米国発サブプライムローン破綻金融危機

米国のサブプライムローン破綻に端を発する世界金融危機は1929年の世界恐慌を上回るとも囁かれている。その原因はデリバティブ（金融派生商品）への投資の破綻であるが，その主たる投資資金の中には退職金基金や年金資金が多く含まれているので，その社会的影響は極めて大きいと言わねばならない。

米国で，郡レベル，学校単位の年金基金[20]や退職金基金が破綻するという事態は，2000年頃から出始め，これは我国の新聞でも報道されていた。事態の深刻さを北米の人々が認識したのは2007年の夏である。米国とカナダで住宅の差し押さえが急増し，大都市ではホワイトカラーのホームレスが増え，トロント郊外にはホームレスのテント村が生まれた。これは，1929年に始まる大恐慌時，ロサンゼルスなどの郊外に生じたテント村を思い出させる。米国の失業率は2008年11月の6.8%から同年12月には7.2%と，1カ月で0.4%も増加し，34年ぶりの高水準に達している。また，2008年1年間の米国における就業者数（除農業部門）の減少は258万人を超え，戦後最大となっている。大恐慌時，1929年から33年にかけて，失業者は3.2%から24.9%に急増しており，今回の金融危機を金融恐慌と位置づけている米国シンクタンク筋では今後一層の失業率の増加を予想している[21]。

　世界が今回のサブプライムローンの破綻による金融危機をはっきり自覚したのは2008年7月のインディマック・バンコープの経営破綻で，このときは取り付け騒ぎが発生している。これは多くの人々に1930〜33年に米国で発生した約9000に及ぶ銀行破綻を想起させ，銀行預金を引き出し，たんす預金とする家計が急増した。2008年9月に入ると事態は急展開し，7日，米国政府は政府系金融機関のフレディマック（連邦住宅金融抵当金庫），ファニーメイ（連邦住宅抵当公庫）の2行を政府の管理下に置くと発表，15日にはリーマン・ブラザーズの倒産とバンク・オブ・アメリカのメリル・リンチ買収，翌16日の米政府・連邦準備制度理事会（FRB）のAIG（American International Group）管理決定，20日，米政府，不良債権買収用の公的資金7000億ドルの投入を発表，21日，ゴールドマン・サックスとモルガン・スタンレーの持ち株会社化承認，25日ワシントン・ミューチュアルの経営破綻，10月3日，米大手地銀ワコビアの倒産と続く。米国政府が発表した公的資金注入量は，発表直後から不十分であると指摘されているし，米6大証券会社は全て銀行の管理下に入った。

20　我国における2008年度上半期の年金基金の運用利回りは−4.7%，運用損は3.1兆円であった。通年では−20%との予測も流れている。
21　2009年10月末における米国の失業率は10%を超えている。

6. 2008 米国発サブプライムローン破綻による世界金融・経済危機　55

　ところで，フレディマックとファニーメイは共にGSE（政府支援法人）という政府系特殊銀行で，米国市民が良質の住宅を廉価で容易に取得できるよう住宅ローンの流通市場を整備・育成し，住宅ローン市場に安定的に資金を供給することを目的として，主に，民間金融機関からローン債権を買取り，証券市場で住宅ローン担保証券を発行する業務をおこなってきた。問題は，この2行は民間の株式会社であり，その債務を政府が保証する義務がないにもかかわらず，「暗黙の政府保証」が期待され，政府と同等の信用力を認められていたために，優良格付け企業と認定され，それゆえに世界中の金融機関が両行に膨大な資金を供給していたことにある[22]。ここで注目しなければならないのは，今回の金融危機が優良と格付けされていたフレディマックとファニーメイの破綻で一気に火が付いた点で，格付けの低い金融機関の破綻から発しているのではない点である。これは格付けが如何に根拠のないものであるかを如実に示しているが，これは，2007年の危機の際に，SIV（Structured Investment Vehicle）[23] の破綻で既に分かっていたはずである。今回の金融危機において，

---

[22] たとえば，日本の金融機関が保有する両行の債権総額は，農林中金，三菱東京UFJ，日本生命，みずほなど保有額上位8社で15兆円，日本の金融機関合計で23兆円に達する。この金額は，日本の金融機関の自己資本総額（50兆円）の半分に当たる。この両行がリーマン・ブラザーズのように破綻させられていたら，大手銀行といえども倒産していた可能性が高い。

[23] SIV（Structured Investment Vehicle）とは，BIS規制対策として，銀行がリスク資産をバランスシート上から消すために本体から分離独立させ，債務担保証券（CDO）や資産担保証券（ABS）（不動産などを担保にした長期証券）などへ専門に投資を行うための特別目的会社SPC（Special Purpose Company）である。その業務は，短期金利で調達した低コスト資金を高利回りの長期証券（平均年限3～5年程度）で運用して利益を上げる点にあるが，ここで注意しなければならないのは，長短金利差と格付けの歪みを利用して利益を上げる構造になっている点である。通常，資産の半分は証券か商品，残りの半分は信用力の高い金融機関などへの債権である。銀行やファンドから出資を募ったり，資産の長期証券を担保に組み入れた資産担保コマーシャルペーパー（ABCP）やミディアム・ターム・ノート（MTN）で負債を調達し，レバレッジをかける。ABCPは償還期間が短く，平均半年程度なので親会社の大手金融機関が保証を付けているため調達金利は低い。常にロールオーバー（短期資金の借り換え）が必要だが，2007年夏のサブプライム問題によって証券化商品の価格が下落すると，保有証券を担保とするABCPの発行が困難となり，自力で資金調達ができなくなったため，破綻の危機に直面し，結局，元の銀行に戻さざるをえなくなった。

　最初のSIVは，米国シティグループが1988年に設立したアルファ・ファイナンス・コーポレーションとされている。その後，流動性の低い証券化商品を簿外で保有・運用できるメリットから欧米の主要金融機関が設立し，1990年代末からは数量・資産規模共に急速に拡大した。2008年8月時点で，約30社存在し，総資産規模約4000億ドルであるが，同年9月以降の金融危機の中で多くが破綻していると推定される（http://d.hatena.ne.jp/keyword/SIV?kid=221340）。

この教訓が生かされなかったのか，既に手遅れだったのかは，今後行われる破綻金融機関の詳細な財務分析で明らかになるだろう．外国の金融機関が膨大な米国債権や有価証券を保有しているので，今回の金融危機が世界に拡大することは必至である[24]．

米国では，GDP の 30% を占めてきた金融業界は崩壊の危機に瀕し，信用度の高い米国債を求めて外国から流入してきていた資金も大幅に減少している．一方，GDP の 70% を占めてきた消費は落ち込み，税収の拡大は全く望めない．さらに，アフガニスタンやイラクでの戦費増大で米国の赤字財政は巨額に膨らんでいるから，米国政府には今回の金融危機で発生する膨大な不良債権を買収する財政的余裕はない．ドル安（円高）が進むのは当然で，米国は国債による借金を返済できなくなる．外国の投資家は早急に米国債を売って現金化しておかなければ損失は膨らむばかりである[25]．

米国債券を大量に購入していた世界の金融機関は，サブプライムローン破綻により，一気に資産の大幅な目減りと資金繰りに行き詰まりをみせることになった．世界経済のグローバル化[26]が裏目に出た形である．とりわけ，欧州では，ユーロ拡大というもう 1 つのグローバル化も裏目に出る形となり，その

24　たとえば，日本政府や地方公共団体，金融機関が抱える米国債，米地方債の合計は 60 兆円に上る．
25　このまま放置しておけば，日本の 60 兆円は紙くずと化し，日本の金融業界は崩壊の瀬戸際に立たされるだろう．米国の金融危機の深刻化で日本でも取り付け騒ぎが発生し金融機関が破綻する可能性がある．いくら政府が 1000 万円までの預金は全額保証するといっても，その時には米国債の巨額損失を被っているから，できるはずがない．また，その多くがデリバティブに投資されている年金基金に対し，我が国では保証制度が存在しないので，企業年金は解約・引揚げ・保全の時期を誤ると完全に消えてしまう．まず，3 階建て年金システムの最上位にある年金基金は，基礎年金に付加された富める者の年金制度なので，救済する優先度が低い上，基金の規模が大きいので，引き上げ時期が遅れれば遅れるほど保全できる基金の額が急速に減少してしまう．今回のような深刻な金融危機においては，誰もが自分の権利の確実な確保に狂奔し，他人のことを考慮する心のゆとりなど全く無くなる．モラルや倫理を云々する人間や組織は真っ先に淘汰されてしまう事態である．発生した損失は我々が 100% 負わなければならず，政府は何もできないということをはっきり自覚しなくてはならない．
26　「グローバル化」などという社会や世界で大流行するようになった言葉は，それによって多くの人々や社会の意思決定が大きく支配されるという意味で，一種の独裁者とみなすことが出来る．しかし，人間の意思で受け入れたり拒否できるような言葉には絶対的な価値はなく，どのような言葉も，その時々の状況で，また，個々人の置かれた状況によって，良くも悪くもなる．したがって，我々は 1 つの言葉が社会で大きな影響力を持つようになった場合には，そのプラスの意味とマイナスの意味をよく考えて対処することが重要である（Matsumoto 2006）．

影響は甚大である。欧州金融市場はあたかも2つのグローバル化に挟撃された形である。イギリス，スペイン，イタリア，ドイツでは不動産価格が大幅に下落し，早々と不況に入ったが，比較的米国経済の影響が少ないフランスも不況に陥ってしまった。

　アイスランドの金融破綻[27]が欧州諸国の不動産価格下落の元凶だが，とりわけ，同国と経済関係の強いイギリスとアイルランドは，迅速な対応を迫られることになった。アイルランド政府は，2008年9月30日，2年間の期限付きで国内銀行の預金全額保護を表明している[28]。一方，既に不動産価格が25〜30％下落し，かつ，インフレが昂じているイギリスでは，政府がアイスランド・クローナの取引を停止した（2008年10月）。欧州大陸では，2008年9月末，ベネルクス3国がオランダ・ベルギーの銀行フォルティス[29]に112億ユーロ資本投入し，実質国有化，フランス・ベルギーの銀行デクシアに64億ユーロ資金注入を行っている。一方，ドイツ政府も，2008年10月5日，アイルラン

27　同国の銀行は，経済のグローバル化を最大限利用して，EU加盟国を中心に積極的なビジネスを展開してきた。その結果，10年前には同国のGDPとほぼ同額であった全銀行の総保有資産は，現在ではGDPの10倍に激増した。アイスランドは世界経済のグローバル化による利益を最も享受した国といえるが，それだけに米国の金融破綻の影響を最も強く受けることとなった。その結果，2007年以来じりじりと下落し続けてきた通貨クローナは，2008年下期の半年間で価値が一気に半減してしまった。アイスランド政府は，2008年10月に入ると非常事態宣言を発し，上位3銀行を国有化し，かつ，上位6銀行の株取引を停止した。
28　これは，人心の動揺を防ぎ，取り付け騒ぎ発生の防止が狙いだが，衆知のように，金融資産は信用創造によって膨らまされているから，実際に取り付け騒ぎが発生したら預金者全員に全額払い戻しなどできるはずがない。それを可能にするには貨幣の増発しか方法がなく，大インフレ（この場合はスタグフレーション）を招くことは必至である。つまり，アイルランド政府は，銀行の連鎖倒産による国内金融市場の混乱・崩壊を防ぐためにインフレを選んだということである。仮に，全預金者が全額預金を引き下ろすと仮定してみよう。信用創造過程の逆算から，中央銀行は，市場に出回っている通貨量の少なくとも20〜40倍の通貨を印刷して市場に供給しなければならない。これは，通貨価値が一挙に20分の1から40分の1にまで下がるということである。別の言い方をすれば，インフレ率が2000〜4000％になるということである。ちょっと信じがたいと感じられる人も多いかと思うが，このような事態は1970年代から80年代の南米諸国，ブラジルやアルゼンチンなどでごく普通に発生している。したがって，あり得ない想定ではない。しかも，金融市場が発達している国ほど必要な通貨発行量が多くなる。日本の場合は50倍以上の通貨の増発が必要になるだろう。このような状況になると，物価が1日の内でも朝より昼，昼より夜と上昇していくので，人々は金を手にすると，それですぐに物を買うようになる。つまり，金を持てば持つほど損をする状態だということである。
29　フォルティスはフランスの国営銀行BNP（バンク・ナショナル・ド・パリ）が買収を発表している。

ド政府と同様，預金の全額保証を表明している[30]。

一般に欧州企業の資金調達は間接金融の比率が高いので，不良債権が増大する可能性が高い。そのため，2008年10月4日にはEU主要国緊急首脳会合を，12日にはユーロ圏15カ国が緊急首脳会合を共にパリで開催したが，救済基金拠出で合意に至らなかった。その理由は，米国における金融危機の実態が読みきれていなかったという点にあると推測される。

既に，欧州の銀行は2008年秋以降軒並み貸し渋りに入っており，世界経済は今後為替市場の崩壊，株安，需要減退から縮小に向うのは確実である。したがって，今回の米国発の金融危機が1929年の世界大恐慌以来の金融恐慌という言い方もあながち大げさとは言えない。

我国への影響はどうであろうか。新たな失われた10年になるだろうか。日本政府，地方公共団体，金融機関が米国の債権や国債を如何に膨大に購入しているか，そして，それが如何に危険な状態にあるかは既に言及した。しかし，それでも，サブプライムローン破綻の日本への影響は欧州に比べると小さいと推測されている。これが，現在，外国為替市場で，2008年8月以降，主要通貨が軒並み40〜60%切り下がっているのに対し，円だけが15%高くなっている理由だと思われる。この状況は，1980年代前半の状況によく似ているが，今回は世界の金融市場の崩壊による世界同時不況という点が決定的に違う。むしろ，今回の金融危機は1929年の大恐慌により似ているといえよう。したがって，円高と輸出不振により，日本も他の諸国を追って不況に突入したのは当然である[31]。影響は直ちに有価証券価格の暴落に現われ，2008年10月10日には，大和生命保険，ニューシティ・レジデンス（JREIT：不動産投資信託）が債務超

---

[30] この決定はドイツ政府にとって極めて重大な決断である。なぜなら，第一次世界大戦後の1兆倍にも達するかという天文学的大インフレを経験したドイツでは，その後現在に至るまで，政府はインフレ抑制を金科玉条とし，最も重要な政策として来たからである。G7やEU内での協調政策においても，インフレの危険を察知すると，約束を反故にしてでもインフレ抑制に走ったドイツ政府の決断は，現在の金融危機の深刻さを如実に物語っている。

[31] 不謹慎な発言かもしれないが，敢えて言えば，深刻な世界同時不況に陥った場合の最も即効性のある解決策は戦争である。戦争は膨大な消費であり，しかも生産物がストックにならず，既存のストックも大量に失われるので，一度戦争が起こると，戦場にならない限り，生産は急速に拡大し，経済は忽ち回復する。多くの経営者や政治家はこの誘惑には抗し難いであろう。今日では大衆の人心を操作する方法も発達しているので，短期間の内に国民の心を戦争に向わせることが可能である。このような事態にならないことを願うばかりである。

過で相次いで倒産している。2008年9月の中間決算では，上場87地方銀行の内27行に加え，新生銀行，あおぞら銀行両行[32]が最終赤字を計上している[33]。金融機関の2008年度の決算報告に表れているように，急激に増加した損失額は，損切りなどにより，大量に処理されている。これは，現在の経済状況は，

---

[32] 新生銀行（旧日本長期信用銀行）とあおぞら銀行（旧日本債券信用銀行）の業績悪化の原因は，国内営業基盤の脆弱さをカバーするため増やした海外のハイリスク・ハイリターンへの投資が深刻な金融危機の直撃を受けて一気に損失に変わったことによる。新生銀行は，2008年3月期にサブプライムローンで291億円の損失を出し，本店売却に追い込まれたが，9月期もリーマン・ブラザーズへの融資や欧州ファンドへの投資で251億円の損失を計上。最終赤字は192億円に上った。一方，あおぞら銀行は，2008年3月期の損失が270億円，9月期の損失が280億円（内，GM（ゼネラル・モーターズ）系列の金融会社GMAC向け投資の損失が233億円）で，2008年度決算は赤字であった。株価低迷により，2008年11月18日の終値ベースの含み損が合計約2800億円に達している。近い将来，株価の値下がりはあっても値上がりは期待できないので，含み損は更に拡大することは必至である。収益の回復は期待できないので，公的資金の返済（新生銀行が2168億円，あおぞら銀行が1794億円（共に簿価ベース））は不可能な状況である。この業績悪化を受けて，新生銀行のティエリー・ポルテ社長，あおぞら銀行のフェデリコ・サカサ社長はともに退任したが，経営陣を刷新してもこの両行の破綻は避けられないだろう。既に両行の合併が発表されている。これは一行倒産したのと同じであるが，似た者同士の合併であるから，合併銀行が倒産する可能性も高い。今回の米国サブプライムローン破綻による日本の金融機関の損失を，某銀行について見ると，リーマン・ブラザーズ関連のみに限定しても，倒産当日2008年9月15日の60億円超という発表が2008年10月10日には80億円と，1カ月も経たない内に15～20億円ほど増加する形で修正された。その他の不良債権も含めると合計約200億円の損失と発表された。2008年9月の中間決算時での最終純利益は，同年度上期の予想を167億円下回り，283億円（前年同期比24.9％減）となっている。これを単純に延長しただけでも，2008年度の損失は370億円を超え，200億円の損失予想を大幅に超えてしまう。中堅規模の銀行でこれだけの損失が見込まれるということは，大手銀行の損失が膨大な額に達することは明らかである。ちなみに，2008年9月中間決算での各行の最終純利益は，MUFGが920億円（前年同期比64.2％減），みずほが945億円（同71.0％減），三井住友832億円（同51.2％減），りそな863億円（同28.2％減），中央三井トラストが137億円（同61.4％減）と発表されている。

[33] 一般の認識とは異なり，今回の金融危機による日本の金融機関への影響はかなり深刻で，2008年9月の中間決算では，大手7銀行の当初予想利益が65％減で損失額は前年同期比の2.4倍，中小銀行の多くは同70～75％減で赤字決算も多く，破綻寸前の銀行も目立った。90年代の業績不振を挽回し，また，公的資金を返済するために，日本の多くの銀行がハイリスク・ハイリターンな米国のデリバティブ（金融派生商品）を大量に購入しているので，米国発金融危機の日本の金融機関に与える影響はこれから本格化する。特に，今回破綻の原因となったフレディマックとファニーメイが優良格付け企業とされ，それを信じて大量の資金がこの2行に集中していたということは日本の金融機関の損失をより大きくするほうに作用するだろう。米国におけるサブプライムローン破綻とそれに投資していた退職金基金や年金基金の破綻は2000年頃から現われ，2005年（平成17年）にはかなり顕著になってきていた。この海外損失の推移を日本の金融機関の決算書で詳しく見ると，2007年度下半期の損失が上半期の2.5倍になっている。この損失は2008年3月末時点のものである。サブプライムローン崩壊が一気に拡大した2008年9月以降の影響を受け，各行の2008年度決算では膨大な海外投資損が発生した。日本の金融機関のいくつかはBIS基準を守れなくなる事態に直面した。2008年末より，多くの金融機関が大規模な増資計画を行っているのはこのためである。現在，米国政府は，破綻銀行の債権を表示価額の50％で購入するよう引受銀行に指示しているが，優良債権から購入されていくのと，金融危機の進行と共に債権の格付けが下がっていくことにより，購入価格は下がらざるを得なくなる。経験的には，破綻銀行の資産評価額は3分の1程度になれば上出来である。

信用創造過程の逆，すなわち信用縮小過程に入っているため，破綻銀行や不良債権とは関係のないところで，優良債権が不良化する可能性が高いから，当然の処理である。そうしなければ，損失額は時間が経てば経つほど増大してしまう。

破綻したフレディマックとファニーメイに持つ債権総額23兆円に加え，日本の金融機関が保有する米国企業の有価証券の総額が23～25兆円，リーマン・ブラザーズに対して持つ債権が4000～5000億円と推定されている。これらが全て紙くずになると[34]，日本の銀行の自己資本総額（約50兆円）に匹敵するので，何の対策も打たなければ日本の金融機関は全て倒産することになる。実際にはそのような事態にまでは至らないと思われるが，実は，ここに，今回の金融危機の引き金となった金融大量破壊兵器CDS（Credit Default Swap）の存在や，ヘッジしたはずのリスクに確実に遭遇するヘッジ・ファンドの取引契約などの，もっと厄介な問題がある。これらについては後述するが，これら諸々の問題によって，日本の銀行が破綻に追い込まれていく可能性は高い。一般には，資金繰りに苦労する弱小銀行から破綻していく。このような状況が発生する確率は，現在のような金融危機の下では極めて高い。その直接の原因はCDSの増大にある（2008年6月末現在で日本の金融機関が保有するCDSの総額は約1兆ドル（100～120兆円）程度と推定される）。

この金融危機は，当然，世界の実物経済にも大きな影響を与えている。特に国民経済としては中国経済，産業としてはIT，自動車，流通に対する影響が大きいものと推測されるが，ここでは簡単に世界経済で現に生じている事態を簡単に述べるに止める。

米国や欧州では，12月のクリスマス商戦がその年の経済の最大の山場であり，各国はこの時期を狙って米国や欧州諸国に輸出攻勢をかける。例年10月から輸出が増加するが，それはコンテナ船の需要に現われる。2008年10月の米国向けコンテナ船の配船は，2007年よりも20％減少した[35]。欧州向けは2007年並みだったが，価格競争が激しく，運賃は2007年同月比に比べ，最大3分の1までに低下した。アジアから米国への輸出は，2007年10月より減少

---

34 リーマン・ブラザーズに対する債権は既に全額紙くずになっている。
35 現在の金融危機の影響から2009年度の世界経済の見通しは非常に暗い。これを反映して，2008年の世界の船舶受注は2007年に比べて80％以上減少した。

し続けているが，2008年1月〜6月までの半年間で，前年同期に比し，7.4%
減となっている。これは，特に中国経済にとっては大打撃である。日本経済に
関していえば，円高，株安，需要減でIT関係の輸出が総崩れといった状況で
ある。特に，圧倒的に強かったデジタル・カメラの優位性が失われ，国内の生
産能力が過剰になっている。電子部品も海外販売が失速しているため，輸出が
伸びない状況である。同じことは輸出を主導してきた自動車についても言え
る。トヨタの乗用車輸出が大幅に落ち込み，2008年9月の海外販売台数は
2007年同月比で，先進国を中心に，20〜40%減少している。そのため，名古
屋を中心とする東海地方の経済は急激に悪化している。総じて，日本経済の牽
引車であった輸出部門の不調が大きい。事実，米国の2008年12月の小売売上
高は同年前月比2.7%減と発表された。この事態は，12月がクリスマス・シー
ズンであることを考えると異常と言っても良い。米国の個人消費の低迷で景気
悪化が長引くとの市場の見方は当たっているであろう。

　12月に集中する米国の多くの決算報告が翌年の世界経済を占う大きな指標
であるが，予測されたように，2009年1〜2月に発表された決算報告は極め
て悲観的な内容であり，多くの銀行が経営危機に陥り，すでに100行以上が破
綻している。日本の銀行や一般企業がその煽りを受けることは明らかで，事
実，2009年には世界同時不況が一層深刻化した。

6.2. サブプライムローン破綻の論理
6.2.1. 長期拘束的契約と保証料

　デリバティブを一言で評すれば，「ただで儲けようとする虫のいい証券」と
なる。担保無しに金を貸す人はいないから，売り手の銀行は現物ローンを小口
証券化し，債券と分離し，その銀行の信用を担保とする。購入者は元本を払い
たくない。信用だけで証券を買うのはリスクを伴うので，この気持ちは当然
で，それは売り手も理解している。そこで，最後に決済する契約を結ぶ[36]。契

---

[36] これに似た話は我々の日常生活でもよくある。一般の人は，いくら信頼できる人からでも，いきなり
「1,000万円貸して欲しい。」と言われても直ぐには応じられないだろう。しかし，理路整然とした説明と共
に，「1カ月後に1億円が確実に入ってくるのだが，現在お金が無くて困っているので，1万円貸してもら
えないか。1カ月後には必ず返すから。」と言われ，証文まで付けてくれるなら，応じて金を貸す人はかなり
いるだろう。この考え方は，実物債権を小口証券化して売るとか新たなデリバティブを考案して売るとい

約中に運用で元本を超える収益を上げなければ意味がないので，通常 30 年という長期契約になり，貸し倒れを防ぐため，購入者は毎年保証料を払い，販売者は途中解約を認めない拘束的契約となる。好況時には経済が拡大し，倒産も少ないので余り問題は生じない。だが，不況になると，現物ローンの不良債権化による銀行の信用低下によって購入者の損失が累積しているはずである，実際には！しかし，元本は契約最終年まで支払われないから，帳簿上損失は発生していない。人を欺くには非常に上手い仕組[37]だが，契約最終年に膨大な損失が突如表れることになる。経済は 10 年間に 1，2 度は不況に陥るのが普通だから，デリバティブの購入者は契約期間中に最低数回は損失を心配しなければならない時期に必ず遭遇する。ここで，デリバティブが発行者の信用のみに依存している点から，デリバティブの性格が貨幣と同じだという点に気付かなければならない。貨幣の場合は，中央銀行が市場の貨幣量を調整するが，デリバティブの場合は，そのような調整機関や規則が存在しない。したがって，不況時のデリバティブの損失がどの位増大するか誰にも分からない。

6.2.2. 本当はリスクが高いサブプライムローン

サブプライムローンや債権を原資とし，そのキャッシュ・フローを小口証券化したデリバティブが ABS（資産担保証券：Asset Backed Security）[38]である。ABS を保有している場合，現在のように低金利の時は，原資の金利の高いものが期限前に償還され，低い金利のローンに組み直されるので，投資家にはより運用利回りが低い証券への再投資というリスクが生じる。また，金利

う行為の根底にあるものだが，同時に，詐欺の基本的考え方と同じであることに注意しなければならない。

37 このような行為は，しばしば行為者をも欺くことになる。自分で自分を騙すということである。このような行為はしばしば行為者をその危機的心理状態から救い，自分の責任を別の自分に押し付け，安心感が得られるため，これが昂じると，多重人格者を創り上げることに繋がる（Humphrey 2002）。

38 資産担保証券（Asset Backed Security：ABS）とは，投資家から資金を調達するために，企業などが保有する資産を裏付けに対して発行される証券で，企業が保有する債権や不動産などの資産を企業から分離し，その資産から生じるキャッシュ・フローを原資として発行される。つまり，独立した子会社（SPC）に貸付などを売却して，その子会社が貸付などを担保にして発行される債券のことであるが，その貸付などの債権が不良債権化して子会社が破綻すれば，その債券の価値がなくなる危険性がある。企業の資産でキャッシュ・フローを生み出すものならば何でも ABS の担保にすることが可能で，売掛金，受取手形，債券（社債），貸付金（住宅ローン，自動車ローン，クレジットカードローン），リース債権，コマーシャルペーパー（CP）など，幅広い資産を対象に証券化が行われている。現在のアメリカの金融危機の原因には，CDS と共に，この資産担保証券がある。

が下がるほど損をするという意味で一般の債権とは投資行動が逆になる。発行者の経営，財務状況，外部評価の変化などにより，元本や利息の支払い能力（信用度）が変化するので，投資元本を割り込み，損失（元本欠損）が生じる恐れがある。フレディマックやファニーメイで現在起こっていること，すなわち現在の金融危機で起こっていることは正にこれである。更に，米国以外の投資家では，外国為替相場の変動により，自国通貨での評価が投資元本を割り込み，損失（元本欠損）が発生する恐れがある。つまり，ABS の基準価額は，組込まれている債権の値動きと為替変動の双方の影響を受けるので，想定利回り，元本共に確実な保証はない。さらに，ABS は金融商品取引法第 28 条の 8 に定める，契約当事者間に契約締結後，将来の一定の時期に，元本および対価の授受に関する取り決めを，持たないので，金融商品取引法に規制される商品に該当せず，それゆえ，同法第 37 条の 6 が適用されないため，クーリング・オフの対象にはならず，元本保証のないリスクの高い金融商品である。一般には，銀行の不良債権を ABS にして流動化すると，信用リスクの分散化や移転を通して，不良債権の処理を促進し，併せて企業金融の円滑化にも効果が期待できるのではないかと広く考えられているが，上に述べた ABS の特徴から，この見解は誤りで，実際に実行すると，不良債権のグローバル化を促進することになる。

　米国では，住宅ローンの 75〜80％が MBS（Mortgage-Backed Security：モーゲージ抵当証券）として証券化されているが，これは代表的な ABS で，いくつもの証券を組み合わせた仕組債として販売されることが多い。ここで，MBS の利回りが米国債より高いことに注目しよう。その理由は，原資が低い金利の住宅ローンだということもあるが，流動性や格付けが高いという格付け会社の根拠のない評価と，それを真に受けた投資家の「錯覚」があったからである。なぜなら，MBS の大半を購入していたのが実はフレディマックとファニーメイなのである。現在，サブプライムローン破綻で金利が低下している米国では，多くの住宅ローン購入者はより低い金利のローンに借り換えている。つまり，MBS の担保となっている多くのローンが全額一括返済され，投資家は投資した元本が償還されてしまうので，想定利回りの確保は難しくなる。ここには大量の年金基金が投資されており，それが年金基金の運用益が大幅なマ

イナスになっている原因である。

そもそもサブプライムローンとは，低所得者に住宅を供給する目的で始められたものと言われ，そのため，ローンの最初の数年間の利率はかなり低く設定されている。これは後で金利が確実に高くなることを意味している。金利が高くなれば，しかも運悪く不況に当たれば，債務不履行者が増え，ローン自体が破綻するから，投資家のリスクが増大する。逆に，金利が下がれば，ローンの借り換えが増加するので，これまた投資家のリスクが増加する。しかも，ABSは長期拘束契約であるから，契約内容によっては，投資家は目の前で自分の債券が下落しているのを見ていても何も出来ず，契約終了後，より悪くなった状況の下で売却せざるをえないというハイリスク，しかも増大し続けるリスクを回避できない商品と看做すことが出来る。したがって，このようなデリバティブを大量に購入する経営は，まず，思慮の浅い投資決断といえるだろう。もしそうでないとするなら，経営状態が悪いために，ハイリスク・ハイリターンのデリバティブで一発逆転を狙ったギャンブル的投資を行ったということであろう。

サブプライムローン危機によって，まず優良格付けのサブプライム RMBS（個人住宅抵当証券）[39] や SIV および類似商品が破綻する。これによって，ABS のミドルリスク・ミドルリターン債（CDO メザニン債など）はリスクが増大する。このサブプライムローン関連の不良債権の増大は，銀行の手持ち流動性を低めるなどの影響を通じて，サブプライムローンとは無関係な他の証券の格付けを下げ，優良債権を不良債権化する。

6.2.3. ヘッジとはリスクを先延ばしにすること

デリバティブ（金融派生商品）というのはいずれもリスクを回避しているように見える。しかし，まず，どんなに上手くリスクを回避したように見えるデリバティブを開発したとしても，金融市場における総リスクが減るわけでもなくなるわけでもない。多くのデリバティブの仕組をよく見てみると，いずれも，リスク自体をヘッジしているのではなく，リスクが発生する時間を先延ば

---

[39] MBS（Residential mortgage-backed security：個人住宅抵当証券）には RMBS と CMBS（Commercial mortgage-backed security：商業用不動産抵当証券）がある。前者は住宅ローン債権を証券化したもので，後者は商業用不動産に対するローン債権を証券化したものである。

しにすることをヘッジと言っているに過ぎないことが分かる。困ったことに、リスクを出来るだけ長く先に延ばそうとすると、リスク自体が膨らむだけでなく、そのリスクに遭遇する確率が（ほぼ確実に）1になってしまうことである。一般に、経済は5年もたてば一度は不況になるから、契約期間が通常30年にも及ぶ長期[40]に渡るデリバティブには、契約期間中に数度は危機が訪れるということになる。この時、サブプライムローンを原資とするABS（資産担保証券）をCDSで保有していると、破綻の確率が一層高くなる。ABSは、貸出などを担保にして証券化したものであるため、その貸出が不良債権化すればその価値が低くなるのは避けられないが、これにCDSが添付されていれば、その危険が一層増すことになるからである。運悪く不況に当たると、当然、ローンの返済に苦しみ、返済不能になる人の数が増え、不良債権が増大するが、CDS契約者は自分が損をすることが分かっているのに、解約できない契約ゆえに事態の悪化を指をくわえて見ていることしか出来ず、契約終了時の一層悪くなっている状況の中でより大きな損失を甘受しなければならない。不況時には利子率が下がるので、多くのローン返済者は、手持ちのローンを一括返済し、より低い金利でローンの組み直しを行うであろう。したがって、以前のCDSは解消され、より利回りの低いCDSに置き換えられてしまう。SPC（特別目的会社）にとってもCDS購入銀行にとっても、上手い商売ではなくなってくる。中には、手元流動性が苦しくなり、破綻する銀行も出てくるだろう。そうすると信用縮小過程に入るから、優良債権も不良債権化し、銀行は次々と連鎖倒産していく事態に陥る。この意味で、CDSはまさに「時限爆弾」であり、「金融大量破壊兵器」[41]である。ベア・スターンズ、フレディマック、ファニーメイ、リーマン・ブラザーズ、AIGの破綻はそれ自体、

---

[40] 今までの説明から、特にCDSの場合、かなり長期の契約でないと購入者に利益をもたらさないことが理解されるだろう。しかし、利益が保証されるのは、その間少なくとも経済が不況にならないことが必要である。だが、それは殆ど不可能なことである。つまり、CDSが破綻する確率は非常に高いということである。
[41] 米国の著名な投資家 Warren E. Buffett の言葉である。
[42] 米国政府がリーマン・ブラザーズは倒産させたが、AIGは政府の管理下においたのは、前者のCDS保有額（想定元本52億ドル）がそれほど多くなかったのに対し、米国最大の保険会社で世界中に展開する（130カ国、7400万件）AIGはCDSに積極的に投資（想定元本4410億ドル）していたため、もしAIGが破綻した場合、その影響は世界の金融業界を混乱と崩壊に陥れると考えられたからである。

金融市場を大きく揺るがす大事件であるが，これらの破綻企業[42]が大量のCDS契約を他行と結び，日本の銀行が大量に購入していることが問題なのである。

CDSが抱える深刻な問題は他にもある。まず，① スワップ契約には全く規制がない。価格は相場次第だが，合意だけで保証される側は膨大な借金を重ね，保証する側は簡単に巨額な資金を入手出来る。誰でも参加でき，BIS規制[43]のような制約も無いから，「想定元本」（保証金額）は引受会社の自己資本の数十倍を超え，しかも多くはCDSを発行している。この膨大な金額は誰にも保証出来ないから，1社破綻すると，大量の債権が格下げや債務不履行扱いになり，その連鎖が一体どこまで及ぶか，これまた誰にも分からない。従って，FRB，SEC[44]，ニューヨーク州司法省などの今後の検査次第では思わぬ結果が出るだろう。収益をCDS保証料に依存したり，自己資本に算入したりしている金融機関や企業の多くは破綻する可能性が高い。膨大な金額と不確定性から，政府のCDS保証は不可能である。② 金融工学に基づくCDS計算に市場リスクが考慮されていない点も問題である。いかなるリスク計算も過去のデータに基づく以外には方法がないから，将来を100％確実に言い当てる保証はない。特に，金融市場が混乱したり不安定な時には，全く当てにならない。2008年の大型5社の破綻は想定外である。2008年9月の危機まで，CDSは単に「安心という錯覚」を売っていただけである。③ 格付け会社が実態と全く遊離した格付け手法と信用に対する思い込みで格付けを行ってきたことも問題である。④ CDSに対する規制が全くない状況が続くと，デリバティブ（金融派生商品）を大量に所有していればベア・スターンズやAIGのように救済されるというモラル・ハザードを引き起こす心配も大きい。

CDSが30年に及ぶ拘束的契約であることを考えると，今回の金融危機は短期間で解決する問題ではなく，これから何十年も続く危機の始まりである。

---

43 BIS規制とは，別名バーゼル合意とも言われ，BIS（Bank of International Settlements：国際決済銀行）による銀行の自己資本比率に関する規制である。自己資本比率が8％以下の銀行には国際業務を禁じる取り決めで，国際的に業務展開をする銀行の健全性を維持するために適用されるルールである。自己資本比率の遵守状況は各国の監督当局が責任を持つ。日本の場合は金融庁である。

44 SEC（Securities and Exchange Commission：証券取引委員会）は，アメリカ合衆国における株式などの証券取引を監督・監視する連邦政府の機関である。

6.2.4. 金融大量破壊兵器 CDS とは何か

　ここで，CDS[45] タイプのデリバティブ[46] の解説が必要であろう。CDS とは，債権を直接移転せずに信用リスクだけを移転する取引で，保証料と引き換えに，相手銀行が保有する貸付債権や社債等に対し，貸付先が破綻したとき，その元本の返済を保証する契約である。つまり，CDS の売却は保証料収入を目当てに相手銀行の債権の支払いを保証し，購入は保障料を支払うことで自行の保有債権の保証をしてもらっている。CDS は銀行が貸倒れリスクの回避手段として最も利用されるクレジット・デリバティブで，契約は長期，元本は契約最終年に一括返済される。非常に上手い貸倒れ対策に見える。別の角度から見ると，CDS 契約とは，資産に対する契約ではなく，資産の信用度に対する契約だから，購入者は実際に購入資金を手当てする必要がないという利点と背中合わせで，信用がなくなったときには利益が得られないばかりか，自分が保証している相手のまだ支払いが完了していない債権の支払い義務も課されるという典型的なハイリスク・ハイリターンのデリバティブである。経済が好況の時には問題が余り発生しないが，不況時には一気に負債が拡大するという特徴を持つため，経営が健全な金融機関は余り手を出さない。多くの保証を行い，保証料収入の多い金融機関は，一見，業績が良いように見えるが，上記のリスクを考慮すると，実際には経営が上手くいっていないと看做すことが出来る。

　CDS 契約は，相手銀行が破綻しても，最後まで履行義務があり，元本返済は契約終了時に行われる内容になっている。元本償還に備えて資金を準備しなければならない債務の遵守はどの銀行にとっても極めて厳しいものである。それを例で示そう。

　債券のリスクを 0 にする最も簡単な方法は，2 銀行（A，B としよう）が同じ債券を同額購入し，両行間で CDS 契約を結び，購入した債券を互いに売り合う場合である。両行は互いに同額の債券を売り合うので帳簿上金の出入りはない。購入債券に対する元本支払いは契約最終年なので，両行が互いに相手に

---

[45] CDS（Credit Default Swap）とはクレジットデリバティブの一種で，債権を直接移転することなく信用リスクのみを移転できる取引で，最も取引量の多いクレジットデリバティブである。銀行の自己資本比率を高める対策の手段として利用される場合も多い。
[46] これは，後の詳細な分析からも裏付けられる。

対して持つ債権は代金未回収だから，契約最終年までは債務と同じである。だが，その債権を担保にして借り入れを行い，運用益を上げることができる。債権のリスクは毎年保証料支払いで相殺されるので，両行間で金の移動はない。両行と債券発行元がどこも破綻しなければ，両行は契約最終年に互いに相手に対して元本の支払いをするが，これも相殺されるので，金の出入りは無い。長期に渡って運用益を上げているので，その合計は債券発行元から購入した債券価格を超えているだろう。この債権＝債務に関する実際の金の出入りは最終年の元本返済までは一切ないので，帳簿上の記載も契約最終年までは一切ない。記載されるのは運用益だけである。従って，外部に対しては非常に良い経営が行われているという印象を与える。一種の詐欺といってよいだろう。

さて，契約期間中にAが破綻した場合を考えてみよう。BはAに売却した債券の代金を受け取っていない。ここで，BがAに代わる新たな契約者を見つけられれば，最初のCDS契約は継続され，大きな問題は生じない。しかし見つけられなければ，BはAの債権を自分の債務として引き継がなければならない。つまり，Bは自分とA両方の債務を抱えることになる。しかも，契約最終年には実際に元本を支払わなければならないので，その資金準備が必要になる。

CDS契約は取引元本単位価格が5億円，10億円といった金額なので，一契約あたりの元本が大きくなり易い。そのため，多くのCDS契約を保有する銀行は相手行が破綻したときに抱え込む負債が巨額になり，手元流動性が窮屈になり，破綻する危険性が高くなる。CDSは不況時には極めてリスクの高いデリバティブであることが理解されるだろう。また，CDSのようなデリバティブ取引に失敗すると，容易に投資額よりも大きな損失を蒙る場合があり得るということが理解できるだろう。大雑把に言って，保証料は金利で決まると言ってよいので，保証する元本の額は保証料を金利で除した金額になり，少なくとも保証料の10倍程度と見積もることが出来る。もし，CDS契約の相手が破綻した場合，自分の債務だけでなく相手の債権も債務として被るので，最悪の場合，少なくとも保証料の20倍程度の負債を抱え込むことになる[47,48]。

47　ここで，某銀行の2008年（2007年度末）のディスクロージャー誌（説明書類）を見てみよう。

以上から，CDSがなぜ「時限爆弾」とか「金融大量破壊兵器」などと言われているかが理解されただろう。そこで問題になるのはCDSの保有額であるが，世界全体で，2008年には54兆ドル（5500兆円）と推計されている[49]。この数値から世界の銀行が大量のCDSを保有していることが容易に理解されるだろう。米国の金融機関とイギリスの金融機関がそれぞれCDSの40%，30%を保有していると言われるが，日本の金融機関が保有するCDSは比較的少なく，全体の約10%で，550〜600兆円（2008年）と推定されている。それでも，日本の銀行資本総額の10倍を超える額である。このような状況下で，今回のようにいくつかの銀行が破綻すると，残った銀行の多くが大量の金利支払いと元本準備の重圧に苦しむようになることは避けられない。こうなると，多くの銀行では赤字経営が慢性化し，何年にも渡って配当を支払えない状態が続き，そのうちのいくつかが破綻する。それが生き残った銀行にCDS崩壊による新たな金利支払いと元本準備を生む悪循環となる。こうして金融業界はCDSの金利支払いと元本準備が増加し続ける状況に陥る[50]。かくして，銀行

↖（これは銀行法第21条により作成・公開が義務付けられている報告書で，銀行は営業年度および中間決算期ごとに業務および財産の状況に関する事項を記載した説明書類を作成し，主要な営業所に備え置き，公衆の縦覧に供さなければならない。）それによれば，この銀行のCDSのプロテクション（保証料）は，提供額が800億円，購入額が400億円である。その差400億円は保証料収入になるが，販売したCDSの元本が未回収であることを意味している。もし相手が破綻したら，この銀行は最悪の場合，破綻した保証債権額として4000億円程度の負債を抱えることになる。これは，この銀行の平成19年度決算書の損失ペースを単純に延長した場合，ABSの評価額が3分の1に減価したと看做すことの出来る数値となり，破綻銀行の清算価格並みになる。今後金融危機が一層深刻になるとすると，4000億円程度の損失では収まらない可能性も高いので，この銀行が2008年度末に自己資本比率8%のBIS基準を満たせなくなる可能性も出てくる。そうなれば，当然，同行の国際業務は禁止され，取り付け騒ぎが発生し，破綻ということになる。最近，同行が500億円の増資を発表したが，この増資額は，ABSの大半が損失になってもBIS基準を満たすための増資と見てよいだろう。

48 最近では，駒澤大学がデリバティブへの100億円の投資で154億円の損失を蒙ったと報じられている。上記の説明で，投資額を超える損失を被った理由が理解されただろう。デリバティブ投資の危険性を示す良い例であるが，この程度の損失で済んだのは運が良かったとも言える。

49 CDS取引額は，2000年以降毎年倍々ゲームで拡大し，2007年には62.2兆ドル（6500兆円）と推計されている。2008年に減少しているのは，ベア・スターンズの破綻を受けて多くの銀行が繰上げ完済処理を進めたためである。

50 この連鎖拡大過程は，（核）爆弾において，最初小さな有機化学反応が発生し，その発生頻度が臨界点を超えると一気に有機化学反応が加速化される現象と同じである。この過程が瞬時にして起こるので爆発となるが，金融縮小の場合はその過程が爆弾よりも時間がかかるだけに過ぎない。この意味で，「金融大量破壊兵器」とは実に的を得た表現である。

の格付けは下がり続け，資金調達も困難になり，借入金の金利が高くなり逆ザヤ状態になるという深刻な状況になる．そのため，収益が上がっていても元本支払い時の手元流動性不足による経営危機の可能性が残るので，会計操作によって粉飾決算を行う誘惑が非常に強くなる．

6.2.5. 金融危機を加速する株主の心理

ここで，株主の心理を考えてみよう．特に米国の株主は投資先の業績に敏感で，少しでも業績が悪化するとすぐ資本を引き上げてしまう．このことをよく知っている米国企業の経営者は決算内容を如何に良く見せ，株主の心が離れていかないようにと腐心する．したがって，決算期を控えると，多くの経営者は不良債権を始末し，出来るだけ良い業績を上げているように見せようとする．これは金融機関においても当てはまる．さて，今までの話から，現在の金融危機においては，銀行が破綻を避けようとすればするほど，その元凶であるCDSの負債を抱え込むことになる．そして，結局は破綻してしまう可能性が高くなるのだが，逆に言えば，傷の浅い内に破綻するほうが株主の損失は少ない．すると，計画倒産を画策する銀行が出てきてもおかしくないし，株主も賛成するだろう．これが金融危機を一層深刻化させるが，ここでモラル・ハザードを持ち出しても無意味である．債権者は蒙る被害を出来るだけ少なくする必要に迫られている．

6.2.6. 資産の裏付けを欠くハイリスクなヘッジ・ファンド

さて，このようなCDSやデリバティブを扱う機関にヘッジ・ファンド(hedge fund)がある．ヘッジ・ファンドというのは，元来，有価証券を担保にその何倍もの借り入れを行い，デリバティブ等を組み合わせて運用される私募投資である．規制が無いので，絶対的収益確保を狙って積極的に空売りを行い，相場とは無関係に利益を上げることも理論上は可能である．リスク・ヘッジ用の各種デリバティブは元本準備の必要がなく，低額な証拠金（取引元本の3〜10％程度）だけで取引できるため，実際の投下資金に対する運用利回りが原資産取引の10〜30倍に達する．しかし，失敗すると逆に10〜30倍の損失を抱え込むことになるハイリスク・ハイリターンな取引である．

投資家の多くは年金基金や退職金基金，銀行，投資顧問等の機関投資家である．日本の年金基金の多くは，ゲートキーパー（ヘッジ・ファンド専門の投資

6. 2008 米国発サブプライムローン破綻による世界金融・経済危機　71

顧問の運用するファンド・オブ・ヘッジファンズ（Fund of Hedge Funds：FoHF）へ投資しているが，それは，1つのファンドへの投資で様々な運用戦略のヘッジ・ファンドへ分散投資できる効果，人気ファンドへのアクセス，単独で参加できないファンドへの間接的投資を狙っているからである。しかし，この投資では信託報酬を FoHF と投資先のファンドの双方に支払わなければならないので，昨今のような投資利益が殆ど 0 のような厳しい金融情勢では，投資家へのリターンも殆ど 0 もしくはマイナスになる。

　ヘッジ・ファンドは，2007 年までは，悪くても担保の有価証券額の 2.5 倍の借り入れが可能であったが，2008 年に入ると，良くてせいぜい 1.1 倍までと，ヘッジ・ファンドとしての旨みがなくなってしまった。特に，2008 年 9 月のリーマン・ブラザーズの破綻以降，ヘッジ・ファンドのレバレッジ（担保掛目）に対する査定が厳しくなり，1.0 を切るケースが多くなっている。これにはヘッジ・ファンドの運用利回りがこのところマイナスになっている点も大きく影響している[51]。世界市場におけるヘッジ・ファンドの総額（2008 年末）は約 190 兆ドルと推計されているが，これは最盛期より 30％も減少している。

　決算期が 11〜12 月に集中している米国の多くの金融機関では，2008 年末には如何にして良い決算内容を株主に見せるかに腐心していたものと推測される。金融市場の崩壊で，手持ちの債権は暴落し，多くが不良債権化し，ドルも大幅に下落，米国債も値下がりを始めていた。どうしても現金が欲しいが，とりわけヘッジ・ファンドを多く保有している金融機関は，多くの銀行の貸し渋りに遭って，資金を集めることが出来ない。残された換金手段はヘッジ・ファンドの売却である。金融市場の状況がヘッジ・ファンドにとって最悪であることは分かっているが，換金売りに走らざるを得ない。確かに，2008 年 12 月にはヘッジ・ファンドの多くが暴落し，これによって巨額の運用損が発生した。

　ヘッジ・ファンドの投売りが始まると，まず，次の 2 つの問題が発生する。1 つは，リスク・ヘッジのためにヘッジ・ファンドを構成している多数の株式の内，売り買いのリスクが大きい出来高の少ない株式が売られるため，特定の銘柄が大暴落を引き起こす。これが，他の銘柄の株価の引き下げを誘発する。

---

[51] たとえば，2008 年 1 月，3 月はマイナス，9 月は −6.6％であった。その結果，2008 年 1 月〜10 月の運用損は 30％に達し，運用残高も最盛期の 3 分の 1 まで減少している。

2つ目の問題は，もっと深刻で，ヘッジ・ファンド売りで株式市場への流入資金が減少し，これがマイナスのスパイラル現象を引き起こすため，株式市場がどんどん縮小してしまう。このような事態は当然金融機関全体に大きな影響を与え，運用損を拡大する。

7. 終わりに代えて
　—90年代の長期不況と 2008 年米国発金融危機から何を学ぶか

7.1. 危機の始まりは「ニクソン・ショック」

　今までの議論から，日本の資産価格高騰とその破綻をきっかけとする 90 年代の長期不況と，2008 年に一気に噴出した米国発サブプライムローン破綻による金融危機が同じ原因，すなわち「ニクソン・ショック」と呼ばれる 1971 年 8 月 15 日の米国大統領ニクソンの新経済政策に起因することが理解されるだろう。この米国による一方的なドル金兌換制の廃止が，日米の両不況の最も基本的な直接的原因である。

　金融に歯止めがなくなったことと貨幣が信用だけに依存するようになったことは，通貨発行量の制限がなくなり，通貨価値の乱高下も大きくなり，必然的に為替市場を不安定にする。デリバティブは元々この為替の変動リスクを回避する手段として考え出されたものであるが，投機的利益獲得の手段とも成り得ることには誰にでも直ぐに気が付く。デリバティブを投機の手段として用いると簡単に巨額の利益が得られるから，金融機関で働く人々から真面目に誠実に働く気風が薄れていくことは避けられない。既に兌換制はなく，貨幣の信用の最後の引き受け手もいないので，通貨量は膨張し，それが，より多くの利益を簡単に生み，それがさらに一層の通貨膨張につながるというスパイラル現象を引き起こす。かくして，金融市場はますます投機性を高めていく。こうして，金融業界を中心として，産業界から一般市民の多くまでもが，モラルを失い，儲かりさえすれば手段を選ばないという拝金主義が先進国を中心に世界中に蔓延することになった。これが，日本のバブル景気の膨張と破裂，それに続く 90 年代の不況，および，昨年秋に一気に広がった米国発サブプライムローン破綻による世界金融・経済危機の根底を貫く底流となっている。

7.2. デリバティブを経済戦略として徹底的に利用した米国政府

このデリバティブを利用できることに目をつけた米国政府は，その流れを膨張するがままに任せ，基軸通貨が自国ドルであるというシニョレッジを最大限に活用して，常に自国が有利になるように為替相場を操作した．こうして，自分の土俵の上に日本を引っ張り上げ，輸出自主規制，市場開放，金融自由化の圧力をかけ，米国の意のままに従わせることに成功した．米国の要求に抗するため，日本の輸出企業は徹底的な合理化を進め，世界市場で圧倒的な競争力を身につけ，貿易収支の黒字を急拡大させた．この膨大な黒字は米国に還流すると同時に，日本国内では投資先として僅かに残されていた不動産と株に集中した．米国はあたかもこれを想定しており，日本をバブル景気に追い込み，それを破綻させたかのようであった．その後の90年代不況時においても，日本政府・日銀に，景気回復には効果のない超低金利政策の維持を強要し，デリバティブ取引を通して，日本から巨額の金を巻き上げていった．この段階までは，世界の経済的覇権の回復を狙う米国の完勝であった．

7.3. モラル・ハザードによる米国政府の自業自得

しかし，米国政府にとって不幸だったのは，金融市場でシニョレッジを利用すると，少なくとも始めは当面の問題が解決しそうに見えたことと，簡単に海外からの資金が大量に米国金融市場に流れ込んできたことだった．この，ちょっとした為替操作で簡単に膨大な資金を海外から得られる安易な解決法に溺れ，時間をかけて地道に実物経済の建て直しを図ることを忘れてしまった．80年代から今日までの米国政府は，(圧力をかけて) 他国の金利を自国の金利より低くして得た海外からの巨額の資金で輸入代金を支払い，国内消費を拡大し，不況になると他国よりも金利を引き下げ，ドル安状態にし，輸出の拡大を図るという政策を繰り返してきた．この政策では自国産業再生を真剣に再生しようと考えているとは到底思われない．しかし，日本を追い落とすために利用したデリバティブやヘッジ・ファンドの活動を野放しにしていたために，その投機的活動は米国政府がコントロールできなくなるまでに拡大してしまった．このような事態を招いた理由は簡単である．デリバティブは住宅ローンなどの債権を小口証券化し，販売者の信用のみを裏づけとして販売する金融商品であ

る。つまり，定義上，デリバティブは通貨と同じである。しかし，中央銀行によって市場供給量が調節される通貨と違い，デリバティブには発行を規制する制度や法が存在しないので無制限に発行が可能である。信用のみに依存するデリバティブが大量に発行されると，金融市場の投機性が増すので，ヘッジしたはずのリスクが高くなるのは誰の目にも明らかである。その高くなったリスクをヘッジしていくためには必然的にデリバティブの対象を増やし続けなければならなくなる。同時に，各種デリバティブを組み合わせたヘッジ・ファンドや仕組債が登場してくるのは当然の結果である。こう考えてくると，「低所得者に住宅を提供する目的で作られた」とする，よく言われるサブプライムローン誕生の説明は嘘で，実は，デリバティブの対象を拡大していった結果として到達した言い訳に見えてくる。これが正しいとすると，サブプライムローンとは投機家と米国政府がグルになって作ったデリバティブということになる。米国社会は完全にモラル・ハザードに支配された社会になったといえる。事実，サブプライムローンの売り方を見ていると，到底返済能力のない人に対してでも見境なく販売しているようであるから，このローンはデリバティブの対象としてほぼ最後の極めてリスクの高い対象と看做すことが出来るだろう（http://electronic-journal.seesaa.net/article/105082636.html, http://d.hatena.ne.jp/horii888888/20080920 等を参照)。ここまでくると，デリバティブ破綻は目前で，不況の一押しがあれば十分である。これが米国発サブプライムローン破綻による金融危機の現状であり，より正確に言うと，デリバティブ破綻による金融危機というのが正しいだろう。破綻の直接的なきっかけとしては，日本の90年代不況も今回の米国の金融危機も共に住宅価格の異常な高騰にあり，両経済危機は同じに見えるが，米国の危機の方が明らかに深刻である。要するに，米国の現在の危機は自業自得の結果である。

7.4. 日本政府の責任：過去の成功に縛られた問題先送り政策

さて，上記の説明が正しいとしても，日本の政府，金融業界，産業界が一方的に被害者であったわけではない。これは今までの説明から理解されるであろう。

政府には，輸出依存型成長政策を内需拡大型成長政策に変えるチャンスも時間も十分にあったはずである。金融業界や産業界を説得し，経済の方向転換を

図ることも可能だったはずである。政府に国民生活の安定と向上を図る強い意思と責任があれば，いわゆるバブル崩壊時に断固とした政策を取ることが出来，不況を長引かせることもなかったであろう。そうすれば，今回の米国発の金融危機で被る損失もかなり未然に防ぐことが出来ただろう。金融業界も，短期の利益に目を奪われて過大なリスクを抱えることもなかったであろう。

　少なくとも世界経済に関していえば，現在は，政府も金融業界も産業界も，それに多くの一般の人々も，モラルを失い，なりふり構わぬ拝金主義者になってしまった。その行きつく結果が，90年代の日本の不況であり，現下のサブプライムローン破綻による金融危機であった。

7.5. まずはモラルの回復が必要

　共通して言えることは，世界中がまず経済のモラルを回復することである。これは特に政府に強く求められる。そのためには，金融市場をコントロールする強固な機能を早急に確立する必要がある。そうでなければ，本章が分析の対象としてきたものと同じ経済危機は今後も必ず起こる。

　両不況において，最終的に不況の長期化という同じ結果をもたらす要因として，90年代日本の不況時では，政府の一時しのぎ的問題先送り政策と，サブプライムローン破綻による金融危機では，CDS取引に典型的に見られる30年にも及ぶ解約不能な長期拘束契約である。各国政府が，断固とした決意と実行力で，この長期拘束契約を強制的に繰り上げ完済させない限り，今回の米国発金融危機は長引くであろう。金融危機の克服に時間が掛かれば掛かるほど，実体経済が被る被害は大きくなる。

7.6. 私的通貨の発行：金融・経済危機を未然に防ぐ新しいアイデア

　ここで，誰もが論じていないこの種の金融・経済危機を回避する1つのアイデアを示して，本章を締めくくるとしよう。

　現在の投機的金融に操られた世界経済は，金融業以外の産業や一般人にとってははなはだ迷惑な事態である。為替レートの急激かつ大幅な変動は一瞬にして企業の競争力を激変させてしまう。特に，突然競争力を失った場合は企業存続に関わる深刻な事態になる。それまで営々として競争力の向上に費やしてき

た努力と時間が，自分の責任でもないのに，一瞬にして無に帰してしまうからである。国と企業を正確に比較することは不可能だが，世界には多くの国よりも規模や影響力が大きな企業グループがいくらでも存在する。多くの小さな国でも自国の通貨の流通を維持できているのであるから，大きな企業グループが独自の通貨を発行して，その流通を維持できないはずがない。現在我国には600を超える地域マネーが存在する。これは事実上通貨である。通貨の面から見る限り，日本国内に600を超える小さな独立国があるのと同じである。多くの巨大企業グループがグループ内および取引関係者の間だけで流通する独自の通貨を発行することで，投機的な金融市場の影響を極力廃して，安定的な企業経営ができるようになるだろう（Matsumoto 2004, 松本 2004）。企業の安定的経営は国民の生活の安定と向上にとって極めて重要であるから，政府も積極的に企業の私的通貨の発行を支援する大きな理由があるはずである。通貨が人々の信用のみに依存し，かつ，コンピュータ・ネットワーク・システムが世界中に張り巡らされている現在，通貨は記号に過ぎず，発行費用も殆ど不要である。他の通貨と交換することも問題はない。通貨も一般商品と同じように扱われ，コンビニで買うことができるようになるだろう。世界には複数の通貨が同時に使用されている国が多くあるし，我国でも，江戸時代には，全国で流通する3種類の通貨の他に，各藩が藩内で流通する藩札という通貨を持ち，これらを混在させて利用していた[52]。従って，ここで披露したアイデアの実現は可能である。詳しく検討してもらいたいアイデアである。

52　江戸時代，徳川幕府は，貨幣発行権の独占と貨幣の様式統一をはかり，金・銀・銭（銅）3種の性格の異なった貨幣からなる「三貨制度」を制定した。しかし，幕府の制定した貨幣制度は，それまで各地に流通していたさまざまな貨幣の形態を殆どそのまま使用したもので，各藩には藩内だけで有効な独自の貨幣，藩札も流通していた。完全なマルチ通貨制度である。金貨は小判1枚の1両を基準とし，1両は4分（ぶ），1分は4朱の4進法単位で表す「計数貨幣」であった。一方，銀貨は重さをそのまま貨幣とする「秤量貨幣」で，基本単位は「匁」，1匁は10分（ふん），1000匁は1貫であった。また，銭は1個が「1文」で，1000文が1貫文と定められていた。つまり，金・銀・銭（銅）がそれぞれ別個の貨幣体系を持ち，単位の名称も異なっていた。これらの間の交換のために相場が存在した。相場は実質的に変動制であったが，たとえば，元禄年間（1700年頃）では，金貨1両あたりの相場は銀貨60匁，銭貨4000文程度であった。
　一方，江戸時代の貨幣制度の特徴は「東国の金遣い，西国の銀遣い」と言われるように，東日本では金貨建・金貨支払い，西日本では銀貨建・銀貨支払いが一般的であった。これは東日本には金の産地が多かったのに対して，西日本には銀の産地が多かったのに加え，中国との貿易で銀貨を使

7. 終わりに代えて―90年代の長期不況と2008年米国発金融危機から何を学ぶか

表1-1 基準割引率および基準貸付利率（%）

実施年月日	(%)	実施年月日	(%)	実施年月日	(%)
1969.09.01	6.25	1979.04.17	4.25	1991.07.01	5.50
1970.10.28	6.00	1979.07.24	5.25	1991.11.14	5.00
1971.01.20	5.75	1979.11.02	6.26	1991.12.30	4.50
1971.05.08	5.50	1980.02.19	7.25	1992.04.01	3.75
1971.07.28	5.25	1980.03.19	9.00	1992.07.27	3.25
1971.12.29	4.75	1980.08.20	8.25	1993.02.04	2.50
1972.06.24	4.25	1980.11.06	7.25	1993.07.21	1.75
1973.04.02	5.00	1981.03.18	6.25	1995.04.14	1.00
1973.05.30	5.50	1981.12.11	5.50	1995.09.08	0.50
1973.07.02	6.00	1983.10.22	5.00	2001.02.13	0.35
1973.08.29	7.00	1986.01.30	4.50	2001.03.01	0.24
1973.12.22	9.00	1986.03.10	4.00	2001.09.19	0.10
1975.04.16	8.50	1986.04.21	3.50	2006.o7.14	0.40
1976.06.07	8.00	1986.11.01	3.00	2007.02.21	0.75
1975.08.13	7.50	1987.02.23	2.50	2008.10.31	0.50
1975.10.24	6.50	1989.05.31	3.25	2008.12.19	0.30
1977.03.12	6.00	1989.10.11	3.75		
1977.04.19	5.00	1989.12.25	4.25		
1977.09.05	4.25	1990.03.20	5.25		
1978.03.16	3.50	1990.08.30	6.00		

出所：日本銀行調査統計局「金融経済統計月報」。

用する慣行があったことによる。

　徳川幕府は，金，銀，銭の三貨の鋳造をそれぞれ金座・銀座・銭座で行ったが，幕府直轄ではなく，一種の請負形式であった。たとえば，江戸では，金座は現在の日本銀行本店の地に，銀座は当初京橋にあったが，後に蠣殻町，現在の銀座に移された。この制度を現代風に言えば，徳川幕府は貨幣の独占的発行機関としての中央銀行を持たなかったということである。このような形態は，現在でも連合王国政府が，スコットランドでのポンドの発行をスコットランド4大銀行に委託しているのと同じである。

　徳川幕府は政治的経済的体制確立のため，全国統一の幣制を定め，殆ど流通していない大判の代わりに，日常流通用として小判を大量に発行した。これも現代風に言えば，大判（金）を信用の最後の引き受け手とする金兌換制度を幕府が採用したということである。数種の通貨制度が並行して機能するという金融制度が江戸時代でも可能であったということは，同様な制度を今日採用しても成立可能であることを意味している。殆どの資金移動が投機目的で，しかも何の規制もない今日の世界の金融制度を1国内で複数の通貨の流通を認める金融制度に変更すれば，実物経済の安定的成長と国民生活の安定・向上に資すること極めて大であろうと思われる。江戸時代の通貨制度に関しては，http://www.77bank.co.jp/museum/okane/0804.htm 等を参照されたい。

表 1-2　経常収支と貿易収支 （100 万米ドル）

	経常収支		対米国	
	総　計	貿易収支	総　計	貿易収支
1970	1970	3963	857	1465
1971	5797	7787	2756	3374
1972	6624	8971	3351	3950
1973	−136	3688	104	1312
1974	−4693	1436	−693	1893
1975	−682	5028	−935	1045
1976	3680	9887	3437	5531
1977	10918	17311	6770	8661
1978	16534	24536	8668	10611
1979	−8754	1845	4861	7637
1980	−10476	2125	6251	9846
1981	4770	19967	14334	15131
1982	6850	18079	19151	21211
1983	20799	31454	35018	36704
1984	35003	44257	35018	36704
1985	49169	55986	41727	42988
1986	85845	92827	53782	54919
1987	87015	96386	56678	57117
1988	79631	95012	51320	52448
1989	57157	76917	47483	49404
1990	35761	63528	37653	41869
1991	72901	103044	40025	43442
1992	117551	132348	44460	50249
1993	131448	141515	50819	56306
1994	129140	145944	54961	61902
1995	110525	110525	40034	52229
1996	65784	65784	37202	37248
1997	94575	94575	50529	45883
1998	120478	120478	66570	55098
1999	196846	106846	72143	64797
2000	116715	116715	89912	73828
2001	87649	87649	82424	60907
2002	112840	112840	82156	63107
2003	136004	136004	79815	59407
2004	171852	171852	89591	66676

出所：日本銀行国際局「国際収支統計」。

表1-3 主要貿易相手国に対する日本の輸出額（100万円）

	総計	韓国	シンガポール	タイ	中国	台湾	香港	マレーシア	米国	連合王国	オランダ	ドイツ
1970	6954	295	152	162	205	252	252	60	2138	173	100	198
1971	8393	299	178	155	202	323	276	72	2622	200	127	229
1972	8806	302	216	161	188	336	280	81	2725	302	131	287
1973	10031	485	252	196	283	446	304	121	2568	369	142	345
1974	16208	774	405	277	581	584	396	173	3735	446	308	437
1975	16545	667	452	284	670	541	409	154	3312	437	215	492
1976	19935	838	454	317	497	677	546	209	4658	415	322	664
1977	21648	1094	460	366	521	686	623	232	5292	524	351	748
1978	20558	1266	489	322	633	750	646	243	5259	491	336	764
1979	22532	1360	588	374	804	953	806	331	5773	674	363	823
1980	29382	1225	885	435	1141	1169	1077	465	7118	858	466	1301
1981	33469	1246	984	494	1115	1188	1168	533	8519	1054	418	1309
1982	34433	1214	1084	476	872	1055	1170	624	9015	1190	412	1241
1983	34909	1427	1057	596	1168	1209	1257	659	10179	1184	410	1396
1984	40325	1711	1091	575	1721	1418	1556	680	14221	1107	430	1570
1985	41956	1694	925	488	2991	1205	1565	523	15582	1132	491	1646
1986	35290	1761	770	341	1667	1312	1206	289	13564	1123	549	1766
1987	33315	1922	871	427	1198	1645	1287	314	12148	1221	594	1871
1988	33939	1978	1066	661	1214	1839	1500	392	11487	1362	647	2022
1989	37823	2281	1272	942	1165	2122	1582	569	12816	1473	703	2187
1990	41457	2518	1547	1315	884	2234	1888	783	13057	1563	890	2566
1991	42360	2704	1647	1272	1157	2460	2198	1028	12324	1487	971	2777
1992	43012	2253	1641	1312	1510	2679	2626	1028	12121	1558	1027	2575
1993	40202	2124	1844	1365	1911	2456	2525	1070	11735	1342	830	2021
1994	40498	2489	2006	1502	1914	2434	2632	1263	12036	1305	858	1823
1995	41531	2926	2158	1850	2062	2710	2600	1573	11333	1323	932	1908
1996	44731	3192	2260	1988	2382	2825	2760	1668	12177	1358	1007	1981
1997	50938	3153	2450	1764	2631	3335	3298	1756	14169	1659	1186	2178
1998	50645	2005	1930	1222	2621	3340	2949	1216	15470	1905	1417	2489
1999	47548	2606	1854	1285	2657	3276	2507	1265	14605	1616	1367	2122
2000	51654	3309	2244	1469	3274	3874	2930	1497	15356	1598	1357	2155
2001	48979	3072	1786	1442	3764	2942	2826	1337	14711	1475	1393	1897
2002	52109	3572	1775	1649	4980	3281	3176	1378	14873	1498	1323	1766
2003	54548	4022	1716	1854	6635	3610	3455	1302	13412	1529	1361	1898
2004	61170	4785	1945	2192	7994	4542	3831	1359	13731	1619	1447	2050

出所：日本関税協会「外国貿易概況」。

表 1-4　主要貿易相手国に対する日本の輸出内訳（%）

	韓国	シンガポール	タイ	中国	台湾	香港	マレーシア	米国	連合王国	オランダ	ドイツ
1970	4.24	2.19	2.33	2.95	3.63	3.63	0.89	30.75	2.48	1.44	2.85
1971	3.56	2.12	1.85	2.41	3.84	3.48	0.85	31.24	2.38	1.51	2.73
1972	3.43	2.45	1.83	2.13	3.81	3.18	0.92	30.95	3.43	1.48	3.25
1973	4.84	2.51	1.95	2.82	4.45	3.03	1.21	25.60	3.67	1.42	3.44
1974	4.77	2.50	1.71	3.58	3.60	2.44	1.07	23.04	2.75	1.90	2.69
1975	4.03	2.73	1.72	4.05	3.27	2.47	0.93	20.02	2.64	1.30	2.98
1976	4.20	2.28	1.59	2.49	3.39	2.74	1.05	23.34	2.08	1.61	3.33
1977	5.05	2.12	1.69	2.41	3.17	2.88	1.07	24.45	2.42	1.62	3.45
1978	6.16	2.38	1.57	3.08	3.65	3.14	1.18	25.58	2.39	1.64	3.72
1979	6.03	2.61	1.66	3.57	4.23	3.58	1.47	25.62	2.99	1.61	4.14
1980	4.07	3.01	1.48	3.88	3.98	3.67	1.58	24.23	2.92	1.58	4.43
1981	3.72	2.94	1.48	3.33	3.55	3.49	1.59	25.45	3.15	1.25	3.91
1982	3.53	3.15	1.38	2.53	3.06	3.40	1.81	26.18	3.46	1.20	3.60
1983	4.09	3.03	1.71	3.35	3.46	3.60	1.89	29.16	3.39	1.17	4.00
1984	4.24	2.71	1.43	4.27	3.52	3.86	1.69	35.27	2.75	1.07	3.89
1985	4.04	2.20	1.18	7.13	2.87	3.73	1.25	37.14	2.70	1.17	3.92
1986	4.99	2.18	0.97	4.72	3.72	3.42	0.82	38.44	3.18	1.56	5.00
1987	5.77	2.61	1.28	3.60	4.98	3.86	0.94	36.46	3.67	1.78	5.62
1988	5.83	3.14	1.95	3.58	5.42	4.42	1.16	33.85	4.01	1.91	5.96
1989	6.03	3.36	2.49	3.08	5.61	4.18	1.50	33.88	3.89	1.86	5.78
1990	6.07	3.73	3.17	2.13	5.39	4.55	1.91	31.50	3.77	2.15	6.19
1991	6.38	3.89	3.00	2.73	5.81	5.19	2.43	29.09	3.51	2.29	6.56
1992	5.24	3.82	3.05	3.51	6.23	6.11	2.39	28.18	3.62	2.39	5.99
1993	5.28	4.59	3.40	4.75	6.11	6.28	2.66	29.19	3.34	2.06	5.03
1994	6.15	4.95	3.71	4.73	6.01	6.50	3.12	29.72	3.22	2.12	4.50
1995	7.05	5.20	4.45	4.96	6.53	6.26	3.79	27.29	3.19	2.24	4.59
1996	7.14	5.05	4.44	5.33	6.32	6.17	3.73	27.22	3.04	2.25	4.43
1997	6.19	4.81	3.46	5.17	6.55	6.47	3.45	27.82	3.26	2.33	4.28
1998	3.96	3.81	2.41	5.18	6.60	5.82	2.40	30.55	3.76	2.80	4.91
1999	5.48	3.90	2.70	5.59	6.89	5.27	2.66	30.72	3.40	2.88	4.46
2000	6.41	4.34	2.84	6.34	7.50	5.67	2.90	29.73	3.09	2.63	4.17
2001	6.27	3.65	2.94	7.68	6.01	5.77	2.73	30.04	3.01	2.84	3.87
2002	6.85	3.41	3.16	9.56	6.30	6.09	2.64	28.54	2.87	2.54	3.39
2003	7.37	3.15	3.40	12.16	6.62	6.33	2.39	24.59	2.80	2.50	3.48
2004	7.82	3.16	3.58	13.07	7.43	6.26	2.22	22.45	2.65	2.37	3.35

出所：表 1-3 より計算。

7. 終わりに代えて—90年代の長期不況と2008年米国発金融危機から何を学ぶか　81

表1-5　主要商品の輸出金額（10億円）

	総計	鉄鋼製品	コンピュータ	音響画像機器	セミコンダクター, IC その他	乗用車	精密機器
1970	6954	1024	4.8	677	31	325	226
1971	8393	1239	na	625	na	629	na
1972	8806	1112	na	695	na	689	na
1973	10031	1441	na	523	89	722	384
1974	16208	3149	na	627	116	1022	511
1975	16545	3016	28	1219	132	1196	542
1976	19935	3110	na	2038	211	1798	744
1977	21648	2837	na	1943	232	2149	940
1978	20556	2488	70	1852	265	2253	991
1979	22532	3089	81	2043	368	2614	1123
1980	29382	3511	122	2754	523	3648	1414
1981	33469	3675	194	3550	587	4042	1656
1982	34433	3871	340	3527	668	4468	1558
1983	34909	3051	677	3877	887	4638	1661
1984	40325	3288	1085	4821	1381	5184	1875
1985	41956	3253	1104	5128	1145	6047	2042
1986	35290	2150	1217	4188	1064	5563	1768
1987	33315	1832	1360	3656	1206	5191	1660
1988	33939	1962	1461	3623	1579	4952	1692
1989	37823	2029	1551	3776	1940	5322	1836
1990	41457	1808	1759	3288	1935	5969	2001
1991	42360	1835	1809	3394	2003	6017	2087
1992	43012	1689	2007	2953	2214	6151	2028
1993	40402	1614	1878	2382	2446	5250	1853
1994	40498	1520	1635	2200	2996	4599	1851
1995	41531	1644	1609	1965	3830	3907	1942
1996	44743	1655	1725	1878	3881	4351	2095
1997	50938	1929	2230	2071	4066	5765	2427
1998	50645	1940	2045	2211	3703	6550	2346
1999	47548	1533	1648	2139	3726	6226	2404
2000	51654	1600	1601	2369	4576	6123	2773
2001	48979	1650	1535	2170	3647	6422	2629
2002	52109	1940	1393	2501	3867	7826	2019
2003	54548	2066	964	2931	4074	7893	2154
2004	61170	2519	914	3287	4395	8076	2610

出所：日本関税協会「外国貿易概況」。

表1-6 主要商品の輸出金額比率 (%)

	鉄鋼製品	コンピュータ	音響画像機器	セミコンダクター, IC その他	乗用車	精密機器
1970	14.73	0.07	9.74	0.45	4.67	3.25
1971	14.76	na	7.45	na	7.49	na
1972	12.63	na	7.89	na	7.82	na
1973	14.37	na	5.21	0.89	7.20	3.47
1974	19.43	na	3.87	0.72	6.31	3.15
1975	18.23	0.17	7.37	0.80	7.23	3.28
1976	15.60	na	10.23	1.06	9.02	3.73
1977	13.11	na	8.98	1.07	9.93	4.34
1978	12.10	0.34	9.01	1.29	10.96	4.82
1979	13.71	0.36	9.07	1.63	11.60	4.98
1980	11.95	0.42	9.37	1.78	12.42	4.81
1981	10.98	0.58	10.61	1.75	12.08	4.95
1982	11.24	0.99	10.24	1.94	12.98	4.52
1983	8.74	1.94	11.11	2.54	13.29	4.76
1984	8.15	2.69	11.96	3.42	12.86	4.85
1985	7.75	2.83	12.22	2.73	14.41	4.87
1986	6.09	3.45	11.87	3.02	15.76	5.01
1987	5.50	4.08	10.97	3.62	15.58	4.98
1988	5.78	4.30	10.68	4.65	14.59	4.99
1989	5.36	4.10	9.98	5.13	14.07	4.85
1990	4.36	4.24	7.93	4.67	14.40	4.83
1991	4.33	4.27	8.01	4.73	14.20	4.93
1992	3.93	4.67	6.87	5.15	14.30	4.71
1993	3.99	4.65	5.90	6.05	12.99	4.59
1994	3.75	4.04	5.43	7.40	11.36	4.57
1995	3.96	3.87	4.73	9.22	9.41	4.68
1996	3.70	3.86	4.20	8.67	9.72	4.68
1997	3.79	4.38	4.07	7.98	11.32	4.76
1998	3.83	4.04	4.37	7.31	12.93	4.63
1999	3.22	2347.00	4.50	7.84	13.09	5.06
2000	3.10	3.10	4.59	8.85	11.85	5.37
2001	3.37	3.13	4.43	7.45	13.11	5.37
2002	3.72	2.67	4.80	7.42	15.02	3.87
2003	3.79	1.77	5.37	7.47	14.47	3.95
2004	4.12	1.49	5.37	7.18	13.20	4.27

出所:表1-5より計算。

7. 終わりに代えて—90年代の長期不況と2008年米国発金融危機から何を学ぶか　83

表 1-7　対外直接投資届出実績（100万ドル）

	総計	証券取得	債権（金銭貸付）	支店(設置・拡張)不動産取得
1970	904	296	571	38
1971	858	471	333	55
1972	2338	1781	252	305
1973	3494	2177	1100	216
1974	2395	1262	1098	35
1975	3280	1653	1485	143
1976	3462	1487	1882	93
1977	2806	1319	1388	100
1978	4598	2038	2383	178
1979	4995	1833	2994	168
1980	4693	2295	2187	210
1981	8931	3247	5574	110
1982	7703	3375	4179	149
1983	8145	3753	4192	200
1984	10155	4595	5340	221
1985	12217	5963	5924	329
1986	22320	12546	9028	566
1987	33364	19941	12971	452
1988	47022	28638	17801	583
1989	67540	43169	23632	739
1990	56911	38507	17598	806
1991	41584	27129	13991	464
1992	34138	21667	12110	360
1993	36025	23941	11812	266
1994	41051	28476	12184	390
1995	52749	38915	15836	998
1996	49714	32735	11424	1056
1997	54771	41637	12550	583
1998	40004	25009	14645	349
1999	66080	55819	10061	201
2000	42421	36279	5925	217
2001	33254	25271	7690	292
2002	35855	28664	6890	301
2003	35189	26903	8045	242
2004	35321	24771	9767	783

出所：財務省 財務総合政策研究所「財政金融統計月報」。

表 1-8　対外直接投資届出実績内訳比率（％）

	証券取得	債権（金銭貸付）	支店(設置・拡張)不動産取得
1970	32.68	63.09	4.22
1971	54.85	36.74	6.41
1972	76.17	10.78	13.06
1973	62.31	31.49	6.19
1974	52.68	45.84	1.47
1975	50.30	45.19	4.35
1976	42.94	54.38	2.69
1977	46.99	49.45	3.55
1978	44.31	51.82	3.87
1979	36.70	69.94	3.36
1980	48.90	46.60	4.47
1981	36.36	62.41	1.23
1982	43.81	54.25	1.93
1983	46.08	51.47	2.46
1984	45.25	52.58	2.18
1985	48.81	48.49	2.69
1986	56.21	41.25	2.54
1987	59.77	38.88	1.35
1988	60.90	37.86	1.24
1989	63.92	34.99	1.09
1990	67.66	30.92	1.42
1991	65.24	33.65	1.12
1992	63.47	35.47	1.05
1993	66.46	32.79	0.74
1994	69.37	29.68	0.95
1995	68.09	30.02	1.89
1996	74.90	22.98	2.12
1997	76.02	22.91	1.06
1998	62.52	36.61	0.87
1999	84.47	15.22	0.30
2000	85.52	13.97	0.51
2001	76.00	23.13	0.88
2002	79.94	19.22	0.84
2003	76.45	22.86	0.69
2004	70.13	27.65	2.22

出所：表 1-7 より計算。

表 1-9　国別対外直接投資額（100万ドル）

	総計	アジア	米国	欧州
1970	904.2	167.1	191.5	334.9
1971	858.4	236.9	230.0	84.4
1972	2337.8	401.5	406.5	935.4
1973	3494.2	998.1	913.4	337.3
1974	2395.4	730.8	549.8	188.8
1975	3280.2	1100.5	905.3	332.9
1976	3462.0	1245.0	749.0	337.0
1977	2806.0	865.0	735.0	220.0
1978	4598.0	1340.0	1364.0	323.0
1979	4995.0	976.0	1438.0	495.0
1980	4693.0	1186.0	1596.0	578.0
1981	8931.0	3338.0	2522.0	798.0
1982	7703.0	1384.0	2905.0	876.0
1983	8145.0	1847.0	2701.0	990.0
1984	10155.0	1628.0	3544.0	1937.0
1985	12217.0	1435.0	5495.0	1930.0
1986	22320.0	2327.0	10441.0	3469.0
1987	34925.0	5109.0	15369.0	6887.0
1988	48371.0	5697.0	22375.0	9378.0
1989	65411.0	7967.0	31635.0	14284.0
1990	57653.0	7139.0	26506.0	14477.0
1991	42248.0	6023.0	18330.0	9534.0
1992	34997.0	6568.0	14210.0	7247.0
1993	37380.0	6908.0	15249.0	8287.0
1994	41895.0	9869.0	17632.0	6386.0
1995	52749.0	12686.0	23247.0	8812.0
1996	49715.0	12024.0	22782.0	7633.0
1997	54777.0	12367.0	21077.0	11370.0
1998	40284.0	6530.0	10080.0	13827.0
1999	66080.0	7193.0	21943.0	25430.0
2000	50295.0	6161.0	12666.0	25115.0
2001	33254.0	6835.0	6653.0	10913.0
2002	35855.0	5514.0	7991.0	15008.0
2003	35189.0	6239.0	10312.0	12307.0

注：米国の数値は1970～1986まではカナダを含む。
　　1987年以降の数値は東京外国為替市場における円に対する米国ドルの年平均スポット・レートで計算している。
出所：財務省 財務総合政策研究所「財政金融統計月報」。

表 1-10　国別対外直接投資比率（%）

	アジア	米国	欧州
1970	18.48	21.18	37.04
1971	27.60	26.79	9.83
1972	17.17	17.39	40.01
1973	28.56	26.14	9.65
1974	30.51	22.95	7.88
1975	33.55	27.60	10.15
1976	35.96	21.63	9.73
1977	30.83	26.19	7.84
1978	29.14	29.67	7.02
1979	19.54	28.79	9.91
1980	25.27	34.01	12.32
1981	37.38	28.24	8.94
1982	17.97	37.71	11.37
1983	22.88	33.16	12.15
1984	16.03	34.90	19.07
1985	11.75	44.98	15.80
1986	10.43	45.78	15.54
1987	14.63	44.01	19.72
1988	11.78	46.26	19.39
1989	12.18	48.36	21.84
1990	12.38	45.98	25.11
1991	14.26	43.39	22.57
1992	16.77	40.60	20.71
1993	18.48	40.80	22.17
1994	23.56	42.09	15.24
1995	24.05	44.07	16.71
1996	24.19	45.82	15.35
1997	22.58	38.48	20.76
1998	16.21	25.02	34.32
1999	10.89	33.21	38.48
2000	12.25	25.18	49.93
2001	20.50	20.01	32.82
2002	15.38	22.29	41.86
2003	17.73	29.31	34.97

出所：表1-9より計算。

参考文献（英語）

Bank for International Settlements (1990), *60th Annual Report,* Bank for International Settlements.

Callen, T. and Ostray, J. D., eds. (2003), *Japan's Lost Decade,* IMF.

Humphrey, N. (2002), *The Mind made Flesh-Essays from the Frontiers of Psychology and Evolution,* Oxford University Press.

Matsumoto, Y. (2004), "Le Déclin de l'État-Nation et la Naissance des Pouvoirs Économiques et Sociaux," Dourille-Feer et Nishikawa, J. (eds.) *La Finance et la Monnaie à l'Âge de la Mondialisation,* L'Harmattan, pp.61-74.

―― (2006), "Real Meaning of the Arrow Type Impossibility Results," *Waseda Journal of Political Science and Economics,* No.363, pp.62-91.

―― (2007), "Seeking a Realistic Way of Individual Decision Making," *Global Business & Economics Review,* vol.9, pp.126-150.

U. S. Government (1982), *Economic Report of the President: Together with the Annual Report of the Council of Economic Advisers,* USGPO.

U. S. Government (1991), *Economic Report of the President: Together with the Annual Report of the Council of Economic Advisers,* USGPO.

（邦語）

井村喜代子（1990）「1980年代における日米経済関係と日本経済」『三田学会雑誌』83巻，第3号，pp.51-52。

―― (2000)『現代日本経済論［新版］』有斐閣。

大蔵省国際金融局（1987〜1989）『大蔵省国際金融局年報』大蔵省印刷局。

経済企画庁（1984, 1988, 1990）『経済白書』大蔵省印刷局。

建設省（1988〜1991）『建設白書』大蔵省印刷局。

財務省財務総合政策研究所『財政金融統計月報』独立行政法人国立印刷局，各号。

通商産業省（1988, 1989）『通商白書』大蔵省印刷局。

電波新聞社編『電子工業年鑑』電波新聞社，各年。

土地問題研究会・（財）日本不動産研究所編（1989）『土地問題事典』東洋経済新報社。

日本銀行調査局（1990）『調査月報』日本銀行。

日本銀行国際局『国際収支統計』日本銀行，各年。

日本銀行調査統計局『金融経済統計月報』ときわ総合サービス株式会社営業部，各号。

日本関税協会『外国貿易概況』日本関税協会，各年。

日本経営情報開発協会編『コンピュータ白書』日本経営情報開発協会，各年。

日本長期信用銀行調査部（1986）『調査月報』237号，日本長期信用銀行。

日本電子計算機株式会社編『コンピュータノート』日本電子計算機株式会社，各年。

プレスジャーナル編『日本半導体年鑑』プレスジャーナル，各年。

松本保美（2004）「電子マネー経済から私的通貨経済へ―究極の市場経済への道―」石井安憲編『開放経済の経済・政策分析』pp.119-136，早稲田大学出版部。

―― (2007)「基礎理論の応用可能性と問題点―アローの一般可能性定理の場合―」諏訪貞夫編『日本経済の進歩と将来』成文堂，pp.19-43。

郵政省／総務省編『通信白書』ぎょうせい，各年。

郵政省／総務省編『情報通信白書』ぎょうせい，各年。

臨時行政調査会OB会・臨時行政改革推進審議会OB会（1991）『日本を変えた十年―臨調と行革審』行政管理研究センター。

参照 URL

http://d.hatena.ne.jp/keyword/SIV?kid=221340
http://d.hatena.ne.jp/horii888888/20080920
http://electronic-journal.seesaa.net/article/105082636.html
http://www.77bank.co.jp/museum/okane/0804.htm

〔松本保美〕

2
平成不況の特徴

1. はじめに

　1990年から2001年にわたり，日本経済は長期にわたる不況に見舞われた。ほぼ10年にわたる不況は，「失われた10年」と呼ばれ，不況がなければ得られていたはずの大きな経済的な利益を失うことになった。失われた10年を特徴づける現象として，バブルの崩壊にともなう土地や株式などの資産価格の大幅な下落がある。さらに，低インフレやデフレも発生した。

　日本の経済システムは，右肩上がりの経済成長を前提として成り立っている。日本人のメンタリティーはコンフリクトを避け，和を重んじ，リスクに対してはそれを考えることを嫌い，リスクが発生しないようにしている。これは分け合うべきパイが大きくなってはじめて可能である。逆にいうと，危機になったとき，それにうまく対応できず，危機管理に弱い国民であるといえる。

　経済が成長している限り，地価も上がり，土地を担保にしていれば，銀行も安心して企業の資金を貸すことができる。終身雇用や年功的な処遇を特徴とする日本的な雇用システムは，企業が成長してはじめて，管理職のポストを用意し，年功による賃金の上昇が可能になる[1]。企業が成長するためには，国の経済成長が必要である。

　バブルの発生の原因として，1980年代の金融の自由化以降，大企業の銀行離れが進み，銀行が当時，好況下での地価の上昇を背景として，それを担保とする中小企業，不動産などへの融資を拡大したことなどがあげられている[2]。

---

[1] 淺羽（2008）は，バブル期までの日本企業を特徴づけるものとして，長期志向・成長志向という目標特性と雇用，取引，所有関係における継続性という構造特性をあげている。
[2] Ogawa and Kitasaka（2000）は，1976年から1995年にかけての銀行の貸出行動の特徴として，大企業から中小企業への貸出シフト，不動産担保融資の割合の上昇，貸出重点の製造業から非製造業，特に金融・保険業や不動産業へのシフト，個人貸出へのシフトを指摘している。

1980年代後半には土地や株式などの資産価格が膨れあがるバブルが発生し，それが崩壊したが，崩壊にともない，大幅な資産価格の下落が生じた。資産価格の下落はそれを保有する企業や家計のバランスシートを悪化させ，地価の下落は，土地を担保としていた銀行の債権を不良債権化させ，日本経済は危機的な状況に直面することになった。このような状況下で，経済の期待成長率が低下し，経済の不確実性が増したと考えられる。通常，好況の後には不況が来るものであるが，10年も不況が続くのは異例である。

　本研究では，これまでなされてきた先行研究を参考にしながら，なぜこのような長期にわたる不況が発生したのか，その原因について考察することにしたい。長期の不況を特徴づける現象は，「資産価格の大幅下落」と「デフレ」であり[3]，筆者は，不況が長引いた原因として，資産価格の大幅下落を背景とした金融システムの機能不全とデフレを背景とした雇用システムの機能不全の2つが大きいと考えているが，次節では，不況の原因を分析したさまざまな研究成果に言及する。さらに，景気安定化のための主要な政策とみなされている財政政策と金融政策についても，その効果や今後のあり方についても考えることにしたい。

2. 不況の原因に関する諸説

　失われた10年に対して，多くの研究者がその原因の究明に挑んでいる。ここで，そのうちの主要なものを紹介しておこう。ここでは，議論を大きく2つに分ける。供給サイドの生産性に注目した研究と需要サイドの投資に注目した研究である。経済は連動し，需要と供給も相互に影響し合っているため，塩路（2007）が主張するように需要か供給かという発想はあまり有効でないという

---

[3] 岩田（2001）は，フロー（物価）のデフレは，企業の名目収益の減少を通じて株価の下落を，地代や家賃の低下を通じて地価の下落を引き起こし，このストック（資産）のデフレは，家計や企業や銀行のバランスシートの悪化を通じて金融仲介機能の低下，消費と投資の減少をもたらすというフローとストックのデフレ・スパイラルのメカニズムを指摘した。さらに，デフレ下では，名目賃金と名目金利の下方硬直性が高まり，実質賃金と期待実質金利が高止まりし，衰退産業で過剰になった資本や労働や土地が成長産業にスムーズに移動しないため，産業構造調整が遅れ，デフレ不況になると論じた。

意見もあるが，ここで議論をわかりやすく整理するという意味で供給サイドの生産性と需要サイドの投資の2つに分けて論じることにしたい。

2.1. 生産性の低迷

Hayashi and Prescott (2002) は，新古典派の経済成長モデル，すなわち実物的景気循環論（リアル・ビジネス・サイクル）のモデルを用いたカリブレーション分析を行い，このモデルが失われた10年の現実の経済の動きをよく説明できることを示した。このことから，彼らは全要素生産性（TFP）上昇率の低下が不況の原因であると主張した[4]。このモデルでは，実物的な要因で経済の動きが決まるため，金融システムは不況とは無関係ということになる。

生産性上昇率の低下は，その要因として，さらに技術進歩率の低下，非効率な資源配分，生産要素の稼働率の低下などに分けることができる。新古典派的な世界を前提にすると，効率的な資源配分は常に達成されているので，技術進歩率の低下が不況の原因ということになる。この説明の弱点としては，伊藤（2007）も指摘しているように，なぜ1990年代に技術進歩率の低下のショックが生じ，これが長く続いたのかが不明である。

川本（2004）は，TFPには技術進歩以外の要素も入っているので，技術進歩以外の要素を除いた真の技術進歩率を推計した。それによると，技術進歩率の低下は見られず，資本と労働の稼働率の低下，規模の経済効果が小さい産業に生産要素が集中的に配分されたことが，技術進歩と無関係なTFPの成長率の低下をもたらしたという結果が得られている。稼働率の低下に関しては，企業がバブル期の経済成長率を前提とした設備投資や雇用を行っていたとすれば，バブル崩壊後はそれが過剰設備，過剰雇用になった可能性がある。

生産性上昇率の低下の要因としての非効率な資源配分については，労働や資

---

4 TFP (Total Factor Productivity) とは，すべての生産要素（労働，資本，投入原材料）の組み合わせ1単位当たりの生産性のことである。TFPの上昇率は，生産の上昇率から資本や労働力などの生産要素の変化率を除いた残差であり，技術進歩率以外のものも含む。日本経済のTFP上昇率の計測はさまざまな研究者によってなされているが，中西・乾（2008）によると，日本産業生産性データベース（JIP）を用いた計測では，1970年代が年率2.69%，1980年代が年率1.14%，1990年から2002年が年率0.17%である。

本が効率的に配分されていない可能性がある。労働に関しては，短期の影響と長期の影響が考えられる。短期の影響として，大竹（2007）は高齢化や技術革新による同じ年齢間のジョブマッチング機能の低下や年齢間のミスマッチの可能性，さらに名目賃金の下方硬直性による賃金調整機能の阻害がTFPの上昇率を低下させている可能性を指摘した。宮川（2003）は，労働生産性の要因分解を行った結果，産業間の労働力配分が1990年代の生産性上昇率の低下に大きく寄与していることを確認し，低生産性部門への労働力の滞留が高生産性部門の成長を阻害していると主張した。

宮川・櫻川・滝澤（2007）は，実物的景気循環論が妥当しているならば，正の生産性ショックは労働投入量の増加をもたらすはずであるが，むしろ減少したため，実物的景気循環論の妥当性を否定した。この現象を説明するモデルとして，労働再配分モデルが支持され，部門間の技術ショックの差に対応して労働がスムーズに移動していない，もしくは，ある部門で生産性上昇のショックが起きても，労働移動に時間がかかるため，短期的には生産性の低い部門の労働投入の減少分がマクロ的な影響として現れると論じた。確かに，日本の場合に，活発な労働市場は新卒者の市場であり，中途採用の市場や労働者の企業間の移動は活発でないので，労働の資源配分が効率的でないという指摘は直観にも合致する。ただし，このような現象は，1990年代の前からすでにあるのであり，1990年代の不況の原因の1つであっても，大きな原因とするには無理があるだろう。

他方で，労働移動はあるものの，生産性を高める方向に動いていないという指摘もある。宮川・竹内・浜潟（2008）は，2000年以降，産業間の労働移動は活発化しているものの，経済全体の労働生産性の上昇に結びついておらず，これは，リストラの結果，労働者は生産性の高いところに移動するのではなく，生産性の低いところに移動しているからだと指摘している。なぜ高生産性部門に移動しないのかに関しては，吉川（2008）も指摘しているように，その部門が生産する財やサービスに対して需要がない可能性がある[5]。たとえば，高齢化が進み，高齢者が増える社会では，家に車やパソコンが1台あれば，2

---

[5] 吉川（2008）は，需要面に注目し，供給サイドの生産性上昇と並んで，規制改革によって潜在的な需要を解き放つ「需要創出型イノベーション」の重要性を主張している。

台も3台も要らないのであって，必要なのは介護サービスである。介護サービスに労働が移動すれば，必然的に生産性は低下する。このとき，介護サービスの供給を止め，労働をより生産性の高い機械産業に移せば，労働生産性は上がるが，社会の厚生は低下する。

労働を通じた長期の影響として，玄田（2004）は，1990年代の不況の大きな特徴である若年労働者の失業率の上昇が彼らのOJT（実地訓練）の機会を失わせ，それによって熟練技能が蓄積せず，人的資源の生産性の低下を招くと指摘した。若年労働者の失業率の上昇は，1990年代の不況期に現れた現象であり，生産性への長期的な影響，さらにはこれにとどまらない貧困や格差の問題としても注目される。

生産性上昇率の低下をもたらす他のルートとして財政政策とグローバル化がある。財政政策に関して，井堀・土居（2007）は，1990年代に景気対策として実施された公共投資は社会資本の生産性の低い地方部に偏っていたことを指摘したが，これが日本全体の生産性上昇率の低下に寄与した可能性がある。地域に対する手厚い配分は，公共投資の目的が効率性の追求のみならず，地域間の所得格差の縮小にあるためであると考えられるが，このような公共投資の配分は，1990年代以前から行われているため，1990年代の不況の大きな原因であるとは考えにくい。

グローバル化に関して，香西・宮川・竹内（2008）は，中国などの経済発展で，日本が生産拠点を海外に移し，日本国内での供給能力や雇用にマイナスの影響を与えたことが長期停滞の原因であるという見方を紹介している。ただし，その一方で，中国向け輸出が景気回復に大きく寄与した点も指摘している。

資本に関しては，投資行動を通じて生産性の上昇率に影響を与える可能性があるが，本研究では，投資を需要サイドの要因に分類し，以下で詳しく取り上げることにしたい。

2.2. 投資の停滞

需要面からみるとき，多くの研究者が1990年代の経済停滞の主因は投資であると指摘した。ホリオカ（2007）は，GDP成長の要因分析を行ったが，そ

の結果から1990年代における日本の長期経済停滞の主因は，投資，特に民間固定資本形成であり，政府消費と純輸出はむしろ下支えをし，家計消費はその中間であったと論じた。Motonishi and Yoshikawa（1999）も1990年代の不況の主要因は非常に弱い投資であると主張している。

投資が停滞する原因としては，いくつか候補がある。1つめは，バブル期に過剰な投資を行ったので，1990年代がその調整期間に当たり投資が低迷したというものである。2つめは，投資の期待収益率の低下もしくは悲観的な経済見通しである。これらの2つは，通常の景気循環においてもありうる原因である。1990年代の不況に特有な現象として，資産価格の大幅下落とそれにともなう巨額の不良債権の発生およびデフレの発生があり，これらの現象が不況の長期化に影響していると考えるのが自然であろう。資産価格の大幅な下落は，企業のバランスシートを悪化させ，投資を萎縮させる。これが3つめの原因である。さらに，資産価格の大幅な下落，とりわけ地価の大幅な下落にともなう債権の不良債権化は，銀行のバランスシートを悪化させ，貸し渋りを通じて，企業の投資にブレーキをかける。これが4つめの原因である。さらに，名目賃金に下方硬直性がみられる場合には，デフレ的な状況下において，企業の実質的な人件費負担が増加し，企業の収益を圧迫して，投資を停滞させる。これが5つめの原因である。以下では，これらの原因について詳しくみていくことにする。

1つめの原因の過剰設備に関しては，淺羽（2008）が企業経営の視点から分析している。淺羽（2008）は，企業の最大の目標がバブル期以降，シェア拡大から収益性の向上へ変わったことを指摘し，バブル期以前の成長志向が過剰負債，過剰設備，過剰雇用を抱え込ませたと論じた。1990年代の後半からの失業率の上昇をともなう厳しいリストラが企業収益を改善し，それを背景とした投資の回復がその後の景気回復につながったと考えられる。不況の期間が10年にわたる長期であったことを考えると，不況の長期化の主因として過剰設備以外の要因が重要であろう。

2つめの原因の投資の期待収益率の低下もしくは悲観的な経済見通しは，投資行動を説明する要因としてもっともよく持ち出される。小川・竹中（2001）は，製造業と非製造業のいずれの規模の企業においても，限界q（設備投資の

期待収益率）は，1987年から1991年までの平成景気の時期と比べ，1991年から1998年の期間に大きく減少したことを確認し，限界 q の低下が製造業と非製造業の中小企業の設備投資に負の影響をもたらしたと主張した。Motonishi and Yoshikawa（1999）は，日本銀行のディフュージョン・インデックスを用いて投資の決定要因を分析した。そこでは，1983年から1998年にかけて，企業が製造業の大企業，非製造業の大企業，製造業の中小企業，非製造業の中小企業の4グループに分けられ，資本ストックに対する投資の比率の決定要因が分析されているが，実物要因（経済の見通し）がすべてで有意に正であった。その効果の大きさは，大企業より中小企業で，そして非製造業より製造業で大きかった。

　1990年代の不況を特徴づけているのは，資産価格の大幅下落とそれにともなう巨額の不良債権の発生である。これに絡む3つめと4つめの原因をみていこう。3つめの原因の企業のバランスシートの悪化について，淺羽・牛島（2008）は，人的資源であれ，物的資源であれ，企業を資源ストックの大幅かつ恒久的な削減へと踏み切らせる最大の要因は，財務的なプレッシャーであり，キャッシュフローの不足による債務不履行の危機，業績の悪化，高い負債依存度は，企業をダウンサイジングに踏み切らせる確率を高めると主張した。企業が保有している資産の価値が低下すれば，それが財務的なプレッシャーになり，投資を控えさせると考えられる。小川（2007）は，1990年代を通じて地価が下落し，多くの企業は債務超過に追い込まれ，このような企業部門における巨額の債務残高がそれに関連した金融部門の不良債権と相まって1990年代の長期低迷の主要な原因であると主張した。

　4つめの原因の資産価格の大幅下落とそれにともなう巨額の不良債権の発生が銀行の貸出行動の与える影響について，Kiyotaki and Moore（1997）は，企業の保有する資産，とりわけ土地の担保価値が低下すると，銀行の貸出が低下し，それが投資の低下を招き，それにより生じる不況が地価の低下をもたらすという悪循環を理論的に分析した。実証的な研究に関しては，鈴木・小川（1997）が1980年代後半から1990年代にかけて地価の大きな変動が企業の保有する土地資産の担保価値の増減をもたらし，それが負債のエイジェンシー・コストに影響を与えることを通じて，企業の借り入れや設備投資を変動させる

効果をもつことを示した[6]。小川（2007）は，金融機関の貸出態度の厳格化は，企業規模にかかわらず設備投資を抑制し，銀行の財務状態が，銀行依存度の高い中小・中堅企業だけでなく，大企業の設備投資行動にも重要であると論じている。小川・竹中（2001）は，銀行からの借入額は製造業と非製造業の中小企業および非製造業の大企業の設備投資に正の効果をもたらしたことを示し，このことから1990年代の地価の下落により借入額が減額され，それが1990年代の中小企業の設備投資の低迷をもたらしたと主張した。Motonishi and Yoshikawa（1999）による推計は，金融要因（金融機関の貸出態度）が大企業では有意でないものの，中小企業では有意に投資の低迷に影響していることを示している。以上のように，銀行の「貸し渋り」とみられる行動が投資の停滞に影響したと考えられる。

他方で，先に取り上げた生産性の低迷との絡みで，銀行の「追い貸し」に注目する研究があるので，ここで紹介しておこう。星（2006）は，銀行は不良債権額を小さく見せるために追い貸しを行い，その結果，債務超過に陥って再建の見込みがないにもかかわらず，銀行などの支援によって生きながらえている企業，すなわち「ゾンビ企業」が生まれたと主張し，このようなゾンビ企業を助けると，健全な企業に向かうはずの貸出が妨げられるので，経済全体の生産性が低下すると主張した。Nishimura, Nakajima and Kiyota（2005）は，1996年から1997年の銀行危機において，TFPからみて非効率な企業が退出する一方で，非効率な企業が生き延びたので，自然淘汰メカニズムがうまく働いていないことを指摘し，その原因を銀行システムの深刻な貸出問題に求めた。

貸し渋りや追い貸しに見られるように，巨額の不良債権が存続している状況下では，金融システムが機能不全を起こし，不況が長引いたと考えられる。なぜ不良債権の処理が進まず，先送りされたかについては，次節で改めて論じることにしたい。

5つめの原因の名目賃金の下方硬直性については，黒田・山本（2006）が

---

[6] エイジェンシー・コストとは，資金の貸し手が借り手のプロジェクトの内容を審査したり，借り手のモラルハザード的な行動を監視したりすることで生じる費用のことである。この費用の分だけ，内部調達より外部調達のほうが借り手にとっての資金調達費用がかさむ。

1992年から1997年にかけてフルタイム労働者の年間収入で測った名目賃金の下方硬直性が存在することを確認した。そして彼らは名目賃金の下方硬直性による企業収益の悪化が失業率を押し上げ，投資の減退を引き起こし，不況を長期化させたと論じた。原田・江川 (2002) は，縦軸に時間当たり賃金上昇率，横軸に失業率をとったフィリップス曲線によると，1992年から1997年にかけて1％水準で水平になり，賃金の下方硬直性が顕著であったと論じ，デフレ下での名目賃金の下方硬直性が実質賃金の上昇，雇用の抑制を招き，不況を長引かせたと論じた。

通常のインフレ期であれば，インフレ率以下に名目賃金上昇率を抑制することで，企業の収益が確保され，投資や雇用に悪影響を及ぼすことはないが，1990年代のような低インフレおよびデフレ期では，名目賃金の下方硬直性が人件費を膨らませることで企業収益を圧迫してしまう。なぜ名目賃金が下がらず，下方硬直性が生じるのかについては，次節で改めて論じることにしたい。なお，黒田・山本 (2006)，原田・江川 (2002) とも1998年の金融危機以降に名目賃金の下方硬直性が消えたと論じているが，これについても次節で言及したい。

3. 不良債権処理の先送りと名目賃金の下方硬直性

前節では，巨額の不良債権の存在とデフレ下での名目賃金の下方硬直性が経済の停滞をもたらす可能性を指摘したが，不良債権の処理が早期に進み，名目賃金に下方硬直性がなかったならば，不況が長期化することはなかったかもしれない。ここでは，「なぜ不良債権処理は先送りされたのか」と「なぜ名目賃金は下方硬直的なのか」を順次検討する。

3.1. なぜ不良債権処理は先送りされたのか

いくつかの理由が考えられ，複数の理由が影響したと考えられる。理由の1つめは，経済見通しの誤りである。河野 (2001) は，バブル崩壊直後は，地価回復に対する楽観的な期待が強く，致命的な問題であるという認識は希薄であったと論じた。竹中・堀岡・手嶋・高橋 (2001) は，1992年から1994年に

かけて，政府の経済見通しが実際の経済成長を上回り，マスコミも1994年まで不良債権を大きく取り上げなかったことなどから問題意識の希薄さを指摘している。失われた10年の初期においては，この理由は有力であろう。

　理由の2つめは，経験不足である。そのために対応が後手に回った可能性がある。竹中・堀岡・手嶋・高橋（2001）は，不良債権額の査定において1998年にアメリカのSEC（アメリカ証券委員会）の基準を取り入れた基準が採用されるまでは，大蔵省の不良債権の公表額がエコノミストによりなされたそれを常に下回っていたことを指摘し，より早い時期に適切な査定基準が採用され，正確な不良債権額が明確になっていれば，対応策も違っていたと論じた。

　3つめの理由は，不良債権の先送りが経済にもたらす影響の不理解である。前節でみたように，巨額の不良債権の存在は，金融システムの機能不全を誘発し，実物経済にも長期にわたる悪影響をもたらすと考えられる。しかし，河野（2001）が指摘しているように，1997年の大手金融機関（三洋証券，北海道拓殖銀行，山一証券）が経営破綻するまでは，公的資金の投入を含めた包括的なセーフティーネットの構築はなされなかった。1997年の金融危機，その後の2年間のマイナスの経済成長によって，巨額の不良債権の存在が経済に与える深刻な影響の理解が深まったと考えられる。

　理由の4つめは，不良債権の利害調整に時間がかかったというものである。奥野・河野（2007）は，不良債権問題が先送りされたのは，複数の利害関係者がお互いに負担を押しつけ合うので，利害調整に時間がかかったためであると論じた。これに加え，1990年代には利害調整の仕組みであった制度慣習が崩壊し，システム移行期であった点も指摘している。

　理由の5つめは，銀行や監督官庁（当時の大蔵省）の責任回避行動，損失回避行動である。これに関して，星（2006）は，銀行の追い貸し行動の背景として，不良債権額を小さく見せたいという動機が働いた点を指摘し，河野（2001）は，銀行が自力で不良債権を処理すれば，株主から経営責任を問われ，公的資金の投入となれば，監督官庁の責任が問われると主張した。ポーゼン（2001）は，不良債権比率が高まり，銀行の自己資本が規制水準を下回ると，銀行は一か八かの賭けに出て，債務を解消するため，不良債権をころがすか，高収益を求めて高リスクの貸し出しを追加し，低リスク・低リターンの投資計

画への新規融資を削減すると論じた。

　不良債権処理を先送りにしようとする銀行や監督官庁の行動は，行動経済学の観点から説明できる。Kahneman and Tversky (1979) が提唱したプロスペクト理論は，人間の心理的な傾向を表現する価値関数と確率加重関数から構成される。価値関数では，利得にせよ損失にせよ，基準となる参照点から離れるほど，追加的な1単位の利得（損失）に対する効用（不効用）の変化分が小さくなると仮定され，利得と損失が同額であれば，前者の効用より後者の不効用のほうが大きいと仮定される。前者の仮定は，限界感応度の逓減性を，後者の仮定は損失回避性を表している。このような限界感応度の逓減を仮定すると，人は損をするときはリスク追求的になる。加重確率関数とは，人は確率を評価するときに，実際の確率をそのまま受け入れるのではなく，低い確率を実際より過大に評価し，高い確率を実際より低く評価するというものである。

　巨額の不良債権が発生したとき，銀行もしくは監督官庁は，その時点で不良債権額を確定させて処理するか，または処理を先送りにして不良債権額が減るか増えるかの賭に出るかの選択に直面する。上記のような人間の心理に基づくプロスペクト理論を用いると，価値関数の限界感応度の逓減から，その処理を先送りし，不良債権額が増えたとしても，さほど負担が増えたとは感じないと考えられる。また，不況が長期化して，不良債権が増える確率が高くなったとしても，加重確率関数より，その確率を実際より低く感じ，他方で，景気回復の可能性がゼロではなく，少しでもあると，その確率を過大に評価したと考えられる。さらに，価値関数のもつ損失回避性から，不良債権処理の前提である損失額の表面化自体を避ける心理が働いたものと考えられる。このようなことから，プロスペクト理論は，不良債権の先送り現象を説明する理論として有力であるといえるだろう。

3.2. なぜ名目賃金は下方硬直的なのか

　前述したように，1997年まで名目賃金の下方硬直性が存在し，これが低成長とデフレ的な状況下で，企業の人件費を膨らませ，企業の収益を圧迫した可能性がある。ここでは，なぜ名目賃金は下方硬直的なのかを考えてみたい。

　1つめは，名目賃金の下方硬直性は企業の収益を圧迫するが，それ以上のメ

リットが企業にあるというものである。名目賃金の下方硬直性は年功賃金と密接な関係があるが，岡村（2002）は，年功賃金を含めた年功的な処遇が，労働者の怠業を防止し，労働者を定着させ，企業特殊熟練の形成や技術継承の効率性を高めるので，企業業績を高める効果があると主張した。不況期でも名目賃金が低下しなければ，労働保蔵が可能になると考えられるが，阿部（1999）は労働保蔵ができれば，景気が好転したときに教育訓練済みの質の高い労働力を即座に利用できるという点を指摘している。ただし，金融危機以降の企業による厳しいリストラの開始とともに，1998年から名目賃金の下方硬直性が消え，その後の労働分配率の低下と企業収益の改善が投資の回復に寄与したことを考えると，名目賃金の下方硬直性は企業にとってメリットを上回るデメリットがあったと考えられる。

　2つめの理由は，前述した行動経済学からのものである。黒田・山本（2006）は，行動経済学の観点から2つの理由をあげた。1点目は，労働者は受け取った名目賃金を基準（参照点）として現在の名目賃金を評価し，そこからの引き下げに著しく抵抗する特性（損失回避性）をもつというものであり，2点目は，企業としても労働者のモラルの低下や生産性の低下を防ぐため，名目賃金を引き下げないほうが合理的であるというものである。2点目の理由は，企業のメリットとしてあげた1つめの理由と重複する。

　1点目の理由は，前述したプロスペクト理論に基づくものであり，労働者の損失回避性が根拠になっている。それでは，なぜ労働者は現行の名目賃金の水準にこだわるのだろうか。名目賃金は，企業が決定できる変数であり，労働者に対する企業の評価とみなすことができる。人は自分が価値のある存在であると信じたいし，周りからもそう認められたいと願っている。もしそうだとすると，賃金の低下は自分の価値の低下を意味するものであり，余程の理由がない限り，受け入れがたいものであろう。塚原（2003）は，人間の行動動機として「社会に存在する人間としての自己価値の信認」を指摘したが，名目賃金の下方硬直性にはこのような人間心理が背景にあるものと思われる[7]。

7　経済合理性を追求する以前の問題として，人間は社会に存在していることが前提になる。生存していなければ，経済合理性を追求できない。意思をもつ主体としての人間の生存を動機づけているものは，自分が社会において存在するに足る価値のある主体であるという認識であろう。

なお，前述のように1998年から名目賃金の下方硬直性が観察されなくなった。この理由として，黒田・山本（2006）は，長引く不況のため，賃金引き下げは滅多に起こらないという社会規範が徐々に消滅した可能性があると論じた。1998年から名目賃金の下方硬直性の消滅に関しては，1998年と1999年は失われた10年の中でもマイナスの経済成長をともなう深刻な不況であった点に注意する必要がある。現行の収益が企業にとっての参照点，現行の賃金が労働者にとっての参照点とすれば，深刻な不況下での名目賃金の下方硬直性は，企業のみに参照点からみて大きな損失を与えることになる。このような状況下では，企業が名目賃金を引き下げることもやむをえないと考えられるため，労働者もそれを受け入れたものと推測される[8]。異常な状況が過ぎ，平時に戻れば，また賃金の下方硬直性が復活する可能性があるだろう。

4. 経済政策の有効性と今後のあり方

本節では，失われた10年になされた経済政策が有効であったのかを検証する。久保（2001）は，総額126兆円の総合経済対策，6％から0％までの金融緩和など，1990年代には財政金融政策が総動員されたと論じている。このように失われた10年には，景気対策として大型の財政政策と金融政策が実施されたが，その効果について財政政策からみていこう。

まず，減税の効果からみていくと，清水谷（2005）は，1990年代の一時減税の中でも最大規模の1994年の所得税と住民税の定率減税の効果を実証分析したが，消費に対して若干のプラスの効果をもたらしたものの，消費に対する刺激効果はほとんどゼロに近いという結果を得，さらに，1995年に実施された定率減税は，実施された月に消費を刺激する効果をもったが，その後の消費の減少で代替され，1996年に実施された定率減税は1995年に実施された減税より効果が小さいという結果を得ている。また，清水谷（2005）は，1997年

---

[8] 本文で論じているのは，企業と労働者の関係であるが，企業と消費者の関係において，価格支配力のある企業が消費者にとって不利な価格変更を消費者によって容認されるケースは，消費者も納得するような事態，たとえば費用の上昇などに限定されることが確かめられている。詳しくは，塚原（2003）の第9章を参照されたい。

に実施された消費税の3％から5％への引き上げの影響に関しては，導入前の駆け込み消費で消費が増加したが，導入後はその反動で消費が減少したことを指摘し，1998年の定額減税の効果については，当初の消費の増加が，その後の消費の減少で代替されたという結果を得ている。1998年から1999年にかけて，法人の実効税率を49.98％から40.87％まで引き下げる大規模な法人減税が実施され，清水谷（2005）は，これが設備投資に与える効果を検証したが，設備投資の落ち込みをカバーできるほどの大きなプラスの効果をもたなかったと論じている。

次に，公共投資についてみてみると，井堀・土井（2007）は，1990年代の政治的な影響を受けて，公共投資が地域間および部門間で非効率であったため景気を劇的に改善するには至らなかったと指摘し，公共投資や減税の乗数効果は近年，非常に小さくなっており，総需要を刺激する効果はきわめて小さいと論じている。太田・吉田（2001）は，公共投資の効果を弱めた点として，公共投資は地方単独事業を通じて行われたが，土地の先行取得などに向けられたことや公共投資の乗数が低下したことを指摘し，国の予算も当初予算で引き締め，補正予算で拡張が繰り返され，政策の一貫性が欠けたことを指摘した。香西・宮川・竹内（2008）は，積極的な財政政策が景気の回復に寄与したという証左がみられないと主張している。

以上のことから，経済の期待成長率が改善せず，将来の経済見通しが暗い中での減税や公共投資は景気浮揚効果をもたないと考えられる。なお，景気対策として減税と公共投資がなされた場合の弊害としては，公債が累積するという点があげられる。公債の累積は後の世代への負担増を意味するため，景気対策の主要な手段として，財政政策に頼ることには慎重であるべきである。財政政策は，景気対策よりもっぱら所得の再分配および公共部門と民間部門間の資源配分に役割を限定すべきであろう。ただし，バブルの崩壊による金融システムの機能不全を回避するための公的資金の投入も財政政策に含めるのであれば，初期時点での迅速かつ多額の公的資金の投入が財政政策の重要な役割になる。

続いて，金融政策の効果についてみていこう。1990年代を通じて，金利が引き下げられたため，景気対策としての金融政策はもっぱら金利に頼ったと考えられる。しかし，清水谷（2005）が述べているように，実証分析の結果から

金利だけで設備投資の動きを説明することは難しいであろう。金融政策が設備投資を通じて景気に影響を与えようとするならば，そのルートとしては金利によるルート以外にも，第2節で取り上げた銀行の貸出行動を通じたルートにも注意を払う必要があるだろう。

金融政策の効果そのものではなく，金融政策の運営が適正になされたかに焦点を当てた研究が，地主・黒木・宮尾（2001）によりなされている。彼らは，テイラー・ルール型の政策反応関数を日本に適用し，よいルールと比べたときの政策対応の遅れを指摘した[9]。すなわち，1987年から1988年にかけての金融引き締めの遅れ，1990年から1991年にかけての金融引き締めの不足，1992年から1995年はじめにかけての金融緩和の遅れ，1997年から1998年にかけての金融緩和の遅れである。この分析によると，1990年代の前半以降，金融緩和が後手に回っており，引き締め基調が続いたことになる。

金融政策が物価上昇率を決めるとすれば，金融政策はこのルートを通じて経済に影響を与える可能性がある[10]。デフレは経済に悪影響を与え，景気を停滞させるおそれがあるため，金融政策の運営が重要になる。原田・江川（2002）は，1990年代の不況は過度の金融引き締め政策で生じたデフレが名目賃金の下方硬直性と衝突したことによると主張している。

金融政策が設備投資に大きく影響を与えることは難しいとしても，物価上昇率に影響を与えるとすれば，その役割は大きいといえる。そこで登場したのが，インフレ・ターゲット論である。伊藤・林（2006）によると，インフレ・ターゲッティングの枠組みとは，金融政策の目標を物価の安定に絞り，物価の安定をインフレ率の数値目標で明示的に表現して，中期的にこの目標近くにインフレ率を誘導するように金融政策を行うというものであり，将来の目標の到達時期を明示することで期待に働きかけようとするものである。

インフレ・ターゲットを導入する目的は，経済をインフレに誘導することで，デフレが経済にもたらす悪影響を回避することにある。黒田・山本

---

9 Taylor（1993）が提唱したテイラー・ルールとは，基本的にインフレ率の目標値（均衡値）からの乖離とGDPギャップに対応して金利水準を変化させるルールである。地主・黒木・宮尾（2001）は，このルールに為替レートの均衡値からの乖離を変数に加えている。
10 浜田（2004）は，デフレは最も貨幣面に近い現象なので，それに効く手段として，第一義的に金融政策を考えるべきであると論じている。

(2006) は，金融政策が若干のプラスのインフレをつくれば，名目賃金の下方硬直性があっても，実質賃金の調整の余地を与えるので，金融政策については，若干のプラスのインフレ率を目指すという主張が一定の妥当性をもつと論じた。ターゲットとするインフレ水準に関して，伊藤（2007）は，0％程度を下限にするのではなく，1％程度ののりしろは必要であると主張し，岩田（2001）は1から3％を主張している。今後，経済がデフレに陥ることを避けるべきであるという観点から，金融政策におけるインフレ・ターゲット論は傾聴に値する主張であろう。

5. 平成不況からの景気の回復と今後の研究の方向性

2002年から始まる平成不況からの景気回復過程については，香西・宮川・竹内（2008）が詳しく論じているが，その背景を整理すると以下の4つが重要であったであろう。1つめは，日本銀行が1999年から実施したゼロ金利政策と2001年から実施した量的緩和政策である。これは，企業の流動性不安を軽減したと考えられる。2つめは，2002年から実施された不良債権の積極的な処理である。3つめは，1990年代後半からの企業による積極的なリストラである[11]。リストラによって，企業の収益が改善し，投資の回復につながったと考えられる。4つめは，中国などの経済発展にともなう輸出の拡大である。結局，金融システムが正常に稼働する条件が整い，企業のバランスシートが改善し，需要の創出があって景気が回復したといえるだろう。

最後に，失われた10年から得られた重要な事実をまとめておこう。第1に，バブルは繰り返され，その反動が大きいということである。第2に，バブル崩壊で生じた不良債権の処理がなかなか進まず，先送りがなされてきたということである。第3に，金融危機の下で，銀行に貸し渋りや追い貸しの行動がみら

---

11 リストラに関して，伊藤・玄田・高橋（2008）は，希望退職に注目し，1998年以降に大規模に行われた希望退職による雇用調整で組織スラックの縮小に成功していれば，その結果として労働生産性が上昇した可能性があると論じた。なお，企業のリストラなどによる人件費の圧縮は，企業の収益を改善させ，その後の景気回復に寄与したが，その負の側面として，失業率，とりわけ若年失業率の上昇，ワーキング・プアの発生，非正規雇用者の増加，格差問題などを発生させていることに注意すべきである。

れたということである．第4に，デフレ下において長期にわたり名目賃金の下方硬直性がみられたことである．

　危機的な状況がどう生み出され，そこで何が起こるかについては，まだわかっていないことが多い．地道な実証分析とそれに基づく理論構築が求められるだろう．さらに，上記にあげた4つの事実が生じたのは，経済合理性以外の人間の心理的な要因が大きく影響したからだと考えられる．人間の心理を重視する行動経済学的な観点からの研究の発展が望まれる．

参考文献（英語）

Hayashi, F. and Prescott, E. (2002), "The 1990s in Japan: A Lost Decade," *Review of Economic Dynamics*, Vol.5, Issue 1, pp.206-235.

Kahneman, D. and Tversky, A. (1979), "Prospect Theory: An Analysis of Decisions under Risk," *Econometrica*, Vol.47, No.2, pp.263-291.

Kiyotaki, N. and Moore, J. (1997), "Credit Cycle," *Journal of Political Economy*, Vol.105, No.2, pp.211-248.

Motonishi, T. and Yoshikawa, H. (1999), "Causes of the Long Stagnation of Japan During the 1990s: Financial or Real?," *Journal of the Japanese and International Economies*, Vol.13, No.4, pp.181-200.

Nishimura, K., Nakajima, T. and Kiyota, K. (2005), "Does the Natural Selection Mechanism Still Work in Severe Recessions? Examination of the Japanese Economy in the 1990," *Journal of Economic Behavior and Organization*, Vol.58, Issue 1, pp.53-78.

Ogawa, K. and Kitasaka, S. (2000), "Bank Lending in Japan: Its Determinants and Macroeconomic Implications," in Hoshi, T. and Patrick, H. (eds.) *Crisis and Change in the Japanese Financial System*, North-Holland.

Taylor, J. (1993) *Macroeconomic Policy in a World Economy: From Econometric Policy Design to Practical Application*, New York: W. W. Norton.

（邦語）

阿部正浩（1999）「企業ガバナンス構造と雇用削減意思決定—企業財務データを利用した実証分析—」中村二朗・中村恵編著『日本経済の構造調整と労働市場』日本評論社．

淺羽茂（2008）「ポスト・バブルの企業経営の変化」香西泰・宮川努・日本経済研究センター編『日本経済グローバル競争力の再生—ヒト・モノ・カネの歪みの実証分析—』日本経済新聞出版社．

淺羽茂・牛島辰男（2008）「日本企業のダウンサイジング—変化，決定要因，業績への影響—」香西泰・宮川努・日本経済研究センター編『日本経済グローバル競争力の再生—ヒト・モノ・カネの歪みの実証分析—』日本経済新聞出版社．

深尾京司・宮川努・徳井丞次・乾友彦・浜潟純大（2008）「日本経済の成長会計分析」深尾京司・宮川努編『生産性と日本の経済成長—JIPデータベースによる産業・企業レベルの実証分析—』東京大学出版会．

玄田有史（2004）『ジョブ・クリエイション』日本経済新聞社．

浜田宏一（2004）「平成不況の性格は何か」浜田宏一・原田泰・内閣府経済社会総合研究所編著『長期不況の理論と実証』東洋経済新報社．

原田泰・江川暁夫 (2002)「賃金の硬直性と金融政策の衝突」原田泰・岩田規久男編著『デフレ不況の実証分析―日本経済の停滞と再生―』東洋経済新報社．

ホリオカ・チャールズ・ユウジ (2007)「日本の「失われた10年」の原因」林文夫編『経済停滞の原因と制度』勁草書房．

星岳雄 (2006)「ゾンビの経済学」『現代経済学の潮流2006』東洋経済新報社．

井堀利宏・土井丈朗 (2007)「財政政策の評価」林文夫編『金融の機能不全』勁草書房．

伊藤隆敏・林伴子 (2006)『インフレ目標と金融政策』東洋経済新報社．

伊藤隆敏ほか (2007)「マクロ経済学は「失われた10年」から何を学んだか―パネルディスカッション」市村英彦・伊藤秀史・小川一夫・二神孝一編『現代経済学の潮流2007』東洋経済新報社．

伊藤由樹子・玄田有史・高橋陽子 (2008)「希望退職とは何だったのか―2000年前後の大規模雇用調整―」香西泰・宮川努・日本経済研究センター編『日本経済グローバル競争力の再生―ヒト・モノ・カネの歪みの実証分析―』日本経済新聞出版社．

岩田規久男 (2001)『デフレの経済学』東洋経済新報社．

地主敏樹・黒木祥弘・宮尾龍蔵 (2001)「1980年代後半以降の日本の金融政策：政策対応の遅れとその理由」三木谷良一，アダム・D・ポーゼン編，清水啓典監訳『日本の金融危機―米国の経験と日本への教訓―』東洋経済新報社．

川本卓司 (2004)「日本経済の技術進歩率計測の試み：「修正ソロー残差」は失われた10年について何を語るか？」『金融研究』第23巻，第4号，147-186ページ．

河野龍太郎 (2001)「金融システム問題と銀行行政―金融改革の急速な進展に対応できる政策スキームの確立を―」小川一夫・竹中平蔵編著『政策危機と日本経済』日本評論社．

香西泰・宮川努・竹内文英 (2008)「日本経済　自律成長の条件」香西泰・宮川努・日本経済研究センター編『日本経済グローバル競争力の再生―ヒト・モノ・カネの歪みの実証分析―』日本経済新聞出版社．

久保英也 (2001)「新しい金融政策の枠組みを探る―失われた10年から何を学ぶか―」小川一夫・竹中平蔵編著『政策危機と日本経済』日本評論社．

黒田祥子・山本勲 (2006)『デフレ下の賃金変動―名目賃金の下方硬直性と金融政策―』東京大学出版会．

宮川努 (2003)「「失われた10年」と産業構造の転換―何故新しい成長産業が生まれないのか―」岩田規久男・宮川努編『「失われた10年」の真因は何か』東洋経済新報社．

宮川努 (2008)「資本蓄積と日本の生産性」香西泰・宮川努・日本経済研究センター編『日本経済グローバル競争力の再生―ヒト・モノ・カネの歪みの実証分析―』日本経済新聞出版社．

宮川努・櫻川幸恵・滝澤美帆 (2007)「日本における生産性と景気循環―産業データによる分析―」林文夫編『経済停滞の原因と制度』勁草書房．

宮川努・竹内文英・浜潟純大 (2008)「産業構造の転換と日本経済の成長力」香西泰・宮川努・日本経済研究センター編『日本経済グローバル競争力の再生―ヒト・モノ・カネの歪みの実証分析―』日本経済新聞出版社．

中西泰夫・乾友彦 (2008)「規制緩和と産業のパフォーマンス」深尾京司・宮川努編『生産性と日本の経済成長―JIPデータベースによる産業・企業レベルの実証分析―』東京大学出版会．

小川一夫 (2007)「金融危機と設備投資―1990年代における日本の経験―」林文夫編『金融の機能不全』勁草書房．

小川一夫・竹中平蔵 (2001)「マクロからみた90年代の日本経済―経済主体の行動とマクロ経済への含意―」小川一夫・竹中平蔵編著『政策危機と日本経済』日本評論社．

大竹文雄ほか (2007)「マクロ経済学は「失われた10年」から何を学んだか―パネルディスカッション」市村英彦・伊藤秀史・小川一夫・二神孝一編『現代経済学の潮流2007』東洋経済新報社．

岡村和明（2002）「年功的処遇と雇用」玄田有史・中田喜文編『リストラと転職のメカニズム』東洋経済新報社．
奥野正寛・河野敏鑑（2007）「システム転換と利害調整に基づく先送り」林文夫編『金融の機能不全』勁草書房．
太田弘子・吉田有里（2001）「90年代の財政政策はどこが間違っていたか――景気対策を歪め，かつ必要以上に財政を悪化させた原因――」小川一夫・竹中平蔵編著『政策危機と日本経済』日本評論社．
ポーゼン・アダム（2001）「序説：金融行政の類似と金融政策の相違」三木谷良一，アダム・D・ポーゼン編，清水啓典監訳『日本の金融危機――米国の経験と日本への教訓――』東洋経済新報社．
塩路悦朗ほか（2007）「マクロ経済学は「失われた10年」から何を学んだか――パネルディスカッション」市村英彦・伊藤秀史・小川一夫・二神孝一編『現代経済学の潮流2007』東洋経済新報社．
清水谷諭（2005）『期待と不確実性の経済学――デフレ経済のミクロ実証分析――』日本経済新聞社．
鈴木和志・小川一夫（1997）「土地価格の変動と設備投資――日本の製造業に関するパネルデータによる分析――」『経済研究』，第48巻，第3号，218-226ページ．
竹中平蔵・堀岡治男・手嶋彩子・高橋久恵（2001）「90年代の経済論争と政策決定――政府，シンクタンク，そしてジャーナリズムへの教訓――」小川一夫・竹中平蔵編著『政策危機と日本経済』日本評論社．
塚原康博（2003）『人間行動の経済学――実験および実証分析による経済合理性の検証――』日本評論社．
吉川洋（2008）「第3章へのコメント　産業間格差の要因は何か」香西泰・宮川努・日本経済研究センター編『日本経済グローバル競争力の再生――ヒト・モノ・カネの歪みの実証分析――』日本経済新聞出版社．

〔塚原康博〕

3
近年の消費者行動[*]

1. はじめに

　1990年代以降における日本の長期不況が語られる際，しばしばその原因の1つとして指摘されるのが国内消費の低迷である。本章では家事生産アプローチから，既婚女性の消費と時間配分に関する合理的選択理論を用いて，既婚女性がどのようにして家事・育児といった家庭内労働，家庭外労働（あるいは，いわゆる労働市場における市場労働），そして余暇に時間を配分するのかについて考察する。さらに，既婚女性の配偶者による家事労働分担，男性主権型の結婚がもたらす時間配分に関する夫婦間交渉力の差がその時間配分と既婚女性の効用にどのような影響を及ぼすのかについても考察され，政策的インプリケーションが導出される。

　Becker (1965) に始まるとされる既婚女性の消費と時間配分に関する合理的選択理論は主に既婚女性の労働供給に関する研究で用いられてきた。そこでは，夫と妻によって構成される一夫一婦制（monogamy）核家族の家事労働における両者の関係は，いわゆる労働市場における雇用者と被用者の関係に類推され，結婚市場（marriage market）において夫が家事労働需要者，妻が家事労働供給者とされる。そして家計は，市場で購入した財・サービスと時間とを組み合わせ，コモディティ（commodity）を生産し，それを消費するが，市場で購入される消費財・サービスと家計で生産されるコモディティの水準及び家計の時間配分は，予算と時間の制約に直面する家計が効用最大化行動を取ることで決定される。

---

[*]　本章は『新潟国際情報大学情報文化学部紀要第12号』に掲載された拙稿「既婚女性の家事労働時間削減と政府の役割：消費と時間配分に関する合理的選択理論から」を加筆・修正したものである。

この Becker（1965）で示された「家計は市場で購入した消費財・サービスと時間を組み合わせてコモディティを生産し，消費する」との考え方は，Gronau（1976，1977）らによって，「妻は市場で購入した消費財・サービスと時間とを組み合わせて家事という消費財・サービスを生産し，それを家計で消費する」という考え方に修正されてゆく。また，妻は家事生産関数を持ち，家計は市場で購入する消費財・サービスと，妻による家事労働によって生産された消費財・サービスという2種類の消費財・サービスを消費するものとされる。

以下では最近の研究事例から合理的な経済主体と夫婦間の対等な結婚を想定した基本モデルが説明されるとともに，夫と妻が対等ではない男性主権型の結婚を組み込むことによって既婚女性の消費と時間配分が非合理的に決定される場合についても言及される。

2. モデル

2.1. 基本モデル[1]

以下のような一夫一婦制の結婚生活を営む核家族を考える。夫は家事労働には従事せず，いわゆる労働市場における労働，つまり市場労働にのみ従事し，妻は家事生産だけでなく，場合によっては市場労働にも従事すると仮定する。夫は労働所得 Y_h を得て，その一部または全部を妻への夫婦間所得移転とする。これに対して妻は，夫から受け取ったその労働所得 Y_h の一部または全部を受け取り，それを用いて市場で消費財・サービスを X_{1h} だけ購入する。妻自身も市場労働に従事する場合にはそこで得た自らの労働所得 Y_w を用いて市場で消費財・サービスを X_{1w} だけ購入する。

ここで妻の効用 U_w が以下のようにこの家計で購入される消費財・サービス X と彼女の余暇 L_w に依存して決定されると仮定する。

$$U_w = U_w(X, L_w) \quad (2\text{-}1)$$

消費財・サービス X は，夫から受け取る妻の非労働所得 Y_h の一部またはそ

---

[1] 本章ではモデルの説明時のみ海外の先行研究事例にならって「家事労働」を用い，それ以外では「家事・育児労働」を用いている。

の全部と妻自身の労働所得 Y_w を用いて市場で購入される消費財・サービス X_1 と，妻が家事労働で生産する消費財・サービス X_{2w} の合計として表される。

$$X = X_{1h} + X_{1w} + X_{2w} = X_1 + X_{2w} \quad (2\text{-}2)$$

家事サービスの付加価値は総家事労働時間と，家計にとっての資本ストックに相当する家電製品などの耐久消費財を投入して生産され，それは短期的に一定と考える。よって，妻は下の (2-3) 式のように家事労働時間のみに依存する1階の導関数が正，2階の導関数が負の家事生産関数を持っているものとする[2]。

$$X_2 = F(H_w),\ F'(H_w) > 0,\ F''(H_w) < 0 \quad (2\text{-}3)$$

ここで X_2 は妻の家事サービス生産高，H_w は妻の総家事労働時間である。この妻はその効用 U_w を，以下のような時間と予算それぞれの制約

$$L_w + N_w + H_w = T \quad (2\text{-}4)$$
$$X_{1h} = \alpha Y_h = Y_h,\ 0 < \alpha \le 1 \quad (2\text{-}5)$$
$$X_{2w} = w_w N_w = Y_w \quad (2\text{-}6)$$

のもとで最大化しようとするものと仮定する。ここで，T は妻が利用可能な最大の時間，N_w と w_w はそれぞれ妻の労働市場での労働時間と妻がその労働市場で直面する賃金率であり，したがって $w_w N_w$ は妻の労働所得を表す。(2-5)式において α は0よりも大きく1以下の正の定数，Y_h は夫の労働所得である。(2-5)式は夫がその所得に比例させて妻に夫婦間所得移転を行うことを意味する。

以上を図示したものが図 3-1 である。縦軸には家事サービスの産出高と消費が，横軸には時間がとられている。図 3-1 の家事生産関数 TB はこの女性が結婚前に持っていた生産関数を表している。Cherry (1998) によれば，結婚することにより規模の経済が作用すること，結婚を望ましいと考えている女性の場合は結婚後に配偶者への利他主義が作用すること，このようなことから未婚女性の生産関数は結婚後に上方に拡大することとなる[3]。よってこの女性の結婚後の家事生産関数は TB' となる。さらに夫から夫婦間移転所得 Y_h を得るため，

---

[2] Gronau (1976) では妻の家事生産高は，市場で購入した消費財・サービスと家事労働時間によって決定されるとしているが，Gronau (1977) では若干の修正がなされ，簡単化のために家事生産高は家事労働時間にのみ依存して決定されるとしている。
[3] Cherry (1998), p.36.

この妻の家事生産関数は Y_h に等しい OC 分だけ上方にシフトし，その結果この妻の家事生産関数は $TC'AB''$ で表わされる。この妻はその家事労働の限界生産力，つまり家事生産関数の接線の傾きに等しい賃金率を留保賃金として家事労働時間を決定する。たとえば今，この妻が直面している市場労働の賃金率が直線 AW の傾きに等しいとき，家事生産関数の一部である TA 上の任意の点における接線の傾きは賃金率 w_w を上回るため，この妻は市場労働よりも家事労働を選択するであろう。また，家事生産関数の一部 AB'' 上の任意の点における接線の傾きは市場労働の賃金率を下回るため，この妻は家事労働よりも市

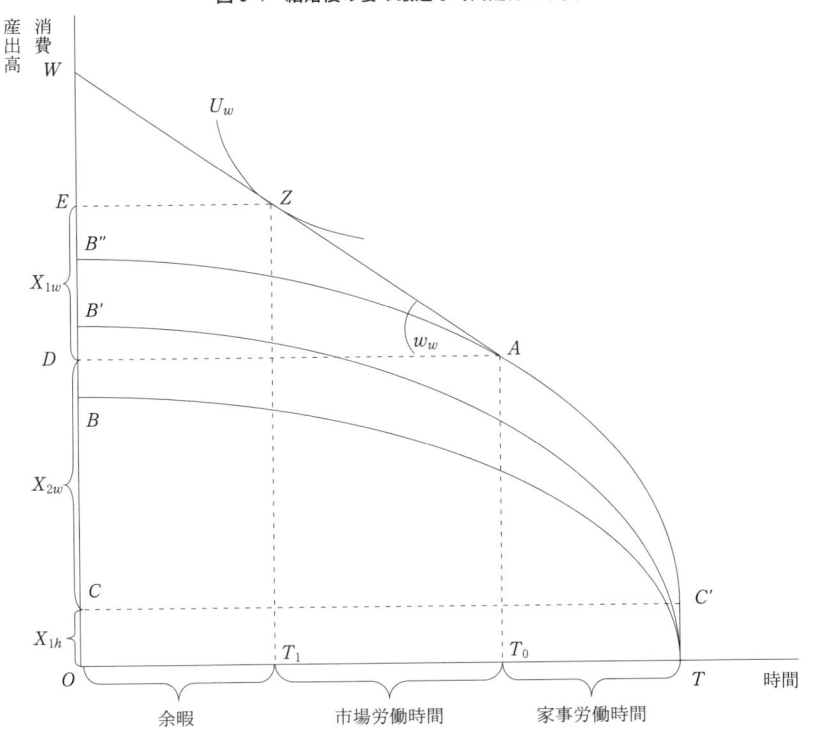

図3-1 結婚後の妻の最適な時間配分と消費

X_{1w}：市場において妻がその労働所得で購入する消費財・サービス
X_{2w}：妻による家事労働で生産される消費財・サービス
X_{1h}：夫から受け取る妻の非労働所得 Y_h により市場において購入される消費財・サービス

場労働を選択するであろう。この結果，この妻は TT_0 まで家事労働に従事する。

さて，この妻は残された時間 OT_0 のうち，市場での労働時間を1単位追加するごとに労働所得を獲得し，それと引き換えに市場で消費財・サービスを購入することができる。もしこの妻が時間 OT_0 のすべてを市場労働に配分すれば，最大で OW に等しい財・サービスの消費が可能になる。よってこの妻の消費可能な消費財・サービスと，余暇，市場労働時間そして家事労働時間の組み合わせの集合は縦軸，横軸と TAW で囲まれた領域となる。このとき，この妻の効用が最大化されるのは，無差別曲線 U_w が点 A における接線 AW と接する点 Z においてである。このときこの妻は残された時間 OT_0 のうち T_0T_1 を市場労働に，OT_1 を余暇に配分する。

2.2. 基本モデルの修正：夫の家事労働参加の導入

過去の主要な先行研究では妻の消費と時間配分に関する合理的選択理論の図説に夫の家事生産は考慮されてこなかったが，Leed and Allmen (2004) は，基本モデルに夫の家事生産を導入し，夫の家事労働への参加が妻の消費と時間配分の合理的選択にどのような影響を及ぼすのかをグラフを用いて明らかにしている。Leed and Allmen (2004) は，夫の所得水準及び妻が直面している賃金率に変化がないとすれば，夫の家事労働への参加は妻の家事生産関数を夫の家事生産高分だけ垂直上方にシフトさせ，その結果，効用関数は垂直上方にシフトするだけなので，予算制約線と妻の効用関数が新しく接する点も垂直上方にシフトするだけで，妻の時間配分，妻の家事生産高は変化しないと主張する。しかし，この夫の家事生産高だけ垂直上方にシフトした生産関数はもはや妻の家事生産関数ではなく夫婦の家事生産関数となっていること，一般的な無差別曲線の形状を考慮するならば，効用関数と予算制約線とが新しく接する点は垂直上方ではなく右上方にシフトして妻の時間配分にも変化が出ると考えられることから Leed and Allmen (2004) の主張には若干の疑問を呈さざるをえない。

ここでは，夫がある長さの時間を用いて家事生産に従事し，その時間とちょうど等しい時間だけ妻の家事労働時間が削減されたとしよう。この変化は図 3-2 に示されている。ここでは妻の家事生産関数は改めて $TC'AB$ で表されている。

figure 3-2 夫の家事労働参加の影響

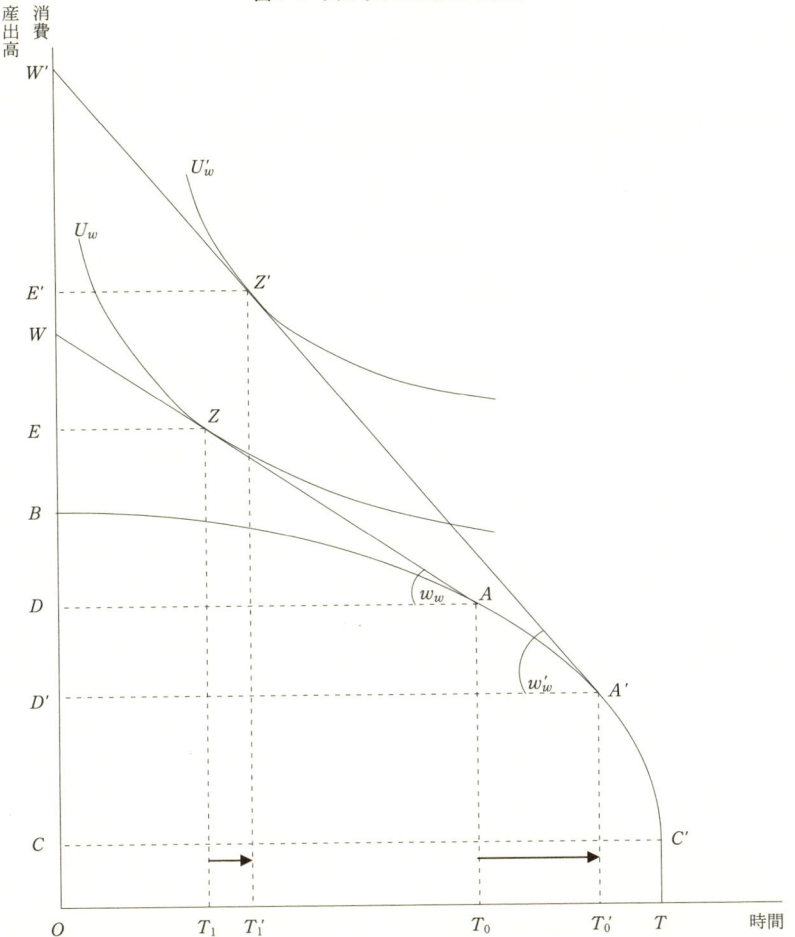

今，夫の家事労働参加により妻の家事労働時間が T_0T_0' だけ削減されたとしよう。このときこの妻の留保賃金は点 A' における彼女の家事生産関数の接線の傾き w_w' となる。もし労働市場でこれに等しい賃金率の労働があり，それを選択できれば，この妻は効用水準を U_w から U_w' へ上昇させ，余暇を OT_1 から OT_1' まで増加させることができると同時に，労働市場での労働時間も T_0T_1 から $T_0'T_1'$ まで大きく増加させることができる。また，より高い賃金率のもとでより長い時

間だけ市場労働を供給することができるようになるので，彼女自身の労働所得で購入できる消費財・サービスの金額は DE から $D'E'$ まで大きく増加する。

3. 男性主権と妻の家事労働時間削減

　上では夫の家事労働参加が妻の購入可能な消費財・サービスの金額，時間配分及びその効用にどのような影響を及ぼすのかについて考察を加えた。そこでは，妻が労働市場における労働と余暇それぞれに配分する時間を増加できるのは，夫婦間で家事労働代替が生じること，つまり夫が家事労働に従事し，夫の従事する家事労働時間に等しい時間だけこの妻が自らの家事労働時間を削減できること，そしてこの妻が労働市場において w'_w に等しい賃金率に直面できることという前提がなされている。しかし，現実にはこのような条件が必ずしも満たされるとは限らない。ここではまず夫が性別役割分業意識と妻よりも大きな交渉力を持ち，夫婦間に男性主権が確立している場合に，上で見たような妻の家事労働時間削減が可能かを考察する。次章では妻が労働市場において直面する賃金率について，さらに次々章では一度離職した既婚女性の再就職市場の現状についてそれぞれ考察される。

　Cherry (1998) は，夫婦間において夫の交渉力が妻のそれを上回る男性主権を導入し，既婚女性が消費と時間配分に関して非合理的な選択をせざるをえなくなることがあることを示している[4]。夫と妻の力関係が同等で，両者の交渉力に格差がなければ，妻による合理的な時間配分と消費の選択が尊重され，その通りに時間配分が行なわれるであろう。しかし，日本においてもそうであるが，夫に性別役割分業意識が根強く残っている場合，妻が合理的な時間配分と消費を選択した結果，家事労働の一部を夫が担わなければならなくなったとき[5]，夫が強い交渉力で自らの家事労働時間を削減し，それを妻に担わせると考えるのはもっともであろう。これにより発生するのが妻の過剰家事サービス

---

[4] Cherry (1998), pp.38-40.
[5] 先行研究事例では，夫による家事労働への時間配分がどのように決定されるのかについてグラフを用いて理論的に明らかにされることはなかった。ただし，Leed and Allmen (2004) のように，実証分析レベルでは，夫の家事労働時間は夫が独立的に決定するのではなく，夫婦間で決定されるとするものもある。

(excess household services) である。

図 3-3 は，この過剰家事サービスの発生メカニズムを明らかにしている。夫が家事労働に参加し，その家事労働時間にちょうど等しい時間だけ自らの家事労働時間が削減されることをこの妻が希望したとしよう。Cherry (1998) は，

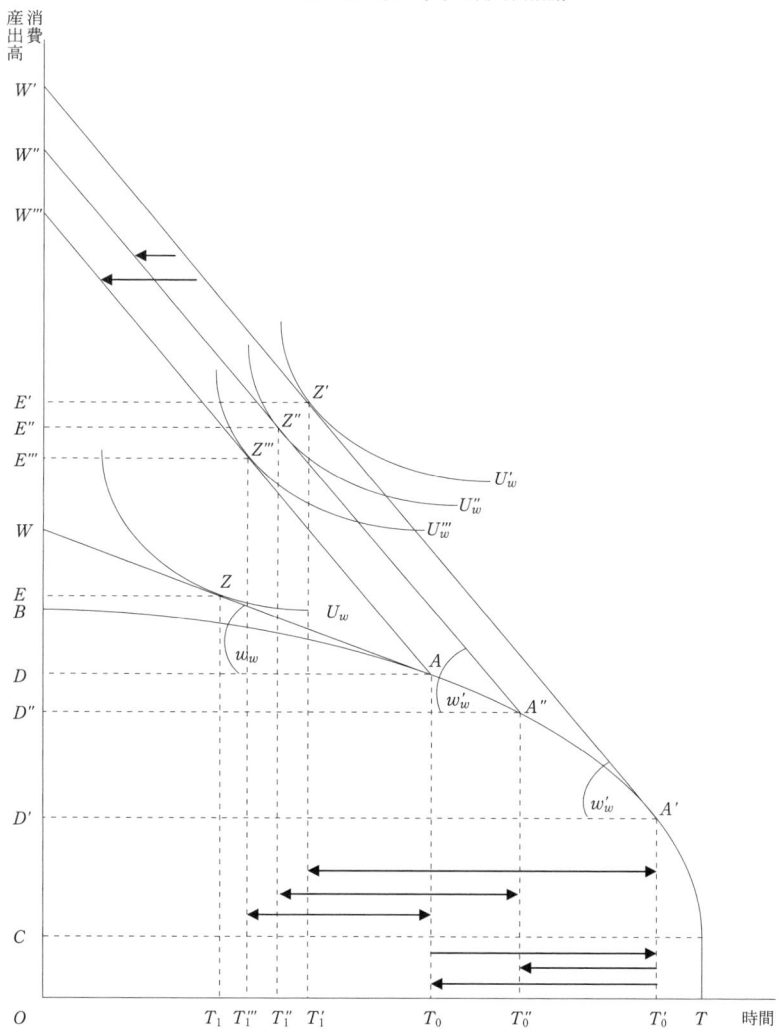

図 3-3 男性主権と妻の家事労働時間削減

夫が強い男性主権を発揮するとき，妻との間で家事労働時間に関する交渉が行なわれ，妻よりも強い交渉力を持つ夫が夫婦間の交渉を経て夫は妻の予算制約線を $A'W'$ から $A''W''$ まで横軸方向左にシフトさせると主張する。妻がこのシフトを受け入れざるをえなくなることで，夫が強い交渉力を発揮しない場合と比べて次のような変化が現れる。まず，夫の家事労働時間は T_0T_0' から T_0T_0'' まで減少する。反対に妻の家事労働時間は TT_0' から TT_0'' まで増加し，この結果，Cherry（1998）が言うところのこの妻による過剰家事サービス $T_0'T_0''$ が発生する。妻の労働市場での労働時間は $T_0'T_1'$ から $T_0''T_1''$ に，余暇の時間は OT_1' から OT_1'' に減少する。さらに，妻の最適点は点 Z' から点 Z'' へと移り，効用水準は U' から U'' へ低下する。それでも夫がまったく家事労働に参加しない場合に比べて妻の効用水準は高く，その家事労働時間は T_0T_0'' だけ減少し，余暇の時間は T_1T_1'' だけ増加している点には注意が必要である。夫はこの点を主張し，妻にこのような夫婦間交渉を経た非合理的な時間配分の選択を受け入れさせる。

たとえこの夫の労働時間が削減されたとしても，この夫が非常に強い性別役割分業意識を持ち，まったく家事労働に参加せずに削減された労働時間をすべて余暇に充てる場合，当然のことながら妻は家事労働への時間配分を TT_0 のまま変えることができなくなる。このときこの妻が w_w' のような高い賃金率に直面したままであるなら，彼女の市場労働への時間配分は T_0T_1''' まで減少し，効用水準は U_w''' まで低下する。夫の家事労働参加がない点 Z で妻の時間配分が合理的に選択される場合に比べ，この妻が直面する賃金率は高く（$w_w' > w_w$），市場労働に配分される時間は T_1T_1''' だけ短く，したがってちょうどその分だけ余暇に配分される時間が長いため，効用水準も U_w より高い水準 U_w''' が達成されている。

ただし，このように夫が家事労働に配分する時間を強い交渉力をもって削減する結果，妻が市場労働に配分する時間が削減されるときに労働市場で彼女が w_w' のような高い賃金率に直面できない可能性がある。その場合，この妻はもはや余暇に配分される時間を犠牲にしながら市場労働に配分する時間を増加させるしかなく，効用水準も U_w''' からさらに低下することを受け入れざるをえなくなる。

4. 男女間賃金格差

4.1. 女性のライフ・ステージと労働力率

　日本では1986年からは「男女雇用機会均等法」が，1991年からは「育児休業法」が施行され，女性にとっては働きやすい環境が整備されてきたとされている。また女性の高学歴化が進み，その四年制大学への進学率は，男女間格差を残しながらも，1985年の13.7％（男性38.6％）から2006年には38.6％（同52.1％）まで上昇した。大学で学ぶ学部・学科・専門分野を別にすれば，学歴面（教育期間）では女性が男性に比べて圧倒的に劣るようなこともなくなってきたといえる。このことは女性も男性と同等の人的資本を蓄積して男性と女性がお互いに代替的な役割を担い，男性と女性がともに労働市場における市場労働と家事・育児労働の双方に従事するようになることを意味する。

　大学生の就職活動でも，均等法以前では「男性は四大卒で総合職」，「女性は

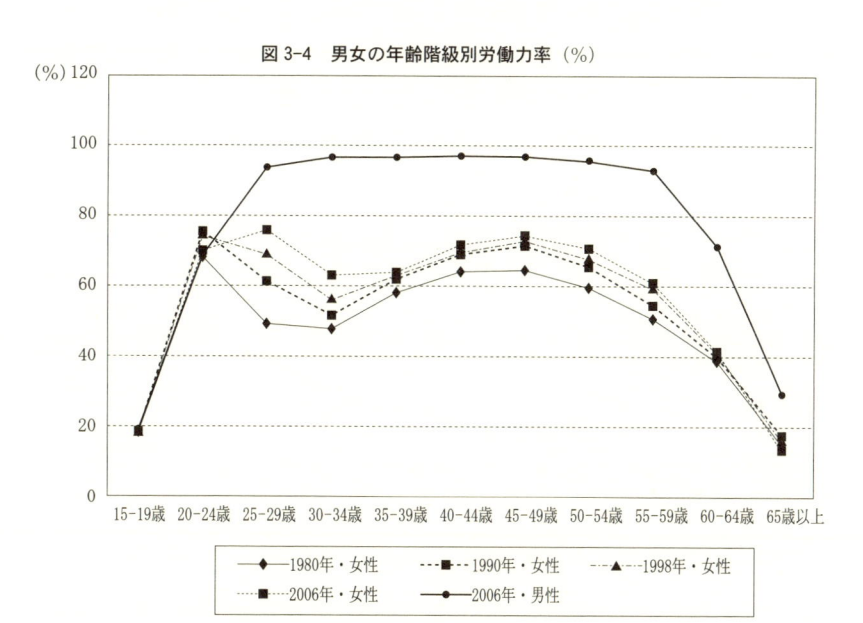

図 3-4　男女の年齢階級別労働力率（％）

凡例：◆ 1980年・女性　■ 1990年・女性　▲ 1998年・女性　■ 2006年・女性　● 2006年・男性

出所：厚生労働省雇用均等・児童家庭局（2007），p.117。

短大卒で一般職」というケースが多かった。しかし均等法施行後の就職活動では「女性も四大卒で総合職」というケースがかなり増えてきた。そもそも総合職と一般職とで男女別に募集予定人数を企業が公表すること自体が法律で禁止されるようになった。学歴（教育年数）と職種が同じであれば男性と同じ初任給が適用されるのは当然である。これにより，見かけ上は以前よりも多くの女性が男性と同じ高い賃金で働くことができるようになったはずである。

　図3-4のように，日本では20代前半から後半にかけて上昇する女性の労働力率が結婚，出産あるいは育児を契機として20代後半から30代前半にかけて低下し，育児に手がかからなくなる30代後半から40代前・後半にかけてそれがまた上昇する傾向がある。これは「女性の年齢階級別労働力率のM字曲線」とよばれ，日本に性別役割分業意識が根強く残っていることの1つの表れとして現在も多くの研究者によって指摘されるところである。

4.2. 男女間賃金格差と女性の結婚・出産ペナルティ

　正規雇用であれ非正規雇用であれ，いまだ男女間賃金格差は残っている。たとえば森（2005）による日本の性差別賃金についての精力的な研究成果は，様々な賃金水準でいかに男女間格差が日本に根強く残っているかを明らかにしている。その例として図3-5，3-6に所定内給与男女間格差と正規・パート間の所定内給与格差が示されている。

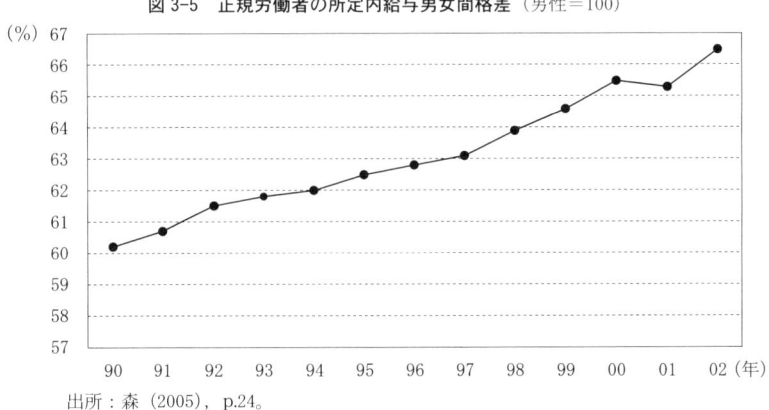

図3-5　正規労働者の所定内給与男女間格差（男性＝100）

出所：森（2005），p.24。

図 3-6 正規・パート間の所定内給与時給格差（男性正規＝100）

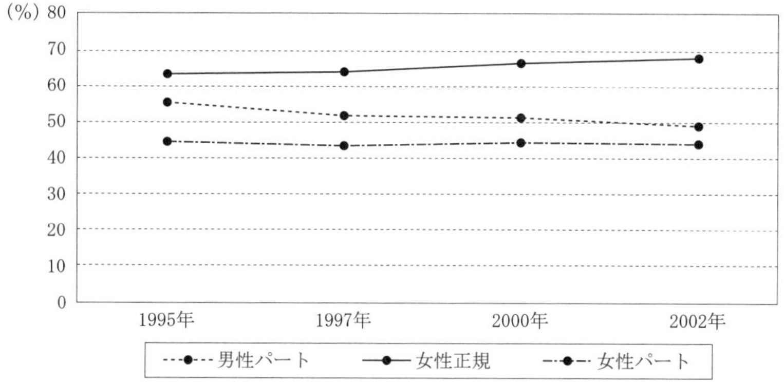

出所：森（2005），p.28。

　なぜ男女間で賃金格差が発生するのかは様々な点から説明されるが，その1つが女性の結婚・出産ペナルティである。「結婚（出産）が直接・間接に及ぼす賃金への影響の総計を広義の結婚（出産）プレミアム／ペナルティ」と呼ぶ[6]。ここで「プレミアム」は賃金を上昇させることを，「ペナルティ」は賃金を低下させることを意味する。結婚や出産は男性には結婚（出産）プレミアムをもたらすと考えられている。これを説明する仮説として「生産性上昇仮説」がある。これは，夫は，結婚や出産によって父親としての責任感や幸福感を得るため，働く意欲が増して仕事の生産性が上昇する，あるいは妻が家事労働の大部分を負担してくれるために夫は仕事に専念でき，多くの人的資本を蓄積できるので生産性が上昇する，というものである。このほかの仮説としては「補償賃金仮説」がある。これは，夫婦間で夫は仕事，妻は家事労働という分業を行っている夫は，結婚によって高い賃金を得る必要が生まれるので劣悪な労働環境の仕事でも引き受けるというものである。このほか，雇用主が独身者を差別するという「独身者差別仮説」もあるが，実証的な研究成果はない。他方，女性には結婚（出産）プレミアムをもたらすとの研究成果はほとんどなく，むしろ結婚（出産）ペナルティをもたらすと考えられている。これを説明

6　川口（2008），p.161。

する仮説として「生産性低下仮説」がある。これは，出産や育児による家事労働の負担がその期間の女性の生産性を低下させ，しかもその期間のキャリア中断が将来的な生産性をも低下させるとするものである。これ以外の仮説として「補償賃金仮説」がある。「夫は仕事，妻は家事・育児」という分業体制が確立している場合，賃金水準が低下しても，女性は家事・育児と両立できるような仕事を選択すると考えられる。他にも，雇用主が既婚女性や子どもをもつ女性を差別するという「既婚女性／母親差別仮説」があるが，これも実証的な研究成果はない。

　川口（2008）は日本のデータを用いて実証分析を行い，次のような結論を導いている[7]。男性の結婚プレミアムは結婚11年目までは上昇するが，その後低下する。女性については，広義の結婚ペナルティが約7.5％，広義の出産ペナルティが0.4％強である。勤続年数と就業の経験年数を考慮すると出産ペナルティは消えるが，結婚ペナルティは低下するものの5.8％発生する。女性が常勤でしかも働き続けている場合には広義の女性の結婚ペナルティも広義の出産ペナルティも発生しない。パート・アルバイト・嘱託・その他の場合，常勤の女性よりも6.7％大きな結婚ペナルティが発生する。以上から，就業形態に関係なく出産ペナルティは女性が出産を機に就業を中断することから発生すること，常勤で働いていた女性が結婚や出産を機にパート等に就業形態を変更することでも結婚ペナルティが発生することを意味している。つまり，女性が結婚や出産を機にいかに就業を中断させないか，もし中断しても常勤での復職の可能性をいかに高くするかが望ましいことを表している。なお川口（2008）は，常勤かパートかという就業形態の違いを含めても5％の女性の結婚ペナルティが存在することは海外の研究ではみられない特徴としている。

5. 既婚女性の再就職市場

　先に述べたように，日本の女性の労働力率は結婚・出産・育児を契機として一時的に低下すると考えられている。横山（2005）は公益財団法人家計経済研

---

[7] 川口（2008），pp.177-189。

究所による第1～第8年度（1993～2000年）実施『消費生活に関するパネル研究』で継続調査の対象となった25歳から41歳までのデータを用い，婚姻状態を未婚女性，既婚女性，離婚経験のある独身女性の3つのグループに分けて，婚姻状態と就業状況，そして婚姻状態別に見た離職理由について詳しく分析を行なっている[8]。その調査結果は，以下の通りである。

既婚女性694名（新婚132名，継続婚562名）のうち，1年以内に仕事を辞めた人の離職理由で最も多いのは，「出産・育児のため」で全体の19%，次に「結婚のため」「労働条件が悪かったから」がともに同15%で続く。新婚女性に限れば「結婚のため」が圧倒的に多く，全体の77%を占める。結婚を継続している女性では「出産・育児のため」が21%で最も多い。この調査結果からも，いかに結婚・出産・育児が女性を離職させる大きな契機となっているかが理解できる。未婚者のうち72.7%が常勤で雇用されており，最も多い。パートは13.3%である。ところが既婚者では無職の人が51.8%と最も多く，次いでパート22.1%，常勤18.3%となる。さらに1年以内に新規就職した女性に限ると，未婚者のうち常勤雇用で就職した人は49.4%，これに対して既婚者では常勤雇用で就職した人はわずか15.5%（つまりパートが84.5%）である。既婚女性が何らかの要因で新しい職に就く場合，常勤雇用で採用されるのは非常に困難であることがわかる。これら新しく就職した既婚女性の雇用形態の履歴を見ると，1年前に無職だった人が常勤になったのは400名のサンプルのうち32名，1年前にパートだった人が常勤採用されたのはサンプル数200名のうち35名，1年前に常勤で雇用されていた人が常勤で採用されたのはサンプル数59名のうち32名で，残りの27名はパートでの採用であり，常勤であった人でさえ半数をわずかに上回る程度しか常勤で採用されていない。これらのことから，既婚女性は離職前に常勤で雇用されていなければ，次に新しく雇用されるとしても常勤での採用は非常に困難であることが理解できる。

また脇坂・奥井（2005）は，結婚，出産あるいは育児で辞めた大卒女性の労働市場に注目し，そのような大卒女性が正社員としての再就職を希望する労働時間が，正社員として採用する需要者側たる企業の提示する労働時間に比べて

---

[8] 横山（2005），pp.150-161。

短いことと，彼女たちが希望する年収がやはり企業の提示するそれよりも高いことを明らかにしている[9]。

正規雇用である常勤労働者と非正規雇用であるパート・タイム労働者の賃金・給与格差とその男女間格差は，縮小してきたとはいえ，依然として残っている[10]。つまり，日本で女性が結婚，出産あるいは育児を契機にひとたび離職してしまうと，たとえ夫が家事・育児労働に参加することで自らの家事労働時間を削減できる可能性が生まれたとしても，その恩恵を最大限享受して高い賃金率の市場労働を選び，効用水準を上昇させることができる既婚女性は僅かである。これらのことから，離職している既婚女性の多くは自分の留保賃金に比して相対的に低い賃金率のパート労働という非正規雇用での採用しか選びようがなく，しかも家事・育児労働も一定時間は従事させられるという閉塞的な状況に置かれていることが想像できる。

6. 夫の家事・育児参加への課題：日本の長時間労働

夫の家事・育児分担を規定する要因に関してはさまざまな仮説が考えられている。その主な仮説としては，家事・育児に参加するには一定の時間が必要であり，夫婦のうち時間に余裕のある方が家事・育児に多く参加するとする「時間制約説」がある。性別役割分業意識をもつ夫は家事・育児への参加時間を減らし，逆に性別役割分業に否定的な考え方をもつ夫は家事・育児への参加時間を増やすとの考え方は「イデオロギー／性別役割説」とよばれる。たとえば，すでに考察したように，結婚後に家事・育児分担に関して夫婦間で話し合いが行われる場合，男性主権的な結婚では夫は妻よりも強力なその交渉力を発揮することで自らの家事労働時間を減らし，妻の家事労働時間を増やすことが考えられる。夫婦のうち収入や教育などの資源を多く有している方が家事・育児への参加を減らすとする「相対的資源説」がある。夫婦が親と同居している場合，長時間労働により時間的資源を減少させた夫の代りに，同居している親が家事・育児に参加することも指摘されている。これは「代替的マンパワー説」

---

[9] 脇坂・奥井 (2005), pp.194-196。
[10] 森 (2005), pp.28-29。

とよばれる。過去の日本に関する研究事例の多くは時間制約説を支持しており，夫の長時間労働や帰宅時間の遅さがその家事・育児参加を減らしていることが明らかにされている[11]。

日本の労働時間が国際的に見て長いことはしばしば指摘されるところである[12]。日本では，妻の就業形態は必ずしも正規雇用であるとは限らず，パートや派遣など様々であるのに対し，夫は正規雇用労働者であることが多い。過去の実証分析の結果も併せて考えるならば，正規雇用労働者である夫の長時間労働は「夫は仕事，妻は家事・育児」という性別役割分業を固定化させ，夫の家事・育児への参加時間と妻の労働市場における労働時間を限定的なものとする。特に子供がいる家庭では，たとえ夫に育児への参加の意思があったとしても，勤め先で長時間労働を強いられることで帰宅時間も遅くなり，育児にかかわることができる時間も少なくなる。また妻が市場労働に限定的でも従事するとしても，時間の制約から正規雇用ではなく非正規雇用となる可能性が高い。

以上のことは，日本の深刻な少子化問題をもたらす一因としても作用していると考えられる。少子化現象の主な要因は非婚化と晩婚化とされる。女性の高学歴化が進み，男女間賃金格差が是正されてきたことから，結婚，出産あるいは育児を契機とした女性の離職は，女性が一時的にせよ永続的にせよ労働市場から退出することから発生する機会費用が増大したことを意味し，これが特に非婚化現象につながっていると考えられる。もちろん結婚，出産あるいは育児は個人の自由であるし，少子化が進展した背景としての女性の高学歴化や男女間賃金格差是正，あるいは女性の非婚・晩婚といった選択が非難されるべきではない。

第2に，長時間労働は労働者に肉体的疲労と精神的疲労をもたらし，心と身体の健康問題を発生させ，最悪の場合には自殺や過労死に至らせる。これは家庭外で働く者だけに起こる事態ではない。家事・育児を主に担っている妻はそ

---

11 日本でもパネルデータを用いた夫の家事・育児参加の規定要因に関する実証研究が行なわれている。永井 (2001)，松田 (2005，2006)，水落 (2006)，福田 (2007) などを参照せよ。
12 水野谷 (2005) は 2000 年における年間実労働時間の国際比較を行なっている。たとえば日本の労働時間を 100 とした場合，男性についてはアメリカ 95，イギリス 88，フランス 77，ドイツ 76，イタリア 75 である。女性についてはアメリカ 103 イギリス 88，フランス 92，ドイツ 87，イタリア 87 である。水野谷 (2005)，p.96 を参照せよ。

の精神的ストレスを夫とのコミュニケーションで軽減しようにも，夫の帰宅時間は夜遅くなるため夫婦間でのコミュニケーションに割くことができる時間は短くなる。また日本では核家族化が進んできたため，夫以外に相談する相手が家庭内にいない場合も多い。比較的近くに親などが住んでいるなど精神的ストレスを解消できるパーソナル・ネットワークを持っていれば，妻も精神的ストレスをかなり解消することもできるだろうが，転勤などをきっかけに新しい土地で生活を始めた場合，必ずしもそのようなネットワークを持っているとは言えず，精神的ストレスは解消されない。

7. 政府の役割

本章では既婚女性の時間配分と消費に関する合理的選択理論から，彼女たちが直面する賃金率や夫による家事労働，夫婦間の不公平な交渉力が，彼女たちの時間配分や消費水準にどのような影響を及ぼすのかを近年の様々な研究事例とも併せて考察した。現代日本における既婚女性にとっての労働市場の現状は，非常に閉塞的で厳しいと言わざるを得ない。どのようなライフコースを歩むか，どのような就業形態を選択するかは個人の自由であるし，夫婦間でどのような時間配分を行なうかも家庭の問題である。しかし，女性にとってはひとたび結婚して出産すると，家事・育児の負担の多くが一気にその女性に襲ってくるだけでなく，それを契機に離職してしまうと事実上は時間制限的で賃金率の低い非正規雇用しか選択の余地がなくなるといっても過言ではない。その意味ではこのような状況では女性が結婚や出産をためらうのもやむをえず，女性の特殊出生率が大幅に上昇することはとても期待できないであろう。このようなことも踏まえるならば，政府の役割は以下のようになるであろう。

第1に長時間化する労働時間を削減することである。労働時間の削減は男性，女性に関係なく重要である。しかし性別役割分業意識が根強く残っているとされる日本では，労働時間削減が多くの夫の家事・育児参加時間を増加させて，夫と妻双方のワーク・ライフ・バランス実現に貢献するものと期待される。また夫婦間のコミュニケーションに割かれる時間をも増加させるため，夫婦の身体的・精神的な健康度を高める。夫の増加した家事・育児労働時間と

ちょうど同じだけの妻の家事・育児労働時間が削減されれば，妻の時間配分に自由度が増し，市場労働により多くの時間を配分することも可能になる。

しかし，長時間労働から解放された夫が性別役割分業意識を持っていれば家庭内で家事・育児労働に参加しないか，参加してもその時間はかなり短いものと考えられる。したがって，第2に，政府は今まで以上に男女平等と性別役割分業意識撤廃を推進する必要がある。

離職した既婚女性が，たとえ夫の家事・育児労働参加によりちょうどそれに等しい家事労働時間を削減できるようになったとしても，彼女が正規雇用で復職できるとは限らない。既婚女性が労働市場で直面する賃金率が彼女の家事労働の限界生産物価値よりも低ければ，彼女はその限界生産力に等しくなる点まで家事労働への時間配分を延ばさざるをえず，その分だけ市場労働への時間配分は減少することになる。このような状況で彼女が就業できるのはパート・タイム労働のような非正規雇用であろう。女性の賃金水準は男性のそれに比べて，改善されつつあるものの，いまだに低く抑えられている。したがって第3の政府の役割として，同一価値労働同一賃金原則の導入による男女間賃金格差の解消と，結婚，出産あるいは育児を機に離職した女性にも正規雇用での再就職の機会を増やすことが挙げられる。2001年10月の雇用対策法改正により労働者の募集・採用に年齢制限を設けてはいけなくなったにもかかわらず，法律を順守しない事業所がまだ存在するとの報告がある[13]。このような事業所に対しては法律で厳しく対処すべきであろう。

最後にポジティブ・アクションとファミリー・フレンドリー施策の実践を政府の重要な役割として挙げておく。雇用における女性差別を撤廃する取組みとしてポジティブ・アクションがある。これは社会のあらゆる分野における活動に参画する機会に関して男女間の格差を改善するための積極的改善措置のことであり，男女共同参画社会を形成するための重要な概念である。具体的には，企業による女性の採用・職域の拡大，女性管理職の増加，女性の勤続年

---

[13] 2001年10月下旬から11月初旬にかけてと，同年11月中旬から下旬にかけて合計5,359の事業所に対して女性と仕事の未来館が実施した「大卒の再就職に関する事業所調査」では，過去3年間に大卒の女性の再就職を受け入れた事業所の中で正社員，非正社員それぞれの募集にあたり年齢制限を設けた事業所は正社員を受け入れた事業所の51.7%，非正社員を受け入れた事業所の60.9%に上っている。脇坂・奥井（2005），p.185及びp.197を参照せよ。

数の伸長，職場環境・風土の改善などである。しかし，女性のキャリア形成が男性と同程度に進んでいるとは言えないのが現状である。金井（2007）は女性のキャリア形成を阻害する要因として，職場に女性差別的環境があることと，仕事と家庭の両立が困難であることの2点を挙げている[14]。前者は女性のキャリア形成意欲を低下させ，女性を職場から退出させる。後者についてはファミリー・フレンドリー施策が求められる[15]。労働時間削減による夫婦間における家事・育児労働負担の平等化が実現されたとしても，現実には家事・育児に必要な時間のすべてを夫婦2人で分かち合うことは困難である。このような観点からも育児支援を中心としたファミリー・フレンドリー施策の実施が必要である。政府はファミリー・フレンドリー企業を表彰したり，その活用などについての情報を提供したりしているが，十分な対策が取られているとは言えない。待機児童の解消に代表される育児支援策を含め，法律を整備するなど，より積極的な推進が政府には求められる。このようなポジティブ・アクションとファミリー・フレンドリー施策を効果的にするためにも，ワーク・ライフ・バランス（仕事と生活の調和）の実現が必要である。

　重要なのはこれら政府の役割を同時に実行することである。そしてこれらの同時達成が結婚を希望しながら結婚できないでいる女性の結婚促進と特殊出生率の引上げという点でも有効であることを付け加えて本章を終えることとする。

参考文献（英語）

Becker, S.G. (1965), "A Theory of the Allocation of Time," *Economic Journal 73, No.299*, pp.493-517.

Becker, S.G. (1978), *The Economic Approach to Human Behavior*, Chicago: The University of Chicago Press.

Becker, S.G. (1993), *A Treatise on the Family, Enlarged Edition*, Massachusetts: Harvard University Press.

Cherry, R. (1998), "Rational Choice and the Price of Marriage," *Feminist Economics*, Vol.4, No.1, pp.27-49.

Gronau, R. (1976), "The Allocation of Time of Israeli Women," *Journal of Political Economy*, Vol.84, No.4, pp.S201-S220.

14　金井（2007），pp.118-120。
15　ファミリー・フレンドリー施策とは，たとえば就業時間のフレックスタイム制度，短時間正社員制度，在宅勤務の導入や，職場に託児施設を設けて従業員・職員がそれを利用できるようにするなど，家事・育児や介護といった家庭と仕事の両立を促進する制度や取組みである。

Gronau, R. (1977), "Leisure, Home Production, and Work−the Theory of the Allocation of Time Revised," *Journal of Political Economy*, Vol.85, No.6, pp.1099-1123.

Grossbard-Shechtman, S. (2005), "A Model of Labour Spply, Household Production and Marriage," pp.27-45, In Hoa, T.V. (ed), *Advances in Household Economics, Consumer Behaviour and Economic Policy*, Burlington: Ashgate Publishing Company.

Hoa, T.V. (2005), *Advances in Household Economics, Consumer Behaviour and Economic Policy*, Burlington: Ashgate Publishing Company.

Leeds, M. A and Allmen, P.v. (2004), "Spousal Complementarity in Home Production," *American journal of Economics and Sociology, October*, Vol.63, No.4, pp.795-811.

(邦語)

金井篤子（2007）「日本における女性のキャリア形成とポジティブ・アクション」田村哲樹・金井篤子編『ポジティブ・アクションの可能性　男女共同参画社会の制度デザインのために』，pp.118-120。

川口章（2008）『ジェンダー経済格差　なぜ格差が生まれるのか，克服の手がかりはどこにあるのか』勁草書房。

厚生労働省（2007）『労働経済白書　平成19年版』。

厚生労働省雇用均等・児童家庭局編（2007）『女性労働の分析2006年　働く女性の状況と女性の起業』財団法人21世紀職業財団。

橘木俊詔編著（2005）『現代女性の労働・結婚・子育て　少子化時代の女性活用政策』ミネルヴァ書房。

田村哲樹・金井篤子編（2007）『ポジティブ・アクションの可能性　男女共同参画社会の制度デザインのために』ナカニシヤ出版。

独立行政法人国立女性教育会館・伊藤陽一編（2006）『男女共同参画統計データブック2006　日本の女性と男性』ぎょうせい。

永井暁子（2001）「父親の家事・育児遂行の要因と子どもの家事参加への影響」『季刊家計経済研究2001　冬　通巻第49号』pp.47-55。

樋口美雄・太田清・家計経済研究所編（2004）『女性たちの平成不況　デフレで働き方・暮らしはどう変わったか』日本経済新聞社。

樋口美雄・酒井正（2004）「均等法世代とバブル崩壊後世代の就業比較」樋口美雄・太田清・家計経済研究所編『女性たちの平成不況　デフレで働き方・暮らしはどう変わったか』第2章，pp.57-85。

福田節也（2007）「ライフコースにおける家事・育児遂行時間の変化とその要因」『季刊家計経済研究2007　AUTUMN No.76』pp.26-36。

松田茂樹（2005）「男性の家事・育児参加と女性の就業促進」橘木俊詔編著『現代女性の労働・結婚・子育て　少子化時代の女性活用政策』第4章，pp.127-146。

松田茂樹（2006）「近年における父親の家事・育児参加の水準と規定要因の変化」『季刊家計経済研究2006　SUMMER No.71』pp.45-54。

水落正明（2006）「父親の育児参加と家計の時間配分」『季刊家計経済研究2006　SUMMER No.71』pp.55-63。

水野谷武志（2005）『雇用労働者の労働時間と生活時間　国際比較統計とジェンダーの視角から』御茶ノ水書房。

森ます美（2005）『日本の性差別賃金　同一価値労働同一賃金原則の可能性』有斐閣。

八代尚宏（1993）『結婚の経済学―結婚とは人生における最大の投資―』二見書房。

横山由紀子（2005）「女性の婚姻状態と転職・再就職行動」橘木俊詔編著『現代女性の労働・結婚・子育て　少子化時代の女性活用政策』第5章，pp.147-164。

脇坂明・奥井めぐみ（2005）「なぜ大卒女性は再就職しないのか」橘木俊詔編著『現代女性の労働・結婚・子育て　少子化時代の女性活用政策』pp.184-207。

〔安藤　潤〕

4
貯蓄率の低下と投資の低迷

1. はじめに

　1980年に211兆円であった日本の国民可処分所得は，1992年に403兆円となった。しかし，それから15年を経た2007年にいたっても，国民可処分所得は415兆円にすぎない。1990年代以降，日本の経済成長はほとんどゼロであった。

　国内総生産や国民可処分所得に変化がなかったからといって，日本経済に変化が無かったわけではない。所得の使用を見ると，貯蓄が減少しており，支出面を見ると，投資が多くの時期で減少している。固定資本減耗は増加しているため，純投資はより急激に減少している。

　一国経済を考えると，資本・労働といった生産要素を用いて付加価値が生産される。その付加価値は経済主体間で分配され，消費される。消費されずに残ったものが貯蓄であり，それが投資の原資となる。投資は資本の増加を通じて，一国の生産能力を向上させる，というサイクルがある。

　そこで本章では，まず，ほぼ一定の国民可処分所得が，非金融法人企業，金融機関，一般政府，家計といった各制度部門間でどのように分配されているのかをまず確認する（第2節）。可処分所得が減少している部門では，貯蓄が減少していると予想される。

　第3節1項では，どの部門の貯蓄が減少しているのかを確認する。また，貯蓄の使途は，国内への純投資と海外への投資とに分けられる。そこで第3節2項では，減少している貯蓄がどちらにどれだけ用いられているのかを確認する。さらに第3節2項の1では純投資について，第3節2項の2では海外への投資について，どの制度部門がどれだけを担っているのか確認する。

　第4節2項では，投資の結果，各制度部門が所有している正味資産がどのよ

うに変化しているのかを確認する。さらに第4節3項，4項，5項ではそれぞれ生産資産，有形非生産資産，金融資産に分けて考察する。

使用する国民経済計算のデータについてだが，1980年から1995年については『平成15年度国民経済計算（平成7年基準・93SNA）』のデータを，1996年から2007年については『平成19年度国民経済計算（平成12年基準・93SNA）』のデータを用いた。ただし1996年からのストック編のデータについては『平成18年度国民経済計算（平成12年基準・93SNA）』を用いている。

2. 国民可処分所得

2.1. 消費と貯蓄

名目国民可処分所得は，1980年の211兆円から，1990年には371兆円に増加した。1991年からは伸び率は急速に低下したが，1997年には420兆円となった。しかし，その後の金融危機，ITバブル崩壊などにより国民可処分所得は減少し，2007年になっても1997年の水準を回復していない。

表4-1 国民可処分所得に占める比率

	1991年	2003年
民間最終消費支出	62.87%	71.76%
政府最終消費支出	15.46%	22.54%
家計現実最終消費	71.39%	84.30%
政府現実最終消費	6.93%	10.00%
貯蓄	21.67%	5.71%

一方，国民可処分所得に占める貯蓄は，1991年の21.67%から，2003年には5.71%にまで劇的に低下した。国民可処分所得は，貯蓄と消費とに分けられる。ほとんど可処分所得に変化しないなかで貯蓄率が低下したことは，消費の比率が高まったことを意味する。

表4-1は，1991年と2003年の，国民可処分所得に占める消費・投資の比率を計算したものである。民間最終消費支出の比率は，1991年から2003年にかけて8.88%ポイント上昇した。一方，政府最終消費支出は7.08%ポイント上昇

している．1991年時点では，民間最終消費支出が政府最終消費支出の4倍以上だったことを考えると，政府最終消費支出の増加は大きい．

実際に各制度部門が享受した便益の額を示す現実最終消費を見ると，家計が12.90％ポイント，政府が3.06％ポイントの上昇となっている．最終消費支出と現実最終消費の差は，政府から家計への現物社会移転である．この比率は1991年の8.52％から2003年の12.54％と，4.02％ポイント増加している．

つまり，部門の規模にもかかわらず，家計と政府の消費は同じ程度増加している．現物社会移転の増加の原因の1つは高齢化と考えられるが，高齢化とは直接関係しない集合消費の部分も同程度増加している．

2.2. 国民可処分所得の制度部門別の分配

次に，各制度部門別の可処分所得を見ていこう．

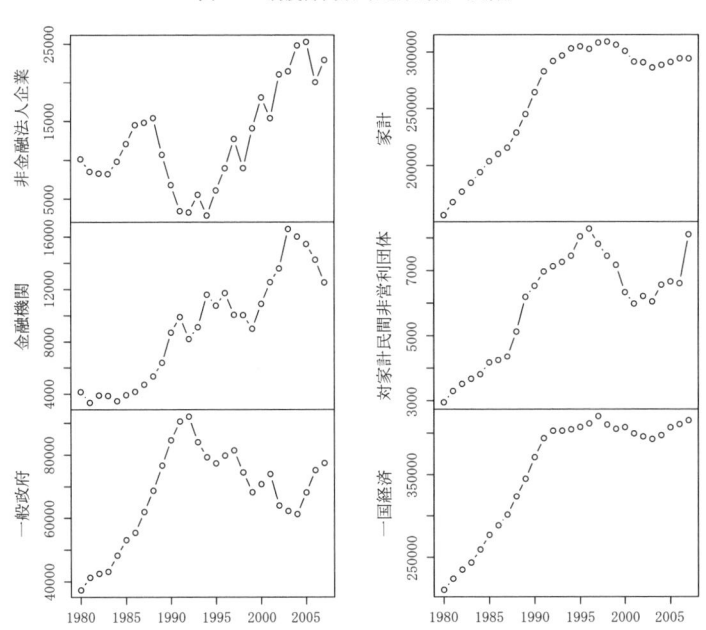

図4-1 制度部門別可処分所得（実数）

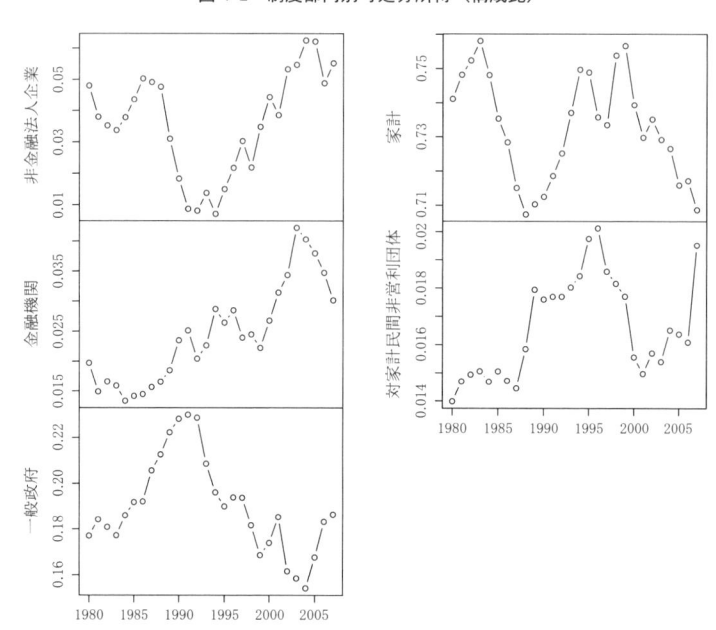

図4-2 制度部門別可処分所得（構成比）

(1) 非金融法人企業

　非金融法人企業の可処分所得は，1988年に15兆円まで増加した後，1994年の2兆9000億円まで急速に減少した。1995年以降，1998年の金融危機や2001年のITバブル崩壊にもかかわらず，トレンドとしては増加を続け，2000年には18兆円，2005年には25兆円に達している（図4-1）。国民可処分所得に占める比率は，1986年に5.0%，1994年に0.7%，2004年には6.2%となっている（図4-2）。

　1991年のバブル崩壊後，国民可処分所得の成長率は鈍化したものの，1997年まではプラスであった。また1998年から2003年にかけては，国民可処分所得は減少していた。それにもかかわらず，非金融法人企業の可処分所得が1989年の段階で低下が始まったこと，1995年以降ほぼ一貫して増加していることは，注目される。

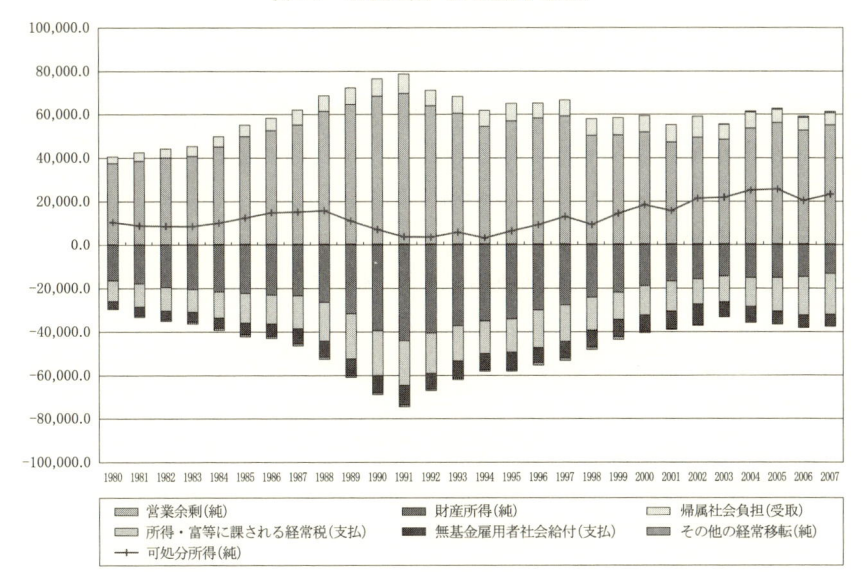

図 4-3　可処分所得（非金融法人企業）

凡例：営業余剰（純）／財産所得（純）／帰属社会負担（受取）／所得・富等に課される経常税（支払）／無基金雇用者社会給付（支払）／その他の経常移転（純）／可処分所得（純）

　図 4-3 は，非金融法人企業の可処分所得とその内訳を示している[1]。1980 年には 37 兆円だった営業余剰は，1991 年には 69 兆円まで増加した。その後，営業余剰は減少傾向にあり，2001 年には 47 兆円となっている。これはほぼ国民可処分所得の動きと一致している。

　可処分所得と営業余剰のくい違いを説明するのが財産所得である[2]。非金融法人企業は資金の純借入主体のため，財産所得（純）は一貫してマイナスである。しかしバブルのはじまる前の 1986 年には 23 兆円だった財産所得（純）のマイナスは，1991 年には 44 兆円にまで拡大した。その後，財産所得（純）のマイナスは縮小し，2003 年には 15 兆円となった。これはバブル期の負債の急増，バブル崩壊後の負債の圧縮を示唆する。その結果，前述したような可処分所得の変化が生じたと考えられる。

1　図 4-3 において，その他の経常移転（純）は金額が少ないため，グラフでは確認しづらくなっている。以下のグラフでも金額の少ない項目では同様なので注意されたい。
2　所得・富等に課される経常税はほぼ営業余剰に比例する。

132　4　貯蓄率の低下と投資の低迷

(2) 金融機関

　金融機関の可処分所得は，1990年代には停滞していた時期があるが，期間を通じてほぼ一貫して増加してきた。特にバブル期の1987年から1991年にかけてと，2000年から2003年にかけての増加は急速である。しかし，2004年から2007年にかけて，可処分所得は大幅に減少している（図4-1）。その結果，国民可処分所得に占める比率は，1984年に1.3％，2003年に4.2％，2007年に3.0％となっている（図4-2）。

　図4-4は，金融機関の可処分所得とその内訳を示している。金融機関の営業余剰は一貫してマイナスである。これに対して，財産所得（純）はプラスであり，その結果，可処分所得はプラスになる。営業余剰のマイナスは，1995年まで拡大傾向にあった。ただし1990年には大幅に減少している。1996年からは減少に転じ，2006年には4兆4000億円と，1980年以下の数字になっている。

　財産所得はバブル後も増加しつづけ，1995年には22兆円となった。その後減少に転じ，1999年には19兆円となっている。2000年から2003年にかけて

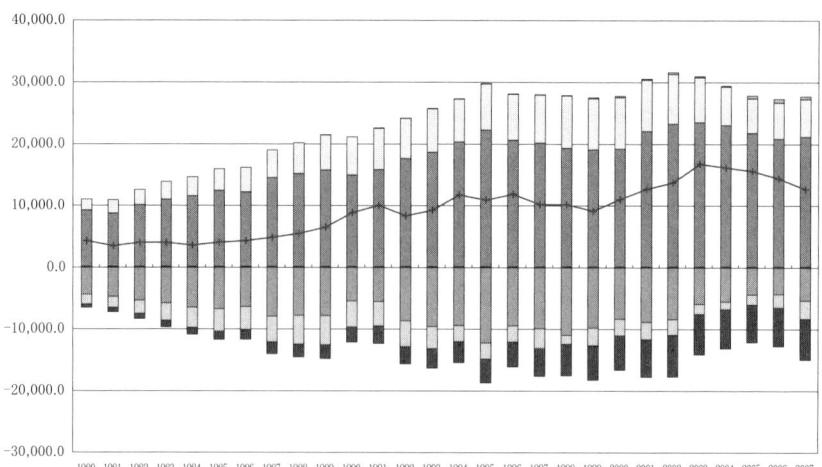

図4-4　可処分所得（金融機関）

はふたたび増加に転じ，2003年には23兆円となった。2004年からは，ふたたび減少に転じている。

所得・富等に課される経常税（支払）は，1980年の1兆6000億円から4兆8000億円へと一貫して増加した。その後は，不規則な変動をくりかえしながらも，2004年の1兆2000億円まで低下した。その後急速な増加に転じ，2007年には3兆円となっている。

社会負担（受取）と現物社会移転以外の社会給付（支払）の差額は，1993年に3兆8000億円にまで増加したが，特に2001年から2005年にかけて急速に減少し，2007年には5300億円のマイナスとなっている。

総じて，金融機関の可処分所得の変化の説明は難しい。

(3) 一般政府

一般政府の可処分所得は，1980年の37兆円から，1992年には92兆円に急増した。1993年から2004年にかけては減少傾向にあり，2004年には61兆円まで減少した。2005年から2007年には増加に転じている（図4-1）。その結果，国民可処分所得に占める比率は，1980年に12.0%，1991年に25.1%，2004年に15.4%，2007年に18.6%となっている（図4-2）。

図4-5は，一般政府の可処分所得および調整可処分所得とその内訳を示している。所得・富等に課される経常税（受取）は，可処分所得とだいたい比例している。

生産・輸入品に課される税（受取），社会負担（受取），現物社会移転以外の社会給付（支払），現物社会移転（支払）はほぼ単調に増加している。ただし，現物社会移転以外の社会給付（支払）および現物社会移転（支払）から社会負担（受取）を引いた額も，1980年の17兆円から2007年の55兆円に，ほぼ単調に増加している。

可処分所得に占める比率は小さいが，財産所得（純）に注目しよう。財産所得は一貫してマイナスである。財産所得のマイナスは，1980年の2兆8000億円から1987年には6兆8000億円に増加した。その後バブル景気の時期に減少に転じ，1991年には4兆6000億円となった。その後ふたたび増加に転じ，1999年には7兆円にまで膨らんだ。しかしその後ふたたび減少に転じ，2006年には2兆9000億円となっている。

134 4 貯蓄率の低下と投資の低迷

図4-5 可処分所得（一般政府）

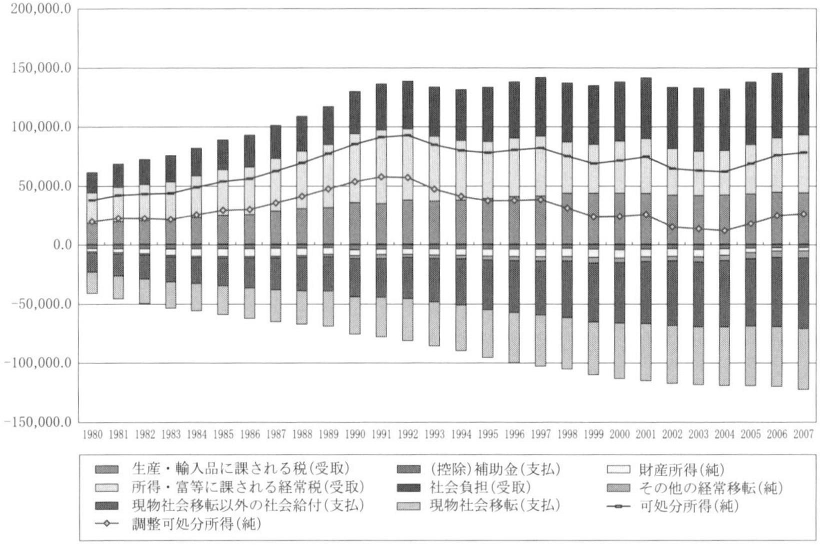

（凡例）
- 生産・輸入品に課される税(受取)
- (控除)補助金(支払)
- 財産所得(純)
- 所得・富等に課される経常税(受取)
- 社会負担(受取)
- その他の経常移転(純)
- 現物社会移転以外の社会給付(支払)
- 現物社会移転(支払)
- 可処分所得(純)
- 調整可処分所得(純)

(4) 家計（個人企業を含む）

　家計の可処分所得は，1980年の156兆円から，1991年の283兆円へと増加した。その後，増加率は鈍ったが，1998年には309兆円まで増加した。しかし1999年から2003年にかけて大きく減少し，2003年には286兆円になっている。その後の景気回復で微増しているが，2007年でも294兆円にとどまっている。（図4-1）。

　他の部門とは異なり，家計の可処分所得が国民可処分所得に占める比率の変化は，実数の動きと大きく異なる。1983年に75.8%にまで上昇した後，1988年には70.7%にまで低下している。1989年からは上昇に転じ，1994年には75.0%，1997年に73.3%にまで低下したが，1999年には75.7%にまで上昇している。その後は，急速に低下し，2007年には70.9%となっている。（図4-2）。

　家計の可処分所得が国民可処分所得に占める比率は，バブル期後半に71%程度だったにもかかわらず，2005年までそれよりも高い比率でありつづけた。しかしその主たる理由は一般政府の可処分所得の比率が大きく低下したためで

あり，同時期に企業の可処分所得の比率は上昇している。

図 4-6 は，家計の可処分所得および調整可処分所得とその内訳を示している。

家計の可処分所得の 8 割以上を占めるのが雇用者報酬である。雇用者報酬は，1980 年の 130 兆円から，1991 年の 246 兆円に急増した。伸び率は鈍化したが，1997 年には 279 兆円に達している。その後減少に転じ，2004 年には 256 兆円にまでなったが，少し持ち直している。

個人企業の営業余剰は，1980 年に 35 兆円であったが，1994 年の 59 兆円まで増加した。その後，1996 年に 50 兆円に急減し，以後も微減傾向にある。2007 年では 45 兆円であった。

財産所得（純）は期間を通じてプラスである。1987 年には 17 兆円であったが，1991 年には 35 兆円に急増している。その後，2003 年には 6 兆円にまで減少し，その後増加に転じている。

現物社会移転以外の社会給付（受取），現物社会移転（受取）および社会負

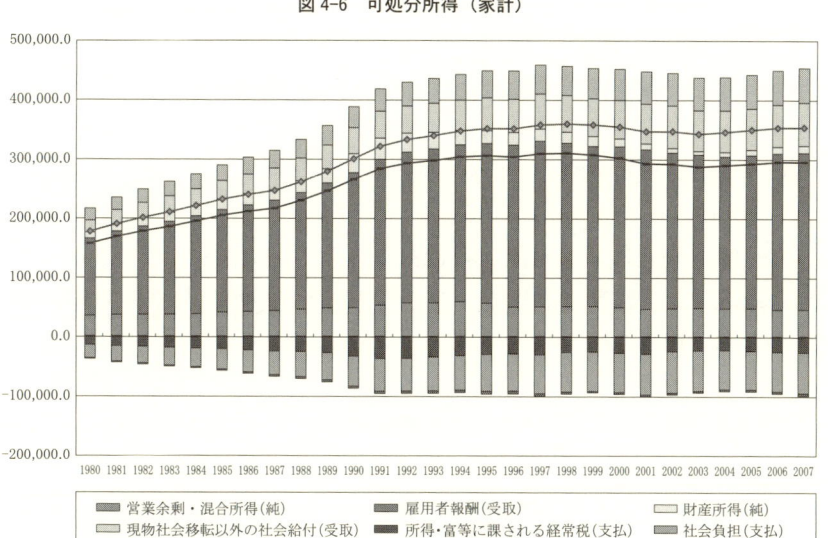

図 4-6　可処分所得（家計）

担（支払）は，ほぼ単調に増加している。ただし，現物社会移転以外の社会給付（受取）および現物社会移転（受取）の合計から社会負担を除いた金額もまた，1980年の18兆円から，2007年の62兆円へとほぼ単調に増加している。

3. 貯　蓄

一国の貯蓄は，各制度部門の貯蓄の合計である。

非金融法人企業については，可処分所得と貯蓄は一致する。金融機関については，可処分所得から年金基金年金準備金の変動（支払）を引いたものが貯蓄となる。したがって，非金融法人企業については完全に，金融機関についてはほぼ，可処分所得と貯蓄は一致している。

一般政府については，可処分所得から最終消費支出を引いたものが貯蓄となる。家計については，可処分所得と年金基金年金準備金の変動（受取）の合計から最終消費支出を引いたものが貯蓄となる。対家計民間非営利団体については，可処分所得から最終消費支出を引いたものが貯蓄となる。

3.1. 制度部門別の貯蓄

図4-7は，一国経済の貯蓄率と，その貯蓄がどの制度部門によるものかを示している。

前述の通り，貯蓄率は1991年まで20%を超えていた。その後，急速に低下し，2003年には5.7%となっている。

国民可処分所得に占める家計の貯蓄の比率は，1981年に13.7%であった。その後低下し，1987年には9.5%になっている。バブル期に上昇し，1991年には11.0%に回復したが，その後，低下し，特に1999年から2001年に急激に低下している。その後も低下の傾向は続き，2007年には23%になっている。

国民可処分所得に占める一般政府の貯蓄の比率は，1980年の2.2%から1991年には7.5%に上昇した。その後，急激に低下し，1998年以降はマイナスとなっている。このことは，経常的な政府サービスの生産費用が可処分所得を超えていることを意味している。一般政府の負の貯蓄は，2004年には7.1%まで拡大した。その後，改善はしているが，2007年でも3.6%にとどまっている。

3. 貯蓄　137

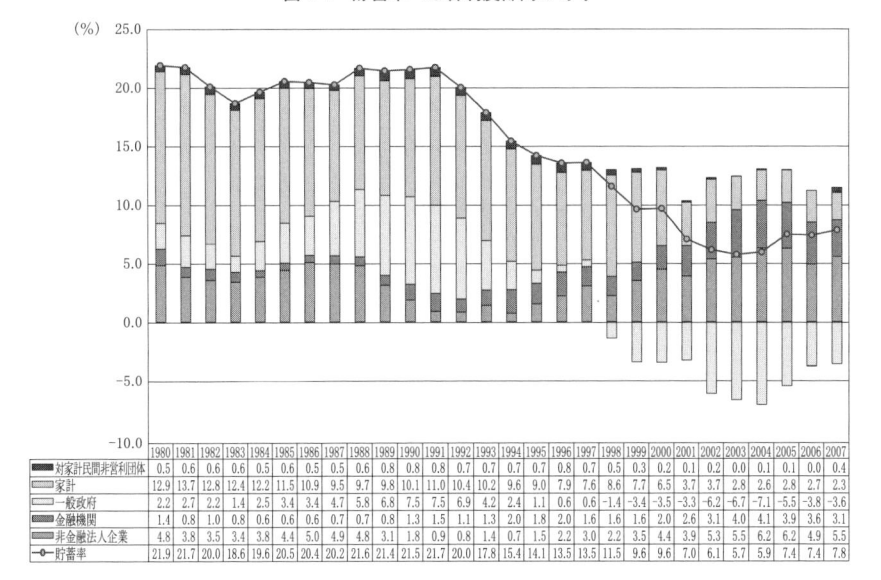

図 4-7　貯蓄率への各制度部門の寄与

	1980	1981	1982	1983	1984	1985	1986	1987	1988	1989	1990	1991	1992	1993	1994	1995	1996	1997	1998	1999	2000	2001	2002	2003	2004	2005	2006	2007
対家計民間非営利団体	0.5	0.6	0.6	0.6	0.5	0.5	0.5	0.5	0.6	0.8	0.8	0.7	0.7	0.7	0.8	0.7	0.7	0.5	0.3	0.2	0.1	0.2	0.0	0.1	0.0	0.4
家計	12.9	13.7	12.8	12.4	12.2	11.5	10.9	9.5	9.7	9.8	10.1	11.0	10.4	10.2	9.6	9.0	7.9	7.6	8.6	7.7	6.5	3.7	3.7	2.8	2.6	2.8	2.7	2.3
一般政府	2.2	2.7	2.2	1.4	2.5	3.4	3.4	4.7	5.8	6.8	7.5	7.5	6.9	4.2	2.4	1.1	0.6	-1.4	-3.4	-3.5	-3.3	-6.2	-6.7	-7.1	-5.5	-3.8	-3.6
金融機関	1.4	0.8	1.0	0.8	0.6	0.6	0.6	0.7	0.7	0.8	1.3	1.5	1.1	1.3	2.0	1.8	2.0	1.6	1.6	1.6	2.0	2.6	3.1	4.0	4.1	3.9	3.6	3.1
非金融法人企業	4.8	3.8	3.5	3.4	3.8	4.4	5.0	4.9	4.8	3.1	1.8	0.9	0.8	1.4	0.7	1.5	2.2	3.0	2.2	3.5	4.4	3.9	5.3	5.5	6.2	6.2	4.9	5.5
貯蓄率	21.9	21.7	20.0	18.6	19.6	20.5	20.4	20.2	21.6	21.4	21.5	21.7	20.0	17.8	15.4	14.1	13.5	13.5	11.5	9.6	9.6	7.0	6.1	5.7	5.9	7.4	7.4	7.8

　国民可処分所得に占める非金融法人企業の貯蓄の比率は，1983年の3.4%から1986年の5.0%に上昇した後，急速に低下し，1994年には0.7%になっている。その後は上昇に転じ，2004年には6.2%にまでなっている。

　国民可処分所得に占める金融機関の貯蓄の比率は，1984年の0.5%から2004年の4.1%にまで上昇した。ただし，2005年以降低下に転じ，2007年には3.1%となっている。

　大まかに言って，1990年以降，国民可処分所得に占める民間の貯蓄には大きな変動はない。家計の貯蓄が少なくなった分，企業の貯蓄が増えている。家計の貯蓄の比率はほぼ一貫して低下しており，2000年以降は企業の貯蓄の比率を下回っている。一国経済の貯蓄率の低下は，一般政府の貯蓄減少による分とほぼ一致する。

3.2. 貯蓄の使途

次に，貯蓄がどのように用いられているのかについて確認する。表 4-2 は，国民経済計算の統合勘定のなかの資金調達勘定（実物取引）の項目である。

ここで

純投資＝総固定資本形成－固定資本減耗

表 4-2　資金調達勘定（実物取引）

総固定資本形成
うち無形固定資産
（控除）固定資本減耗
在庫品増加
海外に対する債権の変動
資産の変動
貯蓄
海外からの資本移転等（純）
統計上の不突合
貯蓄・資本移転による正味資産の変動

と定義する。また国民経済計算では

海外に対する債権の変動－海外からの資本移転等（純）＝－経常対外収支

であり，経常対外収支をマイナスにしたものは国際収支における経常収支に一致する。したがって

貯蓄＝純投資＋在庫品増加＋（経常収支－統計上の不突合）

となる。つまり貯蓄の使途としては，国内の純投資および在庫投資と，海外への投資とに分けられる。

図 4-8 は，一国経済の貯蓄率と，その貯蓄の使途を示している。

純投資の比率は，80 年代には 15％から 20％強で推移していたが，90 年代に入り低下が続き，2004 年の 2.0％にまで激減している。

経常収支の黒字は，好景気時には輸入が増えるため減少し，不況時には増加する傾向がある。経常収支の比率は，1980 年代前半に上昇し，1985 年には 4.5％となった。その後は，1％強から 4％強のあいだを循環的に変動している。

2003 年以降，純投資の比率よりも経常収支の比率が高くなっている。このことは国内への投資よりも海外への投資の方が多いことを意味する。

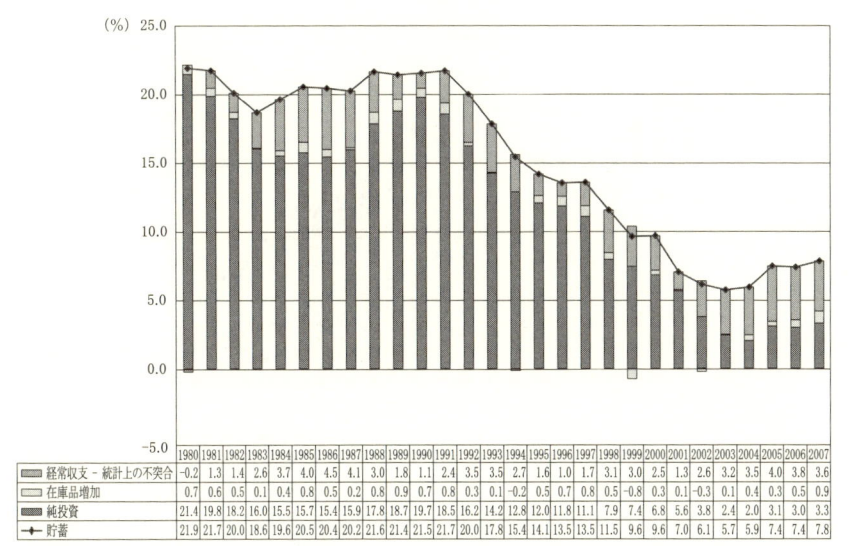

図 4-8 貯蓄の使途

	1980	1981	1982	1983	1984	1985	1986	1987	1988	1989	1990	1991	1992	1993	1994	1995	1996	1997	1998	1999	2000	2001	2002	2003	2004	2005	2006	2007
経常収支 - 統計上の不突合	-0.2	1.3	1.4	2.6	3.7	4.0	4.5	4.1	3.0	1.8	1.1	2.4	3.5	2.7	1.6	1.0	1.7	3.1	3.0	2.5	1.3	2.6	3.2	3.5	4.0	3.8	3.6
在庫品増加	0.7	0.6	0.5	0.1	0.4	0.8	0.4	0.4	0.7	0.8	0.3	0.1	-0.2	0.5	-0.8	0.3	0.1	-0.3	0.1	0.4	0.3	0.5	0.9
純投資	21.4	19.8	18.2	16.0	15.5	15.7	15.4	15.9	17.8	18.7	19.7	18.5	16.2	14.2	12.8	12.0	11.8	11.1	7.9	7.4	6.8	5.6	3.8	2.4	2.0	3.1	3.0	3.3
貯蓄	21.9	21.7	20.0	18.6	19.6	20.5	20.4	20.2	21.6	21.4	21.5	21.7	20.0	17.8	15.4	14.1	13.5	13.5	11.5	9.6	9.6	7.0	6.1	5.7	5.9	7.4	7.4	7.8

3.2.1. 純投資

図 4-9 は，各制度部門による純投資の国民可処分所得に対する比率を積み重ねたものであり，図 4-8 の，純投資の部分の内訳を示している。

一般に，非金融法人企業は純投資の主役として考えられている。非金融法人企業の比率は，1980 年には 10.1% であった。不景気の時期には比率は減少したが，バブル期の 1990 年には 11.4% に達した。その後，比率は急速に低下し，2004 年には 0.7% と，1980 年代の 10 分の 1 の水準にまでなっている。その後の景気回復で，比率は上昇しているが，2007 年でも 3.6%，1980 年代の最低であった 1983 年の半分以下の水準である。

部門の性質から，金融期間の純投資はほとんどない。

一般政府の比率は，1985 年に 3.9% まで低下した。バブル期にも大きな変化はなかったが，バブル崩壊とともに比率は上昇しはじめ，1993 年には 5.5% になった。しかしその後低下が続き，2007 年には -0.03% になっている。つまり一般的な印象とは異なり，政府の新規投資はすでにほぼゼロの状態になっている。

140　4　貯蓄率の低下と投資の低迷

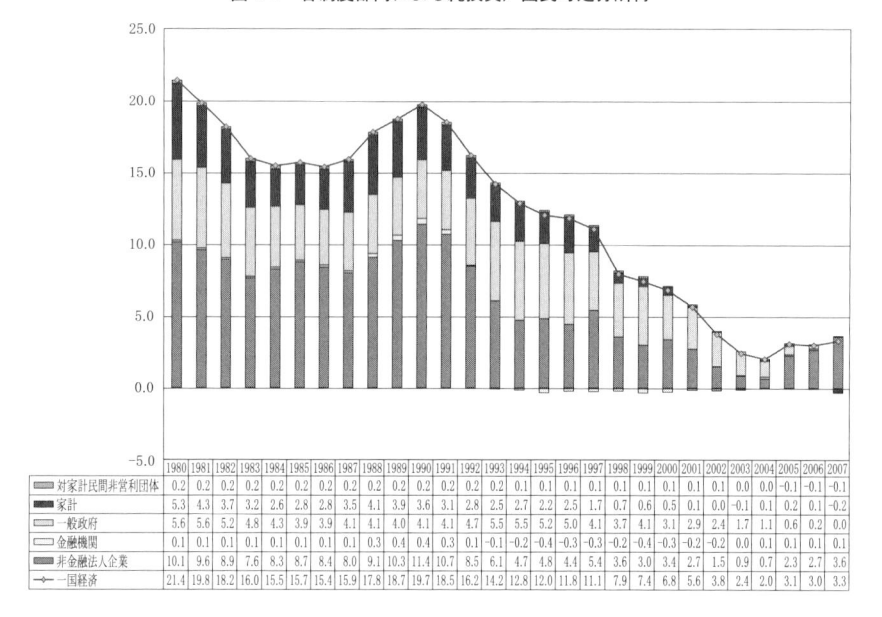

図 4-9　各制度部門による純投資／国民可処分所得

	1980	1981	1982	1983	1984	1985	1986	1987	1988	1989	1990	1991	1992	1993	1994	1995	1996	1997	1998	1999	2000	2001	2002	2003	2004	2005	2006	2007
対家計民間非営利団体	0.2	0.2	0.2	0.2	0.2	0.2	0.2	0.2	0.2	0.2	0.2	0.2	0.2	0.1	0.1	0.1	0.1	0.1	0.1	0.1	0.1	0.1	0.0	0.0	0.0	-0.1	-0.1
家計	5.3	4.3	3.7	3.2	2.6	2.8	2.8	3.5	4.1	3.9	3.6	3.1	2.8	2.5	2.7	2.2	2.5	1.7	0.7	0.6	0.5	0.1	-0.1	0.1	0.2	0.1	-0.2
一般政府	5.6	5.6	5.2	4.8	4.3	3.9	3.9	4.1	4.1	4.0	4.1	4.1	4.7	5.5	5.5	5.2	5.0	4.1	3.7	4.1	3.1	2.8	4.1	3.1	0.4	0.0	0.0
金融機関	0.1	0.1	0.1	0.1	0.1	0.1	0.1	0.1	0.3	0.4	0.4	0.3	0.1	-0.1	-0.2	-0.4	-0.3	-0.3	-0.1	-0.2	-0.4	-0.3	-0.2	-0.2	0.0	0.1	0.1	0.1
非金融法人企業	10.1	9.6	8.9	7.6	8.3	8.7	8.4	8.0	9.1	10.3	11.4	10.7	8.5	6.1	4.7	4.8	4.4	5.4	3.6	3.0	3.4	2.7	1.5	0.9	0.7	2.3	2.7	3.6
一国経済	21.4	19.8	18.2	16.0	15.5	15.7	15.4	15.9	17.8	18.7	19.7	18.5	16.2	14.2	12.8	12.0	11.8	11.1	7.9	7.4	6.8	5.6	3.8	2.4	2.0	3.1	3.0	3.3

　家計の比率は，1988 年に 4.1% であったが，その後低下している。1997 年からは低下がさらに進み，2001 年以降はほぼゼロとなっている。
　まとめると，非金融法人企業，一般政府，家計が純投資の主たる主体であったが，1990 年代以降どの部門も純投資を減らしている。

3.2.2. 経常収支

　図 4-10 は，各制度部門による経常収支－統計上の不突合[3]の国民可処分所得に対する比率を積み重ねたものであり，図 4-8 の，経常収支－統計上の不突合の部分の内訳を示している。各制度部門について，プラスであれば資金の純貸し手であり，マイナスであれば資金の純借り手であるということになる。国内の部門の数値を合計したときの差額が，経常収支（－統計上の不突合）であり，海外に対する投資を意味する。前述したように，経常収支の黒字は不況時

3　制度部門別資金調達勘定の実物取引における貯蓄投資残高から資本移転を除いて作成した。

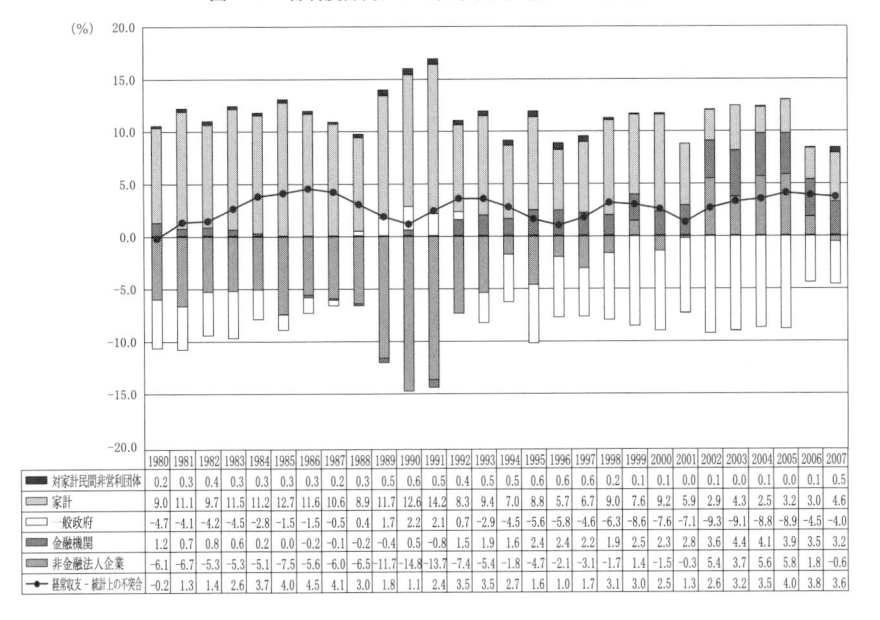

図4-10 各制度部門による経常収支／国民可処分所得

	1980	1981	1982	1983	1984	1985	1986	1987	1988	1989	1990	1991	1992	1993	1994	1995	1996	1997	1998	1999	2000	2001	2002	2003	2004	2005	2006	2007
対家計民間非営利団体	0.2	0.3	0.4	0.3	0.3	0.3	0.3	0.3	0.2	0.3	0.5	0.6	0.5	0.4	0.5	0.5	0.6	0.6	0.2	0.1	0.1	0.0	0.1	0.1	0.1	0.1	0.1	0.5
家計	9.0	11.1	9.7	11.5	11.2	12.7	11.6	10.6	8.9	11.7	12.6	14.2	8.3	9.4	7.0	8.8	5.7	6.7	9.0	7.6	9.2	5.9	2.9	4.3	2.5	3.2	3.0	4.6
一般政府	-4.7	-4.1	-4.2	-4.5	-2.8	-1.5	-1.5	-0.5	0.4	1.7	2.2	2.1	0.7	-2.9	-4.5	-5.6	-5.8	-4.6	-6.3	-8.6	-7.6	-7.1	-9.3	-9.1	-8.8	-8.9	-4.5	-4.0
金融機関	1.2	0.7	0.8	0.6	0.2	0.0	-0.2	-0.1	-0.2	-0.4	0.5	-0.8	1.5	1.9	1.6	2.4	2.4	2.2	1.9	2.5	2.3	2.8	3.6	4.4	4.1	3.9	3.5	3.2
非金融法人企業	-6.1	-6.7	-5.3	-5.3	-5.1	-7.5	-5.6	-6.0	-6.5	-11.7	-14.8	-13.7	-7.4	-5.4	-1.8	-4.7	-2.1	-3.1	-1.7	1.4	-1.5	-0.3	5.4	3.7	5.6	5.8	1.8	-0.6
経常収支 - 統計上の不突合	-0.2	1.3	1.4	2.6	3.7	4.0	4.5	4.1	3.0	1.8	1.1	2.4	3.5	3.5	2.7	1.6	1.0	1.7	3.1	3.0	2.5	1.3	2.6	3.2	3.5	4.0	3.8	3.6

に増加し，好況時に減少する傾向がある。その比率は循環的に変動している。しかしその内訳をみると，時代によって大きな変化がある。

1980年代の主たる資金の貸し手は家計であった。家計は1980年代を通じて，国民可処分所得に対して10％を超える資金の貸し手でありつづけた。バブル崩壊後，その比率は10％以下に低下する。そして2002年以降は5％を割込むようになり，2004年には2.4％にまで低下している。

一方，非金融法人企業は，一般に資金の借り手と考えられている。確かに，1980年代においては，非金融法人企業は資金の主たる借り手であった。1980年代を通じて，非金融法人企業は国民可処分所得の5％を超える資金を借り入れていた。バブル期にはその比率は10％を超えて，1990年には14.8％にまで上昇した。しかしバブル崩壊後，その状況は一転する。非金融法人企業の借り入れは急速に減少し，1999年には資金の貸し手に転じた。2002年，2004年，2005年には，家計を超える最大の貸し手部門となっている。

金融機関は，1980年代を通じて，資金の純貸し借りについては中立的な存在であった。しかし，金融機関についても，バブル崩壊後その状況は一転している。1992年以降は継続的に資金の貸し手でありつづけ，2003年には国民可処分所得の4.4%に当たる額の資金の貸し手となった。これは同年の家計の比率を超えている。

一般政府については財政再建が進展し，資金の借り入れは1980年代を通じて減少した。バブル期においては税収の増加もあり，資金の貸し手に転じている。しかしバブル崩壊後，資金の借り入れは急速に拡大し，2002年には国民可処分所得の9.3%にあたる金額を借り入れるまでになっている[4]。1999年以降は非金融法人企業が純貸し手に転じるようになったため，ほぼ国内唯一の純借り入れ部門となっている。

4. ストック

貯蓄は国内への投資と，海外への投資とに用いられる。本節では，フローとしての投資の結果，ストックとしての国内の生産資産および海外に対する債権がどのように変化してきたかを確認する。

4.1. ストック編の統合勘定について

ストック編の統合勘定は，期末貸借対照表勘定・資本調達勘定・調整勘定の3つに分けられている。

(1) 期末貸借対照表勘定

まず期末貸借対照表勘定において

$$\underbrace{\text{非金融資産}+\text{金融資産}}_{\text{期末資産}} = \underbrace{\text{負債}+\text{正味資産（国富）}}_{\text{期末負債・正味資産}}$$

となっている。したがって

　　正味資産（国富）＝非金融資産＋金融資産－負債

---

[4] 3節1項で述べたように，一般政府の可処分所得は1998年以降，経常的な政府サービスの生産費用に追い付いていない。

となる.非金融資産は生産資産と有形非生産資産とに分けられ,また生産資産は在庫・有形固定資産・無形固定資産とに分けられる.

(2) 資本調達勘定

次に資本調達勘定は

$$\underbrace{純固定資本形成+在庫品増加+金融資産の変動}_{資産の変動}$$
$$=\underbrace{負債の変動+貯蓄+海外からの資本移転(純)+統計上の不突合}_{貯蓄・資本移転および負債の変動}$$

となっている.

純固定資本形成は,フロー勘定における総固定資本形成から固定資本減耗を引いたものに等しい.また純固定資本形成は有形固定資産・無形固定資産・有形非生産資産の改良とに分けられている.

在庫品増加・貯蓄・海外からの資本移転(純)・統計上の不突合はフロー勘定の値と同じである.

そして金融資産の変動から負債の変動を引いたものは,フロー勘定における海外に対する債権の変動に一致する.つまり

$$金融資産の変動-負債の変動=海外に対する債権の変動$$

となる.

(3) 調整勘定

調整勘定はその他の資産量変量勘定・再評価勘定・その他に分けられている.

期末貸借対照表勘定の項目の値の,ある期の前期からの変化分は,当該期における資本調達勘定の項目の値に調整勘定の項目の値を足したものに等しい.

期末貸借対照表勘定における「金融資産-負債」の変動も,資本調達勘定における「金融資産の変動-負債の変動」と調整勘定における「金融資産-負債」の合計に一致する.資本調達勘定における「金融資産の変動-負債の変動」はフロー勘定における海外に対する債権の変動に一致する.

そこで期末貸借対照表勘定における「金融資産-負債」を海外に対する債権と呼ぶことにする.

144   4 貯蓄率の低下と投資の低迷

4.2. 正味資産

図4-11は，正味資産（国富）とその構成の変化を図示したものである。

国富全体は，バブル期に急増した。1985年には1835兆円であったが，1990年には3533兆円にまで膨らんでいる。国富はその後，次第に減少してきており，2006年には2717兆円となっている。

国富減少の主因は有形非生産資産（土地）価格の下落である。有形非生産資産は1985年から1990年の5年間に，1062兆円から2454兆円と2.3倍に増加した。バブル崩壊後，その価値は減少しつづけ，2005年には1223兆円となっている。

生産資産は，バブル期の活発な投資を反映して，1980年代後半には増加率が上昇した。バブル崩壊後は，2節1項で確認したように，純投資が減少しているため，増加率は1980年代にくらべて低下している。さらに，1998年から2003年にかけての時期には微減した。

海外に対する債権は，1980年には4兆4000億円に過ぎなかったが，継続的な経常収支の黒字のために，2006年には215兆円にまで増加した。平均すると年率16％以上で増加しつづけてきたことになる。しかし，正味資産に占め

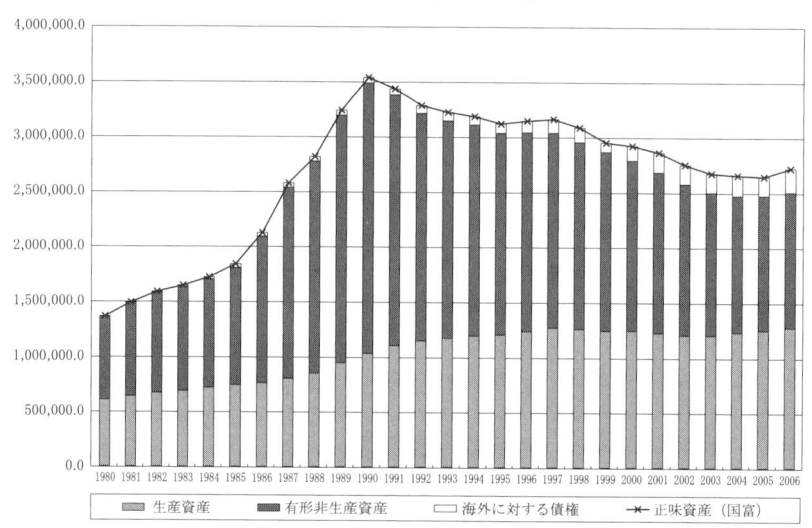

図4-11 正味資産（国富）の構成

る海外に対する債権の比率は，2006年でも7.9%に過ぎない。

正味資産が最大であった1990年と2006年を比較すると，正味資産は23%減少している。そのうち家計の保有額は9.4%の減少にとどまるのに対し，金融機関の保有額は41.2%，非金融法人企業の保有額は43.3%，一般政府の保有額にいたっては84.8%減少している。

図4-12は，制度部門別の正味資産保有額を図示したものである。

正味資産の主たる保有者は家計である。正味資産に占める家計の保有額の比率は1980年には64%であったが，2006年には81%に増加している。

1980年代前半，一般政府の正味資産保有額は約150兆円で，ほとんど変化はなかった。しかし，バブル期に急増し，1991年には358兆円となった。しかしバブル崩壊後，その保有額は減少している。特に金融危機のあった1998年からは，減少幅は拡大し，2004年には54兆円にまで低下している。その結果，正味資産に占める一般政府保有額の比率は，1994年の10.9%から，2006年には2.0%に低下した。これは金融機関や対家計民間非営利団体の保有額の比率よりも低い。

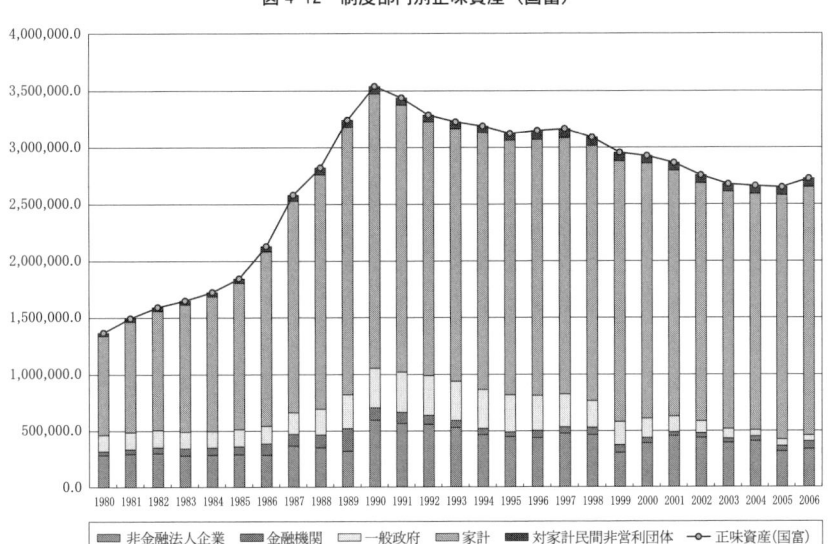

図4-12　制度部門別正味資産（国富）

4.3. 生産資産

図4-13は，生産資産の制度部門別保有額を図示したものである。

生産資産の主たる保有者は非金融法人企業である。その比率は約50%で，期間を通じてほとんど変動がない。

一方，一般政府と家計の保有比率はかなり変化している。大まかにいえば，1980年には家計が3割，一般政府が2割を保有していたのに対し，2006年には家計が2割，一般政府が3割を保有している。2節1項で見たように純投資はどの部門でも減少しているが，これは純投資の減少が家計で急速に進んだのに対し，一般政府の減少はなかなか進まなかったことを反映していると考えられる。

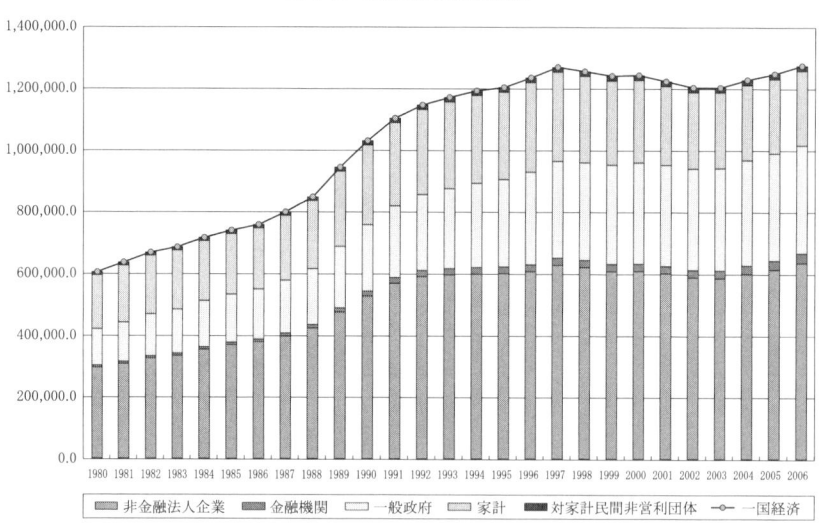

図4-13 制度部門別生産資産

4.4. 有形非生産資産

図4-14は，有形非生産資産の制度部門別保有額を図示したものである。

地価下落のために，バブル期にくらべると，各部門とも保有額を減少させている。

有形非生産資産は，大まかにいって，家計が60%非金融法人企業が25%，一般政府が10%を保有している。その比率に大きな変動はない。

一般政府の保有比率は1986年，1987年で1.4%ポイント低下しているが，その後は上昇している。したがって，1990年代後半の財政悪化を受けて，保有する土地の売却をすすめているわけではないと考えられる。

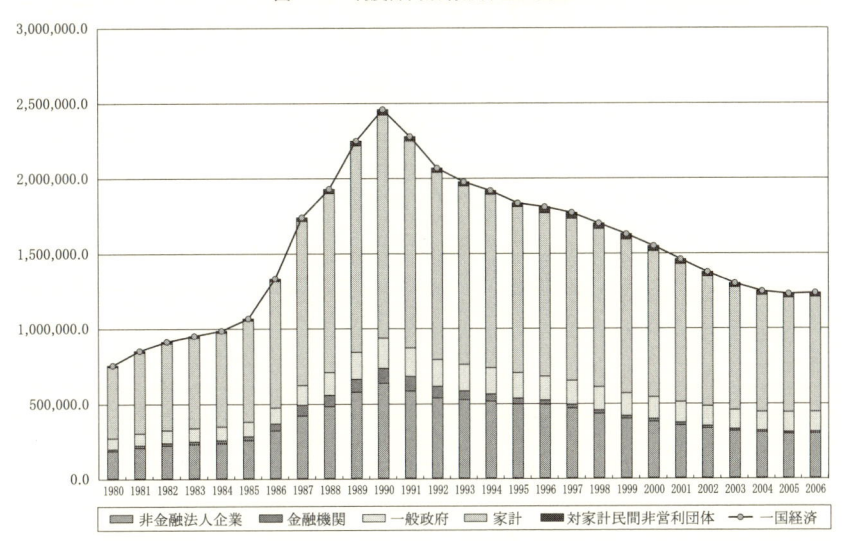

図 4-14　制度部門別有形非生産資産

4.5. 金融資産

図4-15は，純金融資産の制度部門別保有額を図示したものである。プラスは資産，マイナスは負債であり，差額は海外に対する債権を表わす。

ほぼ家計のみが，純金融資産を保有する部門となっている。その純金融資産は，1980年で223兆円，2006年には1187兆円であり，家計の貯蓄の減少にもかかわらず，1990年代以降もほぼ一貫して増えつづけている。

一方，純金融負債の保有者が非金融法人企業と一般政府である。非金融法人企業の純負債は，1980年の195兆円から，1980年代後半に急速に拡大し，1989年には735兆円となった。しかしバブル崩壊後，純負債の増加はとまり，

148　4　貯蓄率の低下と投資の低迷

図 4-15　制度部門別金融資産

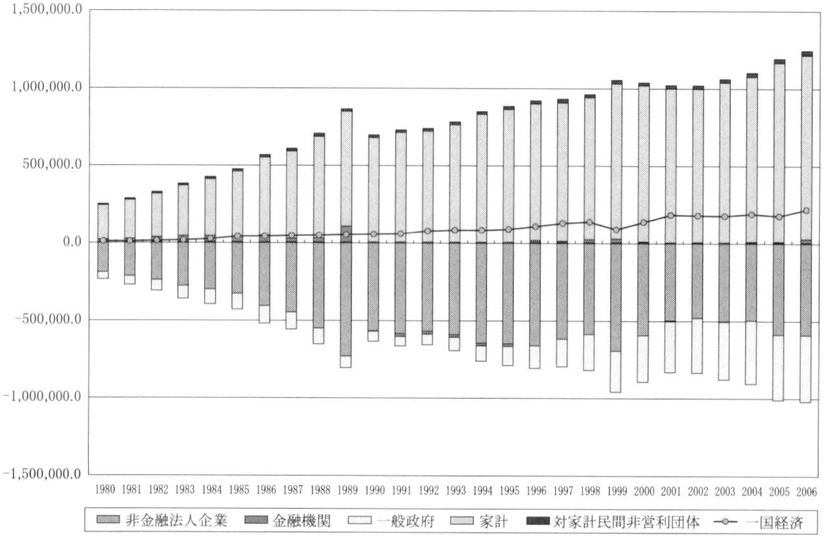

[図：1980年から2006年までの制度部門別金融資産の積み上げ棒グラフ。凡例：非金融法人企業、金融機関、一般政府、家計、対家計民間非営利団体、一国経済]

2004 年には 501 兆円まで負債は減っている。

　1980 年に 47 兆円だった一般政府の純負債は，1986 年に 114 兆円に膨らんだが，1991 年には 62 兆円となっている。非金融法人企業とは逆に，1980 年代後半に一般政府の純負債は減少した。しかしその後，一般政府の純負債は増加の一途をたどっており，2006 年には 430 兆円に達した。その結果，非金融法人企業と一般政府とがもつ純負債に対する一般政府の比率は，1984 年の 24.3%から，1989 年には 9.3%に低下した後，2004 年には 45.1%に上昇している。

5．結　論

　以上の結果をまとめよう．

国民可処分所得に占める消費の比率（2.1 節）
　●もとの消費額を考慮すると，家計よりも政府の消費の比率増加が目立つ

国民可処分所得の制度部門別の分配（2.2 節）

- 企業の可処分所得はむしろ増加している。
- 政府の可処分所得は減少した。その主要因は所得・富等に課される経常税の減少と，社会保障支出の増加である。

制度部門別の貯蓄（3.1 節）

- 家計の貯蓄率は低下している。
- 政府の貯蓄率は大きく低下しており，1998 年以降はマイナスとなっている。
- 企業の貯蓄率は増加している。

貯蓄の使途（3.2 節）

- 国民可処分所得に占める純投資の比率は大きく低下している。
- 国民可処分所得に占める経常収支の黒字の比率に大きな変化はないが，純投資の減少のため相対的な比重は高まっている。

純投資（3.2.1 節）

- 企業の純投資の比率はバブル崩壊後低下した。
- 政府の純投資の比率は 1990 年代の後半になって低下した。
- 家計の純投資の比率は，バブル期に低下がはじまっている。

経常収支（3.2.2 節）

- 家計からの資金供給の比率は低下している。
- 企業の資金需要の比率は低下しており，2000 年代には資金供給者に転じている。
- 政府の資金需要の比率は上昇しており，2000 年代にはほぼ唯一の資金需要者となっている。

正味資産（4 節）

- 1990 年代以降，生産資産はほとんど変化していない。
- 海外に対する債権は大幅に増加しているが，正味資産に占める比率は低い。
- 政府の保有する正味資産の比率は特に 1998 年以降急速に低下し，現在ではほとんどゼロになっている。

生産資産（4.1 節）

- 企業が保有する比率に変化はない。

- ●家計が保有する比率は低下し，政府が保有する比率は上昇している。

有形非生産資産（4.2節）
- ●政府が保有する比率は低下していない。

金融資産（4.3節）
- ●家計の金融資産は増加している。
- ●企業の負債は横這い・減少している。
- ●政府の負債は大幅に拡大している。

　企業の所得・貯蓄は増加しているにもかかわらず，企業による純投資は減っている。のみならず，2000年代に入ると所得・貯蓄以下しか投資しなくなっている。余剰資金は，金融負債の圧縮に用いられたことになる。これでは金融緩和の効果はないだろう。根本的に有望な投資機会が失われてきているのかもしれない。

　政府の純投資はすでにゼロに近くなっているため，これ以上は減らしようがない。しかし政府消費は所得を上回っているため，貯蓄はマイナスである。したがって政府消費を減らさないかぎり，政府の金融負債は増えつづける。

　貯蓄は減少したが，国内の純投資がほとんどなくなったため，他部門の貯蓄は，国内的には政府の経常的な歳出をファイナンスするためだけに用いられているという状況がつづいていた。その結果，政府の保有する正味資産はゼロに近づき，制度部門別に見たとき，国内の負債の5割近くを政府が占めるようになった。

　政府の収支改善は急務だが，投資機会自体が失なわれてきているのであれば，他部門の貯蓄率低下は，むしろ望ましいかもしれない。

〔鑓田　亨〕

5
投資行動の非対称性と連動性[1]

1. はじめに

　平成12年平均価格評価による2008年4-6月期の実質資本ストック（取付ベース）の製造業全体の成長率（前年同期比）は3.8％であった。こうしたプラス成長は2004年4-6月期から継続している[2]。この4年間の平均成長率（幾何平均）は2.5％であったが，当初1～2％程度の成長率が2005年以降は3～4％と約1％ポイントほど上昇している。ところが，実質投資額（取付ベース）は2003年4-6月以降5年連続してプラス成長（前年同期比で11.9％）が続いていたが，2008年4-6月期にマイナス成長へと転じた（-1.0％）。前回のマイナス成長は-1.1％から-22.0％とバラツキは大きいが7四半期連続しており，平均すると-10.6％とかなり大きな投資の低迷であった。今般のサブプライムローン破綻に端を発する米国発の金融危機の影響は世界的かつ極めて急激であり，我が国製造業企業の業績悪化も顕著となってきた[3]。資金繰りの困難さや先行き不安の増大等により多くの企業が設備投資の見直しを迫られている。こうした投資の低迷は規模的にも期間的にも前回をともに上回るのではないかと危惧される。

---

[1] 本研究は，早稲田大学の研究会において設備投資に関する最近の研究動向ならびに実態調査について報告した内容を基にしている。研究会メンバーの恩師諏訪貞夫（早稲田大学名誉教授），松本保美（早稲田大学），西澤隆（野村証券），塚原康博（明治大学），松崎慈恵（流通経済大学），佐川和彦（駿河台大学），馬場正弘（敬愛大学），安藤潤（新潟国際情報大学），鑓田亨（名古屋商科大学），飯田幸裕（二松学舎大学），得田雅章（滋賀大学）の各先生方に感謝申し上げたい。また，明治大学での研究会において千田亮吉（明治大学），山本昌弘（明治大学）の両先生から貴重なコメントを頂戴した。心より感謝申し上げたい。なお，本研究の企業調査は明治大学社会科学研究所の総合研究「行動経済学の理論と実証」の一環として行われたものであり，3年間のプロジェクトに対して多大な資金援助を受けた。ここに深甚の謝意を表するものである。また，日経NEEDSの財務データの利用に際して白銀良三先生（国士舘大学）に大変お世話になった。ここに記して感謝申し上げたい。
[2] 民間企業資本ストック速報（内閣府）。
[3] 2009年1月の月例経済報告。

2008年12月15日に発表された全国企業短期経済観測調査（日本銀行）を見ると，業況判断を示すDI指標が2009年3月までの予想で軒並みマイナスポイントを示している。具体的には，製造業大企業で－36％ポイント，同中堅企業では－45％ポイント，同中小企業では－48％ポイントとなっている。これは，2009年3月（2008年度）末にかけて業況がさらに悪化すると回答している企業の割合が中小企業ほど高いことを示している。前回調査と比較すると，悪化のポイント数は全ての企業規模において上昇しているが，特に大企業において見通しの悪化傾向が著しい。こうした大企業の業況判断の悪化は，今後さらに系列や下請け等の中小・零細企業に広がり，深刻な影響が出てくるのではないかと懸念される。需給バランスも景気後退の影響から供給超過気味で推移しており，在庫の積み増しが予想されるため販売価格を引き下げざるを得ないと回答する企業の割合が高まっている。設備投資計画は，現時点において製造業大企業のみ前年度比で2.4％のプラスであるが，中堅企業（－3.7％）や中小企業（－7.6％）では軒並みマイナス幅を拡大させており，全般的に設備投資環境は悪化傾向にあるといえる。また，2008年末から2009年初頭にかけて非正規雇用者の突然解雇（派遣切り）が製造業部門を中心に問題化している。人員判断DIを見ると全般的に雇用の過剰感は増しており，特に中小企業ほど業績収入に比べて人件費がより重たく感じる状況となっている。

　これまで日本経済は約5年にわたる長期の回復過程にあった。わが国製造業企業の供給能力はバブル崩壊前の水準に戻りつつあり，能力増強を目的とする設備投資の活発化が広範に見られるという状況であった。本章では，米国におけるサブプライムローン破綻に端を発する金融危機・経済危機の直前時点でわが国製造業企業がどのような状況にあったのかを明らかにする。景気後退の期間と深さはその直前の状況如何によっても大きく左右されるからである。また，投資計画の見直しや先送りといった現象が急激かつ広範に見られるようになってきたことから，本章では景気変動の方向性に対する投資反応の非対称性の存在や同業他社の投資行動に対する「連動性」についても検証する。

　以下，第1節では1990年代以降におけるわが国製造業諸部門の供給構造と設備投資動機の推移を概観し，今般の景気後退直前期の状況を明らかにする。第2節では東証一部上場製造企業を対象に実施した投資決定等に関する実態調

査で回答を寄せた企業を対象に以下の5点について調査の結果報告を行う。すなわち，第1に経済成長率の変化の方向性に対して企業の投資反応に対称性が見られるかどうか，第2に投資を実施する際に最適資本ストックの水準や調整費用の問題をどの程度考慮しているか，第3に同業他社の投資規模や投資内容，および投資のタイミングをどの程度考慮しているか，第4に資金調達手段の重要性と投資機会の関係はどうなっているか，そして第5に企業は今後の業界全体の研究開発状況をどのように評価し，またそれに対して自社の研究開発体制をどのように位置づけようと考えているか，である。第3節ではTax-adjusted Qタイプの投資モデルを用いて同業他社と自社の投資行動の「連動性」について分析する。そして最後に，おわりにとして分析結果の要約を行い本研究を締めくくる。

2. 製造業諸部門の設備投資をめぐる状況

わが国の製造業部門は1990年代以降大きな変動を経験した。図5-1は，製造業全体の供給構造と設備投資動機の推移を見たものである。供給構造については，生産，出荷，在庫，生産能力，稼働率の状況（2005年＝100）が示されている。一方，投資動機については能力増強投資，新製品・製品高度化投資，合理化・省力化投資，研究開発投資，そして維持・補修のための投資の5つが示されている。ここで，能力増強投資というのは特に量的な拡大を目的とした

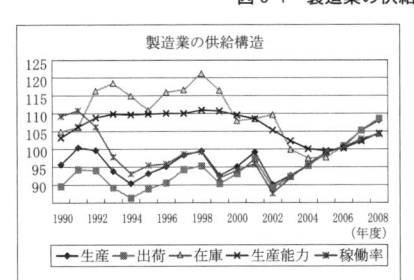

図 5-1　製造業の供給構造と投資動機の推移

資料：「鉱工業指数」経済産業省。
注：2005年＝100

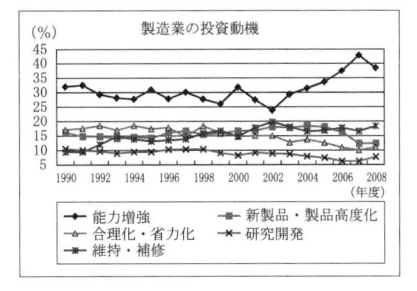

資料：「全国設備投資計画調査（大企業）」
　　　日本政策投資銀行。

投資のことであり，新製品・製品高度化投資は品質の向上や高付加価値化に資するための投資をいう。また，表5-1には，取り付けベースで見た製造業諸部門の実質投資率の推移が示されている。

まず，製造業全体の動向から確認しておこう。製造業の生産能力は1990年代を通じてほぼ一定に推移していた。そうした中，生産や出荷は94年と99年を谷にほぼ4年前後のサイクルで変動している。特に94年度の落ち込みは大きく，わが国の製造業部門は「作れず」，「出せず」といった厳しい事業環境に見舞われていた。1990年代の投資率の推移を見ても1994年度と1999年度に落ち込みが見られる。1990年代の投資率はバブル崩壊直前の水準の半分程度にまで落ち込んでおり，90年代は投資の盛り上がりに欠ける10年間であった。

表 5-1 投資率の推移（法人企業取付ベース）

年度	製造業	繊維工業	パルプ・紙	化学工業	窯業・土石	鉄鋼業	非鉄・金属	一般機械	電気機械	輸送機械	精密機械
1990	0.121	0.085	0.124	0.111	0.091	0.078	0.137	0.144	0.210	0.142	0.165
1991	0.114	0.081	0.114	0.104	0.086	0.073	0.129	0.137	0.192	0.135	0.149
1992	0.087	0.063	0.082	0.080	0.065	0.056	0.098	0.104	0.141	0.103	0.108
1993	0.065	0.048	0.061	0.062	0.049	0.043	0.076	0.077	0.103	0.077	0.077
1994	0.063	0.046	0.058	0.060	0.047	0.042	0.071	0.073	0.100	0.073	0.070
1995	0.065	0.048	0.059	0.062	0.049	0.044	0.074	0.074	0.104	0.076	0.071
1996	0.067	0.049	0.060	0.064	0.049	0.046	0.074	0.074	0.108	0.076	0.072
1997	0.071	0.051	0.064	0.068	0.051	0.049	0.078	0.078	0.115	0.081	0.075
1998	0.064	0.046	0.058	0.061	0.046	0.044	0.070	0.071	0.104	0.074	0.066
1999	0.062	0.045	0.059	0.060	0.044	0.044	0.067	0.070	0.103	0.073	0.064
2000	0.066	0.047	0.062	0.063	0.046	0.047	0.070	0.073	0.114	0.077	0.065
2001	0.061	0.043	0.058	0.058	0.042	0.043	0.065	0.068	0.108	0.072	0.060
2002	0.054	0.037	0.050	0.052	0.036	0.039	0.056	0.059	0.097	0.064	0.058
2003	0.061	0.042	0.057	0.059	0.041	0.045	0.063	0.067	0.114	0.074	0.074
2004	0.070	0.045	0.065	0.067	0.044	0.065	0.071	0.074	0.134	0.082	0.083
2005	0.079	0.051	0.076	0.077	0.051	0.073	0.081	0.086	0.155	0.094	0.094
2006	0.085	0.054	0.081	0.084	0.055	0.078	0.087	0.094	0.161	0.099	0.098

資料：「民間企業資本ストック」内閣府。
注：平成12年平均価格評価による実質投資率。

2. 製造業諸部門の設備投資をめぐる状況　155

　2003年度頃から始まった回復基調は「いざなぎ超え」といわれるほど長期の景気回復であった。生産や出荷が継続的な増加基調にあったことから，生産能力を落としつつ稼働率を引き上げて需要の高まりに対応するというそれまでの形が一変し，生産能力が再び上昇に転じるという状況が広く見られた。また，設備投資も能力増強を内容とする投資がかつてないほどの高まりを見せ，わが国製造業部門の供給能力はバブル崩壊直前の水準を回復していた。米国におけるサブプライムローン破綻問題はわが国製造業部門がまさにこのような回復過程にあった中で生じた経済問題であった。今般の世界同時不況は外需依存型の景気回復を続けてきたわが国製造業部門にとって厳しい経済環境であるといわざるを得ない。その上，円高傾向や資金繰りの困難さ，さらには将来不安からの消費の冷え込みなど先行き不透明感は増しつつあり，内需の拡大が見込めないことから景気後退の長期化と深刻化が懸念される。

　図5-2には，製造業部門の各産業（繊維，パルプ・紙，化学，窯業・土石，鉄鋼，非鉄・金属，一般機械，電気機械，輸送用機械，精密機械の10業種）

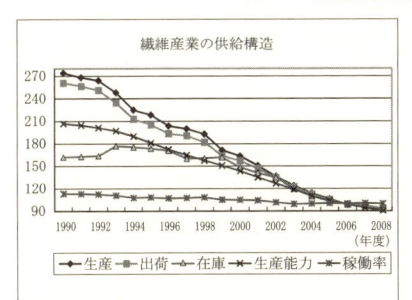

図5-2　業種別供給構造と投資動機の推移

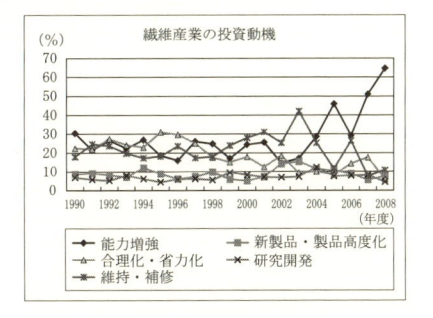

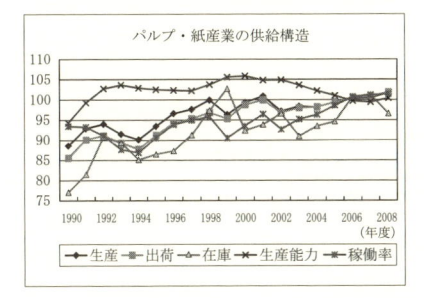

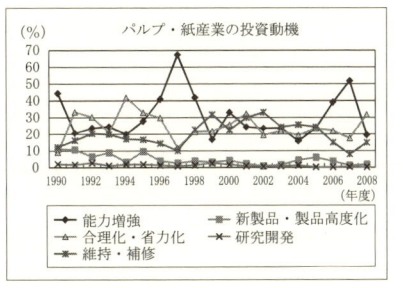

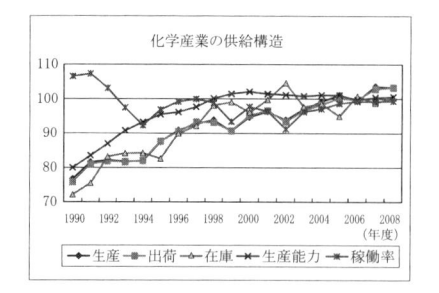

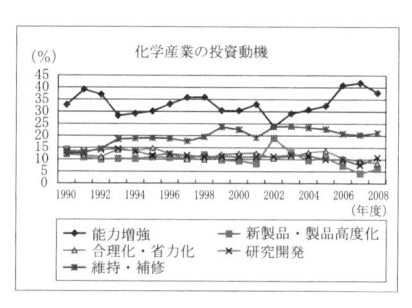

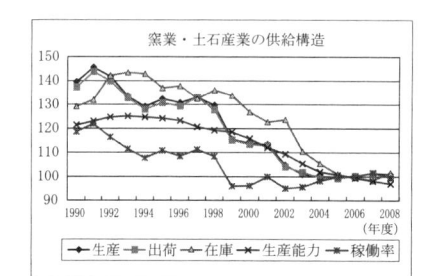

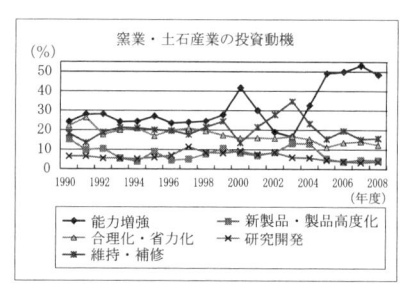

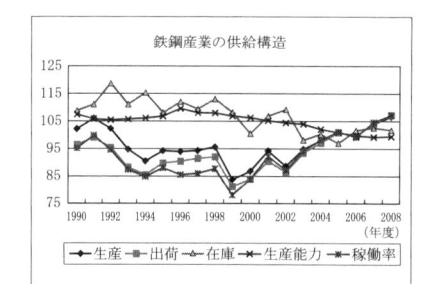

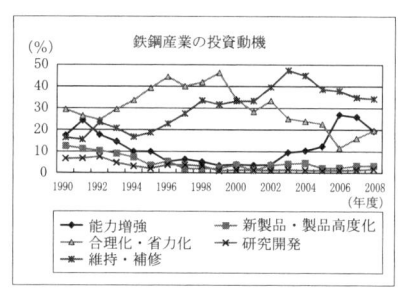

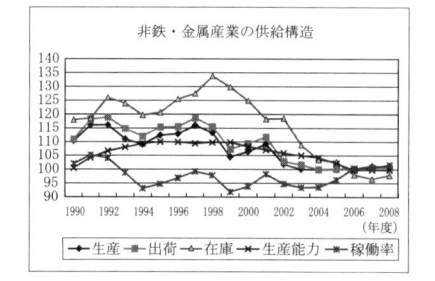

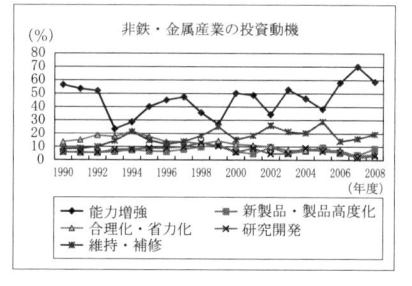

156　5　投資行動の非対称性と連動性

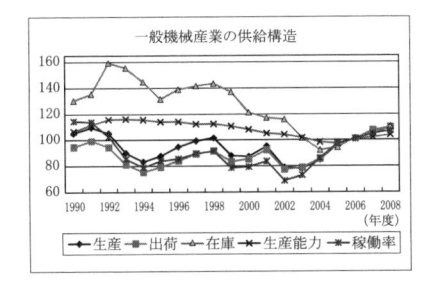

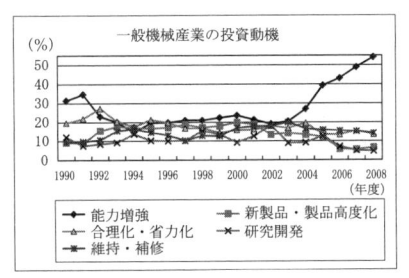

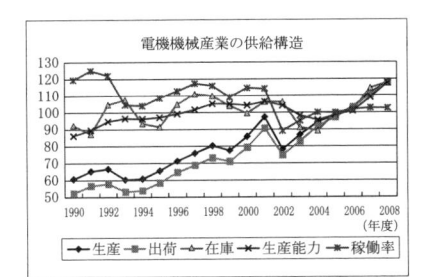

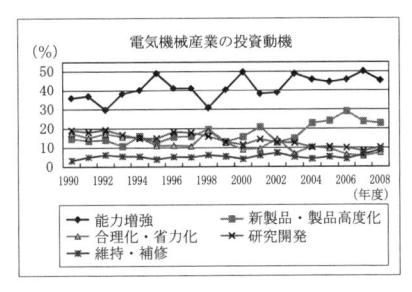

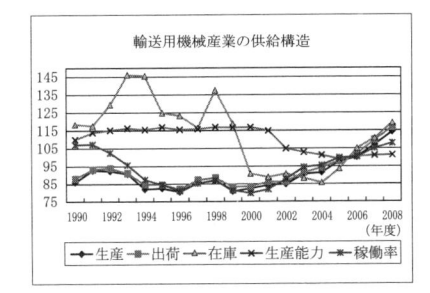

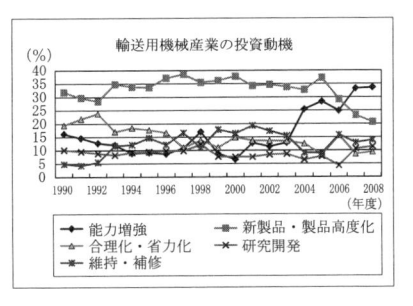

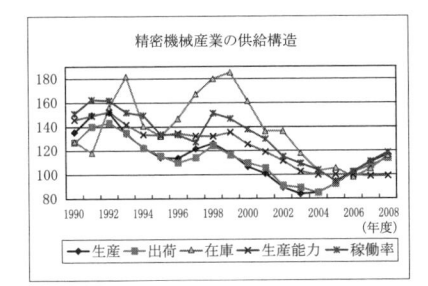

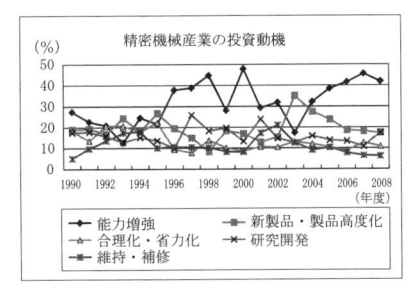

2. 製造業諸部門の設備投資をめぐる状況　157

の供給構造と投資動機の推移が示されている[4]。以下，業種ごとに今般の経済危機直前時点における状況について確認しておく。

(1) 繊維産業

繊維産業では，1990年代以降一貫して生産および出荷が減少の一途を辿っており，生産能力が大幅に低下している。2008年度の生産・出荷水準は1990年度比で3分の1程度であり，生産能力も半減している。近年，能力増強を内容とする新・増設投資が大きく伸び投資率も上昇に転じてきてはいるが，製造業全体の中で依然として投資率が最も低い業種であり供給力は低迷している。

(2) パルプ・紙産業

パルプ・紙産業では，生産・出荷が1994年度と1999年度に若干の落ち込みを見せているものの水準自体は1990年代を通して上昇傾向を示している。生産能力は1992年度以降ほぼ横ばいで推移していたが，1995年度からの能力増強投資の高まりにより生産能力は上昇に転じている。2000年代に入ると出荷や生産の水準が上昇傾向にあるもののその動きは弱く，生産能力の伸びは抑えられ気味である。12％前後あった1990年代初頭の投資率も2000年度にかけて徐々に低下し5～6％程度にまで落ち込んだ。近年は8％水準まで回復してきたが，供給力の上昇趨勢は依然なお弱い。

(3) 化学産業

化学産業では，1990年代以降大きな落ち込みを経験していない。出荷，生産ともに近年まで上昇傾向にあるが，その増勢は次第に弱まっている。生産能力は，1990年代において一貫して上昇傾向にあったが，2000年度を境に横ばいないし若干の低下状態にある。投資動機は能力増強投資が最も大きな構成割合を示しているが伸びは鈍化しつつあり，供給力の増勢に若干かげりが見られる。

(4) 窯業・土石産業

窯業・土石産業は，繊維産業と同様，1990年代以降ほぼ一貫して出荷，生産を低下させてきた。こうした需要の継続的な縮小を反映して生産能力とともに稼働率が低下している。近年，能力増強を内容とする投資の割合が大きく高

---

4 資料の出所および注は全て図5-1に同じ。

まってきたが，設備投資の量的な盛り上がりが小さいため業界全体としての供給力拡大には繋がっていない。

(5) 鉄鋼産業

鉄鋼産業は，1990年代を通じて出荷，生産ともに長期間にわたる低迷状態にある。生産能力も徐々にではあるが低下傾向を示している。近年，投資率がバブル崩壊直前の水準にまで回復してきたが，その内容は維持・補修を動機とする投資であり，業界としての生産能力の増加には結びついていない。また，1990年代半ばにかけて上昇した合理化・省力化投資は2000年度を境に大きくその割合を下げ，研究開発投資も低落傾向にある。

(6) 非鉄・金属産業

非鉄・金属産業は，傾向として出荷も生産も徐々に低下傾向にある。1990年代前半は生産能力が能力増強を内容とする投資の高さに後押しされて上昇を示すが，出荷が伸び悩んだため在庫水準は大きく上昇してしまった。近年，能力増強投資が変動を示しつつも徐々にその水準を上昇させてきている。しかし，需要の低迷により稼動率を引き上げられないという苦しい状況に直面している。

(7) 一般機械産業

一般機械産業は，1990年代を通じて在庫水準が極めて高い水準に上昇したことから，全般的に生産能力を下げつつ一時的な需要変動に対して稼働率を操作してカバーするという状況が続いた。近年は出荷増の継続的な増加傾向が顕著であることから能力増強を内容とする投資が大幅に伸張しており，それが生産能力を再び上昇させるという好循環にある。

(8) 電気機械産業

電気機械産業は，1990年代を通じて出荷，生産がほぼ一貫して上昇傾向にあった。また，需要の変動に対しては稼働率で対応する一方，継続的に生産能力を上昇させてきている。投資動機をみても能力増強を内容とする投資の割合が全体の40%から50%を占めており，新製品・製品高度化を目的とする投資の高まりと合わせると，新・増設投資が他産業と比較して最も活発である。しかも，投資率の水準が製造業部門の中で最も高く，供給力は大きく上昇している。

(9) 輸送用機械産業

輸送用機械産業は，生産能力が 1990 年代を通じてほぼ横ばいで推移しているが，出荷や生産が低迷していることから在庫水準は高止まりを見せている。その結果，需要の変動に対して稼働率を変動させる形で対応するという状況が続いている。また，輸送用機械産業は新製品・製品高度化を内容とする投資が投資動機の中で最も大きな割合を占めるという特徴があった。ところが，2000 年代に入ると継続的な出荷増が見られるようになったことから能力増強投資のウェイトが 1990 年代以降初めて新製品・製品高度化のそれを上回った。こうしたことから，生産能力の低下傾向に歯止めがかかり微増に転じている。近年，投資率が上昇に転じ，研究開発投資のウェイトも上昇している。

(10) 精密機械産業

精密機械産業は，1990 年代を通じて出荷・生産がほぼ一貫して低下傾向にあった。その結果，生産能力は大きく低下し，需要の変動に対しては稼働率の操作で対応するという状況が続いていた。近年は出荷増の継続的な増加傾向が顕著に見られるようになったことから，これが生産能力の下げ止まりに貢献している。また，投資率も大きく伸びてきており研究開発投資のウェイトも上昇を示している。

3. 投資機会の推移と企業の投資決定状況

前節では，景気後退直前時点におけるわが国製造業部門の供給構造および投資動機の状況について明らかにした。そこでは近年の特徴として，2003 年度頃からの需要増が継続的な出荷増という形で顕著に現れてきたことから企業は稼働率の水準を引き上げるとともに，生産能力の増強や新製品・製品高度化を目的とする新・増設投資を増加させ，供給力の上昇を図ってきたという点を指摘した。また，研究開発投資のウェイトも特に機械系業種を中心に高まってきているという点も指摘した。今回の米国におけるサブプライムローン破綻による金融危機・経済危機はわが国においてこうした長期にわたる回復過程が広範に見られる中で起こった経済問題であった。

ところで，我々は明治大学社会科学研究所の総合研究「行動経済学の理論と

実証」において東証一部上場製造企業（1023社）を対象に投資決定等に関する実態調査を行った[5]。調査票は2006年9月に発送し，回収期間は同年末頃までの3〜4カ月間とした。したがって，調査に回答した企業担当者の意識（状況認識）は景気の回復基調が定着したと見られるまさに2006年末から2007年初め頃のものであり，今般の経済危機が起きる直前時点の状況を把握する調査となっている。有効回答数は163社で回収率は16.1％であるが，対象企業を証券コード（製造業番号）で一括選択したため回答企業163社の中には非製造業部門の企業も含まれてしまった[6]。そこで，その中から産業分類で製造業部門に分類される企業139社（13.2％）のみを抽出することにした。ただし，最終的なサンプル数は財務データ（日経NEEDS）の利用可能性との関係から135社となった[7]。

以下，本章では「実態調査」に回答した企業を対象に投資機会を計測してバブル崩壊後の投資機会の状況を確認するとともに，景気に対する投資反応の非対称性の存在と投資行動の「連動性」について検証する。

3.1. 企業の投資機会の状況

企業の投資機会は，2つの観点から捉えることが可能である。1つは，資本をコスト面から評価する投資機会変数で資本コストがそれにあたる[8]。資本コストは，資本を1単位増加させる場合に要する限界的な費用をいう。資本コストが上昇するとそれを回収することが可能な高い収益率の投資を行わなければならなくなるため実施可能な投資量は減少する。したがって，資本コストと投

---

5 「行動経済学の理論と実証」をテーマとした我々の総合研究は3年間のプロジェクトとして行われ，家計と企業を対象に合計4回の意識調査（郵送方式によるアンケート調査）を行った。「東証一部上場製造企業の投資決定等に関する実態調査」はそのうちの1回として実施したものである。調査の送付先は，各企業の財務担当役員とした。調査結果等については，永冨（2010）を参照されたい。
6 証券コードでは2000番台〜7000番台，業種コードでは3000番台である。
7 日経NEEDSからは，資本ストックの系列を作成するという理由から1970年度より一貫して取得可能な企業（827社）を取得している。
8 本研究で用いられる資本コストの計測モデルは以下のように表される。記号の意味およびモデルの導出等についての詳細は，永冨（2007）を参照していただきたい。

$$資本コスト = \frac{p_1^i}{(1-\tau)p_t}\left\{b_i(r_t+\delta-\pi_t)+(1-b_i)(\rho+\delta-\pi_t)-\tau r_t b_i \\ -(\rho+\delta-\pi_t)z_i-(\rho+\delta-\pi_t)k-\left(\frac{c-\theta}{1-\theta}\right)\hat{v}_i\rho-\tau Al_i\rho-\tau Re_i\rho\right\}$$

資量との間には負の相関関係が存在すると考えられる。もう1つは，投資を収益面から評価する投資機会変数であるが，これについては多くの代替変数が開発されている。本研究では，その中から税制を考慮する Tax-adjusted Q を取り上げる。Tax-adjusted Q は投資の調整のための限界費用と税引き後の純企業価値（市場価値）の一致条件から導き出される投資条件である。すなわち，金融・資本市場で獲得される外部からの資金と税制による内部発生的資金を合わせた広い意味での資金調達活動と土地や在庫への投資を含めた資金運用活動とのバランスから企業の将来性を捉えようとする投資機会変数である[9]。景気回復に伴って資産価値が上昇し，それが投資コストを上回るようになると企業には設備投資を増加させようとするインセンティブが働く。これは資本を増加させることによってさらに収益が増加するという状況が生まれるからである。したがって，Tax-adjusted Q と投資量との間には正の相関関係が存在すると考えられる。

図 5-3，図 5-4 には「実態調査」で回答を寄せた製造業企業 135 社の 1990 年代以降における投資機会の推移が投資率とともに示されている[10]。図 5-3 は資本コストと投資率の関係を見たものであるが，これを見ると資本コストの低下局面において投資率の上昇が見られる。1990 年代は全般的に資本コストが

図 5-3　資本コストと投資率の推移

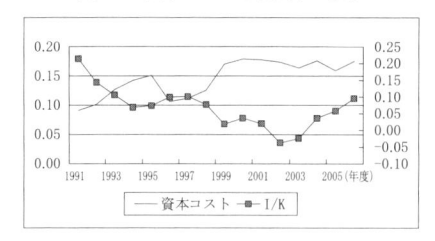

図 5-4　Tax-adjusted Q と投資率の推移

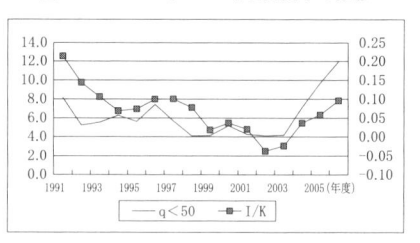

9　本研究で用いられる Tax-adjusted Q の計測モデルは以下のように表される。記号の意味およびモデルの導出等についての詳細は，永冨（2008）を参照していただきたい。

$$\text{Tax-adjusted Q} = \left\{ \frac{\frac{(V_{i,0} + b_i p_0^I K_{i,0})}{p_0^I K_{i,0}} - \frac{Dep_{i,0}}{p_0^I K_{i,0}} - \frac{p_0^L L_{i,0}}{p_0^I K_{i,0}} - \frac{p_0^S S_{i,0}}{p_0^I K_{i,0}} - \left\{1 - z_{i,0} - k_0 - \hat{v}_i - \tau A l_i - \tau R e_i\right\}}{(1-\tau)} \right\} \frac{p_0^I}{p_0}$$

10　本研究では，50 を超える Tax-adjusted Q を異常値とみなし分析から省いた。

上昇する傾向にあった。つまり，高い資本コストを上回る有利な投資機会を見出すことが困難な状況にあったことから企業は投資計画の見直しや先送りを行ったのである。2000年代に入ると資本コストは依然高い水準を維持しているものの上昇傾向は一段落を見せ，若干低下の兆しも見られるようになった。2003年度からの投資の回復傾向の背景にはそうした資本コストの上昇に一服感が見られるようになったことが一因としてある。

図 5-4 には Tax-adjusted Q と投資率の推移が示されている。同図からは Tax-adjusted Q が投資率とほぼ連動して推移している様子が窺える。Tax-adjusted Q と資本コストは同じ投資機会変数であり，それを収益面から捉えるかコスト面から捉えるかの違いがあるだけである。製造業部門の Tax-adjusted Q の推移を見ると，2002年度にかけて徐々に投資機会は縮小していることが分かる。2003年度以降になって投資機会は大きく回復を示すようになるが，こうした本格的な回復基調に乗るまでに10年超という極めて長い時間が必要であった。「失われた10年」ないし「失われた15年」といわれる所以である。こうした投資機会の大幅かつ継続的な改善を受けて，企業は特に能力増強を目的とする投資を活発化させるようになったと考えられる。

3.2. 経済成長と投資反応

2003年度からの景気回復は，「いざなぎ超え」といわれた程の長期の景気回復局面にしては投資の盛り上がりに量的な鈍さを伴っていた。そうした状況と比較すると今般の突然の経済危機下における投資活動の縮小は極めて早く，広範で規模的にも大きい。景気変動の方向性に対して投資反応に異なる特徴が見られるのであろうか。

今般の景気後退直前時点における我が国製造業部門の特徴は，生産能力を落としつつ稼働率を操作することで景気変動に対応するというこれまでの姿勢を改め，能力増強を目的とする設備投資を活発化させることで再び生産能力を引き上げてきたという点に要約される。2009年1月の月例経済報告でも示されたように，今般の景気後退は急激かつ広範囲にわたっている。景気後退期における投資活動の縮小が回復期の増加分を量的に上回るとすると，それだけ不況は深くなり長期化する可能性がある。こうした観点から，「実態調査」では経済

成長の方向性に対する投資の反応について以下のような調査を行っている[11]。

A-7. 以下の数値の変化は，貴社の設備投資の決定にどのような影響を与えますか。

　　1. 大きく抑制　2. 抑制　3. 影響なし　4. 増加　5. 大きく増加
　　第1グループ
　　　　(i)　日本の経済成長率の低下　　　　　　1　2　3　4　5
　　第2グループ
　　　　(i)　日本の経済成長率の上昇　　　　　　1　2　3　4　5

A-7は同じ経済成長率の問題でも変化の方向性の違いによって企業が異なる反応を示すかどうかを調査する質問内容となっている。ここで，調査の方法について補足しておこう。本調査では，東証一部上場製造企業1023社をランダムに2つのグループに分けて異なる質問の仕方をする質問票を送付している。質問票［1］は減少ないし低下という形式（方向性）で問う質問票，質問票［2］は増加ないし上昇という形式（方向性）で問う質問票である。前者の形式で質問した企業を第1グループの企業，後者の形式で質問した企業を第2グループの企業とした。ただし，このA-7以外の質問項目は2つのグループ（2つの質問票）ともに全く同一である[12]。

図5-5では，視覚的に特徴を把握しやすいように上昇の場合の選択肢の番号を逆転させて表示している。すなわち，経済成長率がプラスの場合は投資を増加させ，経済成長率がマイナスの場合は投資を減少させるという通常予想されるような回答の場合には，どちらの企業グループもともに同じ選択肢の番号

---

[11] 我々の総合研究「行動経済学の理論と実証」における千田・塚原による研究報告論文「投資決定要因の効果の有無と効果の対称性―東証一部上場製造業企業の個票データを用いた実証分析―」（日本経済学会報告論文　2007年春季）においても投資に与える諸要因の対称性分析が行われており，日本の経済成長率の正の変化と負の変化に対して設備投資が非対称的な反応を示していると指摘している。本研究では，本章他の部分の実証分析と対象企業のサンプルを合わせるという目的から135社にサンプル限定して同様の対称性分析を再実施したものである。
[12] A-7では，経済成長率に関する質問の他に，全社ベースのキャッシュ・フロー，全社ベースの減価償却費，全社ベースの内部留保，全社ベースの流動資産残高，個々の投資計画の収益率，負債コスト，法人税率，自社の株価，為替レートといった点についても同様の方法で質問を行っている。

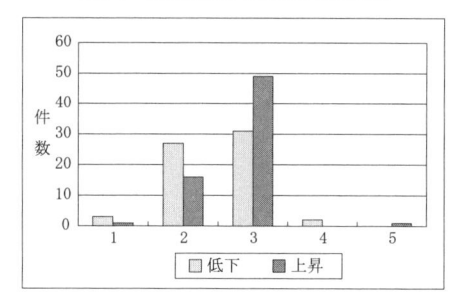

図 5-5　経済成長の方向性と投資反応

(1 または 2) を選択するというわけである。図 5-5 を見ると，経済成長率が低下した場合と上昇した場合のどちらにおいても投資行動に対しては「影響無し」と回答する企業が最も多いこと，成長率が上昇した場合に投資を増加させると回答した企業よりも低下した場合に投資を減少させると回答した企業の方が多いこと，等の点を観察することができる。ただし，第 2 の点については統計的にさらに分析する必要があろう。

経済成長の変化の方向性の違いによって投資反応に非対称性が見られるのかどうか，ここでは Mann-Whitney's U-test で「非対称性」の検定を行うことにする。

表 5-2　Mann-Whitney's U-test

A7-(i)

U	1,663
Z	-2.085
p 値（両側確率）	0.037
同順位補正 Z 値	-2.439
同順位補正 p 値（両側確率）	0.015

表 5-2 は，Mann-Whitney's U-test の検定結果である。それによると，同順位補正 Z 値が標準正規分布の両側検定での危険率 5％の上側境界値 (1.959963) を上回っており帰無仮説を棄却する領域に入っている。また，p 値についても同順位補正 p 値（両側確率）が危険率 5％で棄却されている。つまり，経済成長率が上昇した場合と低下した場合とでは投資に与える影響は有意に異なることを示す結果が得られたということである。これは，マクロの

経済変動に対して企業の投資反応に非対称性が見られることを示唆するものであり，経済状況が改善した場合に投資を増加させる企業よりも悪化した場合に投資を減少させるという行動を取る企業の方が多いことを意味している。したがって，マクロ的に見ると景気後退期における投資活動の縮小が回復期の増加分を量的に上回る可能性があるため，それだけ今般の経済不況は長期化するのではないかと懸念される。

3.3. 投資決定要因と連動性

投資の意思決定には様々な要因が影響を及ぼす。以下では，そうした要因を物理的要因，資金調達要因，研究開発要因の3つに分類して分析を行うことにする。まず，投資決定の物理的要因について「実態調査」では次のような質問を行っている。

A-4. 投資を実施する際に，以下の項目に留意されていますか。
  1. いいえ　2. 希に　3. しばしば　4. 大抵　5. 常に
  (a) 最適な資本設備の水準と現在の水準のギャップ

              1　2　3　4　5
  (b) 設備投資の進捗速度（規模・頻度）を上げると，
    かえって余計にかかってしまう調整のためのコスト

              1　2　3　4　5
  (c) 同業他社の投資規模および投資内容　　1　2　3　4　5
  (d) 同業他社の投資のタイミング　　　　　1　2　3　4　5
  (e) 前回行った設備投資の規模　　　　　　1　2　3　4　5

A-4は自社の要因と同業他社の要因の2つの観点から質問する項目からなる。(a)の質問は現在の生産能力が需要の動向と比較して最適であるかどうか，すなわち自らが最適と考える資本設備の水準を意識して設備投資が行われているかどうかを調査する内容である。(b)の質問は，一般に投資の進捗速度を引き上げるとそれに付随して労働費用を含めた様々なコストが余計にかかってくると考えられるが，そうした資本ストックの調整に要する逓増的なコストを投

資を実施する際に考慮しているか否かについて調査する内容である。(c) と (d) の質問は同業他社の投資行動との連動性，すなわち同業他社の投資規模や投資内容，および投資のタイミングを自社の投資決定においてどの程度考慮しているのかを調査する内容である。最後の (e) の質問は投資の継続性に関する調査である。既存の資本ストックと最適資本ストックの乖離を 1 期の投資で全て埋め合わせるのではなく，数期にわたって徐々に調整していく方が調整費用の存在という点からも合理的な投資行動である場合が多い。また，物理的な意味での投資の継続性を考慮する必要があるかもしれない。(e) の質問は，こうした投資の継続性がどの程度考慮されているのかを調査する項目である。

図 5-6～図 5-9 は，上記の質問項目 (a)～(e) の調査結果を示している。投資行動の連動性に関する質問項目の (c) と (d) についてはクロス図として表示した。これらの図からは，① 最適資本ストックの水準と現在の水準のギャップを投資の際に留意する企業が多いこと，② 調整費用については企業によって

図 5-6　最適資本ストックとのギャップ

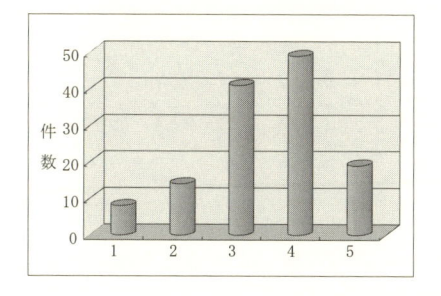

図 5-7　調整費用

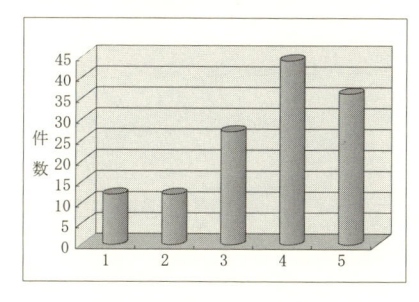

図 5-8　前回行った投資規模

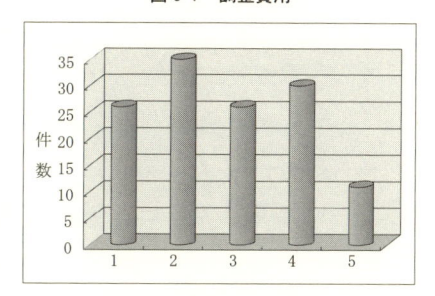

図 5-9　投資行動の連動性

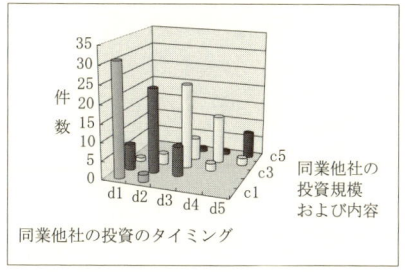

回答にバラツキが見られること，③投資の継続性という要因を留意項目の1つとして考えている企業が多いこと，④同業他社の投資行動は投資の意思決定過程において必ずしも大きなファクターにはなっていないこと，などの点を指摘することができる。

次に，資金調達要因と設備投資との関係について分析する。設備投資研究の分野では，Fazzari, Hubbard and Petersen (1988) 以来，金融・資本市場における情報の非対称性という観点から設備投資モデルにおける内部資金の役割について様々な議論が展開されている。これには，Tobin's q タイプの投資モデルの説明力が低いこと，内部資金には Tobin's q では補足し切れなかった残余の投資機会情報が含まれていると考えられること，借入制約に直面している企業の投資量は利用可能な内部資金量の影響を受けること，等の議論が背景にある。内部留保やキャッシュ・フローといった金融変数を説明変数に加えて行われる実証分析では，資金要因が投資モデルにおいて重要なファクターとなっていると指摘する例が極めて多い[13]。

こうした資金調達要因について，「実態調査」では投資の意思決定との関連で以下のような質問を行っている。

A-6. 以下の項目は投資の資金調達手段としてどの程度重要であると考えておられますか。
    1．重要でない　2．それほど重要でない　3．重要性は普通（平均的）である　4．重要である　5．極めて重要である

(a)	内部資金	1	2	3	4	5
(b)	短期の銀行借入	1	2	3	4	5
(c)	長期の銀行借入	1	2	3	4	5
(d)	社債発行	1	2	3	4	5
(e)	増資	1	2	3	4	5

13　内部資金に対する投資の反応に関する論争については，Kaplan and Zingales (1997), Cleary (1999), Fazzari, Hubbard and Petersen (1988, 1998) 等を参照せよ。

3. 投資機会の推移と企業の投資決定状況　169

　図 5-10 は，質問項目 A-6 の資金調達手段 (a)〜(e) の回答結果をクロス図として示したものである。これらの図のうち，(1)〜(4) は内部資金を軸に他の資

図 5-10　資金調達手段の重要性

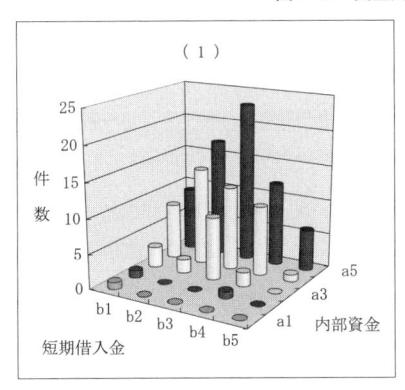

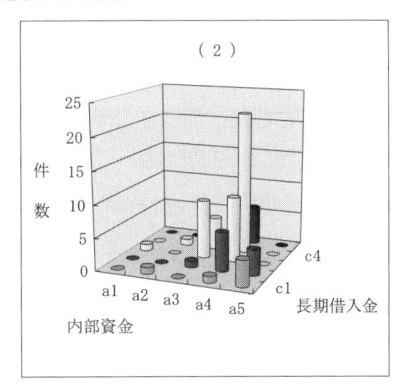

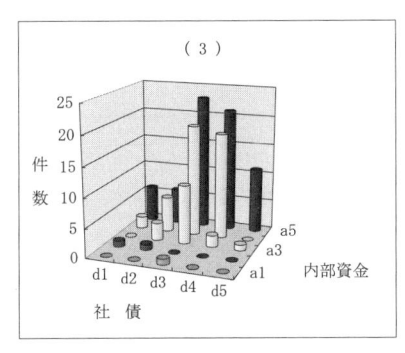

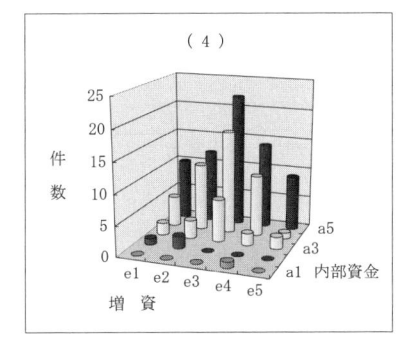

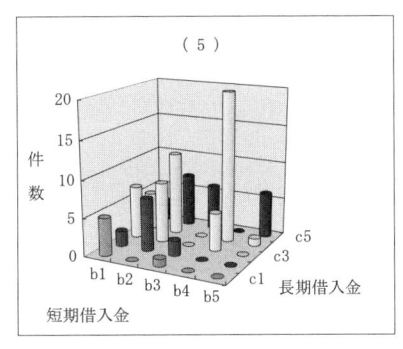

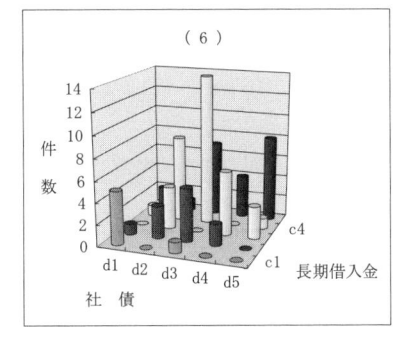

金調達手段との関係を見ている。また，(5)と(6)は長期の銀行借入を軸に他の資金調達手段との関係を見ている。これらのクロス図からは，① どの資金調達手段とのクロス図を見ても内部資金の重要性が非常に高いこと，② 内部資金と長期借入金を資金調達手段としてともに重要視する企業が全般的には多いが，内部資金について極めて重要と回答した企業は共通して長期借入金の重要性を低く見ていること，③ 長期借入金と内部資金以外の資金調達手段との関係はそれほど密接ではないこと，等の点を指摘することができる。

そこで，投資の資金源泉としての役割を重要視していると回答する企業が多かった長期の銀行借入と企業の投資機会との関係について見ておこう。表5-3の第2列〜第7列までは，調査対象企業135社の有利子負債関連の2006年度の指標を見たものである。質問項目A-6の(c)で1と2を回答した企業と4と5を回答した企業の2つにグループ分けして平均値を計算し母平均の差の検定を行ってみた。検定手法は，サンプルサイズが100未満であること，また母分散が未知，かつ $\sigma_1^2 = \sigma_2^2$ を先見的に仮定できないという理由からWelch's t-test（両側検定）を採用した。有意水準を5％としたとき，p値が0.05以下の場合に帰無仮説（$\mu_1 = \mu_2$）は棄却される。表5-3によると，長期の銀行借入の重要性が高いと回答したグループ（選択肢の4と5を回答した企業）ほど負債関連比率は全般的に高く，しかも借入金依存度，長期借入金比率，短期借入金比率の3項目で平均値の差が等しいとする帰無仮説が5％の有意水準で棄却されている。また，表5-3の第8列には長期借入金の重要性に関する回答結果に基づいて投資機会（Tax-adjusted Q）の母平均の差の検定結果を示している。それによると，投資機会に対しても長期借入金の重要性が高いと回答した

表5-3 Welch's t-test
(2006年度の有利子関連指標と投資機会変数)

A6-(c)	負債比率	借入金依存度	長期借入金比率	短期借入金比率	利子率	社債／負債	Tax-adjusted Q
① ②	92.709	11.479	0.063	0.043	3.072	0.067	10.622
④ ⑤	138.642	22.074	0.134	0.109	3.630	0.068	18.752
統計量	1.192	2.542	2.539	3.236	0.364	0.060	2.343
p値（両側検定）	0.251	0.023**	0.024**	0.012**	0.751	0.953	0.036**

＊＊，＊は帰無仮説が有意水準5％，10％で棄却されることを示す。

企業の方が Tax-adjusted Q の平均値は大きいという結果が得られた[14]。この結果は，有利な投資機会に直面している企業ほど投資資金としての長期の銀行借入への需要は大きいという先行研究の分析結果と整合的である。

最後に，研究開発要因について分析する。第1節の投資動機の推移で見たように，近年は機械系業種を中心に研究開発を目的とする投資が増加傾向にある。各企業の研究開発活動は競争上業界全体の動向とも連動していると考えられるが，ここではまず各企業が業界全体の今後の研究開発活動の動向をどのように評価しているのかという点から見ておく。業界全体の動向に関する各企業の評価について，「実態調査」では以下のような質問を行っている。

C-3. 貴社が属していると自ら考えている産業の R&D 活動をめぐる環境は，今後1年間に現在と比べてどのように変わると予想していますか。
   1. 大変厳しくなる 2. どちらかというと厳しくなる
   3. 現在と変らない 4. どちらかというと好転する
   5. 大変好転する

業界全体の動向については，「大変好転する」と回答した企業は皆無であった。むしろ「大変厳しくなる」あるいは「どちらかというと厳しくなる」と回答する企業が全体の 42% を占めており，多くの企業が業界としての今後の研究開発活動は厳しくなると評価している（図5-11）。

C-4. 貴社が属していると自ら考えている産業の新製品や新生産工程の実用化をめぐる環境は，今後1年間に現在と比べてどのように変わると予想していますか。
   1. 大変厳しくなる 2. どちらかというと厳しくなる
   3. 現在と変らない 4. どちらかというと好転する
   5. 大変好転する

---

14 質問項目 (b), (d), (e) に関しても母平均の差の検定を行った。しかし，これらの回答内容によって投資機会の差を統計的に見出すことはできなかった。また，内部資金については重要性が低いと回答する企業が極端に少ないため母平均の差の検定を行うことができなかった。

図5-11　業界のR&D活動環境の見通し　　図5-12　業界の新製品実用化環境の見通し

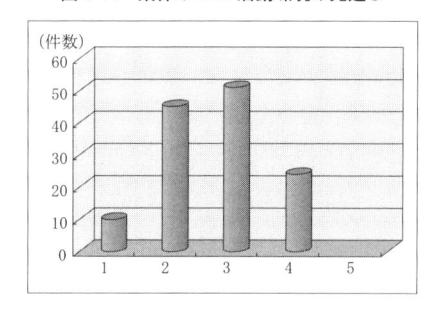

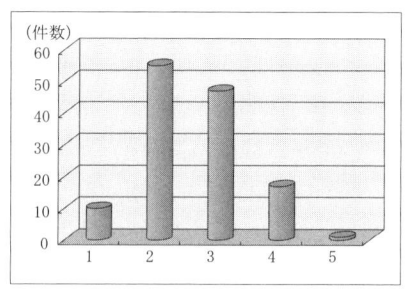

　業界の新製品および新生産工程の実用化に関する展望に関しても,「どちらかというと厳しくなる」と回答した企業が最も多く,実用化の面でも業界の見通しについては厳しい評価を示している企業が多くなっている(図5-12)。

　業界の研究開発活動の見通しについて厳しい評価を示す企業が多い中,自社の研究開発活動については今後どのように位置づけていこうと考えているのであろうか。「実態調査」では,自社の研究開発活動および新製品等の開発体制について以下のような質問を行っている。

B. 今後1年間の貴社の技術的活動に関する計画について伺います。
　　　1. 大きく低める　2. やや低める　3. 現状を変えない
　　　4. やや高める　5. 大きく高める

B-1. 貴社が会計上R&D活動に分類している活動について,企業活動全体に占める位置づけを現状と比べてどのように変えようと考えていますか。

B-2. 貴社が会計上R&D活動に分類している活動への支出について,企業活動の支出全体に占める比率を現状と比べてどのように変えようと考えていますか。

　B-1とB-2では,自社の研究開発活動の位置づけと同活動に対する支出の比率について質問している。図5-13によれば,企業活動全体に占めるR&D(研究開発)活動の位置づけについては今後「大きく低める」と回答した企業は皆無であり,「やや低める」と回答した企業とあわせても全体の1%に満たないことがわかる。逆に,全体の6割強の企業が研究開発活動の位置づけを今

3. 投資機会の推移と企業の投資決定状況　173

図 5-13　自社の R&D 活動の位置づけ

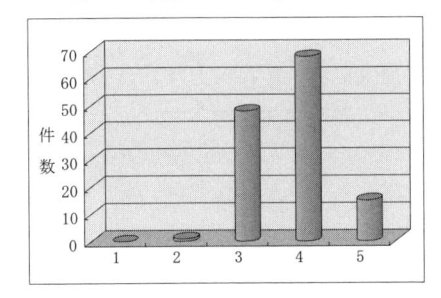

図 5-14　自社の R&D 支出の割合

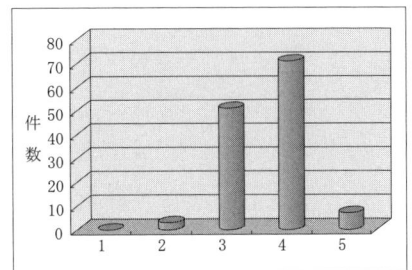

後は上昇させると回答している。研究開発活動に対する支出についても今後は「やや高める」あるいは「大きく高める」と回答した企業が合わせて6割に達している（図 5-14）。

B-3. 貴社が新製品や新生産工程の開発体制について，企業活動全体に占める位置づけを現状と比べてどのように変えようと考えていますか。

B-4. 貴社が新製品や新生産工程の開発体制について，人員あるいは資金面での比重を現状と比べてどのように変えようと考えていますか。

B-3 と B-4 では，自社における新製品および新生産工程の開発体制の今後のあり方について質問している。図 5-15, 図 5-16 によれば，全体の 75% が企業活動全体に占める新製品の開発体制の位置づけを今後は強めると回答してお

図 5-15　自社の新製品開発体制の位置づけ

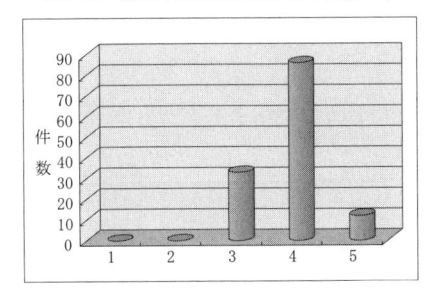

図 5-16　自社の新製品開発支出の比重

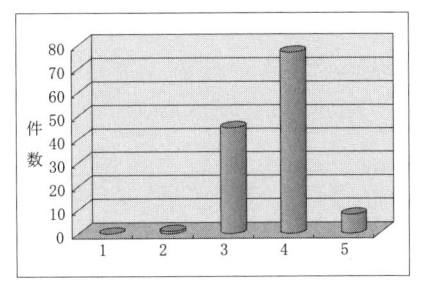

り，また人員や資金面においてもそうした比重をさらに高めていくと回答する企業が全体の65％を占めている。

　以上をまとめると，業界における今後の研究開発活動は厳しくなると評価する企業が多い一方で，自社の研究開発活動の位置づけや開発体制についてはむしろ比重を高める必要があると考えている企業が多いという状況が明らかとなった。ただし，こうした新製品等の開発体制の強化に関しては上位（系列）企業の影響を受けている可能性を考慮する必要がある。そこで，「実態調査」では経営上の意思決定や製品仕様等の面において影響を受けるような外部の組織（顧客を含む）が存在するかどうか，存在する場合その影響はどの程度であるかについても質問している。

E. 貴社の経営上の意思決定に影響するような，親会社または上位系列会社がありますか。
　　1. ない　　2. 小さな影響のみを及ぼす会社がある
　　3. 大きな影響を及ぼす会社がある
F. 貴社が生産する製品の設計および仕様の決定に際して，親会社，上位系列会社，顧客からの指示がありますか。
　　1. 大部分が自社の判断による　2. 自社の判断による場合のほうが多い
　　3. 自社の判断と他社の指示による場合が同程度
　　4. 他社の指示による場合のほうが多い　5. 大部分が他社の指示による

　質問Eは，経営の意思決定に関する独立性について調査する質問項目である。それによると，意思決定上少なからず何らかの影響を受ける上位（系列）企業が存在すると回答した企業は全体のおよそ3割であった。また，質問Fは製品設計および仕様の決定に関する独立性について調査する質問項目であるが，それによれば自社の判断と他社の判断とが同程度以上であると回答した企業も全体の3割程度を占めるという結果であった。これら2つの質問EとFについてクロス図を作成してみると，経営上の意思決定に対して独立性が高いと回答した企業であっても製品仕様の面では自社の判断と他社（親会社，上位系列会社など）からの指示とが同程度以上であると回答した企業は3割弱程度

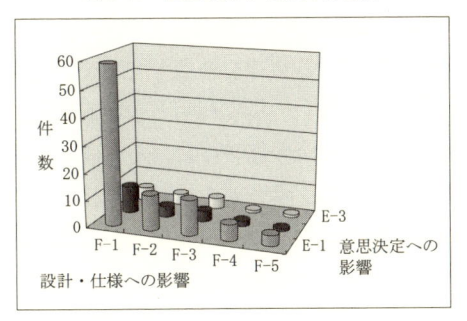

図 5-17　上位（系列）会社の影響度

存在していることがわかる（図 5-17）。

4. 投資行動の「連動性」

　わが国における投資の「横並び」行動に関する代表的な先行研究には，宮川・若林・内田（1996）と花崎・竹内（1997）がある。これらの研究では，「横並び」行動は日本特有の現象とは必ずしもいえないこと，また時期的かつ業種ごとで大きなバラツキが見られること等の点を指摘している。我々が行った「東証一部上場製造企業の投資決定等に関する実態調査」では同業他社の投資規模や投資内容，および投資のタイミングが自社の意思決定に対して影響を与えると回答した企業は全体の3割であった。また，経営上の意思決定を行う際に上位（系列）企業や親会社等の影響を受けていると回答した企業も3割に達している。意思決定に対して外部からの影響が大きくなるほど事業活動や投資行動に「連動性」が生じてくるため，こうした「連動性」は景気変動の振幅を拡大させる要因となる。こうした観点から，本章では前章と同じサンプルを対象に投資モデルを用いた投資行動の「連動性」に関する分析を行うことにする。

4.1. 投資行動の連動性に関する予備的分析

　宮川・若林・内田（1996）ではわが国の紙・パルプ，セメント，鉄鋼，電子

部品（半導体），自動車の5業種を対象に設備投資の「横並び」行動について検証している。彼らは，「自社だけでなく他社の投資戦略をも考慮する結果，時には自社の経営や投資に関する情報を軽視してまで，他社の投資戦略に追随する設備投資行動」を「横並び」の投資行動と定義している。そして，こうした「横並び」行動が設備投資や企業経営における日本的な特徴の1つであるといえるかどうかという観点から，投資率の企業間比較と投資率の相関行列の計測を行っている。投資行動に「横並び」現象が存在する場合それは投資率の動きの連動性として観察され，かつ自社と他社の投資行動には高い正の相関が検出されるであろうと仮定しているのである。彼らによると，投資率については1980年代前半において電子部品産業において，また1980年代後半から1990年代初頭においては紙・パルプ産業においてそれぞれ投資率に連動性が見られること，相関係数については大手の企業間において，また業種では紙・パルプ産業において相対的に高い正の相関が見られること，などの点を指摘している。また，投資率を被説明変数とし，自社固有の変数，他社の投資行動を表す変数，業界共通の変数を説明変数とする投資モデルの計測を行ったところ，紙・パルプ産業において他社の投資行動を表す変数が自社の要因を表す変数以上に自社の投資行動に対して影響を与えているという結果が得られたことから，同業種において「横並び」による投資競争が行われていたと結論している。他方，こうした「横並び」行動が日本特有の現象であるのかどうかを調査することを目的に紙・パルプ産業を対象に米国企業との投資率の相関係数比較を行った結果，「企業間の設備投資の連動性そのものは日本固有の現象とは限らず，したがって「横並び」行動が必ずしも日本独自の行動様式であると判断することは危険であると考えられる」と述べている。

　花崎・竹内（1997）では，「横並び」を業界内におけるシェアの確保と定義して，業種別（製造業）投資率の変動係数を計測するとともに，日米仏3カ国の投資モデルの国際比較を行っている。分析の結果，繊維，化学，石油，窯業・土石，鉄鋼などの素材型産業は過去に遡るほど投資率のばらつきが大きくなるが近年ではそうした傾向が縮小傾向にあること，電気機械，輸送用機械，精密機械などの機械系産業では投資行動のばらつき度合いに大きな変化が見られなかったこと，業種平均の投資率は日米仏3カ国いずれの国においても投資

決定要因の1つとして無視し得ない要素になっていること等の点を指摘している。そして,「横並び」的な企業行動は上記3カ国において広く観察されることから,「設備投資の横並び行動を日本的特徴として捉えることは,必ずしも的を得ていない」と述べている。

ここで,本節における投資行動の「連動性」分析の位置づけをしておこう。本節では,米国のサブプライムローン破綻による金融危機・経済危機が極めて深刻な様相を見せ始めている中,投資計画の見直しや先送り現象が広範な業種に見られるようになってきたことから同業他社の投資行動との同時性・同調性が自社の投資行動において検出されるかどうかを分析の目的としている。こうした意味での「連動性」が同業他社の投資行動との間に見られるとすると,現今の経済不況は期間的に長期化し,かつ深刻化する可能性がそれだけ高まることになる。したがって,本節ではこうした投資行動の同時性・同調性という観点から「連動性」を定義し,そうした「連動性」が存在するかどうかの検証を行うことにする。

表5-4には,1991年度から2007年度までの業種別平均投資率の相関分析の結果が示されている。このうち①から⑥は宮川・若林・内田(1996)で取り上げられた業種である。また,⑦から⑩は日経NEEDSの製造業分類(中分類)の中で相関係数が相対的に高かった4業種を示している。ここでは,母相関係数ρに関して,$\rho=0$を帰無仮説,$\rho \neq 0$を対立仮説として無相関の検定を行っている。有意水準αは0.05および0.1とした。表中濃色の部分は有意水準が5%で帰無仮説が棄却されたことを,薄色の部分は有意水準が10%で帰無仮説が棄却されたことを示す。なお,紙・パルプとセメントの2業種については宮川・若林・内田(1996)の分析以降において大きな業界再編があったため,彼らと同一の企業をサンプルとして取得することはできなかった。したがって,これら2業種については現時点で取得可能な企業をサンプルとして相関分析を行っている。日経NEEDSの業種分類(中分類)では製造業部門を89業種に分類しているが,分析の結果全般的に素材系業種と中間財製造部門の相関係数が相対的に高いという特徴が見られた。相関係数は宮川・若林・内田(1996)と同様,0.5から0.7の大きさであった。

178   5 投資行動の非対称性と連動性

表 5-4 業種別投資率の相関係数 (1991−2007)

① 紙・パルプ

		1	2	3	4	5	6	7	8	9	10	11	12
王子製紙	1												
三菱製紙	2	0.805											
北越製紙	3	-0.138	0.204										
中越パルプ工業	4	0.109	0.113	0.264									
巴川製紙所	5	-0.125	-0.003	0.180	0.088								
大王製紙	6	0.181	0.227	-0.201	-0.371	0.126							
紀州製紙	7	0.124	0.168	0.639	0.388	0.336	-0.185						
ゼネラル	8	0.169	0.146	-0.321	0.261	0.527	-0.189	-0.057					
レンゴー	9	0.090	0.200	0.181	0.781	-0.004	-0.098	0.077	0.037				
古林紙工	10	-0.043	0.003	-0.239	0.276	0.314	0.219	-0.328	0.379	0.432			
スパーバッグ	11	-0.060	0.194	0.141	0.560	0.017	-0.105	-0.109	0.084	0.641	0.474		
トーモク	12	-0.325	-0.118	0.064	0.012	0.243	-0.162	-0.180	0.072	0.305	0.438	0.488	
ダイナパック	13	0.995	0.774	-0.182	0.140	-0.115	0.166	0.102	0.207	0.119	-0.014	-0.055	-0.310

② セメント

		1	2	3	4	5	6	7	8	9	10	11
住友大阪セメント	1											
太平洋セメント	2	-0.119										
デイ・シイ	3	-0.322	-0.173									
ノザワ	4	0.431	0.231	-0.344								
日本ヒューム	5	-0.031	0.216	-0.188	0.212							
ハネックス	6	0.534	0.065	-0.111	0.035	0.103						
旭コンクリート工業	7	0.200	-0.495	0.136	0.211	-0.274	0.041					
日本コンクリート工業	8	0.263	0.437	-0.178	0.472	0.375	0.185	-0.001				
トーヨーアサノ	9	0.478	-0.064	0.091	0.402	0.031	0.050	0.189	-0.102			
三谷セキサン	10	0.468	0.012	-0.137	0.151	-0.035	-0.007	-0.060	0.352	0.080		
A&A マテリアル	11	-0.011	0.065	0.049	0.035	0.121	0.176	-0.122	-0.043	0.077	0.363	
ニチアス	12	0.739	0.195	-0.263	0.305	0.138	0.468	0.116	0.353	0.427	0.461	0.350

③ 鉄鋼

		1	2	3	4	5
新日本製鉄	1					
住友金属工業	2	0.614				
神戸製鋼所	3	0.050	0.069			
日新製鋼	4	0.544	0.463	0.505		
中山製鋼所	5	-0.080	-0.062	0.509	0.360	
合同製鉄	6	0.239	0.159	0.422	0.467	0.051

4. 投資行動の「連動性」　179

④　電子部品

		1	2	3	4	5	6
日立製作所	1						
東芝	2	0.216					
三菱電機	3	0.221	0.343				
NEC	4	0.982	0.220	0.162			
富士通	5	-0.022	-0.921	0.024	-0.054		
OKI	6	0.436	0.592	0.706	0.370	-0.329	
シャープ	7	-0.008	-0.880	0.079	-0.065	0.980	-0.227

⑤　自動車

		1	2	3	4	5	6	7
日産自動車	1							
いすゞ自動車	2	-0.596						
トヨタ自動車	3	0.024	0.621					
マツダ	4	0.107	0.423	0.825				
ダイハツ工業	5	0.483	0.097	0.673	0.801			
本田技研工業	6	0.276	-0.107	0.333	0.205	0.506		
スズキ	7	0.268	0.216	0.658	0.498	0.626	0.437	
富士重工業	8	0.153	0.192	0.517	0.402	0.319	0.080	0.369

⑥　半導体

		1	2	3	4	5	6	7	8	9	10	11	12	13	14	15	16	17	18
NEC	1																		
富士通	2	-0.054																	
OKI	3	0.370	-0.329																
日立製作所	4	0.982	-0.022	0.436															
東芝	5	0.220	-0.921	0.592	0.216														
三菱電機	6	0.162	0.024	0.706	0.221	0.343													
シャープ	7	-0.065	0.980	-0.227	-0.008	-0.880	0.079												
ソニー	8	0.413	-0.035	-0.076	0.444	-0.017	-0.308	0.035											
三洋電機	9	-0.006	0.932	-0.160	0.049	-0.821	0.091	0.941	-0.062										
富士電機HLD	10	0.008	-0.045	0.580	0.051	0.375	0.954	-0.016	-0.400	-0.027									
サンケン電気	11	0.049	-0.799	0.349	0.047	0.717	-0.025	-0.758	0.200	-0.706	-0.036								
新電元工業	12	0.328	0.252	0.486	0.359	-0.031	0.498	0.343	0.181	0.369	0.293	0.022							
日本インター	13	0.339	-0.071	0.164	0.406	0.203	0.187	-0.087	0.191	0.035	0.137	0.268	0.220						
ミツミ電機	14	0.023	0.139	-0.486	-0.016	-0.435	-0.890	0.133	0.436	0.108	-0.947	-0.109	-0.160	-0.243					
東光	15	0.338	0.615	0.208	0.352	-0.342	0.562	0.577	-0.158	0.671	0.482	-0.460	0.509	0.332	-0.416				
リコー	16	0.551	-0.290	0.546	0.558	0.413	0.314	-0.226	0.381	-0.139	0.105	0.560	0.599	0.360	-0.137	0.153			
ヤマハ	17	-0.085	0.037	0.063	0.016	-0.014	-0.039	0.128	0.475	-0.124	-0.036	-0.041	0.075	0.049	0.109	-0.056	-0.155		
スタンレー電気	18	0.357	0.292	0.292	0.435	-0.131	0.266	0.380	0.472	0.438	0.073	0.160	0.734	0.405	-0.075	0.430	0.563	0.393	
オリジン電気	19	0.269	0.186	0.555	0.299	-0.026	0.377	0.273	0.025	0.278	0.198	0.119	0.819	0.186	-0.056	0.352	0.520	-0.235	0.490

180　5　投資行動の非対称性と連動性

⑦　合成樹脂

		1	2	3	4	5	6	7	8	9	10	11	12	13	14	15	16	17	18	19	20
東セロ	1																				
電気化学工業	2	-0.341																			
信越化学工業	3	0.049	0.014																		
日本カーバイド工業	4	0.081	0.211	0.033																	
カネカ	5	0.100	0.122	0.472	0.143																
日本ピグメント	6	-0.101	-0.114	0.054	0.118	0.105															
ダイセル化学工業	7	0.292	-0.165	0.573	0.142	0.630	-0.088														
住友ベークライト	8	-0.135	0.258	0.196	-0.151	0.682	-0.165	0.471													
積水化学工業	9	0.228	0.108	0.166	0.284	0.630	0.245	0.191	0.505												
積水樹脂	10	0.352	-0.329	0.371	0.294	0.497	0.272	0.663	0.138	0.382											
タキロン	11	0.349	-0.116	0.441	0.064	0.752	0.057	0.569	0.455	0.645	0.549										
旭有機材工業	12	0.249	0.159	0.310	0.184	0.740	0.086	0.354	0.608	0.872	0.257	0.747									
日立化成工業	13	-0.053	0.163	0.023	0.666	0.234	0.132	0.000	-0.100	0.420	0.193	0.156	0.341								
大倉工業	14	0.178	0.213	0.674	0.060	0.717	0.047	0.557	0.522	0.529	0.312	0.786	0.704	0.012							
児玉化学工業	15	0.188	0.045	0.290	-0.060	0.255	0.015	0.074	-0.028	0.359	0.480	0.213	0.229	0.323	0.111						
ロンシール工業	16	-0.025	-0.099	0.381	0.186	0.362	0.033	0.675	0.082	-0.173	0.615	0.375	0.024	-0.028	0.338	0.035					
積水化成品工業	17	0.070	0.207	0.436	0.138	0.864	-0.068	0.630	0.575	0.468	0.486	0.835	0.651	0.132	0.729	0.169	0.593				
群栄化学工業	18	-0.145	0.200	0.483	0.238	0.531	-0.035	0.593	0.195	-0.102	0.381	0.223	0.029	0.264	0.211	0.206	0.544	0.517			
アキレス	19	0.240	0.070	0.598	0.214	0.747	0.156	0.522	0.424	0.697	0.720	0.791	0.641	0.165	0.755	0.481	0.391	0.754	0.246		
有沢製作所	20	-0.330	0.310	0.199	-0.025	0.112	-0.419	-0.001	0.311	0.049	-0.151	0.004	0.268	-0.054	0.225	0.080	0.235	0.265	-0.109	0.182	
東リ	21	0.017	0.159	0.527	0.206	0.638	0.107	0.205	0.419	0.756	0.243	0.714	0.723	0.209	0.741	0.173	-0.000	0.621	0.025	0.792	0.240

⑧　鉄骨・鉄塔・橋梁

		1	2	3	4	5	6	7	8	9	10	11	12
中央ビルト工業	1												
横河ブリッジHLD	2	0.423											
日本橋梁	3	0.115	0.667										
松尾橋梁	4	0.733	0.427	0.472									
駒井鉄工	5	0.411	0.444	0.160	0.140								
ハルテック	6	0.274	0.326	0.259	0.315	0.031							
サクラダ	7	0.227	0.018	0.078	0.088	0.539	0.048						
滝上工業	8	0.276	0.529	0.431	0.197	0.647	-0.016	0.018					
JST	9	0.158	0.098	0.498	0.297	0.303	0.032	0.132	0.672				
川岸工業	10	0.401	0.715	0.388	0.203	0.732	0.236	0.187	0.816	0.435			
那須電機鉄工	11	0.167	0.057	0.063	0.214	0.531	-0.023	0.090	0.569	0.376	0.235		
高田機工	12	0.109	-0.018	0.434	0.277	0.220	0.004	0.099	0.588	0.990	0.322	0.370	
川田工業	13	0.355	0.161	0.263	0.382	0.531	0.468	0.439	0.587	0.696	0.558	0.486	0.667

4. 投資行動の「連動性」　181

⑨　軸受

		1	2	3	4	5	6	7	8
日本ピストリング	1								
リケン	2	0.152							
帝国ピストリング	3	-0.133	0.335						
日本精工	4	-0.306	0.421	0.817					
NTN	5	0.323	0.604	0.372	0.459				
ジェイテクト	6	0.301	0.456	0.483	0.553	0.830			
不二越	7	0.426	0.592	0.615	0.445	0.637	0.743		
ダイベア	8	0.128	0.432	-0.045	0.346	0.516	0.559	0.365	
日本トムソン	9	0.160	0.044	0.080	0.381	0.235	0.486	0.384	0.683

⑩　自動車部品

		1	2	3	4	5	6	7	8	9	10	11	12	13	14	15	16	17	18	19	20	21	22	23	24
トヨタ紡織	1																								
アイメタルテクノロジー	2	-0.150																							
三桜工業	3	-0.060	0.245																						
自動車部品工業	4	-0.338	0.040	0.306																					
東京ラヂエーター製造	5	0.317	-0.098	0.290	-0.467																				
ティラド	6	0.249	0.034	0.551	0.610	0.147																			
曙ブレーキ工業	7	-0.158	0.546	0.379	-0.095	0.364	0.182																		
NOK	8	0.053	0.294	0.749	0.335	0.354	0.695	0.508																	
フタバ産業	9	0.138	0.170	0.769	0.403	0.273	0.603	0.198	0.596																
KYB	10	0.632	-0.098	0.376	0.047	0.567	0.701	0.218	0.616	0.540															
シロキ工業	11	0.268	-0.018	0.416	-0.328	0.929	0.341	0.481	0.611	0.322	0.695														
市光工業	12	0.610	-0.204	-0.065	0.180	0.006	0.253	-0.380	0.019	0.356	0.342	-0.082													
プレス工業	13	-0.170	0.067	0.339	-0.510	0.673	-0.052	0.463	0.344	0.001	0.114	0.721	-0.459												
カルソニックカンセイ	14	-0.018	0.168	0.394	0.520	0.180	0.557	0.368	0.396	0.564	0.465	0.255	0.146	-0.134											
尾張精機	15	0.557	0.194	0.597	-0.075	0.711	0.583	0.326	0.723	0.538	0.805	0.787	0.249	0.341	0.335										
太平洋工業	16	0.209	0.075	0.675	0.293	0.564	0.730	0.206	0.785	0.571	0.672	0.675	0.093	0.290	0.405	0.832									
ユニバンス	17	0.124	0.018	0.471	0.478	0.465	0.710	0.136	0.532	0.759	0.635	0.492	0.400	0.009	0.702	0.590	0.713								
アイシン精機	18	0.131	0.076	0.493	0.446	0.493	0.802	0.263	0.756	0.624	0.693	0.597	0.268	0.182	0.533	0.694	0.826	0.852							
富士機工	19	0.348	-0.067	0.022	-0.011	0.337	0.157	-0.155	0.120	0.436	0.512	0.276	0.538	-0.112	0.172	0.334	0.287	0.545	0.363						
小糸製作所	20	0.199	0.111	0.589	-0.000	0.711	0.585	0.523	0.714	0.547	0.749	0.812	0.007	0.547	0.446	0.762	0.696	0.603	0.778	0.294					
エクセディ	21	0.315	-0.196	0.046	0.232	0.322	0.534	0.041	0.347	0.252	0.665	0.374	0.333	-0.001	0.459	0.406	0.470	0.505	0.683	0.460	0.627				
ハイレックスコーポレーション	22	0.305	0.199	0.288	-0.095	0.404	0.356	0.313	0.535	0.295	0.385	0.461	0.206	0.339	-0.078	0.516	0.553	0.262	0.488	0.304	0.377	0.310			
豊田合織	23	0.325	0.295	0.606	-0.046	0.673	0.636	0.583	0.827	0.495	0.715	0.828	0.034	0.532	0.274	0.870	0.769	0.545	0.716	0.187	0.812	0.300	0.607		
愛三工業	24	0.296	0.118	0.450	0.174	0.443	0.702	0.267	0.733	0.421	0.757	0.638	-0.053	0.243	0.374	0.713	0.835	0.518	0.707	0.239	0.612	0.545	0.603	0.705	
日本電産トーソク	25	0.935	-0.072	-0.206	-0.286	0.059	0.135	-0.267	-0.128	0.073	0.481	0.013	0.598	-0.384	-0.044	0.340	-0.033	0.009	-0.070	0.306	-0.031	0.144	0.072	0.113	0.118

4.2. 投資行動の連動性に関する投資モデルの推計

本節では,「実態調査」で回答を寄せた製造業企業135社を対象に投資モデルを用いた投資行動の「連動性」分析を行う[15]。モデルはSummers (1981) によって概念的に定式化されたTax-adjusted Qに基づく投資モデルである。Tax-adjusted Qは資本コストと同様に企業の投資機会変数であり,資本コストがコスト面から見た投資機会変数であるのに対して,収益面から見た投資機会変数として位置づけられる。設備投資の研究分野において投資機会という考え方が1つの変数として代表されるようになったのはTobin (1969) からである。その後,Partial Q,Multiple Q,Plant-Level Q,Tax-adjusted Q,Fundamental Q,Real Qなど類似した投資機会変数が開発され多くの実証研究が重ねられてきている。わが国では,本間・跡田・林・秦 (1984),竹中・桑名・平岡 (1987),浅子・國則・井上・村瀬 (1989),Hayashi and Inoue (1991),上村・前川 (2000),上村 (2001),前川 (2005) 等がTax-adjusted Qの推計を行っており,誘導形の設備投資関数の計測を通じてTax-adjusted Qの投資機会変数としての統計的有意性を確認している。

推計のベースモデルは,被説明変数が対数変換された実質投資額,説明変数がTax-adjusted Q,実質賃金率,対数変換された実質資本ストックの3変数からなる投資モデルである。資本ストックについては期首時点のデータを用いる。ここでは,生産能力を所与として税効果を織り込んだ投資機会レベルを材料に今期どの程度の投資を実施することが可能かを判断して投資決定が行われると仮定している。推計には同時性の問題から操作変数法を用いる[16]。操作変数には,定数項と各変数の1期前と2期前の値を用いた。各変数の予想される符号条件は,実質賃金率はマイナス,それ以外はプラスである。分析期間は,1991年度から2006年度までの16期である。2006年度 (2007年3月) とした理由は,サブプライムローン破綻に端を発する金融危機・経済危機による経済不況の直前期の状況を分析するという本章の目的からである。ただし,

---

15 回答企業数が135社と少ないため産業別の分析は断念せざるを得なかった。なお,全ての質問項目において全て同じ番号の選択肢 (たとえば3) を回答した企業は存在しなかった。ただし,全ての選択肢において無回答で返却した企業 (2社) は除外した。
16 Tax-adjusted Qが50以上の期,変数作成の方法から資本ストックがマイナスとなる期,投資率が1を超える期を異常値とみなし推計から除外した。

1990年代以降投資率はバブル崩壊後に大きく低下しその後2002年度まで全般的に低下傾向にあったこと，また2003年度頃から長期にわたる回復傾向が顕著に見られるようになったことの2点を考慮して分析期間を2つに分割した。第1期は1991年度から2002年度まで，第2期は2003年度から2006年度までである。

表5-5には，通期，第1期，第2期の3つの期間の推計結果が示されている。予想される符号条件は各期間とも全ての変数で満たされている。また，通期と第2期においてはtax-adjusted Qの投資機会変数としての統計的有意性も満たされている。理論モデルが示唆するように企業は投資機会が改善すると投資を増加させるインセンティブを持つが，推計結果からもそうした正の関係が見られる。ただし，投資が全般的に縮小ないし低迷状態にあった第1期の1990年代においては投資機会変数の有意性が低下している。投資機会の変化に投資が敏感に反応しない状況が生じたのは，1990年代は需要や投資機会が全般的に低迷していたことから企業が投資計画の見直しや先送りをして生産能力の調整を行わざるを得なかったためであると考えられる。また，バブル崩壊や金融危機等の影響により金融機関の財務状況も大幅に悪化したため貸し渋り

表5-5 Basic Modelの計測結果

Period	通期 1991-2006	第1期 1991-2002	第2期 2003-2006
C	−0.594	−0.577	1.570
	3.401	0.374	0.730
Tax-adjusted Q	0.042	0.052	0.085
	0.016	0.033	0.031
W/P	−0.031	−0.059	−0.082
	0.020	0.023	0.041
Ln K	0.728	0.806	0.526
	0.030	0.032	0.065
Adj R2	0.419	0.509	0.224
Sample Size	1,015	751	264

注1．被説明変数はLn Iである。
　2．Ln Kは期首時点の変数。
　3．上段は係数値，下段は標準誤差。
　4．操作変数は定数項および各変数の1期前と2期前の値を用いた。

や貸し剥がしが生じ，企業が長期の銀行借入を行いにくいという環境にあったことも原因の1つと考えられる。また，景気後退により企業自身の財務状況が悪化していたため株式価格や債券価格が大幅に下落し，市場から直接資金を調達することが困難であったことも一因であろうと思われる。

次に，ベースモデルに同業他社の要因を表す変数を加えて投資の「連動性」に関する分析を行うことにする。本研究では，景気動向に対する投資の反応に非対称性が見られることから，同時性・同調性という意味での「連動性」が投資行動に見られるかどうかを検証することを目的としている。同業他社の投資行動との間に「連動性」が見られるとすると，現今の経済不況は期間的に長期化し，かつ深刻化する可能性がそれだけ高まることになる。以下では，同業他社の要因について2つの変数を考慮する。1つは対数変換された同業他社の設備投資額，もう1つは同業他社の投資率である。これらの変数の予想される符号条件はプラスである。表5-6には，対数変換された同業他社の実質投資額を説明変数に加えた投資モデルの計測結果が示されている。それによると，同業

表5-6 期別連動性分析の計測結果

Period	通期 1991-2006	第1期 1991-2002	第2期 2003-2006
C	1.091	0.793	0.656
	0.719	0.747	1.388
Tax-adjusted Q	0.063	0.075	0.025
	0.023	0.098	0.011
W/P	−0.018	−0.021	−0.087
	0.022	0.025	0.054
Ln K	0.757	0.838	0.457
	0.035	0.038	0.081
Ln II	0.120	0.150	0.173
	0.044	0.072	0.127
Adj R2	0.396	0.483	0.195
Sample Size	880	689	191

注1．被説明変数はLn I。
2．Ln Kは期首時点の変数。
3．上段は係数値，下段は標準誤差。
4．操作変数は定数項および各変数の1期前と2期前の値を用いた。
5．Ln IIは同業他社の実質投資額の対数値。

表5-7 期別連動性分析の計測結果

Period	通期 1991-2006	第1期 1991-2002	第2期 2003-2006
C	0.058	−0.492	2.383
	3.802	0.400	0.994
Tax-adjusted Q	0.074	0.030	0.018
	0.039	0.101	0.008
W/P	-0.030	−0.011	0.108
	0.022	0.243	0.058
Ln K	0.724	0.793	0.463
	0.033	0.033	0.088
II/K	0.847	0.615	2.444
	0.450	0.382	2.150
Adj R2	0.413	0.510	0.122
Sample Size	869	682	187

注1．被説明変数はLn I。
2．Ln Kは期首時点の変数。
3．上段は係数値，下段は標準誤差。
4．操作変数は定数項および各変数の1期前と2期前の値を用いた。
5．II/Kは同業他社の投資率。

他社の投資行動は自社の投資行動にプラスの影響を与えていることがわかる。これは，同業他社の投資が増加すると自社の投資も増加するという正の関係があることを示しており，両者の間に投資行動の「連動性」が見られることを示唆している。ただし，投資が大幅な回復基調にあった第 2 期ではこうした「連動性」を示す結果は得られなかった。投資行動の「連動性」は景気回復期よりもむしろ後退期においてより顕著に見られる現象であるのかもしれない。一方，花崎・竹内（1997）のように他社の要因を同業他社の投資率に置き換えて分析を行ってみると，他社の投資率の統計的有意性は全ての期間で低下しており，投資行動に「連動性」が見られるという結果は得られなかった（表 5-7）。また，投資機会変数については，通期と第 2 期において有意となっているが，第 1 期においては有意ではない。これは，ベースモデルの推計結果と同様である。

　ここで，我々が実施した「東証一部上場製造企業の投資決定等に関する実態調査」の回答結果を用いてサンプル分割を行い，調査の結果と財務データによる推計との間に整合性があるかどうかを確認しておこう。「実態調査」では，同業他社の投資規模や投資内容，および投資のタイミングをどの程度留意しているかについて質問している。調査の結果は，図 2-7 で見たとおりである。まず，質問項目 A-4 の (c) の回答結果による分析から行う。A-4 の (c) は投資を実施する際に同業他社の投資規模と投資内容をどの程度留意しているかを問う質問である。投資規模と投資内容に関する同業他社の意思決定を自社の意思決定過程において「まったく」ないし「希に」しか考慮していないという回答を寄せた企業をグループ A（選択肢の 1 と 2 を回答した企業），「大抵」あるいは「常に」留意していると回答した企業をグループ B（選択肢の 4 と 5 を回答した企業）とする。

　表 5-8 および表 5-9 には，これら 2 つのグループの 2006 年度時点の計測結果が示されている。他社の要因については，対数変換された同業他社の実質投資額と投資率の 2 つの変数を考慮した。表 5-8 によれば，同業他社の投資規模や投資内容を考慮していないと回答したグループ A（選択肢の 1 と 2 を回答した企業）について，他社の要因を表す変数（LnII）は符号条件を満たしているものの統計的に有意ではないという結果が出ている。他方，他社の要因を

186   5 投資行動の非対称性と連動性

表5-8 連動性分析（他社の投資内容・規模）の計測結果

A-4-(c)	Group A 1 or 2	Group B 4 or 5
C	−1.251	3.137
	2.373	2.530
Tax-adjusted Q	0.018	0.074
	0.025	0.030
W/P	0.092	0.228
	0.079	0.173
Ln K	0.412	0.404
	0.122	0.152
Ln II	0.388	0.152
	0.782	0.072
Adj R2	0.166	0.104
Sample Size	97	48

注1．被説明変数はLn I。
2．Ln Kは期首時点の変数。
3．上段は係数値，下段は標準誤差。
4．操作変数は定数項および各変数の1期前と2期前の値を用いた。
5．Ln IIは同業他社の実質投資額の対数値。

表5-9 連動性分析（他社の投資内容・規模）の計測結果

A-4-(c)	Group A 1 or 2	Group B 4 or 5
C	2.745	1.963
	1.454	1.775
Tax-adjusted Q	0.025	0.093
	0.026	0.029
W/P	0.056	0.165
	0.079	0.133
Ln K	0.414	0.417
	0.122	0.153
II/K	2.330	0.807
	4.492	1.303
Adj R2	0.169	0.156
Sample Size	94	48

注1．被説明変数はLn I。
2．Ln Kは期首時点の変数。
3．上段は係数値，下段は標準誤差。
4．操作変数は定数項および各変数の1期前と2期前の値を用いた。
5．II/Kは同業他社の投資率。

考慮していると回答したグループB（選択肢の4と5を回答した企業）については符号条件とともに統計的に有意な結果が得られている。これは，「実態調査」において同業他社の投資行動を考慮していると回答した企業では投資行動に「連動性」が見られることを示しており，財務データによる推計結果と「実態調査」による調査結果とが整合的であることを意味している。ところが，同業他社の要因を投資率に置き換えて分析を行ってみると，どちらのグループも同業他社の要因は自社の投資行動に対して有意な影響を与えていないという結果が得られた（表5-9）。

次に，質問項目A-4の(d)の回答結果による分析を行う。A-4の(d)は同業他社の投資のタイミングの影響を問う質問である。ここでも同業他社の投資のタイミングを「まったく」ないし「希に」しか考慮していないという回答を寄せた企業と，「大抵」あるいは「常に」留意していると回答した企業の2つにサンプルを分割して分析を行った。前者をグループA（選択肢の1と2を回答した企業），後者をグループB（選択肢の4と5を回答した企業）とする。

4. 投資行動の「連動性」　187

表 5-10　連動性分析（他社の投資のタイミング）の計測結果

A-4-(d)	Group A 1 or 2	Group B 4 or 5
C	-3.041	2.932
	2.253	2.618
Tax-adjusted Q	0.074	0.051
	0.026	0.032
W/P	0.118	-0.126
	0.083	0.157
Ln K	0.445	0.329
	0.122	0.162
Ln II	0.501	0.215
	0.585	0.082
Adj R2	0.209	0.087
Sample Size	104	36

注1．被説明変数は Ln I。
　2．Ln K は期首時点の変数。
　3．上段は係数値，下段は標準誤差。
　4．操作変数は定数項および各変数の1期前と2期前の値を用いた。

表 5-11　連動性分析（他社の投資のタイミング）の計測結果

A-4-(d)	Group A 1 or 2	Group B 4 or 5
C	1.370	3.911
	1.465	2.215
Tax-adjusted Q	0.015	0.051
	0.027	0.035
W/P	0.092	-0.015
	0.084	0.133
Ln K	0.503	0.326
	0.119	0.181
II/K	3.031	0.113
	4.796	1.178
Adj R2	0.218	0.076
Sample Size	101	36

注1．被説明変数は Ln I。
　2．Ln K は期首時点の変数。
　3．上段は係数値，下段は標準誤差。
　4．操作変数は定数項および各変数の1期前と2期前の値を用いた。
　5．II/K は同業他社の投資率。

　表 5-10 および表 5-11 には，これら2つのグループの 2006 年度時点の計測結果が示されている。他社の要因を表す変数についてはこれまでと同様である。表 5-10 によれば，同業他社の投資のタイミングを考慮していないと回答したグループ A（選択肢の1と2を回答した企業）については他社の要因を表す変数（LnII）は統計的に有意ではないという結果が得られた。他方，他社の要因を考慮していると回答したグループ B（選択肢の4と5を回答した企業）については符号条件とともに統計的に有意な結果が得られた。これは先の A-4 の (c) の推計結果と全く同じである。また，説明変数を投資率に変更した場合はどちらのグループにも投資行動に「連動性」は見られないという結果が出ている（表 5-11）。

　以上，本章では投資行動の「連動性」に関する分析を行った。分析の結果，①「実態調査」では自社の投資決定に際して同業他社の投資行動を留意していると回答した企業は全体の3割程度であったこと，②投資モデルの推計において対数変換された同業他社の実質投資額を他社の要因を表す変数として用い

た場合には投資行動に「連動性」が見られるという安定した結果が得られるが，そうした変数を投資率に置き換えた場合には「連動性」の存在を示す安定的な推計結果は得られなかったこと，③ 投資行動の「連動性」は景気の回復期よりも後退期において見られる傾向があること，④「実態調査」の回答結果を用いてサンプル分割すると，同業他社の行動を留意していると回答した企業では投資行動に「連動性」が見られるという結果が得られたこと，そして ⑤ ベースモデルと同業他社の要因を表す変数を追加したモデルを比較すると後者のモデルの方が説明力は全般的に低いこと，等の点を指摘した。これらの点を考慮すると，同業他社の投資行動が自社における投資決定に際して少なからず影響を与えるというような企業は存在するものの，そうした他社の要因が一般論として投資の意思決定に対して大きなファクターであるとは必ずしもいえないのではないかと思われる。また，同時性・同調性という意味での投資行動の「連動性」は景気回復期よりもむしろ「非対称性」が見られる景気後退期において顕著に見られやすい現象なのではないかと思われる。

5. おわりに

　本研究では，回復基調にあったわが国製造業企業の設備投資行動がサブプライムローンの破綻に端を発する金融危機・経済危機に直面する時点でどのような状況にあったのかを明らかにするとともに，景気変動に対する投資反応と同業他社の投資行動との「連動性」について分析した。本章は3つの部分から構成される。第1の製造業諸部門の設備投資をめぐる状況では，長期にわたる近年の景気回復局面においてわが国製造業諸部門の供給力はどの程度回復していたのか，また設備投資が増加傾向にある中でそれはどのような内容の投資の増加であったのかについて分析した。その結果，① 2003年度頃から始まった回復基調は「いざなぎ超え」といわれる程の長期の景気回復であったが，この過程で生産や出荷が継続的な増加傾向にあったことから生産能力を落としつつ稼働率を引き上げて需要の高まりに対応するというそれまでの形が一変し，生産能力が再び上昇に転じるという状況が広く見られるようになったこと，② 設備投資も能力増強を内容とする投資がかつてないほどの高まりを見せ，わが国

製造業全体の供給能力はバブル崩壊直前の水準を回復しつつあったこと，③ただし素材系業種については1990年代を通じて供給力が漸減傾向にあったこと，④研究開発投資は機械系業種を中心に増加傾向にあること，⑤今般の世界同時不況は外需依存型の景気回復を続けてきたわが国製造業部門にとって極めて厳しい経済環境であること，そして⑥最近時の円高傾向や資金繰りの困難さに加え，将来不安からの消費の冷え込みなど先行き不透明感が増し内需の拡大が見込めないことから，景気後退の長期化と深刻化が懸念されること，などの点を指摘した。

第2の投資機会の推移と企業の投資決定状況では，東証一部上場製造企業を対象に実施した「実態調査」の結果報告を行った。その結果，① 2003年度以降，投資機会は大幅かつ継続的に改善を示していたことから，特に能力増強を目的とする投資が活発化していたこと，②マクロの経済変動に対して企業の投資反応には非対称性が見られたこと，③最適資本ストックの水準と現在の水準のギャップを投資の際に留意する企業が多いこと，④調整費用については企業によって回答にバラツキが見られること，⑤投資の継続性という要因は留意項目の1つとして考えている企業が多いこと，⑥同業他社の投資行動は投資の意思決定過程において必ずしも大きなファクターにはなっていないこと，⑦有利な投資機会に直面している企業ほど投資資金としての長期借入金への需要が大きいこと，⑧業界の研究開発活動の今後の見通しについて厳しい評価を示す企業が多い一方，自社の研究開発活動の位置づけや開発体制についてはむしろ比重を高めていくと回答する企業が多いこと，などの点を指摘した。

最後に第3の投資行動の「連動性」では，自社と同業他社の投資行動の間に同時性・同調性という特徴が見られるかどうかを分析した。同業他社の投資行動との間にそうした「連動性」が見られるとすると，現今の経済不況は期間的に長期化し，かつ深刻化する可能性がそれだけ高まることになる。分析の結果，①「実態調査」では自社の投資決定に際して同業他社の投資行動を留意していると回答した企業は全体の3割程度であったこと，②投資モデルの推計において対数変換された同業他社の実質投資額を他社の要因を表す変数として用いた場合には投資行動に「連動性」が見られるという安定した結果が得られ

るが，そうした変数を投資率に置き換えた場合には「連動性」の存在を示す安定的な結果は得られなかったこと，③ 投資行動の「連動性」は景気の回復期よりも後退期において見られる傾向があること，④「実態調査」の回答結果を用いてサンプル分割すると，同業他社の行動を留意していると回答した企業では投資行動に「連動性」が見られるという結果が得られたこと，そして ⑤ ベースモデルと同業他社の要因を表す変数を追加したモデルを比較すると後者のモデルの方が全般的に説明力は低いこと，等の点を指摘した。

我々は，長期にわたる景気回復が基調として定着したとみられる時点で「実態調査」を実施したが，同様の調査を経済不況下の時点で行うと異なる回答が得られるかもしれない。経済状況（調査時点）の相違による企業の意識変化という点については財務データが得られる時期との関係もあるため今後の研究課題とする。

データの出所および変数作成の方法

本章では，モデルの導出および変数の作成に関する議論は行わなかった。詳細は永冨（2007, 2010）を参照していただきたいが，ここではデータの出所および変数の作成方法について述べておくことにする。本研究では，企業が直面する投資機会変数（Tax-adjusted Q）をベースとする設備投資モデルの推計を行っているため投資機会変数の作成が極めて重要な作業となる。投資機会変数は定義の仕方およびデータの作成方法によって大きく異なるため，どのような方法によって作成されているのかを詳細に論じる必要がある[17]。本研究で用いる財務データは，日経 NEEDS から抽出した企業別年度データである。以下，日経 NEEDS のデータ内容と関連させながら変数作成の方法について見ていくことにする。

● 設備投資額

償却対象有形固定資産と有形固定資産減価償却累計額の和の対前年度差額として作成した。有形固定資産減価償却累計額の変化分を用いている理由は，日

---

[17] データの作成方法は，前川（2005）で詳細に記述されている。本研究では，基本的に同書に基づいて変数作成を行っているが，データ・ソースが前川（2005）とは異なるため変数の定義を含めて作成方法に若干の相違が生じている。

経 NEEDS の減価償却実施額のデータには無形固定資産および投資その他の資産の普通償却実施額が含まれることからデータ同士の整合性がとれないためである。したがって，本研究で定義する投資機会変数は償却対象有形固定資産ベースのデータ系列となる。

● **株式の市場価値**

単独期末発行済み株式数（単位：株）に期末時点の終値（単位：円）を掛け，単位を他の財務変数と合わせるために百万円表示として作成した。

● **負債の市場価値**

支払利息・割引料を加重平均金利で割り，そこから受取手形割引高を差し引いて作成した。なお，日経 NEEDS では社債利息は支払利息・割引料の中に内数として含まれている。

● **加重平均金利**

加重平均金利は以下の式で求めた。

$$短期金利 * \frac{(短期借入金＋受取手形割引高)}{有利子負債額等}$$

$$＋長期金利 * \frac{(1年以内返済の長期借入金＋社債・転換社債＋長期借入金＋受取手形割引高)}{有利子負債額等}$$

ここで有利子負債額等とは，短期借入金，1年以内返済の長期借入金，社債・転換社債，長期借入金，受取手形割引高の合計額である。なお，日経 NEEDS では関係会社関連の借入金および受取手形割引高は上記の各データの中に内数として含まれている。また，新株引受権付き社債は日経 NEEDS で取得できないため無視した。

金利は貸出約定平均金利（日本銀行）を用いた。貸出約定平均金利は新規とストックの両方が取得できるが，新規については 1993 年 10 月以降のデータしか得られない。そこで本章ではストックの金利を用いている。ただし，短期も長期も 1977 年から最近時まで一貫して取得できるのは，当該資料の項目では都市銀行，地方銀行，地方銀行Ⅱの3種のみである。ただし，これら3項目のウェイト計算ができないため単純平均を取って短期と長期の月次の平均金利を作成し，それを年度平均データに変換して用いた。

●土地時価評価額

　土地価額のベンチマークは 1981 年度である。財務データより所有土地簿価を取得し，土地時価簿価倍率 5.98（全産業共通）をかけて 1981 年度の土地時価評価額を求めた。時価簿価倍率は，国民経済計算年報（内閣府）の非金融法人企業（民間非金融法人企業）の非金融資産項目の有形非生産資産の土地ストックデータと財政金融統計月報（財務省）の法人企業統計年報特集の資産・負債及び資本の状況にある全産業の土地ストック額（簿価）の比率として求めている。法人企業特集は金融・保険業を除く営利法人が調査範囲となっている。SNA の調整勘定（再評価勘定）には，① 中立保有利得および損失勘定，② 実質保有利得および損失勘定の 2 つがある。前者は，資産価格の再評価分としての物価変動に伴う資産価値の変化のうち，一般的な物価水準の変動に伴う資産価格の変化分を記録したものであり，後者は上記資産価値の変化のうち財貨・サービス一般の価格に対して相対的な当該資産の価格変化分を記録したものである。したがって，本研究では地価そのものの時価評価を求めるという観点から後者の再評価勘定のデータ系列を用いて時価評価額の土地ストック額を求めた。

　1982 年以降の土地時価評価額は，恒久棚卸法で積み上げ計算して求めている。具体的には，1981 年度の土地時価評価額に地価公示価格の用途別，地域別対前年変動率の全国平均値を掛け，これに所有土地簿価対前年変化額（財務データより計算）を足すことで 1982 年度の土地時価評価額を求める。所有土地簿価の変化額は当該年度に売買した土地の時価評価額と見なした。なお，平均地価変動率を求める際に考慮した土地用途について，本研究では工業地，準工業地に加え商業地を含めており，これら 3 者の地価変動率の算術平均として求めている。算術平均を用いた理由は，地価変動率がマイナスを示す年があり幾何平均が使えないためである。地価変動率のデータは，土地白書（国土交通省）より取得した。当該データは 1975 年から取得可能である。

●棚卸資産の市場価値

　日経 NEEDS では，棚卸資産は商品・製品，半製品・仕掛品，原材料・貯蔵品，その他棚卸資産の 4 項目から構成されている。分析対象企業の棚卸資産の回転期間を計算すると 1 〜 3 カ月と非常に短期であることから，棚卸資産の帳

簿上の価額が市場価値（時価）に等しいと考えそのまま用いることにした[18]。

● 投資財価格

　日経 NEEDS の 2006 年度分のデータ項目では，償却対象有形固定資産は建物・構築物，機械および装置，船舶・車両・運搬具，工具・器具および備品（1996 年度以前の項目名は，その他償却対象有形固定資産）の 4 項目からなる[19]。建物・構築物の価格指数には需要段階別物価指数（日本銀行）の素原材料および中間財の建設用材料の加重平均物価指数を用いた。それ以外の各項目の価格指数については，国内企業物価指数（日本銀行）を用いている。まず，産業連関表（総務省）の固定資本形成マトリックスから各産業の他産業からの投入額を計算し，それをウェイトとして用いる。次に，3 つの償却対象有形固定資産に対して，機械・装置に該当する産業としては一般機械・電気機械の 2 産業，船舶・車両・運搬具に該当する産業としては輸送用機械・一般機械の 2 産業，そして工具・器具および備品に該当する産業としては繊維・金属・電気機械・精密機械・その他製造業の 5 産業とする。なお，その他製造業には製材・木製品，家具といった業種も含まれている。それぞれに該当する業種別資本財価格を産業連関表から計算したウェイトで加重平均して各資産の業種別の資本財価格とした。

● ベンチマークの資本ストック

　資本ストックのベンチマークは 1990 年度である。日経 NEEDS の償却対象有形固定資産にそれぞれ該当する資本財価格を掛け，それらを合計することでベンチマークの資本ストックを求めた。なお，資本財価格は平均経過年数だけ遡ったものを乗じ，資本資産の取得年次時点評価の資本ストックを求めている。平均経過年数は，民間企業資本ストック年報（内閣府）のデータを用いて，経済白書（平成 12 年版，経済企画庁）の方法により業種別に求めている。

　　今期の経過年数＝[(前期の平均年齢＋1)×(前期末の資本ストック－今期の除去額)＋今期の設備投資額×0.5]÷今期の資本ストック

18　棚卸資産の回転期間は，$\dfrac{\text{期末棚卸資産額}}{1\text{カ月平均の売上高・営業収益}}$ で計算している。

19　税法では，耐用年数が 1 年以上で，かつ 10 万円以上が備品として扱われる。この条件を満たさないものは消耗品勘定で処理される。

また，1991年度以降の資本ストック系列は以下の資本蓄積式に基づいて作成した。なお，δは物理的償却率である。

$$K_{i,t} = I_{i,t} + (1-\delta)K_{i,t-1}$$

● **物理的償却率**

Hayashi and Inoue（1991）の資産別の物理的償却率を国富調査（昭和45年，経済企画庁）の有形固定資産の純資産額の構成比で加重平均して日経NEEDSの資産分類に合わせる形で作成した。Hayashi and Inoueの償却率は，① 建物および建物付属設備（0.047），② 構築物（0.0564），③ 機械及び装置（0.09489），④ 船舶（0.147），⑤ 車両および運搬具（0.147），そして ⑥ 工具および器具・備品（0.08838），となっている。日経NEEDSの資産分類に対しては，建物・構築物には①と②，機械及び装置については③，船舶・車両・運搬具については④と⑤，工具・器具および備品（その他の償却対象有形固定資産を含む）については⑥を対象とした。

● **法定償却率**

法定減価償却率は，$1-\alpha^{\frac{1}{n}}$ で求めた。αは残価率で10％，nは耐用年数である。業種別の平均耐用年数のデータは，国富調査（昭和45年，経済企画庁）から取得した。ただし，償却対象資産は建物・構築物，機械および装置，船舶・車両・運搬具，工具・器具および備品（その他の償却対象有形固定資産を含む）の4種類にまとめているため，純資産の構成比で加重平均して求めている。

● **引当金**

賞与引当金等の流動負債に属する引当金，退職給与（給付）引当金等の固定負債に属する引当金，流動資産および固定資産の控除科目として記載される貸倒引当金の合計額として作成した。

● **準備金**

貸借対照表の負債および資本勘定に含まれる特別法上の準備金や資本準備金等の合計額として作成した。

● **投資税額控除率**

投資税額控除額についての情報は財務データから得られないため，本研究では特別償却の場合として計算することにした。これは，「事業基盤強化設備を

5. おわりに

取得した場合の特別償却または法人税額の特別控除」のように選択可能な制度になっている場合があるためである。具体的には，財務データから特別償却額を取得し，当該年度の機械及び装置の投資額に対する割合として求めた。

● 株主要求利益率

企業がポートフォリオを組んで行う投融資の利回りを代理変数として用いている。株式は長期保有資産としての側面を持ちつつも，傾向としては短期保有資産としての性格が強まっている。企業のファンダメンタルに対する市場の評価としての株式価値が投融資利益率を生み出さないとすれば，株主は資金をファンダメンタルの強化に資するよう企業に要求するであろう。株主要求利回りとして投融資の利回りを代理変数とすることには，企業がファンダメンタルの改善，したがってその結果である株式価値の上昇に資する設備投資以外の用途に資金を利用する場合，株主は本業以外の業務と考える投融資の利回りを企業のパフォーマンスを評価するカットオフ・レートとして参考にするといった考え方がその基底にある。

● 期待物価変化率

割引率の計算において求められる期待物価変化率は，株主が直面する一般的な財の価格変化率である。そこで本章では，GDP デフレータの3期移動平均を代理変数として用いることにした。また，2006年度の期待物価変化率の計算で必要となる2007年度の GDP デフレータは外挿法で求めた。

● 事業税を除くすべての法人課税の税率

u は，国税（National tax）である法人税の税率 u_N，地方税（Local tax）である道府県税の税率 u_{L1} と市町村税の税率 u_{L2} を用いて，$u = u_N(1 + u_{L1} + u_{L2})$ の関係式で求めた。

● 減価償却に対する節税効果（Dep と z）

本研究では，1991年度から2006年度を分析対象期間としているため，1991年度を初期時点としている。つまり，1991年度時点の投資から減価償却が発生すると考えるわけである。各年度の投資は100%資本化されると仮定し，その額に法定償却率を乗じて初年度の減価償却額を求める。2年目は，投資額から初年目の償却分を差し引いた額に法定償却率を乗じて求める。こうした作業を投資額の90%に達するまで行う。計算上90%超の償却額に達した年度分は，

投資の90％相当額と前年度の償却累計額との差として求めた．以上の作業を各年度の投資に対して行って償却額の系列を求め，それを各年度ごとに足し合わせることで，その年度の法定償却総額を求める．

Zは，現在の投資1単位に対して将来発生する減価償却の割引現在価値であるから，投資額を1円としてDepと同じ作業を繰り返し，各投資年度を含めた将来時点にわたる法定償却総額の系列を求める．この額に対してzの系列を求める．時間選好率は，企業の所有者である株主の要求利回りに基づいて計算したものを用いた．

● 実質賃金率

人件費を従業員数で割って1人当たりの名目賃金を求め，それを生産財価格で除して実質賃金率とした．

参考文献（英語）

Abel, A. B. (1982), "Dynamic Effects of Permanent and Temporary Tax Policies in a q Model of Investment," *Journal of Monetary Economics*, Vol.9, pp.353-373.

Ando, A and A. J. Auerbach (1988), "The Cost of Capital in the United States and Japan: A Comparison," *Journal of the Japanese International Economies*, Vol.2, pp.135-158.

Auerbach, A. J. (1979), "Wealth Maximization and the Cost of Capital," *Quarterly Journal of Economics*, Vol.93, pp.433-466.

Auerbach, A. J. (1983), "Taxation, Corporate Financial Policy and the Cost of Capital," *Journal of Economic Literature*, Vol.21, pp.905-940.

Auerbach, A. J. (1984), "Taxes, Firm Financial Policy and the Cost of Capital: An Empirical Analysis," *Journal of Public Economics*, Vol.23, pp.27-57.

Auerbach, A. J. and K. Hassett (1992), "Tax Policy and Business Fixed Investment in the United States," *Journal of Public Economics*, Vol.47, pp.141-170.

Banerjee A. (1992), "A Simple Model of Herd Behavior," *Quarterly Journal of Economics*, Vol.107, pp.797-817.

Barnett, S. A. and P. Sakellaris (1998), "Nonlinear Response of Firm Investment to Q: Testing a Model of Convex and Non-convex Adjustment Costs," *Journal of Monetary Economics*, Vol.42, pp.261-288.

Berger, P. and E. Ofek (1995), "Diversification's effect on Firm Value," *Journal of Financial Economics*, No.37, pp.39-65.

Brocas, I. and J. D. Carrillo (2003 and 2004), *The Psychology of Economic Decisions*, Vol.1,2, Oxford.

Bradford, D. F. (1981), "The Incidence and Allocation Effects of a Tax on Corporate Distributions," *Journal of Public Economics*, Vol.15, pp.1-22.

Caballero, R., E. Engel and J. Haltiwanger (1995), "Plant-level Adjustment and Aggregate Investment Dynamics," *Brookings Papers on Economic Activity*, No.2, pp.1-54.

Caggese, A. (2007), "Testing Financing Constraints on Firm Investment Using Variable Capital," *Journal of Financial Economics*, Vol.86, pp.683-723.

Camerer C. F. (2004), G. Loewenstein and M. Rabin, *Advances in Behavioral Economics*, Princeton Univ. Press.

Chirinko, R. S. (1993), "Business Fixed Investment Spending: A Critical Survey of Modeling Strategies, Empirical Results, and Policy Implications," *Journal of Economic Literature*, Vol.31, No.4, pp.1875-1911.

Chirinko, R. S. (2002), "Corporate Taxation, Capital Formation, and the Substitution Elasticity between Labor and Capital," *National Tax Journal*, Vol.60, No.2.

Clark, P. (1993), "Tax Incentives and Equipment Investment," *Brookings Papers on Economic Activity*, No.1, pp.317-348.

Cleary, S. (1999), "The Relationship between Firm Investment and Financial Status," *Journal of Finance*, Vol.54, No.2, pp.673-692.

Cummins, J. (1994), K. Hassett and G. Hubbard, "A Reconsideration of Investment Behavior Using Tax Reforms as Natural Experiments," *Brookings Papers on Economic Activity*, No.2, pp.1-74.

Cummins, J. (1996), "Tax Reforms and Investment: A Cross-country Comparison," *Journal of Public Economics*, Vol.62, pp.237-273.

Eberly, J. (1997), "International Evidence on Investment and Fundamentals," *European Economic Review*, Vol.41, pp.1055-1078.

Edwards, J. S. S and M. J. Keen (1985), "Taxes, Investment and Q," *Review of Economic Studies*, Vol.52, pp.665-679.

Erickson, T. and T. M. Whited (2000), "Measurement Error and the Relationship between Investment and q," *Journal of Political Economy*, Vol.108, pp.1027-1057.

Fama, E. F. and K. R. French (1999), "The Corporate Cost of Capital and Return on Corporate Investment," *Journal of Finance*, Vol.54, pp.1939-1967.

Fazzari, F. M., R. G. Hubbard, and B. C. Petersen (1988), "Financing Constraints and Corporate Investment," *Brookings Papers on Economic Activity*, No.1, pp.141-195.

Fazzari, F. M., R. G. Hubbard, and B. C. Petersen (1998), "Financing Constraints and Corporate Investment: Response to Kaplan and Zingales," *Brookings Papers on Economic Activity*, No.1, pp.481-495.

Gan, J. (2007), "Collateral, Debt Capacity, and Corporate Investment: Evidence from a Natural Experiment," *Journal of Financial Economics*, Vol.85, pp.709-734.

Gilovich, T., D. Driffin and D. Kahneman (2002), *Heuristics and Biases*, Cambridge Univ. Press.

Gould, J. P. (1968), "Adjustment Cost in the Theory of the Firm," *Review of Economic Studies*, Vol.35, pp.45-55.

Goolsbee, A. (1998), "Investment Tax Incentives, Prices, and the Supply of Capital Goods," *Quarterly Journal of Economics*, Vol.63, pp.121-148.

Grenadier, S. and N. Wang (2007), "Investment under Uncertainty and Time-inconsistent Preferences," *Journal of Financial Economics*, Vol.84, pp.2-39.

Hall, R. E. (2001), "The Stock Market and Capital Accumulation," *American Economic Review*, Vol.91, pp.1185-1202.

Hall, R. E. (2004), "Measuring Factor Adjustment Costs," *Quarterly Journal of Economics*, pp.899-927.

Hamermesh, D. S. and D. A. Pfann (1996), "Adjustment Costs in Factor Demand," *Journal of Economic Literature*, Vol.34, pp.1264-1292.

Hassett, K. and G. Hubbard (2002), "Tax Policy and Business Investment," in A. Auerbach and M. Feldstein (ed.), *Handbook of Public Economics*, Vol.3.

Haugen, R. A (2002). *The Inefficient Stock Market: What Pays Off and Why*, 2nd ed. Pearson Education.

Hayashi, F. (1982), "Tobin's Marginal Q and Average Q: A Neoclassical Interpretation," *Econometrica*, Vol.50, pp.215-224.

Hayashi, F. and T. Inoue (1991), "The Relation between Firm Growth and Q with Multiple Capital Goods: Theory and Evidence from Panel Data on Japanese," *Econometrica*, No.59, pp.731-753.

Hennessy, C. A., A. Levy and T. M. Whited (2007), "Testing Q Theory with Financing Frictions," *Journal of Financial Economics*, Vol.83, pp.691-717.

Hubbard, R. G. (1998), "Capital Market Imperfections and Investment," *Journal of Economic Literature*, Vol.36, No.1, pp.193-225.

Jorgenson, D. W. (1963), "Capital Theory and Investment Behavior," *American Economic Review*, Vol.53, pp.247-259.

Jorgenson, D. W. (1996, 2001), *Investment*: Vol.1 (*Capital Theory and Investment Behavior*, 1996), Vol.2 (*Tax Policy and the Cost of Capital*, 1996), Vol.3 (*Lifting the Burden: Tax Reform, the Cost of Capital, and U.S. Economic Growth*, 2001), The MIT Press.

Kahneman D., P. Slovic and A. Tversky (1982), *Judgement under Uncertainty: Heuristics and Biases*, Cambridge Univ. Press.

Kahneman D. and A. Tversky (2000), *Choices, Values and Frames*, Cambridge Univ. Press.

Kaplan, S. N. and L. Zingales (1997), "Do Investment-Cash Flow Sensitivities Provide Useful Measures of Financing Constraints ?" *Quarterly Journal of Economics*, Vol.148, pp.169-213.

Lang, L., E. Ofek and R. Stulz (1996), "Leverage, Investment, and Firm Growth," *Journal of Financial Economics*, No.40, pp.3-29.

Lang, L., and R. Stulz (1994), "Tobin's q, Corporate Diversification, and Firm Performance," *Journal of Political Economy*, No.102, pp.1248-1280.

Lewellen, W. G. and S. G. Badrinath (1997), "On the Measurement of Tobin's q," *Journal of Financial Economics*, No.44, pp.77-122.

Lucas R. E. Jr. (1967), "Adjustment Costs and the Theory of Supply," *Journal of Political Economy*, No.75, pp.321-334.

Nagatomi, T. (2000), "The Financial Accelerator in Macroeconomics : Evidence from Japanese Financial Corporate Groups," in S. Suwa ed., Current Issues in Economic Policy, Institute for Research in Contemporary Political and Economic Affairs, Waseda University, Tokyo, Japan, pp.133-155.

Poterba, J. M. and L. H. Summers (1983), "Dividend Taxes, Corporate Investment and q," *Journal of Public Economics*, Vol.22, pp.136-167.

Scanller, H. (1990), "A Re-examination of the Q Theory of Investment Using U.S. Firm Data," *Journal of Applied Economics*, Vol.5, pp.309-325.

Scharfstein D. and S. Jeremy (1990), "Herd Behavior and Investment," *American Economic Review*, Vol.80, pp.465-479.

Steigerwald, D. G. and S. Charles (1997), "Econometric Estimation of Foresight: Tax Policy and Investment in the United States," *Review of Economics and Statistics*, No.79, pp.32-40.

Summers, L. W. (1981), "Taxation and Corporate Investment: A q-Theory Approach," *Brookings Papers on Economic Activity*, No.1, pp.67-127.

Tobin, J. (1969), "A General Equilibrium Approach to Monetary Theory," *Journal of Money,*

Credit, and Banking, Vol.1, pp.15-29.
Uzawa, H. (1969), "Time preference and the Penrose Effect in a Two-Class Model of Economic Growth," *Journal of Political Economy*, Vol.77, pp.628-652.

〔邦語〕

赤井伸郎 (2003)「設備投資と法人税効果:展望―実証分析手法のサーベイ」全国銀行協会報告書。
浅子和美・國則守生・井上徹・村瀬英彰 (1989)「土地評価とトービンのq／Multiple qの計測」『経済経営研究』Vol.10 No.3, 日本政策投資銀行設備投資研究所。
阿部文雄 (2003)『投資行動の理論』大学教育出版。
上村敏之 (2001)『財政負担の経済分析』関西学院大学出版部。
上村敏之・前川聡子 (2000)「連結納税と設備投資」跡田直澄編『企業税制改革:実証分析と政策提言』日本評論社。
小川一夫・北坂真一 (1998)『資産市場と景気変動』日本経済新聞社。
小椋正立・吉野直行 (1987)「税制:法人税制と企業行動」浜田宏一他編『日本経済のマクロ分析』東京大学出版会。
加藤久和 (2007)「企業負担と経済活性化の関係について」政府税制調査会調査分析部会報告資料。
加藤英明 (2003)『行動ファイナンス』朝倉書店。
鈴木和志 (2001)『設備投資と金融市場』東京大学出版会。
鈴木和志・小川一夫 (1997)「土地価格の変動と設備投資―日本の製造業に関するパネルデータによる分析」『経済分析』Vol.48 No.3。
竹中平蔵・桑名康夫・平岡三明 (1987)「設備投資行動の日米比較:限界q理論に基づく投資関数・調整費用関数の推定」『フィナンシャル・レビュー』第4号。
田近栄治・油井雄二 (1990)「税制と設備投資:平均実効税率, 資本収益率, 投資行動の日米比較」『フィナンシャル・レビュー』第18号, 大蔵省財政金融研究所。
田近栄治・油井雄二 (1998)「法人税負担の日米比較:資本コストと限界実効税率による分析」『フィナンシャル・レビュー』第45号, 大蔵省財政金融研究所。
田近栄治・油井雄二 (2000)『日本の企業課税』東洋経済新報社。
田近栄治・林文夫・油井雄二 (1987)「投資:法人税制と資本コスト」浜田宏一他編『日本経済のマクロ分析』東京大学出版会。
田中賢治 (2006)「1990年代不況下の設備投資と銀行貸出」『経済経営研究』Vol.26 No.7, 日本政策投資銀行。
千田亮吉・塚原康博 (2007)「投資決定要因の効果の有無と効果の対称性―東証一部上場製造企業の個票データを用いた実証分析―」日本経済学会 (於:大阪学院大学) 春季大会報告論文。
永冨隆司 (2002)「設備投資と資金調達制約―パネル・データによる分析―」『日本経済の新たな進路―実証分析による解明―』諏訪貞夫教授古希記念論文集刊行委員会編, 文眞堂。
永冨隆司 (2004)「設備投資と政策融資の情報効果―連立方程式モデルによる接近―」『政経論叢』第130号, 国士舘大学政経学会。
永冨隆司 (2007)「税制改正と製造業諸企業の投資条件の変化」諏訪貞夫編著『日本経済の進歩と将来』成文堂。
永冨隆司 (2008)「税制改正と企業の投資機会の動向調査―Tax-adjusted Qの推計と投資決定に関する実態調査の分析―」日本財政学会 (第65回大会) 報告論文 (於:京都大学)。
永冨隆司 (2010)「税制改正と企業の投資機会の動向」千田亮吉他編著『行動経済学の理論と実証』勁草書房。
中村純一 (2000)「日本企業の設備投資行動を振り返る―個別企業データにみる1980年代以降の特徴と変化―」調査 No.17, 日本政策投資銀行。

中村保 (2004)『設備投資行動の理論』東洋経済新報社。
永幡崇・関根敏隆 (2003)「設備投資，金融政策，資産価格―個別企業データを用いた実証分析」日本銀行ワーキングペーパー，No.02-3。
日本銀行調査統計局 (2003)「近年の設備投資動向と本格回復への課題：投資行動を生み出す企業活力の復活に向けて」『日本銀行調査月報』。
花崎正晴・竹内朱恵 (1997)「日本企業の設備投資行動の特長について」『フィナンシャル・レビュー』大蔵省財政金融研究所。
堀敬一・斎藤誠・安藤浩一 (2004)「1990年代の設備投資低迷の背景について」『経済経営研究』Vol.25 No.4，日本政策投資銀行設備投資研究所。
本間正明・跡田直澄・林文夫・秦邦昭 (1984)『設備投資と企業税制』経済企画庁経済研究所。
本間正明・常木淳・岩本康志・佐野尚史 (1988)「設備投資理論の展望」『フィナンシャル・レビュー』大蔵省財政金融研究所。
本間正明・跡田直澄編 (1989)『税制改革の実証分析』東洋経済新報社。
前川聡子 (2005)『企業の投資行動と法人課税の経済分析』関西大学出版部。
宮川努・若林光次・内田幸男 (1996)「投資競争と設備投資変動」『通産研究レビュー』通商産業省通商産業研究所。
柳沼寿・野中章雄 (1996)「主要国における資本ストックの測定法」『経済分析』経済企画庁経済研究所。

〔永冨隆司〕

6
金融政策の実体経済への影響*

1. はじめに

　本章は主に 1980 年代後半以降の日本経済を対象とし，金融政策当局による政策効果の減衰が確認されるのかを実証分析により定量化するものである。この間は従来の金融政策ではみられなかったゼロ金利政策（1999 年 4 月～2000 年 3 月）や量的緩和政策（2001 年 8 月～2006 年 3 月）といった時間軸効果をねらった金融政策が実施された。しかしその成果については，長期金利を押し下げる効果は認められるものの，生産等の実体経済への効果については疑問視されている。

　特に量的緩和政策実施期には，派生的あるいは補完的ともいえる数々の金融政策手段が採られ，それらは非伝統的金融政策（水野 2009）や非標準的金融政策（Bernanke et al. 2004）と称されている。それらには月ごとに頻繁に変更された長期国債購入額の他に，ロンバート貸出制度の導入，銀行保有株の買入れ，資産担保証券（ABS）の買取り，資産担保 CP 買いオペ等が含まれる。この時期の実証分析に関する研究は着実に蓄積されてきている。以降の金融政策効果に関する論点を整理するためには，エポックメイキングとなった 2001 年 3 月 19 日の日本銀行金融政策決定会合議事要旨を確認するのが有益であろう。これには量的緩和政策の 3 つの観点が以下のようにコンパクトにまとめられている。

　(a) 金融市場調節の操作目標の変更
　　金融市場調節に当たり，主たる操作目標を，これまでの無担保コールレート（オーバーナイト物）から，日本銀行当座預金残高に変更する（所要準

＊ 本章は，滋賀大学経済学部学術後援基金の助成を得て行われた研究成果の一部である。

備額を大幅に上回る日銀当座預金を供給する[1]。
(b) 実施期間の目処として消費者物価を採用
新しい金融市場調節方式は，消費者物価指数（全国，除く生鮮食品，以下コアCPI）の前年比上昇率が安定的にゼロ％以上となるまで，継続することとする（以下，コミットメント[2]と略す）。
(c) 長期国債の買い入れ増額
日本銀行当座預金を円滑に供給するうえで必要と判断される場合には，現在，月4000億円ペースで行っている長期国債の買い入れを増額する。

次節では量的緩和政策の効果について先行研究を確認するとともに，マクロ経済モデルに関するカテゴライズを図る。3節では量的緩和期を含む80年代後半以降の金融政策効果の推移を実証分析により定量化し検証していく。4節はまとめである。

2. 先行研究

2.1. 量的緩和期の金融政策効果

前節(a), (b), (c)による量的緩和期の金融政策効果に関して，①コミットメントによる時間軸効果[3]（policy duration effect），②日銀当座預金増額および長期国債購入増によるポートフォリオ再調整効果とシグナル効果，③実体経済への波及効果の観点からそれぞれサーベイを行う。

Baba et al. (2005) は，マクロモデル（IS曲線，AS曲線，金融政策ルール）にファイナンス理論の無裁定条件を加えた独自のモデル（マクロ・ファイナンス・モデル）を用い，時間軸効果によるイールドカーブ低下効果を検証した。分析から，ゼロ金利政策時との時間軸効果の比較で効果の程は強まってい

---

[1] 具体的には，日本銀行当座預金残高を，直前の残高4兆円強から1兆円程度積み増し5兆円程度に増額するとした。この結果，無担保コールレート（オーバーナイト物）は，これまでの誘導目標である0.15％からさらに大きく低下し，通常はゼロ％近辺で推移するものと予想されるとした。
[2] 1999年4月の日銀総裁会見で「デフレ懸念の払拭が展望できるような情勢になるまでゼロ金利政策を継続する」と説明して金融緩和スタンスの将来にわたる継続を市場に織り込ませる政策を初めて採用した。2001年3月のコミットメントはさらに踏み込んだものである。
[3] 政策金利がほぼゼロまで低下しても，日本銀行がゼロ金利を将来にわたり継続するとコミットすることで，民間部門の将来の短期金利予想を低下させ更なる緩和効果を生起させる政策。

ると結論付けている。Okina and Shiratsuka (2004) も，時間軸効果によるイールドカーブ低下効果を検証し，ゼロ金利政策時との時間軸効果の比較において強まっているとしている。Bernanke et al. (2004) は VAR モデルを用い，時間軸効果によるイールドカーブ低下効果を検出している。また丸茂他 (2003) は Vasicek モデルを改良したイールドカーブモデルを用い，時間軸が 2002 年末にかけて長期化したことを検出し，時間軸効果によるイールドカーブ低下効果を認めている。

これら先行研究によれば，量的緩和政策下でのコア CPI 実績にリンクさせたコミットメントによるイールドカーブ押し下げ効果が，短期金利から中期金利までを中心に検出されている。しかも，その効果はゼロ金利政策下での将来のデフレ懸念払拭にリンクさせたコミットメントに比べて強力である。こうした結果について，先行研究における見解はほぼ一致している。

次にポートフォリオ再調整効果およびシグナル効果についてまとめる。ポートフォリオ再調整効果とは，銀行保有のポートフォリオのリスクを中央銀行のオペレーションによって減少させると，リスクの総量を一定の限度額以下に抑えるという制約条件のもとで目的を最大化するように最適化行動している市中銀行が新たにリスクをとる結果，マネタリーベースの一部が貸出等のリスク資産に交換される効果を指す。シグナル効果とは，量的拡大により将来の短期金利の経路に関する民間の予想に影響を与える効果のことである。すなわち，超過準備がより積み上がるほど，それを必要準備水準に戻すのにより長い時間がかかるため，人々のゼロ金利予想が長期化するというものである。これらに関する先行研究として Oda and Ueda (2005) がある。Oda and Ueda (2005) はマクロファイナンスモデルを用いて日銀当座預金増額によるポートフォリオ再調整効果を有意でないとしている。シグナル効果については，長期金利の押し下げ効果が有意であることを示している。一方，長期国債購入増によるポートフォリオ再調整効果では，国債データを用いて有意でないとし，シグナル効果も同様に有意でないと結論付けている。

実体経済への波及に関して，Fujiwara (2006) は3変数マルコフスイッチング VAR (Vector AutoRegression)[4] の手法を用いて分析を行っている。

---

4 パラメータの可変時期に先験的制約を置かない時変係数 VAR の一種である。

1998年までについては，鉱工業生産がプラスに有意であるが，1998年以降では若干プラスであるが有意ではなくなるとしている。さらに，4変数VARでは，2000年までについては，鉱工業生産がプラスに有意であるが，2000年以降では若干プラスであるが有意ではなくなると報告している。また，貞廣(2005) は6変数のVECM（Vector Error Correction Model）の手法を用いて分析を行っている。1986年1月から1995年4月まででは鉱工業生産がプラスに有意であるが，1996年以降ではごくわずかのプラスであるが有意ではなくなるとしている。こうした結果の解釈としては，ベースマネー増加の効果はもともと小さいため，あるいは金融仲介の機能不全を挙げているものが多い。

上記3つの観点（① コミットメントによる時間軸効果，② 日銀当座預金増額および長期国債購入増によるポートフォリオ再調整効果とシグナル効果，③ 実体経済への波及効果）から整理した先行研究によると，各種の非伝統的金融政策は，短・中期金利の一層の低下を含めた金融システムの更なる悪化を防ぐには一定の効果があったものの，そこから実体経済への力強いトランスミッションが存在したかについては明確ではないという見解に収斂していくようにみえる。

3節では金融政策の実体経済に与える効果が，1990年代から2000年代にかけて減衰してきたのではないかという疑問を，実証分析により検証する。分析期間は1986年1月から2009年3月までである。月次データを対象としたのはサンプル数確保のためであり，始期はデータセットへのアクセシビリティおよび連続性の観点から選定した。

2.2. マクロ経済モデルに関するカテゴライズ

実証分析に先立ち，昨今のマクロ金融経済における実証分析のツールに関して若干の整理を行っておくことは有益であろう。図6-1はイングランド銀行の四半期報から抜粋したものでペーガン・フロンティア（Pagan Frontier）といわれる。実証モデル構築上，理論的整合性を重視するか観測データとの整合性を重視するかで用いるモデルをカテゴライズしたものである。縦軸は理論との整合度合いを示し，横軸は観測データとの整合度合いを示す。図中の用語は

2. 先行研究

図6-1 ペーガン・フロンティア

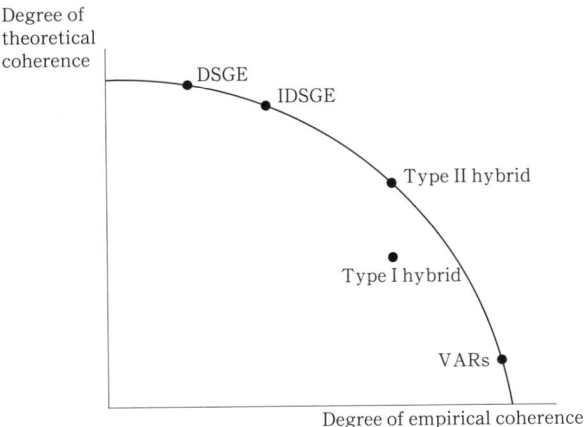

```
Degree of
theoretical
coherence
    ● DSGE
       ● IDSGE
              ● Type II hybrid
              ● Type I hybrid
                  ● VARs
                    Degree of empirical coherence
```

出所：BOE Quarterly Bulletin 2003 Spring, p.68.

経済モデルを表し，その意味するものは次の通りである。

- DSGE：RBC理論を基礎とするミクロ的基礎付けを重視した動学的確率一般均衡（Dynamic Stochastic General Equilibrium）モデルである。他にデータとの整合性を加味したタイプとしてIDSGE（Incomplete DSGE）モデルがある。
- Type I hybrid：伝統的なケインジアンマクロ計量モデルであり，ミクロ的基礎付けに弱くルーカス批判をかわせない。誤差修正項等の利用で長期均衡に向かうパスを明示したのがType II hybridである。
- VARs：観測データとの整合性を重視するタイプ。経済構造をブラックボックスとする誘導型VARに対して，同時点係数行列に制約をおき構造が明示できる構造型VARが近年はよく用いられている[5]。

アカデミアは左上を選好する傾向が強い一方，実務家やポリシーメーカーは右下を選好する傾向がある。

理論とデータどちらの整合性を重視するかはトレードオフの関係にあり統一的な手法はない。各モデルの特性や限界などを十分に理解したうえで，予測や

---

[5] ショックの累積的影響が長期的にゼロとなるような長期制約を付すものもある。代表的な研究としてBlanchard and Quah（1989）がある。

分析に関する頑健性の確認等を目的に複数のモデルを用いるべきという考えは"Suite of Models"と言われ，特にポリシーメーカーの間で共通認識となっているようである。ニュージーランド準備銀行と日銀を比較しつつDSGEベースの各国中央銀行のマクロ計量モデルをサーベイしたものに佐藤 (2009) があり，日本経済の実証分析を行ったものとしてYano (2009) がある。

本章は観測データとの整合性を重視しかつ短期制約を考慮した構造VARモデルを用いて分析を進めていく。同様の手法でマクロ経済政策効果の動学的特徴を分析したものとしてIida and Matsumae (2009) があり，2006年までのサンプルを用いた結果，短期利子率の実体経済への影響力に大きな変化はないと結論付けている。変数は生産量，物価指数，為替レートおよび別途推計した金融政策代理変数を使用している。近年，生産量あるいはGDPギャップ，物価あるいはインフレ率，それと金利の3変数を用いて，比較的単純な3本の方程式で組んだダイナミックモデルは"Today's consensus" (Meyer 2001) や"New consensus" (Arestis and Sawyer 2002) と称され，マクロ金融経済分析の主要変数として位置づけられている。本章もこうした流れを酌み，使用変数を選択した。

金融政策代理変数とは銀行貸出金利と日銀短観DI項目である貸出態度判断DIを説明変数とする推計式から作成した変数である。分析期間には金融政策手段がコールレートを主とする金利であった時期と，日銀当座預金を主とする量的指標であった時期が含まれている。また，ゼロ金利政策採用時以降，コールレートが下限にほぼ張り付いているため，コールレートを内生変数としてそのまま採用すると，当局が下した政策判断に対する認識を誤ってしまう可能性がある。そこで中間変数としての金融政策代理変数を定義することで，金利や量といった異なる質の政策手段を統一的に扱えるように工夫した。一方，中間変数としての位置づけになるため，若干のトランスミッション・ラグを生じる可能性には留意せねばならない。金融政策代理変数の特徴や活用意義を詳述した先行研究としては鎌田・須合 (2006) が挙げられる。

3. 実証分析

本節では，実証モデルを構築したうえで，金融政策が生産量に与える効果を時系列的に定量化していく。モデルは金融政策の効果を分析する標準的な手法である構造 VAR (Vector Auto Regressive) モデルを用いる。最もコアなマクロ変数としては生産量，物価指数，金利が挙げられるが，本章ではさらに以下の3点について考慮する。

- 海外部門の影響を考慮するため，為替レートを導入する。
- ゼロ金利制約にバインドされない，金融当局が独自に操作できる金融政策変数を考える。

金融政策変数には伝統的にはコールレートが該当するだろう。ただし，1990年以降はゼロ金利に向かって下げ幅が制約された期間があったばかりか，コミットメントに訴える政策や，量的緩和政策の一環として採択された日銀当座預金残高の増額，長期国債購入額の増額等，非伝統的政策が数多く採用された。

これら量的緩和政策の一環として採択された非伝統的金融政策の個別効果に関しては，第2節でみたように数多くの先行研究がある。本章では鎌田・須合 (2006) に倣い，政策スタンスの変化を識別する際，コールレートのようにゼロ金利制約を受けていない中間変数を用いることで，各政策手段による効果を包括的に捉え，これを金融政策"代理"変数とする。なお，個別効果すなわち波及経路ごとの分析を行わないのは，制約により効果を過小とするリスクの回避のためである。

3.1. 金融政策代理変数の作成

短期金融市場を中心とする金融政策当局による数々の政策が，総合的にみて有効であり，長期金融市場あるいは貸出市場に波及するとすれば，これら市場間にはなんらかの正の関係性を持つはずである。また，そうした関係性を援用し，バインドされたコールレートに代わる代理変数が作成できるであろう。

こうした観点から，被説明変数をコールレート，説明変数を銀行貸出金利お

よび貸出態度判断 DI とした回帰分析を行った。データは月次である。コールレートは無担保 ON 値を用い，データが提供されていない時期においては適宜有担保データを連結した。貸出金利は貸出約定平均金利を用い，貸出態度は貸出態度判断 DI を用いた。その際四半期データを線形補間した。推計は OLS を用いた。この手法により，特に企業金融面で，ゼロ制約にバインディングされた期間においても，政策効果を過小評価することなく，効果的に金融政策のインパクトを抽出することができる。

$$r_t^c = -2.650 + 1.365 r_t^l + 0.014 DI_t$$

$$(-11.77) \quad (33.42) \quad (6.74)$$

sample 1976M3−1999M1 $\bar{R}^2 = 0.91$ S.E. $= 0.84$ prob(F-statistic) $= 0$

注：r_t^c はコールレート，r_t^l は銀行貸出金利，DI_t は貸出態度判断 DI であり，カッコは t 値を示す。

この推計式により，コールレートの動きの 91% を説明することができる。このようにして作成された金融政策代理変数は図 6-2 に見られるように，推計期間の 1995 年まではコールレートの動きを十分トレースしている。ゼロ金利政策が開始された 1999 年以降を外挿してみると，コールレートがゼロ制約に

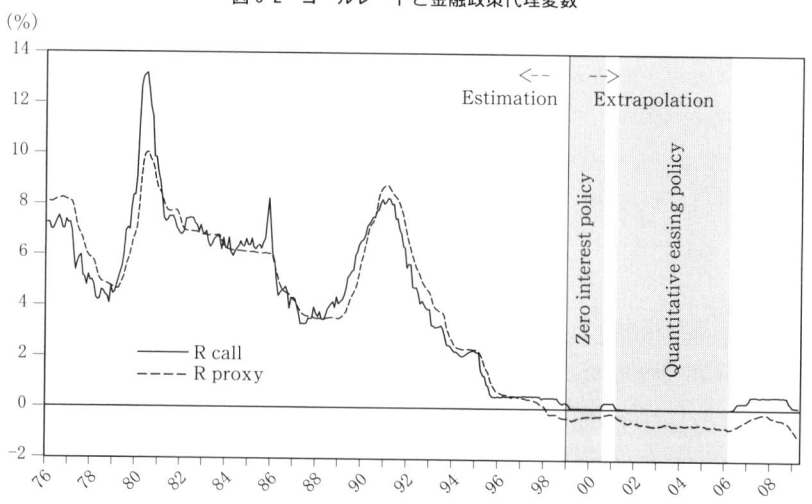

図 6-2 コールレートと金融政策代理変数

注：R call：コールレート，R proxy：金融政策代理変数。

バインディングされているのに対し，制約のない代理変数はコールレート換算でマイナスの水準まで低下していることがわかる。なお，2000年の一時期や量的緩和政策が解除された2006年から2008年にかけてコールレートが若干上昇していた時期はあるものの，金融政策代理変数に基づいたコールレート換算値では依然として非常に強い緩和スタンスであったことがうかがえる。

したがって，ゼロ金利政策採用以降の金融政策スタンスというのは，名目金利がバインディングされているものの，実際はより緩和的なスタンスをとっていたことになる。なお，このスタンスは直近でも依然継続されていることが示されている。本章では個々の政策手段による効果を明らかにするものではないが，日本銀行が金融市場の安定的な機能の確保や企業金融の円滑化を企図して実施してきた様々なメニュー方式による政策が，総合的にみて一定の金融緩和効果を発揮してきたことを示す証左であると考える。

3.2. 4変数構造VARモデル

前節で作成した金融政策代理変数を含めた構造VARモデルを構築する。使用変数は4変数で，順に生産量，物価指数，為替相場，金利とする。具体的にはGDPギャップ，消費者物価指数（除く食品：コアCPI），円ドル為替相場，そして3.1節で推計した金融政策代理変数である。月次データを使用し期間は1986年1月から2009年3月までである。為替相場変数には対数変換処理を行った。

GDPギャップは統計データとして整備されていないため，コブ・ダグラス（Cobb-Douglas）型生産関数アプローチにより別途推計した四半期値を月次値に線形補間した値を利用した（図6-3）。GDPギャップの詳しい導出過程は得田（2008a）を参照されたい。

なお，事前的分析として使用変数の共和分検定は済ませてあり，共和分の関係がないことを確認している。構造VARモデルおよびインパルスレスポンスの基本的考え方はChristiano（1996）や得田（2007, 2008b）を参照されたい。

ラグは自由度確保の観点から最大で10までとし，赤池情報基準量（AIC）およびシュワルツ情報基準量（SBIC）を計算し，最小値を選択した。結果は表6-1に示される。AICによるとラグ3，SBICによるとラグ2の採用が支持

される。ラグが2から5くらいまでというのは多くのVAR分析で採用されている。以下ではラグ2を付したVARモデルを採用することにした[6]。

図6-3 推計したGDPギャップ

注：導出過程は得田（2008a）を参照。

表6-1 ラグ次数決定のための各情報基準量

Lag	AIC	SBIC
1	−20.649	−20.390
2	−22.189	−21.722※
3	−22.223※	−21.548
4	−22.207	−21.324
5	−22.196	−21.106
6	−22.211	−20.913
7	−22.190	−20.684
8	−22.163	−20.449
9	−22.135	−20.214
10	−22.123	−19.994

注：各基準量により選ばれた次数を示す。
AIC：赤池情報基準量。
SBIC：シュワルツ情報基準量。

6　派生的分析としてラグ次数3でも同様の分析を行ったが本質的な違いは確認されなかった。

(1) インパルス反応関数

前節で特定化した VAR モデルに対し，同時点係数行列に制約を与えることで構造 VAR とした。そのうえで，各コンポーネントショックを与えた際に，それぞれの変数がどう変動していくのかを，インパルス反応関数により検証する。なお，本章では制約により各コンポーネントショックを識別する手法としてコレスキー分解（Cholesky decomposition）を用いた。これは，経済変数に影響を及ぼすトランスミッションから生じるタイムラグに着目して，様々な構造ショックを識別するという手法である。需要ショックや供給ショックは，同時点で生産や物価指数に影響を及ぼす一方，金融政策ショックでは，政策スタンスの変更がラグを伴って生産や物価指数に影響を与えるというものである。モデルでの序列が下位の変数ほど，他の変数から同時点で影響を受けやすいのが特徴である。

得られた全内生変数のインパルス反応は図 6-4 に示される。各コンポーネントショックには列ごとにまとめられている。Y は正の実物ショック（ディマンドショック），P は正の物価ショック（サプライショック），E は円安ショック，R は金融政策引き締めショックをそれぞれ表す。行はそれぞれの変数の反応（レスポンス）を示している。E については増加が円安を，減少が円高を表す。反応期間は 60 カ月までとした。なお点線は±2 標準偏差バンドを表している。

1 列目の実物ショックでは，物価指数がディマンド・プル・インフレにより上昇している。為替レートは若干円安方向に振れているが判断はつかない。政策代理変数は需給逼迫圧力を緩和させるため上昇している。2 列目の物価ショックでは，生産量の低下が生じている。為替レートについては若干円高に振れているようである。日本国内要因より海外要因の方が強く効いているためかもしれない[7]。金融政策代理変数は物価高による景気減速を緩和する方向に反応しているものの，実物ショックに対する反応に比べ弱い。3 列目は円安

---

7 たとえば2007年中頃から2008年3月にかけて急速な円高が進んだが，これは日本国内要因によるよりも，アメリカのサブプライムローン問題に端を発した欧米金融機関に対する信用不安から生じたものだろう。この時期の原油等資源や穀物価格高騰の動きを考え合わせれば，本章で示されたインパルス反応は説明できる。

ショックである。生産量と金融政策代理変数はやや上昇傾向を示している。円安に伴う景気過熱とそれに対する金利の反応ととらえれば，これらの動きは説明できよう。なお物価については不明である。

　最後に4列目の政策引き締めショックの反応をみる。政策緩和ショックに対する生産量の反応については別途詳しく考察することとし，ここではアノマリーとしての「物価パズル」と「生産パズル」について考察する。金融政策引締めショックの物価に及ぼす影響について，引締めが財の需給逼迫圧力を減じさせることで物価下落が促されるというのが通説であろう。しかしインパルス反応では逆に物価が有意に上昇している。これは「物価パズル (price puzzle)」といわれる現象であり，VAR モデル分析で度々確認されるものである[8]。物価パズルについては次の解釈が可能である。金融政策当局が将来のインフレを予想した場合，中央銀行は将来のインフレ圧力を相殺するように，現時点において金融引締め政策を採るであろう。しかし政策効果の不確実性やブレイナードの保守主義 (Brainard Conservatism)[9] により，完全にインフレ圧力を相殺するほどに金利を引き上げないとすれば，金融引締めと物価上昇が同時に出現することになる。

　また，政策引締めショック後しばらく生産が上昇する現象は「生産パズル (output puzzle)」と言われる現象であり，本インパルス反応で確認された。これも物価パズルと同様の解釈が可能である。金融政策当局が将来の景気過熱を予想した場合，過熱圧力を相殺するために，現時点において金融引締め政策を採ることが予想される。しかし，完全に景気過熱圧力を相殺するほどに金利を引き上げないとすれば，金融引締めと景気拡大が同時に発生することになる。

　このように全ての変数を確認したところ，為替レートの反応はバンドがゼロをまたぎ，その方向性を判断できないものが多かった。これは日本固有の要因よりもパートナーカントリーであるアメリカ側の要因に強く影響を受けている

8　物価パズルを解消する手法として，物価の先行指数（商品先物指数等）をモデルに導入することが知られている。
9　不確実性が存在する場合に，小幅の政策対応にとどめることが経済の安定化にとって望ましいというもの (Brainard 1967)。

3. 実証分析   213

図6-4　4変数VAR累積インパルス反応

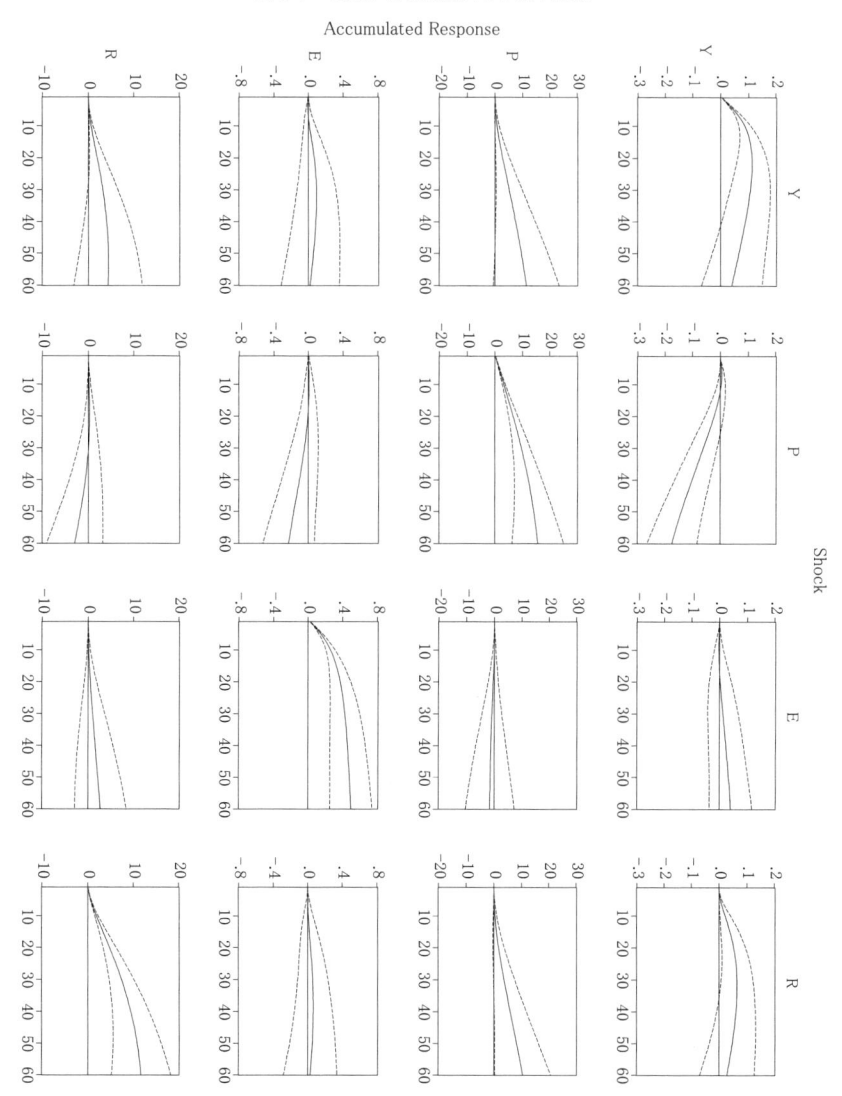

Accumulated Response

注1．サンプル期間は1986年1月～2009年3月である。
2．点線は±2標準偏差バンドを示す。
3．Y：生産量，P：物価指数，E：為替相場，R：金融政策代理変数で，それぞれのショックは実物ショック，物価ショック，円安ショック，政策引締めショックを示す。

ことの表れであると考えられる。しかし，その他の変数についてはおおよそ説明可能な反応を示していることから，構造 VAR モデルの妥当性が支持されたと考えられる。次節では本 VAR モデルをもとに，金融政策緩和ショックに対する生産量の反応を，サンプル期間を変化させることで，より詳細に分析していく。そして，1990 年代以降の金融政策の実体経済への影響を考察していく。

(2) 金融緩和政策の効果減衰の検証

ここでは金融政策代理変数 R に 1 標準偏差の金融緩和ショックを加えることで，生産量 Y に与える効果についてサンプル期間を拡張しつつ，その変化を検証していく（インパルス反応関数）。サンプルの始期は 1986 年 1 月に統一した。終期は 93 年，95 年，97 年，99 年，01 年，03 年，05 年，07 年（それぞれ 12 月まで），09 年 3 月までの 9 シナリオに分け，それぞれについての反応を調べた。結果は図 6-5 に示されている通りである。

サンプル終期が 95 年までは，金融緩和ショックに対し，生産は当初若干の落ち込みがみられるものの，ほぼ 3 年でプラスに転じた後は力強く増加している。一方，サンプル終期が 97 年から 01 年までのモデルでは，回復の勢いが相対的に弱くなる。さらに 03 年以降を用いたモデルでは，最低値をマークする

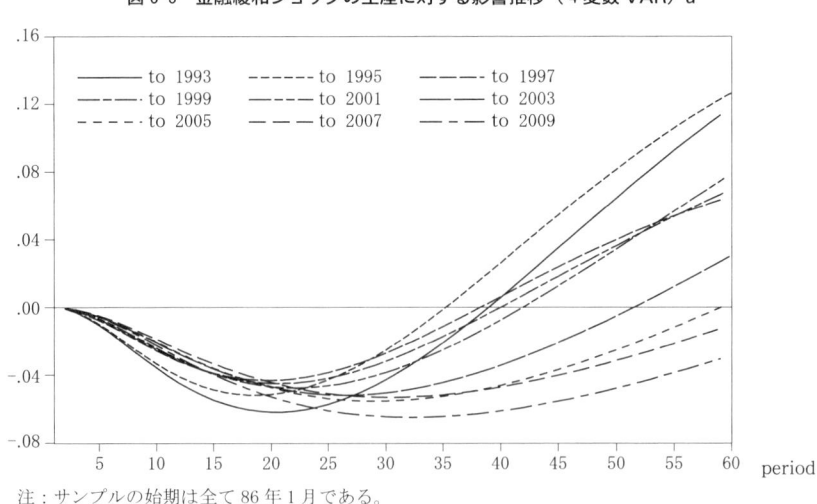

図 6-5　金融緩和ショックの生産に対する影響推移（4 変数 VAR）a

注：サンプルの始期は全て 86 年 1 月である。

3. 実証分析　215

時期および累積効果がゼロレベルに回復する期間がさらに長期化する。07 年以降では 60 カ月後でもゼロレベルにすら届かなくなるほど弱くなる。全体的に 90 年代以降，金融緩和政策の実体経済へ及ぼす効果が減衰していく過程が確認された。

次に上記分析の終期をさらに細かく 3 カ月ごとに区切った推計を順次行い，効果がプラスに転じるまでの期間（効果反転期）および累積効果がプラスに転じるまでの期間（累積効果期）を調べた。結果は図 6-6 に示される[10]。01 年前半頃までは効果反転期は 20 期前後，累積効果期は 40 期前後であり，両方とも安定していた。なお 97 年のみ一時的に大きく増加しているが，これは大型金融機関が連続破綻した時期にあたり，インターバンク市場並びに短期金融市場が混乱をきたした影響を反映しているものと考えられる。01 年後半から 06 年前半にかけては，両方ともプラス効果現出までの期間の長期化が認められる。すなわちこの時期は金融政策の実体経済に与える効果が減衰していった時

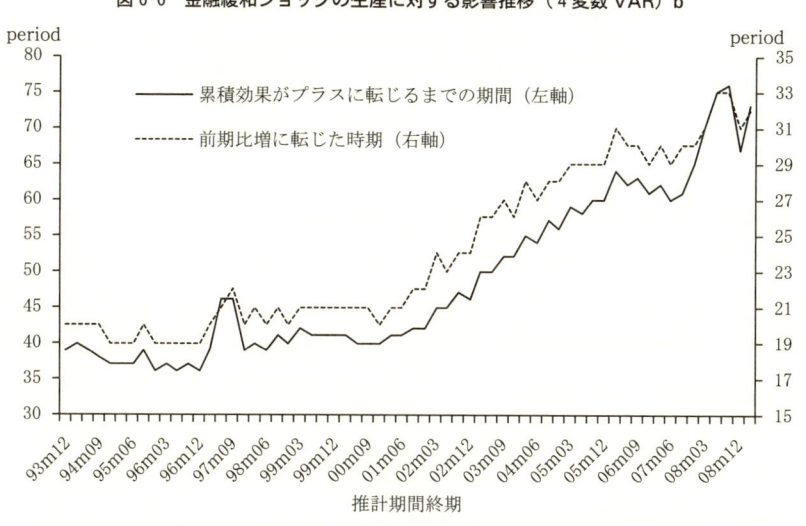

図 6-6　金融緩和ショックの生産に対する影響推移（4 変数 VAR）b

注：サンプルの始期は全て 86 年 1 月である。

10　図 6-5 同様に表すとこのようになる。これから効果反転期と累積効果期をまとめたものが図 6-6 である。

期であるといえよう．その後06年後半以降は，効果がプラスに転じるまでの期間は30期前後で安定してきたものの，累積効果については大きく変動し，より長期化の傾向を示している．

金融政策発動から実体経済に波及するトランスミッションの重要な連結部である金融システムが，2000年代初頭以降に毀損し，その構造的修正が未だ不十分なままなのか，あるいは構造的変質が生じた可能性が強いことが示唆される．

3.3. 5変数構造VARモデル

前節の4変数構造VARモデルを用いた分析から，金融政策発動から実体経済に波及するトランスミッションが2000年代初頭以降毀損し，政策効果を減衰させている可能性を見出した．この結果をさらに補強させるため，長期金利を追加した5変数構造VARモデルを用いて同様の分析を行ってみる．他4変数および推計期間は同じであり，変数順序は生産量，物価指数，為替相場，長期金利，（金利）金融政策代理変数である．AICおよびSBICではラグ5が支持されたが，4変数構造VARモデルとの比較の観点から，ラグ2のモデルでも検証を行った．

図6-7はラグ5を付した5変数VARモデルの累積インパルス反応である．各変数の反応に4変数と比べて大きな変化は見られない．政策引締めショックに対する長期金利の反応は正でありこれは時間軸効果を示している．一方，生産量が有意に反応しているのは政策引締めショックではなく長期金利上昇ショックの方であった．これは短期金利が生産に直接影響を与えるというよりも，むしろ時間軸効果により長期金利に波及した後に影響を与えるというトランスミッションが表れたものととらえることができる．なお，物価パズルおよび生産パズルはここでも解消されなかった．

次に，金融政策代理変数Rに1標準偏差の金融緩和ショックを加え，生産量Yに与える効果についてサンプル期間を拡張しつつ，その変化を検証した．結果は図6-8（上段ラグ2，下段ラグ5）に示されている通りである．両ラグとも93年から99年では強い反応が見られる一方，01年以降の反応は弱々しいものに変化してきている．

3. 実証分析

　さらに長短2つの金利をモデルに導入することにより2.1節でみてきた時間軸効果の検証が可能となる。金融政策代理変数 R のショックに対する長期金利 R-$LONG$ に与える効果についても検証した。結果は図6-9（上段ラグ2，下段ラグ5）に示されている。ラグ5モデルのほうが若干大きな反応を示すものの，全体の推移曲線の形状として大きな差異は見られない。やはりサンプル期間の短いものすなわち1990年代初めから2000年代初頭の反応の方がより敏感に反応し，その後の景気回復を受けての反転上昇も早い。このことをさらに詳しくみるため，金融緩和ショックの長期金利に対する影響を，推計期間終期を3カ月毎延長し，マイナス1％ポイントに達した時期および前期比増に転じた時期をチェックしてみた（図6-10）。反応する長期金利がマイナス1％ポイントに達するまでの時期は，ラグ2モデルで00年代初頭から，ラグ5モデルで90年代末から急激に長期化している。この長期化の傾向は両モデルとも03年頃まで続き，その後は19期から20期で安定している。一方，前期比増に転じた時期は両モデルとも97，98年に40期前後に急に長期化した後，緩やかな長期化傾向を示している。07，08年にはさらに急激な長期化がみられ，終期が08年6月では94期もの長期に達している。直近では若干戻しているが依然高い水準を保っている。

　景気低迷期に長期金利が速やかに低下することは企業金融や民間住宅設備投資にとって望ましいことであり，その後の景気回復による長期金利上昇が早期に確認できればできるほど，金融政策当局の政策効果が高い証といえるだろう。図6-10からは両指標が1990年代末2000年代初頭にかけて急速に長期化しつつ，トレンドとしても長期化の傾向にあることが示された。こうした点から金融政策効果の減衰の過程が確認でき，これは4変数VARモデルの結果と同様であった。

218　6　金融政策の実体経済への影響

図 6-7　5 変数 VAR 累積インパルス反応（ラグ 5）

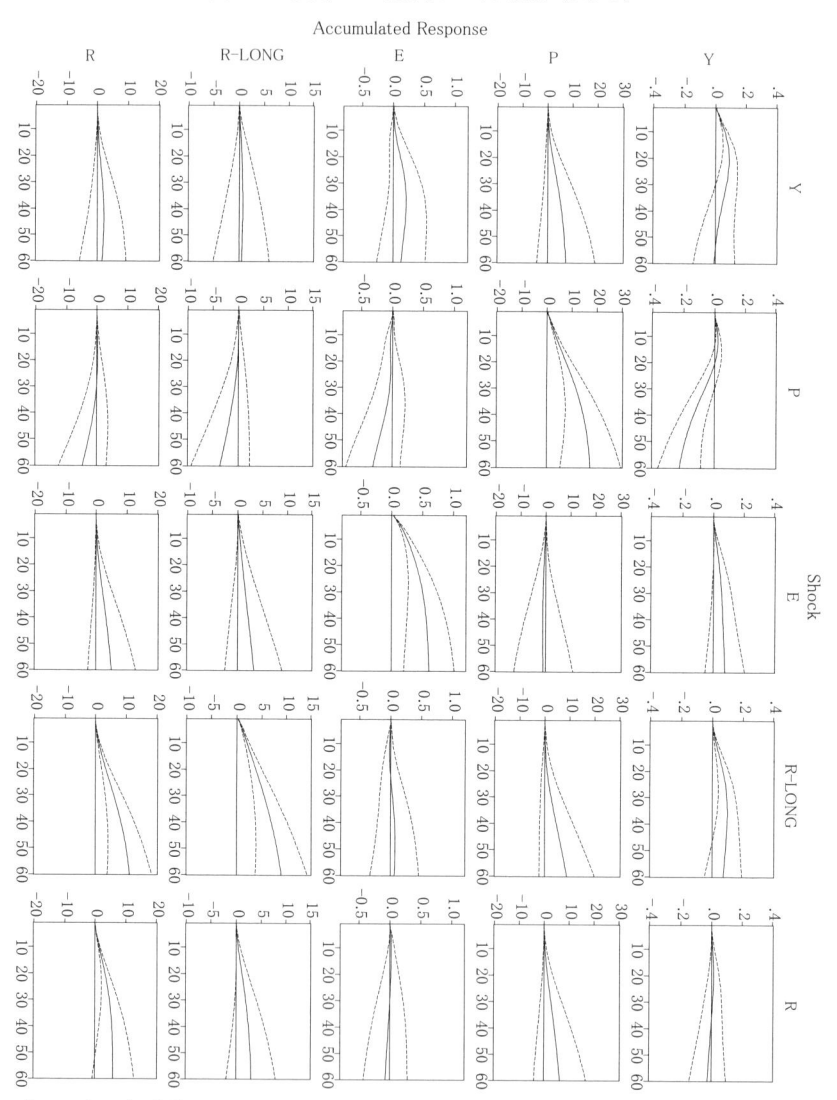

注 1．サンプル期間は 1986 年 1 月～2009 年 3 月である。
　 2．点線は±2 標準偏差バンドを示す。
　 3．Y：生産量，P：物価指数，E：為替相場，R-LONG：長期金利，R：金融政策代理変数で，それぞれのショックは実物ショック，物価ショック，円安ショック，長期金利上昇ショック，政策引締めショックを示す。

3. 実証分析　219

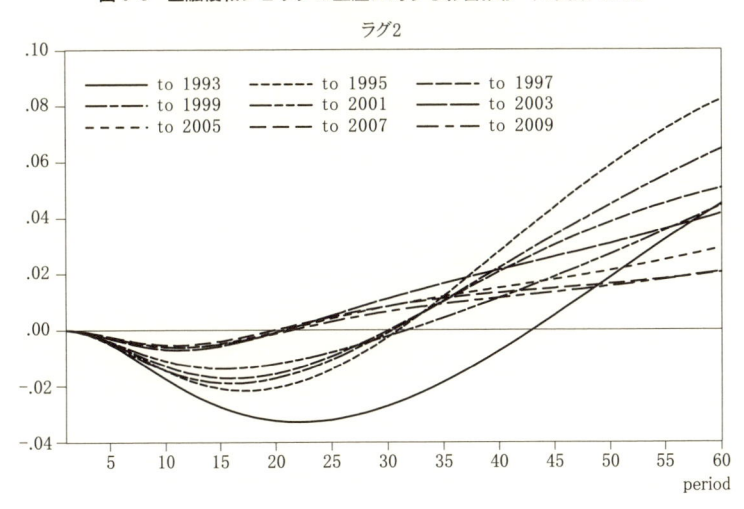

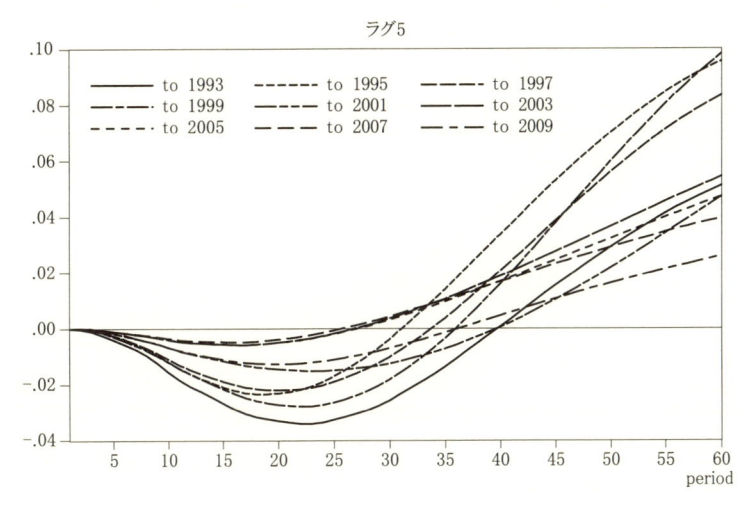

図6-8　金融緩和ショックの生産に対する影響推移（5変数VAR）

ラグ2

ラグ5

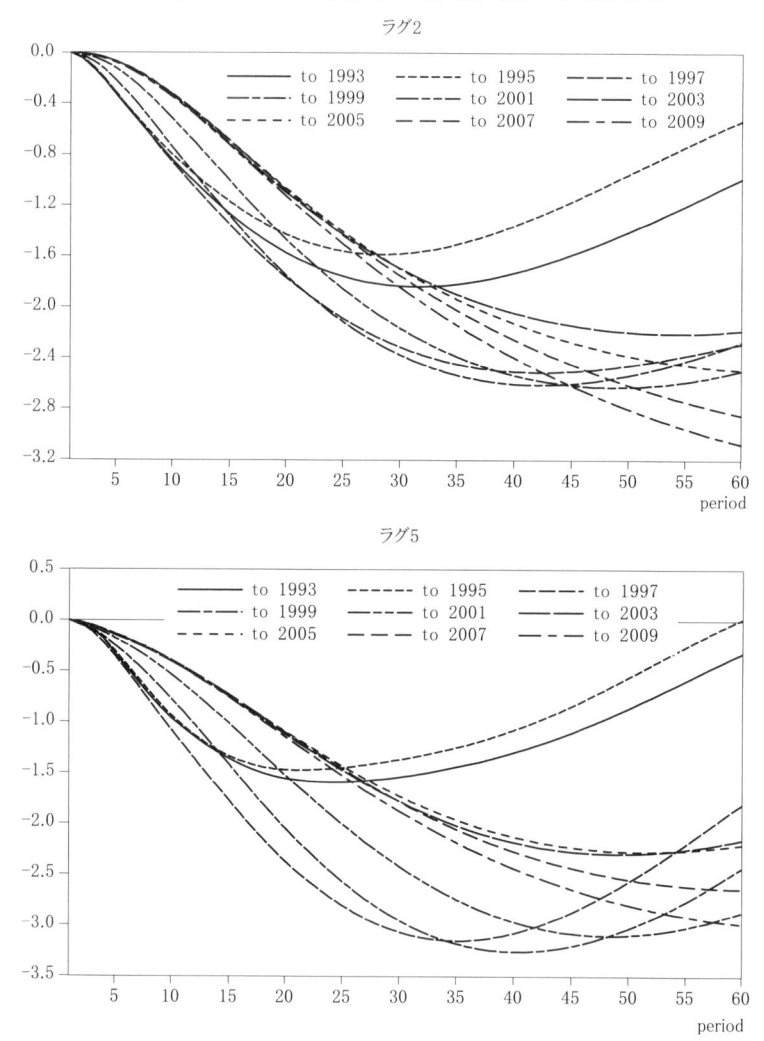

220　6　金融政策の実体経済への影響

図 6-9　金融緩和ショックの長期金利に対する影響推移（5 変数 VAR）a

ラグ2

ラグ5

3. 実証分析

図6-10　金融緩和ショックの長期金利に対する影響推移（5変数VAR）b

ラグ2

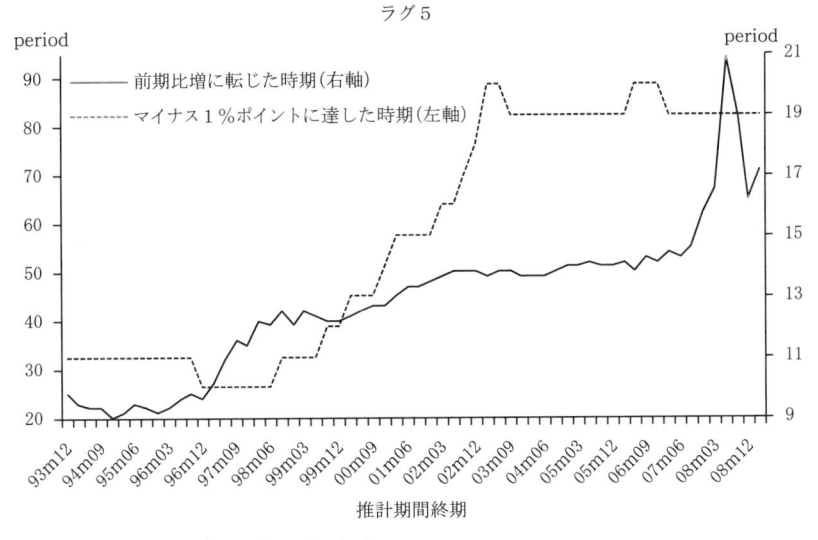

ラグ5

注：サンプルの始期は全て86年1月である。

4. まとめ

本章ではまず量的緩和政策期に実施された非伝統的金融政策手段の効果について先行研究を整理したうえで，近年のマクロ金融経済モデルの実証分析において用いられる手法をカテゴライズした。そのうえで金融政策当局による政策効果を実証分析により定量化し，効果が減衰していく過程を確認した。

イールドカーブへの影響に焦点を当てた時間軸効果については，コミットメントによるイールドカーブ押し下げ効果が，短・中期金利までを中心に検出され，この点については政策効果があったと言えよう。日銀当座預金増額によるポートフォリオ再調整効果とシグナル効果の有無や程度は不確実であり，長期国債購入増の効果についても金融政策の緩和期待を強める方向に働きかけたことを示す実証結果は報告されていない。生産面への波及効果では，識者により時期に差があるものの，1990年代後半から2000年代初めにかけて政策効果が弱くなっていったことが報告されている。実証分析に利用されるマクロ金融経済モデルは，そのフロンティアとして理論重視からデータ整合性重視まで4つに大別できる。その中で本章はデータ重視のスタンスを採用した。

実証分析では，政策金利としてのコールレートのゼロ金利制約の有無にかかわらず，総合的に政策スタンスの変化を示すような金融政策代理変数を用い，金融政策が実体経済に与える効果が1990年代以降どう変化していったのかを，構造VARモデルを用い定量的に評価してきた。金融政策は不況の悪化を防止するという観点では効果があったといえるかもしれない。しかし，そこからさらに景気を浮揚させるという点では，2000年代初頭以降次第にその効力を減衰させ続けてきていることが明らかとなった。さらに重要なことは，金融システムショックが終息した後，景気基準日付[11]の第13循環（1999年1月～2002年1月）や第14循環（2002年1月～［景気の山は2007年10月］）の回復局面においてさえ，政策効果の回復が見られなかったことである。こうした結果は4変数VARおよび5変数VARの両モデルで確認できた。政策効果減衰と

11　内閣府経済社会総合研究所による（http://www.esri.cao.go.jp/jp/stat/）。

いう観点に立脚するならば，1997，8年に発現した金融システムショック期以降の景気回復局面では，金融政策というよりは外的要因による輸出の増加あるいは技術革新による自律的な民間投資回復のほうが高く寄与していたという推察が可能となる。

　金融政策効果減衰の原因としては，市中銀行を中心とする金融仲介システムが有効に機能しなかったことが考えられる。先行研究の多くが主張するように，また本章での5変数VARモデルによるインパルス反応で確認されたように，確かに時間軸効果により日本銀行は長期金利を押し下げることに成功したといえよう。しかし，不良債権問題や金融不安定性増大により毀損してしまった金融システムが，低金利環境構築に続く，企業の設備投資や家計の消費を力強く後押しすることはなかった。金融政策（代理）変数から実体経済へ向かう連結節としての金融システムはその機能を十分果たしている証拠は本章の実証モデルからは確認できなかった。

　金融システムの不安定化が金融政策と実体経済の連結節を毀損させたのだとすれば，

(a)　金融システム不安定度そのものの定量化
(b)　(a)変数を含めたマクロ経済モデルにおけるパラメータの時系列的変化の検証

が有益であろう。こうした観点に基づいた実証分析は今後の課題とする。

補論　使用データ

　本章で使用したデータの本章中での名称，正式名称および出所は以下にまとめてあるとおりである。金融政策代理変数作成データは1976年3月～2009年3月の月次データを用いた。GDPギャップ推計（四半期値）では，四半期データについては1983年第2四半期～2009年第1四半期を，月次データについては1983年4月～2009年3月を用いて推計した（その後線形補間することで月次変換している）。VARモデル構築では1986年1月～2009年3月の月次データを利用した。

本章中名称	正式名称	出所
§金融政策代理変数作成§		
コールレート	無担保 ON コールレート	日本銀行 http://www.boj.or.jp/
銀行貸出金利	貸出約定平均金利	
貸出態度判断 DI	貸出態度判断 DI	
§GDP ギャップ推計（詳細は得田（2008a）参照）§		
	設備判断 BSI	財務省 http://www.mof.go.jp/
	その他の有形固定資産（当期末固定資産）	
	製造工業稼働率指数	経済産業省 http://www.meti.go.jp/
	資本ストック	内閣府 http://www.cao.go.jp/
	雇用者報酬	
	国民総所得	
	実質 GDP	
	労働人口	総務省 http://www.soumu.go.jp/
	毎月勤労統計調査	厚生労働省 http://www.mhlw.go.jp/
	所定内労働時間	
	所定外労働時間	
	就業者数	
§VAR モデル構築§		
物価指数	消費者物価指数（除く食品：コア CPI）	総務省
為替レート	円ドル為替相場	日本銀行
長期金利	長期国債利回り	

参考文献

Arestis, P. and M. Sawyer, (2002), "'New Consensus,' New Keynesianism, and the Economics of the 'Third Way'," *Economics Working Paper Archive* No.364, pp.1-10.

Baba, N., S. Nishioka, N. Oda, M. Shirakawa, K. Ueda, and H. Ugai (2005), "Japan's Deflation, Problems in the Financial System and Monetary Policy," *Monetary and Economic Studies* Vol.23, No.1, IMES Bank of Japan, pp.47-111.

Bank of England (2003), Quarterly Bulletin 2003 Spring.

Bernanke, B.S., V.R. Reinhart, and B.P. Sack (2004), "Monetary Policy Alternatives at the Zero Bound: An Empirical Assessment," *Brookings Papers on Economic Activity* 2:2004, pp.1-78.

Blanchard, O. J. and D. Quah (1989), "The Dynamic Effects of Aggregate Demand and Supply Disturbances," *The American Economic Review*, Vol.79, No4, pp.655-673.

Brainard, W. C. (1967), "Uncertainty and the Effectiveness of Policy," *American Economic Review* Vol.57, No.2, pp.411-425.

Christiano, L. J., M. Eichenbaum and C. L. Evans. (1996), The Effects of Monetary Policy Shocks: Evidence from The Flow of Funds, *Review of Economics and Statistics* 78(1), pp.16-34.

——. (1999), *Money Policy Shocks: What Have We Learned and to what End?* Handbook of Macroeconomics 3A, Amsterdam: Elsevier Science B. V., pp.65-148.

Fujiwara, I. (2006), "Evaluating Monetary Policy When Nominal Interest Rates are Almost Zero," *Journal of the Japanese and International Economies* No.20(3), pp.434-453.

Iida, Y., and Matsumae, T. (2009), "The Dynamic Effects of Japanese Macroeconomic Policies: Were There Any Changes in the 1990s? " *ESRI Discussion Paper Series* No.209, pp.1-22.

Meyer, L. H. (2001), "Does Money Matter?" *Federal Reserve Bank of St. Louis Review* Vol.83, No.5, pp.1-16.

Oda, N., and Ueda, K. (2005), "The Effects of the Bank of Japan's Zero Interest Rate Commitment and Quantitative Monetary Easing on the Yield Curve: A Macro-Finance Approach," *Bank of Japan Working Paper Series* No.05-E-6, pp.1-34.

Okina, K., and S. Shiratsuka (2004), "Policy Commitment and Expectation Formation: Japan's Experience under Zero Interest Rates," *North American Journal of Economics and Finance* Vol.15, No.1, pp.75-100.

Yano, K. (2009), "Dynamic Stochastic General Equilibrium Models Under a Liquidity Trap and Self-organizing State Space Modeling," *ESRI Discussion Paper Series* No.206, pp.1-47.

〔邦語〕

鎌田康一郎・須合智広（2006）「政策金利ゼロ制約下における金融政策効果の抽出」『日本銀行ワーキングペーパーシリーズ』No.06-J-13, pp.1-26。

貞廣彰（2005）『戦後日本のマクロ経済分析』第9章，東洋経済新報社。

佐藤綾野（2009）「各国中央銀行のマクロ計量モデルサーベイ〜FPSとJEMの比較を中心として〜」，『ESRI Discussion Paper Series』No.211, pp.1-23。

得田雅章（2007）「構造VARモデルによる金融政策効果の一考察」『滋賀大学経済学部研究年報』No.14, pp.103-119。

——（2008a）「GDPギャップの推計」『彦根論叢』No.375, pp.67-85。

——（2008b）「金融政策の効果：日本のデータを用いた実証分析」『金融・通貨制度の経済分析』早稲田大学出版部，pp.93-122。

丸茂幸平・中山貴司・西岡慎一・吉田敏弘（2003）「ゼロ金利政策下における金利の期間構造モデル」『金融市場局ワーキングペーパーシリーズ』2003-J-1。

水野温（2009）「最近の経済情勢と中央銀行の政策対応」日本銀行アジア金融協力センター主催セントラルバンキング・セミナーにおける講演要旨，日本銀行〔Available at www.boj.or.jp/type/press/koen07/〕。

〔得田雅章〕

索　引

英文

ABS　55, 62, 63, 64, 65, 69
AIG　54, 65
ASEAN　23
BIS　66
BIS 基準　59, 69
BIS 規制　48, 55, 66
CAD/CAM　21
CDO　55
CDO メザニン債　64
CDS　60, 65, 66, 67, 68, 69, 70, 75
CDS 契約　67
CMBS　64
DI 指標　152
DRAM　6
DUT 戦略　34
EU 主要国緊急首脳会合　58
FMS　21
FoHF　71
FRB　54, 66
Fundamental Q　182
GATT 体制　4
GATT/WTO　11
GSE　55
IC 技術　6
IC 産業　6
IMF 体制　4, 10
IMF-GATT 体制　3, 5
LBO 方式　12
M 字曲線　116
M&A　12, 35
Mann-Whitney's U-test　165
MBS　63, 64
ME 化　17, 18, 19, 20, 42, 43
ME 化政策　5
ME 化設備投資　18, 43
ME 機器　34
ME 技術　7, 18, 22, 30
ME 技術革新　6, 7, 18, 19, 20, 21, 28
ME 部品内蔵化　21
MPU　42
MPU の高性能技術開発　34
Multiple Q　182
NEC　35
NIEs　23
NSC　35
NSTC　35
ODA　31
Oil Crisis　4
Partial Q　182
PKO　45, 46, 48
Plant-Level Q　182
POS　22
R&D 活動　171
Real Q　182
RMBS　64
S&L　13
SDI　10, 17
SEC　66
SIV　55, 64
SPC　55, 65
Tax-adjusted Q　162, 163, 170, 182, 190
TFP　89
Tobin's q　168
VAR　203, 204, 206, 207, 209, 211, 214, 216, 217, 222, 223
Welch's t-test　170

ア行

アウトソーシング　34
赤字財政　12, 17, 56
アジア通貨危機　39, 43, 44

索　引　227

アーバン・ルネッサンス　17
育児休業法　115
育児支援　124
異常ドル高　12
一括返済　65
イデオロギー／性別役割説　120
遺伝子操作　51
インディマック・バンコープ　54
インパルス反応関数　214
失われた10年　ⅱ, 2, 32, 87, 88, 96, 102, 163
売りオペレーション　18
運用
　——益　68
　——実績　44
　——収益　30
　——損　72
　——予定利率　44
　——利回り　62, 70
エクイティ・ファイナンス　27, 28, 47
円キャリー・トレード　39, 44, 49
円高
　——差益　26
　——政策　44
　——対策　21
　——防止策　26
円転換規制　15
オイル・ダラー　11
大口融資先　45
大幅
　——円高　41
　——円高・ドル安　40
　——減税　9, 12
　——コスト削減　20
オプション　13

カ行

海外直接投資　37
海外に対する債権の変動　138, 143
外国為替
　——及び外国貿易管理法　15
　——市場　32
　——取引　38
外需依存　155
外部調達資金　27

価格上昇差益　28
格付け　55, 70
　——会社　49, 63, 66
貸し渋り　43, 58, 92, 94
家事生産　106
　——関数　107, 108, 109, 110, 111
貸し倒れ　62
　——対策　67
　——リスク　67
加重確率関数　97
過剰
　——家事サービス　112, 113, 114
　——資金　20
　——資本　10, 27
　——生産恐慌　13
　——設備　44
家事労働　106, 107, 108, 110, 111, 112, 113, 114, 117, 118, 120, 123
価値関数　97
割賦販売　27
割賦返済方式　27
家庭外労働　106
家庭内労働　106
過熱的商品取引　13
株価
　——維持　48
　——下落　48
　——高騰　36
　——上昇　39, 47
　——の持続的高騰　27
　——のスパイラル的上昇　27
貨幣の増発　57
空売り　39, 70
借入制約　168
借換債発行　31
為替
　——差益　25
　——差損　25
　——操作　73
　——相場　73
　——変動　63
間接金融　58
完全失業者　45
元本　62, 63

──欠損　63
　　──償還　67
　　──保証　63
機会費用　121
既婚女性／母親差別仮説　118
基軸通貨　3, 53, 73
規制緩和　8, 9, 11, 12, 15, 18, 29, 33, 41, 51
　　──・金融自由化の要求　40
　　──政策　10
規制強化　11
偽装独裁者　19
規模の経済　108
期末貸借対照表勘定　142
逆ザヤ　44, 70
逆輸入　37, 42
キャッシュ・フロー　62, 168
キャピタル・ゲイン　29, 30, 36, 37
窮迫販売　50
行政改革　14
競争原理の導入　15
協調利下げ　18
緊急
　　──経済対策　45
　　──急支援　46
　　──資金供給体制　46
金本位制　13
金融
　　──緩和政策　27
　　──機関破綻処理　45
　　──危機　2, 3, 5, 37, 47, 54, 55, 56, 58, 59, 60, 70, 72, 74, 96, 151, 152, 160, 177, 182, 183
　　──危機対策　46
　　──恐慌　54, 58
　　──・経済危機　38, 44
　　──工学　66
　　──国際化　17
　　──資産　128, 147, 150
　　──システム安定化政策　49
　　──システムの機能不全　ii, 88, 96
　　──自由化　10, 12, 15, 16, 18, 19, 20, 24, 25, 27, 30, 43, 73
　　──自由化要求　8
　　──証券規制緩和　41
　　──商品取引法　63
　　──政策　100, 101
　　──政策代理変数　206, 208, 209, 211, 212, 216, 217, 223
　　──大量破壊兵器　60, 65, 67, 69
　　──の自由化・国際化　10
　　──派生商品　i, 1, 2, 13, 38, 53, 59, 64, 66
　　──破綻　57
　　──引き締め　5
　　──不安　43, 47
　　──リスク　53
繰上げ完済　69
クーリング・オフ　63
クレジット・デリバティブ　67
グローバライゼーション　33
グローバリズム　19
グローバル・ネットワーク化　22
クローン　51
軍事・民需両用技術戦略　35
経営破綻　50
計画倒産　70
景気後退　11
経済
　　──危機　152, 160, 163, 177, 182
　　──再生計画　9
　　──政策　51, 99
　　──成長率　164, 165
　　──戦略　73
　　──的調和　41
　　──破綻　40
　　──摩擦　6
経常収支　24, 26, 138, 140, 149
　　──赤字　7, 12, 37
　　──黒字　18
経常対外収支　138
計数貨幣　76
結婚
　　──市場　106
　　──・出産ペナルティ　116, 117
　　──プレミアム　118
　　──ペナルティ　118
決済システム　22
月例経済報告　151
ゲートキーパー　70

索　引　229

限界
　　——q　92
　　——感応度　97
　　——生産力　109, 123
研究開発　171
原資　65
現実最終消費　129
現物
　　——市場　47
　　——社会移転　129, 133, 135, 136
　　——社会移転以外の社会給付　133, 135, 136
　　——ローン　61
減量経営　18, 26
高級大型消費　30
恒久棚卸法　192
交際費　30
高収益運用　39
高収益企業　34
高性能化　21
構造 VAR（Vector Auto Regressive）モデル　iii
拘束の契約　62, 66
公定歩合　28, 47, 48, 49
公的資金　45, 46, 48, 49, 54, 59
　　——援助　17
　　——注入　49
　　——投入　45
　　——投入枠　46
行動経済学　ii, 97, 98, 103, 151, 160
高度経済成長　5
高度情報化基盤　16
効用最大化　106
国債　11
　　——依存度　46
　　——整理基金　31
　　——取引　15
　　——発行　31
　　——費　31
　　——利払費　11
国際
　　——化　30
　　——競争力　19, 36, 50, 51
　　——競争力強化　31
　　——協調　8

　　——金融市場　38
　　——金融証券市場　14, 37, 39, 51
　　——金融取引　32
　　——決済銀行　66
　　——資本移動　4
　　——資本取引　10
　　——的金融取引　13
　　——的金融取引管理制度　10
　　——的経済管理システム　5
　　——的投機の活動　12
　　——的投機の金融活動　10, 14
　　——的投機の資本取引　37
　　——投資運用機関　40
小口証券化　2, 37, 61
国鉄清算事業団　46
国富調査　194
国民経済計算　ii, 128
個人住宅抵当証券　64
コストダウン　18, 21
国家
　　——安全保障会議　35
　　——科学技術会議　35
　　——経済会議　35
　　——輸出戦略　36
コマーシャルペーパー　55
ごみ問題　51
雇用
　　——削減　44, 45, 45
　　——システムの機能不全　ii, 88
　　——不安　44
ゴールドマン・サックス　54
コンピュータ
　　——技術　20
　　——産業　6
　　——ネットワーク　4, 32, 76

サ行

債権　37
　　——先物取引　16
　　——放棄　49
債券投資　24
財産所得　131, 132, 133, 135
財政
　　——赤字　7, 9, 10, 11, 44, 46

230　索　　引

　　——赤字・国家債務国　46
　　——改革　16
　　——危機　46, 49, 50
　　——均衡　37
　　——均衡化　35
　　——構造改革　44
　　——構造改革法　45
　　——再建　31
　　——縮小　9
　　——政策　99
　　——投融資　46
裁定取引　47
最適資本ストック　167
債務
　　——担保証券　55
　　——超過　iii, 58
　　——不履行　64, 66
差益　10
先物商品取引　38
サブプライム問題　55
サブプライムローン　2, 54, 62, 65, 74
　　——危機　64
　　——金融危機　38
　　——破綻　iii, 1, 2, 3, 5, 21, 49, 52, 53, 56, 58,
　　　　59, 61, 63, 72, 74, 75, 151, 152, 155, 160,
　　　　177, 182
三貨制度　76
産業公害　51
産業廃棄物問題　51
産業用ロボット　21
　　——普及元年　21
参照点　97, 98, 99
時間
　　——軸効果　202, 203, 204, 216, 217, 222
　　——制約説　120, 121
　　——選好率　196
事業者信用会社　27
事業提携　44
資金繰り難　48
仕組債　63, 74
資源節約型技術　6
　　——開発政策　i, 19, 20, 22, 24
　　——革新　6
　　——の開発　5, 25

自己
　　——完結型経済体制　6
　　——金融比重　26
　　——資本　60
資産
　　——インフレ　1
　　——家意識　30
　　——価格　29
　　——価格高騰　1, 14, 20, 25, 30, 31, 43, 47, 72
　　——価格のスパイラル的高騰　14
　　——担保証券　55, 62, 65
市場
　　——開放　41, 73
　　——開放要求　40
　　——経済化　35
　　——原理　9, 18, 33
　　——原理導入　8
　　——リスク　66
　　——労働　107, 109, 110, 114, 115, 120, 121,
　　　　123
持続的の経済成長　36
持続的成長　34, 35
失業・雇用問題　45
実質工業生産指数　36
実需原則　15
実体経済　10, 12, 14, 43
実態調査　161, 162, 163, 166, 182, 185
実物
　　——経済　60, 73, 77
　　——的景気循環論　90
　　——的景気循環論　89
私的貨幣　33
私的通貨　33, 75
自動調節機能　8
シニョレッジ　73
私募投資　70
資本
　　——コスト　162
　　——主義化　35
　　——ストック　iii, 151, 167, 182
　　——蓄積式　194
　　——注入　45
　　——調達勘定　142, 143
　　——輸出国　24

索　引　231

――流入国　24
集合消費　129
住専処理　45,46
住専破綻　49
住宅
　――金融会社　27
　――金融専門会社　49
　――信用供与　27
　――問題　51
　――ローン　27,37,55,63
　――ローン債権　64
　――ローン担保証券　55
集中豪雨的輸出　22
自由貿易主義体制　3
出産ペナルティ　118
純固定資本形成　143
純債権国　25
純債務国　10,25
商業用不動産抵当証券　64
証券取引委員会　66
証拠金　70
少子化　121
上昇スパイラル　40
譲渡可能定期預金　15
消費
　――者行動　ii
　――者信用会社　27
　――者信用供与　27
　――者ローン　27
　――税　44
情報
　――化　17
　――管理システム　21
　――通信革命　34,35,36,37,42
　――通信技術　52
　――通信技術開発政策　36
　――・通信システム　22
　――・通信ネットワーク　28
　――の非対称性　168
正味資産　127,142,144,145,149
省力化設備投資　18
所得・富等に課される経常税　131,133
所得配分　26
新自由主義経済　7

――政策　14
新自由主義政策　9,18
信託報酬　71
新通商政策　11
人的資本　115,117
信用
　――縮小　38,60,65
　――創造　38,60
　――度　63
　――販売　27
　――膨張　13
　――リスク　67
数値目標設定　41
スタグフレーション　9,57
ストック・オプション　39
スパイラル現象　72
スーパー301条　11
スペシャル301条　11
スワップ　66
正規雇用　34
生産
　――工程の自動化・省力化　21
　――資産　128,142,143,144,146,149
　――性向上　21
　――性上昇仮説　117
　――性低下仮説　118
　――パズル　212
税制特別措置　17
政府
　――開発援助　31
　――系特殊銀行　49,55
　――支援法人　55
　――調達　41
性別役割分業　120,121
　――意識　112,114,116,120,122,123
戦略的防衛構想　10
世界
　――恐慌　53
　――金融・経済危機　52,72
　――的金融管理制度　32
　――的持続的経済成長の破綻　5
　――的投機の金融市場　32
　――同時不況　58,61,155
石油

——危機　4
　　——ショック　4
　　——ボナンザ　4
絶対的収益確保　70
設備
　　——過剰　42, 43, 45
　　——投資拡大　35
　　——投資計画　152
ゼネコン　44, 50
セマテック　34
ゼロ金利政策　201, 203, 206, 208, 209
ゼロ金利制約　iii
専業メーカー　20
全国企業短期経済観測調査　152
先端軍事技術　20
全要素生産性　89
相関係数　176
相関分析　177
総合電器機器メーカー　20
総合保養地域整備法　17
操作変数法　182
増税なき財政再建　14, 31, 46
相対的資源説　120
想定元本　66
想定利回り　63
総量規制　48, 49, 50
租税特別措置　45
粗設備投資　27
損切り　59
損失回避性　97, 98
ゾンビ企業　94

タ行

対外
　　——債権　42
　　——純債権国　31
　　——純債務　36, 37
　　——証券投資　24, 25, 28
　　——直接投資　23
　　——投資　19, 24
　　——投資収益　37
　　——投資収益黒字　11
大規模都市再開発政策　17
大規模リストラ　45

大恐慌　54, 58
第3セクター　44, 46, 49
対ソ脅威論　9
代替的マンパワー説　120
対米武器技術供与に関する交換公文　17
兌換制度　4
多国籍企業　24
多重人格　62
多品種生産　21
男女
　　——共同参画社会　123
　　——雇用機会均等法　115
　　——平等　123
たんす預金　54
男性主権　106, 107, 112, 114, 120
担保掛目　71
地域マネー　76
小さな政府　9
地価高騰　29
長期
　　——借入金　170
　　——契約　62
　　——拘束契約　64, 75
　　——拘束的契約　61
　　——国債　16
　　——資本流出　24
　　——資本流出超過額　26
　　——不況　52, 72
長時間労働　120, 121, 123
調整
　　——可処分所得　133, 135
　　——勘定　142, 143
　　——費用　167
超低金利　44, 49
　　——維持政策　41
　　——・金融緩和状態　28
　　——政策　18, 41, 73
　　——・超金融緩和政策　18, 29
直接投資　23, 42, 43, 44
貯蓄貸付組合　13
賃金
　　——格差　115, 116, 117, 121, 123
　　——の抑制　34
　　——率　109, 110, 112, 114, 120, 122, 123

索　引　233

追加貸付　50
追加融資　50
通貨
　——危機　40
　——抑制　9
通商法301条　11
通信
　——機器メーカー　20
　——ネットワーク　21
　——ネットワーク・システム　22
低金利
　——資金　50
　——政策　43, 44
低収益事業　34
ディスクロージャー誌　68
抵当証券会社　27
ディーリング・システム　22
ディレギュレーション　9
デファクト・スタンダード　34
デフレ　ⅱ, 88, 92, 95, 101, 103
手元流動性　65, 68
　——不足　70
デリバティブ　ⅰ, 1, 2, 13, 16, 38, 39, 40, 41, 51,
　　　53, 56, 59, 61, 62, 64, 65, 66, 67, 68, 69,
　　　70, 72, 73, 74
　——取引　16, 37, 39
　——破綻　74
転換社債　27, 28
同一価値労働同一賃金原則　123
投機市場　53
投機的
　——活動　44, 51
　——金融　32, 75
　——金融活動　10
　——金融証券活動　14
　——金融証券取引　50
　——金融取引　25, 32
　——経営　50
　——経済　38
　——国際金融市場　12
　——収益　13
　——住宅投資　38
　——商品取引　27
　——土地保有　27

　——取引　5, 12, 13, 28, 39, 48, 51
　——マネー　33, 12
　——利益　38
東京
　——オフショア市場　16
　——外国為替市場　16
　——金融先物取引所　16
統合予算　36
投資
　——機会　170
　——行動の連動性　161, 167, 175, 177, 182
　——動機　153, 160
　——の継続性　167
　——のタイミング　186
　——の「横並び」行動　175
　——反応の非対称性　152, 161
独裁者　56
特殊会社の民営化　16
独身者差別仮説　117
独占禁止措置の緩和　12
特定金銭信託　48
特別減税　44
特別目的会社　55, 65
都市再開発　49
　——・地域開発政策　49
都市の乱開発　29
租税特別措置　48
土地ストック　192
土地の買い漁り　50
土地利用規制緩和　17
トランジスタ量産技術　5
取り付け騒ぎ　54, 69
ドル
　——大幅切り下げ　34
　——金兌換制の廃止　72
　——－ドル型投資　25
　——不安　10, 14
　——安　36
　——流出　10, 11

ナ行

内需拡大　17, 40
　——型成長政策　74
　——政策　16

234　索　　引

内部資金　28, 168, 170
中曽根政権　14, 20
ニクソン・ショック　i, 4, 52, 72
日銀特別融資　49
日銀特融　45
日米
　――円ドル委員会　15
　――共同防衛体制　17, 52
　――包括経済協議　41
　――摩擦　18
日本
　――国有鉄道のJR7分割民営化　16
　――式減量経営　23
　――専売公社の民営化　16
　――的な雇用システム　87
　――電信電話公社の民営化　16
ニューヨーク州司法省　66
年齢階級別労働力率　116
ノンバンク　27, 45, 48, 50

ハ行

拝金主義　72
　――者　75
買収　12
ハイテク産業　22
ハイテク製品　8
ハイリスク　38, 64, 70
　――・ハイリターン　64, 67, 70
派遣労働者　45
バーゼル合意　66
パーソナル・ネットワーク　122
バブル　14, 16, 18, 20, 21, 32, 33, 52, 87, 92, 102
　――景気　1, 2, 5, 14, 25, 33, 72, 73
　――経済　32, 48
　――の発生　14
　――崩壊　ii, 24, 75, 152, 154, 183
バンク・オブ・アメリカ　54
晩婚化　121
藩札　76
半導体産業　20
非金融資産　143
非婚化　121
非対称性　iii
秤量貨幣　76

品質改良　21
品質管理　21
品質向上　21
ファニーメイ　49, 54, 55, 59, 60, 63, 65
ファミリー・フレンドリー企業　124
ファミリー・フレンドリー施策　123, 124
ファンダメンタル　195
ファンド・オブ・ヘッジファンズ　71
フィリップス曲線　95
夫婦間交渉力　106
双子の赤字　10, 53
物価指数先物　47
物価パズル　212
不動産
　――価格下落　57
　――担保付住宅資金貸付　49
　――融資に対する総量規制　48
部品の内蔵化　20
プラザ合意　8, 11, 16, 18, 19, 25, 34, 40
ブラック・マンデー　14, 27, 38, 48
不良債権　ii, 2, 43, 44, 45, 46, 47, 48, 49, 50, 56, 58, 60, 62, 63, 64, 65, 70, 71, 88, 92, 93, 94, 95, 96, 97, 102
　――償却　48
　――処理　45, 50
　――の先送り　96, 97
　――問題　49
フレディマック　49, 54, 55, 59, 60, 63, 65
ブレトン-ウッズ体制　3
プロスペクト理論　97, 98
ブロック経済　3
プロテクション　69
分散システム　7
粉飾決算　70
ベア・スターンズ　65, 69
米国
　――債投資　25
　――財務省証券　24
　――発金融危機　72
　――発世界金融・経済危機　53
米財務省証券　41
平成不況　i, ii, 1, 2, 42, 102
ペーガン・フロンティア　204
ヘッジ　64, 74

索　引　235

──・ファンド　38, 39, 40, 41, 51, 60, 70, 71, 72, 73, 74
変動相場制　8, 15
変動リスク　72
貿易
　──赤字　41
　──収支赤字　7, 11, 12, 14, 34
　──収支黒字　18, 22, 24
　──収支・経常収支赤字　36
　──収支・経常収支黒字　19, 20
　──収支・経常収支の赤字　10
　──摩擦　22, 40, 44
暴力団への謝金　30
保護主義　11
ポジティブ・アクション　123, 124
保証金額　66
補償賃金仮説　117, 118
保証利回り　44
保証料　61, 62, 67, 68, 69
ポートフォリオ　195
母平均の差の検定　170

マ行

マイクロエレクトロニクス技術　6
前川レポート　16, 24
窓口規制　48
マネーサプライ　18
マルチ通貨制度　76
ミディアム・ターム・ノート　55
ミドルリスク・ミドルリターン　64
宮沢・クリントン会談　41
ミューチュアル・ファンド　38, 39
民活方式　17
民間
　──活力　15, 16, 29
　──企業の活性化　9
　──固定設備投資　36
　──住宅需要　36
　──設備投資　35
民生用　20
無国籍企業　24
無差別曲線　110
無相関の検定　177
名目賃金の下方硬直性　94, 95, 97, 101, 103

メキシコ債務返済不能問題　11
メキシコ通貨危機　5
メリル・リンチ　54
モーゲージ抵当証券　63
持ち株会社　54
モラル　75
　──・ハザード　36, 37, 45, 50, 51, 66, 70, 73, 74
モルガン・スタンレー　54
問題先送り政策　32, 42, 48, 74

ヤ行

有形非生産資産　128, 143, 144, 146, 147, 150
有効求人倍率　45
有効需要政策　3, 5, 9
有償増資株式　27
優良格付け　64
　──企業　49, 55, 59
優良債権　64, 65
輸出
　──拡大最優先　31
　──拡大路線　43
　──自主規制　40, 73
　──振興政策　i, 5, 19, 20, 25, 43
　──の自主規制　23
輸出依存
　──型経済発展　30
　──型高度成長　50, 51
　──型産業　45
　──型成長　40
　──型成長政策　74
　──産業　42
　──体質　23, 42
　──的成長　5, 42
ユーロ拡大　56
預金オンライン・システム　22
預金全額保護　57
横並び　176

ラ行

ライフ・ステージ　115
乱脈経営　49, 50
リアル・ビジネス・サイクル　89
リスク

──回避　13, 38
　　──・ヘッジ　1
リストラ　37, 44
リストラクチャリング　34, 36
リゾート法　17
利他主義　108
リーマン・ブラザーズ　65
　　──の倒産　54
　　──の破綻　71
流動性　63
留保賃金　109, 111, 120
量的緩和政策　ⅲ, 201, 202, 207, 209
累積債務危機　11
ルーブル合意　8, 18
レイオフ　34
冷戦崩壊　33
レーガノミックス　9
レーガン政策　8
レバレッジ　55, 71

連鎖倒産　57, 65
連鎖破綻　45
連動性　152
連邦住宅金融抵当金庫　54
連邦住宅抵当公庫　54
連邦準備制度理事会　54
労働
　　──集約的産業　23
　　──所得　110, 112
　　──力率　115, 116, 118
ロールオーバー　55
ローンの借り換え　64
ローンの組み直し　65

ワ行

ワーク・ライフ・バランス　ⅱ, 122, 124
ワコビア　54
ワシントン・ミューチュアル　54
ワラント債　27, 28

著者略歴

安藤　潤（あんどう　じゅん）
2000 年，早稲田大学大学院経済学研究科博士後期課程修了。現在，新潟国際情報大学情報文化学部准教授。

塚原　康博（つかはら　やすひろ）
1988 年，一橋大学大学院経済学研究科博士課程単位取得退学。経済学博士（一橋大学）。現在，明治大学情報コミュニケーション学部教授。

得田　雅章（とくだ　まさあき）
2006 年，早稲田大学大学院経済学研究科博士後期課程修了。経済学博士（早稲田大学）。現在，滋賀大学経済学部准教授。

永冨　隆司（ながとみ　たかし）
2001 年，早稲田大学大学院経済学研究科博士後期課程修了。現在，国士舘大学政経学部教授。

松本　保美（まつもと　やすみ）
1982 年，オックスフォード大学社会科学学部大学院博士課程修了。D. Phil in Economics (University of Oxford)。現在，早稲田大学政治経済学術院教授。

鑓田　亨（やりた　とおる）
2000 年，早稲田大学大学院経済学研究科博士後期課程修了。現在，名古屋商科大学経済学部教授。

平成不況

2010 年 3 月 30 日　第 1 版第 1 刷発行　　　　　　検印省略
2014 年 3 月 10 日　第 1 版第 3 刷発行

著　者　　安藤　潤　　塚原康博
　　　　　得田雅章　　永冨隆司
　　　　　松本保美　　鑓田　亨

発行者　　前　野　　弘
　　　　　東京都新宿区早稲田鶴巻町 533

発行所　　株式会社　文眞堂
　　　　　電話 0 3 (3 2 0 2) 8 4 8 0
　　　　　FAX 0 3 (3 2 0 3) 2 6 3 8
　　　　　http://www.bunshin-do.co.jp
　　　　　郵便番号(162-0041)振替00120-2-96437

印刷・モリモト印刷　製本・イマキ製本所
© 2010
定価はカバー裏に表示してあります
ISBN978-4-8309-4667-7　C3033